打造美利堅

美國的建國理念及其歷史反思

THE IDEA OF AMERICA

著——高登·伍德

廖世德——譯

Reflections on the Birth of the United States

GORDON S. WOOD

敬獻給我布朗大學的友人和同事

目次

導讀

歷史的反思・國家的想像

馮卓健①

二〇二六年美國將慶祝獨立二百五十週年，除了各地會有慶祝活動外，美國的歷史學界也正醞釀著要重新檢視美國革命對當今美國的意義。這事關美國這個國家的起源。更重要的是，現在的美國人要如何在當今的時代脈絡下，去重新定義美國的起源，以及這起源能提供當今的美國什麼解答？現代醫學透過基因檢測來獲得人體的資訊，這些資訊能夠進一步幫助醫生和病患了解病患身體潛在的問題，解決當下的病痛，並預防未來的疾病。美國革命以及建國早期的美國就是美國原始的基因，我們可以在其中找到美國這個國家強壯之處，也同時探索美國潛在的病症。高登・伍德（Gordon S. Wood）正是美國當今這個領域的大師級學者。

① 美國聖路易大學歷史系博士，現職輔仁大學歷史學系助理教授，專長領域美國革命史、美國十八世紀政治思想史。

高登．伍德是布朗大學歷史系的榮退教授，是當今研究美國革命與建國早期歷史的權威。他早年師從哈佛大學的伯納德．貝林（Bernard Bailyn），是美國革命政治思想史研究中的共和主義學派的領頭羊。他的第一本書《美利堅共和國的創建》（*The Creation of the American Republic, 1776-1787*）獲得了一九七〇年的班克羅夫獎，這是美國歷史學界最著名的學術著作獎，這本書奠定了伍德的學術地位。之後他的著作《美國革命的激進主義》（*The Radicalism of the American Revolution*）更榮獲了一九九三年的普立茲歷史獎，使他成為二十世紀末美國學術界中最有影響力的歷史學家之一，尤其是在從殖民時期到美國建國早期這段期間的美國史這個領域。牛津大學出版社特別請他在《牛津美國史》這個書系中負責撰寫美國早期共和時期的歷史，並在二〇一〇年出版了該冊《自由的帝國》（*Empire of Liberty: A History of the Early Republic, 1789-1815*）。

這本《打造美利堅》英文原來的書名是《美國的理念》（*The Idea of America: Reflections on the Birth of the United States*），由企鵝出版社在二〇一一年出版。這是一本論文集，收集了伍德以美國立國以來的理念為核心所撰寫的論文以及演講。之後，在二〇一七年，他出版了《分裂的朋友》（*Friends Divided: John Adams and Thomas Jefferson*），描述亞當斯與傑佛遜這兩位美國的開國元勳終其一生的合作與對立的關係，並以此為核心開展對於美國建國早期的情勢的描寫。前年二〇二一年，他在年近九十歲時出版了《權力與自由》（*Power and Liberty: Constitutionalism in the American Revolution*）一書來總結他在美國革命與憲政主義這個議題上過往的論述。他的研究寫作生涯將近六十年，時至今日仍代表著二十世紀六〇年代出道的這一批學者在美國歷史學界的深刻影響，樹立了一個典範。

正如同這本論文集的主題所展現的，伍德在美國早期政治思想史上的研究涵蓋了很廣泛的議題，從殖民時期和革命時期的政治文化，一直到建國立憲之後，美國人對於憲法的討論以及實踐。他的每本書都引發美國學術界的討論，也不斷地有年輕一輩的學者勇於挑戰他的論點，並與之對話交流。即使已經將近九十歲，即使他出道的成名作已經是五十年之前的作品了，伍德仍然是這個領域當下令人無法忽視的重要角色。比他年輕的史家在美國早期史的領域上不是跟隨他的腳步，就是企圖以新的研究視角和扎實的研究來反駁他先前著作中的觀點。換句話說，伍德直至今日還是美國早期史的研究者無法繞開的巨人，你不是成為他的隊友，就是要跟他抗衡。

伍德在本書的前言中細數了美國早期史的歷史。這是「歷史的歷史」。他闡明了至少從二十世紀以來，美國歷代的歷史學家如何用不同的方式來看待美國早期史。其實歷史學家在從事歷史研究時多少會帶著個人的主觀意識，這個主觀意識可能來自於個人的經驗，也可能是來自於該時代的文化脈絡和思考習慣。伍德的說明讓我們看到歷史解釋不是一成不變的，不同時期的歷史學家藉由改變分析史料的視角與方式，也有時藉由新史料的發現，而得以提出與前代史家不同的解釋。這些不同的視角豐富了我們對歷史的認識。

既然這本書的主題是美國早期的「理念」，伍德前言的後半部分就著重於解釋理念在歷史中的作用。在美國學界中，多數的學者都認為伍德是共和主義詮釋典範的領頭羊，也傾向將伍德視為美國早期史的政治思想史家的代表。然而在這篇前言中伍德解釋，他並不認為理念必定是推動歷史進程的原動力。他第一篇發表的論文，同時也是本書的第一章，是早在一九六六年就發表的〈美國革命的修辭與現實〉，有人因此認定伍德重視理念或思想在歷史事件中的影響力。然而伍德在前言中澄清，並在本書的第一章的後記中再次強調，他這篇文章除了要討論修辭，也就是政治詞彙以及其所傳達的理念，在歷史上的重要性外，他更要強調現實的影響力。他反對「修辭vs.現實」這樣的二元對立，而認為這兩者在歷史研究中應該是相輔相成的。那他為什麼要在許多著作中探討理念呢？他給的答案非常直白：因為他覺得探討理念比論述經濟行為「有意思」。

許多期待他講出一番大道理來證明理念在歷史解釋上的優越性的人可能會很錯愕，但我覺得他很誠實地展現身為一名歷史學家的初心。歷史有很多值得研究的面向，而歷史的發展也往往不是單純從一兩個面向就可以提出完整的解釋。歷史學家在追求真相的同時，在這個追求的過程中找到樂趣也同樣重要。伍德承認歷史不是單單理念就可以解釋的，甚至認為理念不見得是其中最重要的因素，但是他研究理念就因為他認為研究人類的思想理念比研究經濟行為更有樂趣。儘管許多經濟史家和經濟學家恐怕很難同意伍德，但這就是人與人之間奇妙的差異，也是歷史研究得以多采多姿的原因之一。

伍德的研究範圍很廣泛，最主要集中兩大課題上：**美國革命如何建立了一個新的世界？這個新世界的本質為何，新建立的美國又是如何維繫其共和體制？**這本論文集為這些問題提供了他的答案，而這答案就留給讀者去閱讀，去思考，去決定你是否同意伍德。

十八世紀末到十九世紀初的美國是很迷人的。這時候的美國正脫離英國殖民地的身分，爭取建立自己的國家，重新塑造「美國人」的身分認同。這樣的認同涉及了對幾個問題的追尋：什麼是美國？美國人應當有什麼特質？美國政府應該長得什麼模樣？這時候的美國不是像今日這樣的全球霸權，也沒有橫跨北美的遼闊疆域，而是一個北美洲大西洋沿岸的十三個由殖民地轉型而成的小邦所結合而成的聯邦，苦苦為了生存而掙扎。此時的美國人在革命中反抗當時最強大的大英帝國，長久以來歷史學家告訴我們這場革命的起源是英法七年戰爭結束後，英國在其北美殖民地進行的帝國改革，英屬北美殖民地的人民為了捍衛自己身為英國臣民的權利起而反抗。反抗的過程最終導致兩造之間更深的裂痕，使得抗爭成為了革命。然而事情真的是這樣嗎？有些歷史學家有不同的意見，伍德在這本書中會給我們他的答案。

美國的獨立在美國革命這場戲劇中僅僅只是個序幕而已，在獨立已成為事實後，如何建立一個國家，甚至是要建立一個什麼樣的國家？美國應該要成為一個民主國家還是共和國？當過度的民主帶來社會失序時，該怎麼做才能保障人民的權益而且同時不至於走回專制的老路？這才是當時的美國人所遇到的難題。在制定憲法之後，美國人又要如何執行、詮釋，並在需要時捍衛這部憲法？這更是美國立國時所遇到的大問題。這本書呈現了伍德對這些問題的關懷，以及他身為一名歷史學家所提出的觀點。

伍德所寫的是二百年前的美國，但這些問題又何曾遠離今日美國兩黨的紛爭，甚至於是遠在台灣的我們對自己國家的想像與期望？社會需要秩序，但專制權力雖然能維持秩序，但卻有破壞個人權利的風險。於是在現實政治中總是需要在秩序和自由，政府權威和人民權利中取得平衡。

塑造美國的不是一群幻想家，而是一群貨真價實的政治家。運用宣傳以及各種政治伎倆，他們試圖建立他們心目中最理想的平衡。隨著時代的改變，每個世代的人隨著自己的標準重新校對這個平衡，讓這個世界也跟著進步。我們都有我們自己心中的一把尺，但也請大家跟我一起，去閱讀和思量這些二百年前美國的開國者，他們的思想，他們的考量，也思索伍德對美國開國思想的反思。這將有助於我們去思考我們在這個世界的位置，以及我們想要什麼樣的一個國家。

前言

半個多世紀以前，以撒・柏林（Isaiah Berlin）出版了一本書，名叫《刺蝟與狐狸：論托爾斯泰的歷史觀》（*The Hedgehog and the Fox: An Essay on Tolstoy's View of History*），書名是從古希臘詩人阿爾基羅庫斯（Archilochus）那裡借來的。詩人曾說：「狐狸知道很多事情，但是刺蝟只知道一件要緊的事情。」柏林從寬解釋這句話，而且在其中發現了寫作者、思考者，甚至一般人之間最大的差異，而在這道鴻溝的兩端，分別就是刺蝟與狐狸。柏林如此寫道，狐狸「追求的目標有好多個，但目標與目標之間往往沒有關聯，甚至還互相衝突；若是為了什麼心理或生理的因素而有那麼一點連結，那也是事實上的連結，和道德、審美都沒有關係。」相對的，刺蝟則是「把每件事都歸結到單一的視野中，歸結到或多或少前後一貫、清楚明白的體系下，並以這樣的體系觀點理解事情、看事情、感受事情。只有在這樣單一、普遍、有組織的原則下，他們所做、所說的就有了意義。」

所以在柏林的標準下，但丁被歸類為刺蝟，莎士比亞則是狐狸。「柏拉圖、盧克萊修、巴斯卡、黑格爾、杜斯妥也夫斯基、尼采、易卜生、普魯斯特都是刺蝟，只是程度不一。希羅多德、亞里斯多德、蒙田、伊拉斯謨、莫里哀、歌德、普希金、巴爾札克、喬伊斯都是狐狸。」[1]

柏林本意是以刺蝟和狐狸為喻，將歷史上一些偉大的作家劃分為兩類。但即使不是偉大的作家，比較平凡的歷史學家一樣可以藉由他的比喻來劃分。有的史家會研究很多主題，隨著自己興之所至，從一個題目跳到另一個題目。我有一位非常優秀的同事，起初他研究的是一九三〇年代的美國國會，後來轉而研究各州在小羅斯福（Franklin D. Roosevelt）總統「新政」（New Deal）下所受的影響。接著他寫了本傳記談美國一九四〇、五〇年代早期一位重要的政治家。寫完這本書後，他又著手寫了一本巨作，探討二十世紀美國人對抗貧窮的歷史。之後他寫了一本引人入勝的疾病史，記述美國文化中的癌症。探討過癌症史，他又轉而研究五〇年代最高法院一次重大的判決，同時開始撰寫一本大部頭的二十世紀美國演義。另外他還寫了一本美國二戰後的現代史，這本書後來還得獎。目前的他又在美國現代史領域找到全新的題目。

我的這位同事就是狐狸，而且還是一頭大狐狸。他懂得很多，對很多事情都有興趣。有一次，正當他又開始構思新題目時，他還跟我說要是我有任何想法，都請不吝指教。

我和他不一樣。忝為歷史學家，我想我應該是隻單純的刺蝟才對。在我長久的職涯中，我的興趣大部分都在美國革命（American Revolution）及其引發的政治、社會、文化變革的歷史。當然，我在大學開的講座也會講哥倫布、傑克遜時代（Jacksonian era）等題目，但是我出的書差不多都是在探討美國革命及其後續情事。除了多本論述美國革命及其領導者的作品，我還經常撰文討論革命時代（Revolutionary era），本書就有收入其中幾篇。

我之所以會這麼專心致志於「美國革命」這個題目，是因為我認為美國革命絕對是美國史上最重要的一件事。這場革命不但在法律上創建了美國，而且也為我們的文化注入最遠大的抱負、最高貴的價值觀。美國人所有自由、平等、憲政、庶民福祉（well-being of ordinary people）等信念全部肇始於革命時代。我們美國人是支特殊的民族，承擔著天命要帶領全世界走向自由與民主，而這個信念也是源自革命時代。總歸一句，我們美國人幾百年來擁有的這個國家，以及所抱持的國家目標都是源自這場革命。

對當年那些革命先賢來說，建立他們心中的國格並不容易。這點是本書第十章〈美國的啟蒙〉想要闡述的內容。當時的美國人知道自己還不是個國家，至少不是歐洲意義下的國家。「合眾國」（United States）作為一個國家，身分依舊曖昧不明。所以我們美國人必須時時回頭審視這場革命以及當時的建國大業（The Founding），才能夠明瞭自己的出身。我們應當回到美國革命當下，回到革命產生的體制及價值觀中，以喚醒和重申我們的國格。美國革命對我而言之所以具有那麼重大的意義，就是因為這一切。

遭人忽視的建國早期史

我一輩子都在研究美國革命時代，但是我現在看待它已經和半個世紀前不同。一九六〇年代初，我們這些學生在學校裡讀的美國史，大部分都說美國早期史是從十七世紀的移民運動起算，一直到一七八七、八八年制定憲法為止。如果你研究的是一七八九年之後數十年的美國史，這表示你不是殖民—革命時期史家，而是建國早期史家。你要不就是研究殖民—革命時期的歷史，要不就是研究建國早期數十年的歷史，不會二者兼修。殖民—革命時期史家要是恰好涉足一七九〇年代，就常常把這個年代視為前一個年代（亦即十八世紀以及美國革命）發展的頂峰。

研究建國早期的史家會從一七九〇年代開始算起，他們所教授的美國史也是如此。他們不太會回顧殖民或革命時期，而是傾向把目光投向一八二〇年代之後的城市化及工業化時期或「內戰時期」（Civil War, 1861-1865）。所以一七八九到一八二〇年代這個時期在他們看來往往只是十九世紀美國史的前奏，他們認為真正重要的是十九世紀發生的事情。而這樣一來，一九六〇年代的學生如果想研究建國早期數十年的美國史，很容易會身陷兩種專業研究之間：研究建國早期的史家認為這個時期（一七八九到一八二〇年代）只是個「前言」；研究殖民—革命時期的史家卻認為那已成了「後記」。但兩種史家其實都未能恰如其分看待這個年代。

我在一九六〇年代開始我的教書工作，從一開始我就認為自己是研究殖民—革命時期的學者。那時候我開了一門兩學期的課，第一個學期探討一七六〇年之前的殖民時期，第二個學期教授一七六〇至八八年革命時期的歷史。但那時我們學校沒有人開一七八九年至傑克遜時代的課程，因此我自覺有義務提供這樣的課程。然而，在一九七〇年代籌劃這堂課的經驗不但讓我眼界大開，最後甚至還大有斬獲。

我開始探索這個時期的美國史之後，才不禁對學術研究並未認真看待制憲後的數十年歷史，大感意外。確實，如歷史學家布魯薩德（James H. Broussard）曾說，史家簡直「經常視這個時代為史學的一灘死水」。[2]布魯薩德在一九七〇年代創立美國早期共和史家學會（Society of the History of the Early American Republic, SHEAR），幾乎隻手重振了史學界對這時期的關注。雖說這時期是「史學的一灘死水」，但其實還是有很多好書、好論述，尤其還有不少傳記書寫革命時代的偉人和凡人。一些龐大的編纂計畫立意印行、出版建國先賢當年的書信、文件，也都進行得很順利。還有些學術著作確實寫得相當出色，例如有一本是研究美國早期白人對於種族問題的態度，還有一本分析了當時的麻州聯邦黨人（Massachusetts Federalists）。[3]不過這些著述卻往往孤軍奮戰，彼此並無連結，因此也未能對那個年代做出整體的詮釋。總而言之，雖說我們有上述提到的種種出版成果，美國早期史的數十年卻少了布魯薩德口中的「組織性主題」；各式各樣的著述滿天飛，但布魯薩德卻不禁感嘆，問題在於「怎樣才能夠將這些著述集合成有意義的整體。」[4]

在一九六〇年代時，「政黨起源」問題曾引起學界的興趣，但是他們仍然沒有著力於彰顯那個時代。諸如錢伯斯（William Nisbet Chambers）、李普賽（Seymour Martin Lipset）等政治學家、政治社會學家並不是真的對一七九〇年代有興趣，而是對政治結構和政黨產生的條件有興趣，他們想要形成一套政治解釋通則，適用於目前的情況。所以在他們筆下合眾國變成了「第一個新國家」（first new nation），聯邦黨人和傑佛遜共和黨人（Jeffersonian Republicans）的衝突則是「第一政黨體系」（first party system）。這種說法形同以實物教學（object lessons）示範五〇、六〇年代那些新興國家和前殖民地國家。[5]這些政治科學家對於以往種種狀況的差異並不敏感，因此他們的作品往往給讀者留下，對一七九〇年代美國政黨非常不符合歷史且時代錯置的看法。

總之，因為對這數十年的建國早期史缺乏全面綜合的理解，致使這段美國史平白蒙受「無趣」與「無足輕重」之冤；不論是教或學，這段歷史竟然成了美國史最乏味的部分。這真讓我不解。[6]

無論如何，一七八九年到一八二〇年代的四十年對於全體美國人而言，其重要性都是立即且明顯的。這個時期不但出了好幾位美國史上最英勇的人物（華盛頓、漢彌爾頓、亞當斯、麥迪遜、傑佛遜、馬歇爾），而且美國的總統、國會、最高法院等政治體制，乃至於兩黨政治、民主政治，也都是這個時期建立的。確實，共和國早期發生的重大政治事件太多了，歷史學家會忽視這個年代實在讓人匪夷所思。

經過一番思考，我認為這個問題是史家自己造成的。一九五〇年代至六〇年代初被稱為歷史寫作的「黃金時代」，在這個時代當道的是以所謂的共識論（consensus interpretation）詮釋美國史。共和國早期歷史之所以失去眾人的關注，即是這個共識論導致的。[7]事實上，二戰之後論述歷史的一些史家不但毀掉了二十世紀前半所創且又當道的綜合研究，而且毀掉後又沒有拿什麼東西去填補。

進步論 vs. 共識論

二十世紀前半，進步時代（progressive era）一代的史家不但對共和國早期歷史的理解有一個全面的基調，他們本身對這個年代也特別嚮往。這些職業史家從二十世紀初的進步時代引申出他們對現實世界的種種假設。進步論史家提出的理解框架雖然是針對整段美國歷史，但他們卻特別感興趣從美國革命到傑克遜時代的共和國早期史。卡爾・貝克（Carl Becker）、查爾斯・比爾德（Charles Beard）、老亞瑟・史勒辛格（Arthur Schlesinger Sr.）、維儂・派林頓（Vernon Parrington）等進步論史學巨擘探討這個年代的種種，總覺得這個年代讓他們感覺最為舒暢。即便像弗雷德里克・透納（Frederick Jackson Turner）都覺得自己的「邊疆論」（frontier thesis）特別適用於美國革命之後那半個世紀。於是共和國早期史自然而然成了競技場，讓進步論史家競相在其中展示他們以進步論詮釋出來的美國史。[8]

這些史學作品認為美國歷史充滿了各種衝突，尤其充滿多數平民（主要是農民）與權貴或企業極少數人之間的衝突。根據這些進步論史家所見，美國革命以及共和國早期的特質就在於這兩種人的拉鋸戰。根據他們的論點，一七六〇年代權貴及商人利益集團開始控制不住平民及激進人士的反抗運動，使得美國後來終於爆發革命。然而，保守及商人利益集團卻在一七八〇年代重振聲威，甚至得以在一七八七年起草新聯邦憲法。比爾德於一九一三年出版的《美國憲法的經濟詮釋》（*An Economic Interpretation of the Constitution of the United States*）令讀者為之譁然，但卻成了進步論詮釋框架的主軸。這派史家認為一七九〇年代延續了漢彌爾頓帶領的商業利益集團，與傑佛遜領導的平民農工之間的鬥爭。

一八〇〇年，傑佛遜當選美國總統，農民大眾的聲勢終告穩固。美國歷史接下來的二、三十年間，只見「普通人」（common man）不斷出頭，舊殖民政權的殘存部分遭到清除，教會與政府脫鉤，投票所門戶大開，至少在南方以外，民眾開始大聲嚷嚷地走進投票所去推翻商業權貴。這場鬥爭最終隨著傑克遜當選總統達到高潮，昭告美國的「革命未竟之業」終於完成。

進步論框架確實力道強大，能顧及各樣史實，多數歷史學生輕易都可以拿來應用。所以難怪不少探討這個年代（尤其是各州歷史）最好、最歷久彌新的專論，都是出自這批進步論史家的門生。他們寫的專論，題目、主題都很像，一概以「從貴族到民主」觀點描述該時期的政治發展。[9]

總的來說，二十世紀的前半，在美國史的寫作方面，進步論典範是當紅的詮釋框架。不過，二次大戰結束之後，這個框架卻開始四面八方受到攻擊，力圖拆解框架的專論數以千計。整個一九五〇、六〇年代，文章專書一篇接一篇、一本接一本，前仆後繼啃食美國史進步論解釋框架的每個部位。在這個美國史寫作非常發達的時期，各種著述經常標示這個時代是「共識史的時代」

（era of consensus history）。強調全體美國人相似、志同道合的共識論，開始取代前此專門探討美國昔日社會衝突的進步論。進步論框架一經毀壞，美國史的每個面向、每個時代無不受到影響，其中以共和國早期史受到的影響最為嚴重。

一九五〇、六〇年代對共和國早期史進步論框架的攻擊，採取的形式是「否定該時代改變的程度」。對於諸多共識論研究而言，殖民時期的美國一點都不是「舊制度」①的社會。由於殖民時期的白人成年男性大約百分之六十可以合法投票，所以當時並沒有進步論史家所假定的高門檻投票權。教會在十八世紀已經沒有什麼地位，因此也不太需要跟政府脫鉤。當時的貴族，若是依照歐洲的標準，也簡直不算什麼貴族，幾無清理的必要。總之，殖民時期的美國人其實沒有多少事情需要他們反叛。他們的革命毋寧是一種心態的調整，是對前一世紀所發生的事情一種認知上的調整。所以，像是托克維爾（Alexis de Tocqueville）後來說的，美國人天生自由而平等，犯不著後來才變得自由平等。於是，在共識論框架下，美國革命變成了一樁「守成」事務，沒有要去改變社會，而是了解社會，為社會背書。[10]

這些美國早期史家重新詮釋殖民時代，另一批史家則是重新評價傑克遜時代。結果是，當年的傑克遜黨人並未像史家所說的有很多事情沒有完成，也沒有過去的史家認為的那麼平等、那麼民主，一八二〇及三〇年代的財富分配甚至比世紀初更不平等。確實，有的研究還顯示美國革命

① 編按：舊制度（ancien régime）原指法國大革命前由上層階級統治的社會，此處用來代指美國革命前的殖民社會。

之後的財富分配比殖民時代還不公平。有的史家甚至倡議傑克遜時代應該叫做「非平民時代」（the era of the uncommon man）。[11]

因此，照他們所說，所謂「傑克遜的民主革命」此等情事實未曾發生。你也看不出民主黨和輝格黨有什麼不同。史學家霍夫士達特（Richard Hofstadter）和哈蒙德（Bray Hammond）都強調兩黨都是一些汲汲營營之輩，不足以代表衝突中固定的哪一個社會階級。[12]至少在北方，似乎每個人都屬於中產階級。照路易斯・哈茲（Louis Hartz）所說，美國人從一開始就是徹頭徹尾的自由主義和個人主義者。他在一九五五年出版的《美國的自由傳統》（*The Liberal Tradition of America*）就是二戰後所謂共識論框架的代表作品。[13]

對於進步典範的攻擊波及到美國史的每個時代，更是蹂躪了美國革命至傑克遜時代這段時期；因為進步論框架的全部心血都投入在共和國早期的幾十年當中。進步論史家相信，進步論框架要是在任何地方都是真確的，那在共和國早期也是真確的。因為這畢竟是歐洲貴族保守勢力理應被最終瓦解的時代，也是美國民主制度首次建立，現代美國自由主義誕生的時代。

然而，如果實際上並非如此，如果當時的美國人其實已經是自由平等的，根本沒有必要上演一場革命，那麼共和國早期這個年代還有什麼意義呢？根據一九五〇、六〇年代共識論史家的看法，這個時期其實並不是什麼形成期，是進步論史家搞錯了。然後，隨著進步論框架的崩塌，他們的史學賴以奠基的共和國早期也跟著變得無足輕重。

社會、文化研究對建國早期史的影響

我在一九七〇年代開始整合共和國早期史的課程，當時已有些人嘗試重新彰顯那個時代，把那個時代當作一個整體看待。曾經有些史家用社會科學的「現代化」概念觀察那個時代。但是和往常一樣，他們應用這個概念時，這個概念在他們社會科學家眼裡也已經快要過時了。所以他們這種做法一出生即告夭折，共和國早期的史學研究照樣還是流於零碎、分散，未能彰顯那個時代有什麼重大的意義。[14]

一九七〇年代的史家探討共和國早期史時遇到了幾個問題，其中之一就是政治掛帥和華盛頓、漢彌爾頓、傑佛遜等多個政治大人物的存在。史家撰寫這些偉人的傳記，記述他們個人的作為，依循這個面向描述共和國早期，卻常常導致讀者對這個時代的了解支離破碎。再者，政治事件和政治體制始終比這個年代本身醒目，有些史家想要在這些東西之外另行論述，卻沒有喘息的空間。美國在當時建立政治體制，另外還發生一次重大的叛亂、幾次危機、重要的選舉，並開始實施司法審核，運用經濟制裁取代戰爭，以及戰爭本身，凡此種種，這個時期多的是各式各樣所謂「頭條事件」（headline events）。確實，若要說美國史上哪個時代政治和外交發生的頭條事件最多，那就非共和國早期莫屬。[15]

但不幸的是，一九六〇年代末、七〇年代初新一代的史家卻不願意碰這些頭條政治大事。他們有興趣的是探討非個人長期性發展（impersonal long-term development）的社會史、文化史。這一類新史學研究的是歷時幾個世代的人口統計模式的變化，以及眾人對「童年」、「死亡」等態度的改變。因此對於新一代的社會文化史學者而言，共和國早期是美國史中最無法接受的一個年代。那個年代發生過那麼多重大的政治外交事件，反而妨礙了社會史跟文化史研究，因為他們想做的不是探討醒目的個人或全國性選舉，而是掃描一個數十年之久的年代，做出統計匯總數字，探討眾人長期的心態。殖民時期沒有什麼頭條事件，也沒有總統、國會選舉，共和國早期卻盡是這些東西，實在難以吸引這些社會文化史家。

然而，最終卻還是社會文化史家幫忙拉回眾人對共和國早期史的興趣。他們率先用最全面的觀點看待革命時代，開始把當時為止仍然互為斷代的殖民—革命時期與共和國早期銜接起來。他們在一九七〇年代末以及整個八〇年代寫了很多社會文化史書，論述的範圍在年代上從十八世紀中葉或最後四分之一，一路來到十九世紀的前數十年。這些令人深刻的著作主題廣泛，包括婦女與家庭、新興行業、學徒制式微、統計學興起、創立公立小學、飲酒風行、工匠養成、資本主義出現、城市亂民的變化、土著印第安人的感受、奴隸制度及反奴隸運動的發展、郵政體系出現等等。舉個例子，他們的法學研究興趣不在最高法院馬歇爾時期的判例，而是社會和法律長期的關係。確實，再怎麼看似沒有意義的題目，譬如一七五〇至一八四〇年俄亥俄州的木屋建築（log construction），只要存在的年代夠久，在他們看都值得寫成歷史。[16]

這些社會文化史家，連同美國早期共和史家學會以及《早期共和期刊》（*Journal of the Early*

Republic）的成立，不但把共和國早期扭轉成美國史撰述上最激動人心、最有活力的領域，而且還制定了新的年代標示法，譬如「一七五〇至一八二〇年」、「一七八〇至一八四〇年」等等，根本不理會甚至是超越傳統用重大政治事件註記年代的做法。[17]從他們這種視野比較寬廣的觀點來看，美國革命只是一樁政治事件，呈現出當時美國社會及文化廣泛的變動，而這些變動歷時長達十年以上。我後來認為他們這種年代標示法其實是美國歷史撰述學（historiography）一次根本而正確的變革。

這種年代標示法確實大大影響了我對早期美國的理解，從此我對美國革命開始有了新想法。我不再認為美國革命是侷限於一七六三至八七年的政治事件，而是具有重大文化及社會意涵，至少從十八世紀中葉綿延至十九世紀前二、三十年的政治事件。

我開始研究及教授殖民時期和共和國早期至傑克遜時代的美國史之後，才發現這兩個時期在政治、社會、文化方面彼此差異竟然這麼大。我從此開始相信一七六〇至一八二〇年間所發生的變化，其實不只一九五〇年代共識論史家所認可的那些；或許上一代的進步論史家對於美國革命及其後果的詮釋多半才是正確的。對我而言，殖民時期的社會會比共識論史家所認為的更像「舊制度」社會。那個時代當然不完全是進步論史家所描述：階級嚴明、投票權受法律限制、有著富有而巧取剝削的商人的社會，但也絕對不是托克維爾筆下那種自由平等的民主社會。

對我而言，殖民時期應該是階層、家父長制的社會，由上而下縱向組成，而非橫向構成的平面組織，倚靠近親和庇護—侍從關係（patron-client）來維繫。這種傳統、階層、小規模的十八世紀社會，革命後有幾個倖存下來，但為數不多，至少在北方不多。一九七〇、八〇年代新的社會文化研究，尤其是經濟發展方面的研究，會特別強調這種革命前的舊貴族社會與十九世紀出現的平民商業社會，兩者差異極大。根據針對十八世紀中葉新英格蘭農家所做的研究顯示，他們的行為舉止、想法觀點幾乎和中世紀一樣，他們的社會是家父長制，關注的是繼承和親屬關係，與共和國早期那種的資本主義社會完全不一樣。如此看來，美國恐非天生自由，而是革命後的數十年間才開始變得自由。[18]

有了這種新理解，我便開始想要陳述十八世紀中葉和十九世紀前二、三十年之間的差異。而事實上，我希望精進過去的進步論框架，建立一個較為精確、精密、細膩的解釋。上一代進步論史家用他們的框架解釋當時發生的社會衝突，現在我想找回這些社會衝突——不盡然是進步論史家強調的那種衝突，但仍然是一種社會衝突。如此一來我的主題就變得跟進步論史家的主題一致，這個主題就是「從貴族到民主的轉變」。

既然要追求精進的進步論框架，我就想從兩個方面改善這個框架。首先，我想要強調理念（ideas）在歷史進程的重要性。進步論史家因為專心致志於探討經濟等各種利益，所以一直貶抑這個東西。第二，我要避免他們的史學中所在多有的偏頗。這種偏頗是因為他們一直想為自身時代的分裂尋找前例。

「理念」在歷史進程的重要性

我在本書第一章〈美國革命的修辭與現實〉指出，進步論史家通常都認為理念是人為操縱的東西，是一種合理化（rationalizations）或宣傳，同時附帶掩飾一些在背後起決定作用的社會現實。我認為他們這樣看待理念是不對的。我不否定背後的社會現實的重要，但在我撰寫的歷史中，我想給予理念的意義一個適當的位置，避免困擾史學界的兩極化（polarity）現象。史家羅傑斯（Daniel T. Rodgers）就曾經提醒過我們，長久以來史家間的爭論，很多都是「自反二元性的，例如說理念 vs. 行為，修辭 vs. 具體生活現實；一邊是宣傳和玄虛（mystification），另一邊則是真實的東西。」[19]我想要避免這種謬誤的二分法，同時從智識和社會兩方面，看待美國革命以及憲法制定的過程。換句話說，我要看的是事件的整體。

我寫文章時經常探討理念，但是我從來不認為理念可以用來解釋社會變革的驅動力。一九六六年，我發表〈修辭與現實〉（Rhetoric and Reality）一文，文中我想要釐清，我從來就不相信像美國革命這種重大事件可以完全用參與者的理念來解釋。理念很重要，但是作為人之行為的「原因」，絕不應該放在經濟利益的對立面。大衛·休謨（David Hume）認為「情感」（passions）——而非理性，才是統御人的行為主要的因素。我的看法和他一樣。布林（T. H. Breen）在他近年探討美國革命的一本書也強調這點。他說，美國革命的先賢當然有一些理念，「但這些理念卻是當下的情感推動的，全部都經過恐懼、憤怒、怨恨之情而放大。」[20]

事件之所以發生，背後總是有超出理性的力量在推動。我經常在我的作品中指出這點。我的第一本書《美利堅共和國的創建，一七七六至一七八七年》（*The Creation of American republic, 1776-1787*）有部分篇幅就是討論「輝格派的怨恨」（Whig Resentment），在後來的著作裡，我一直強調諸如人口統計、經濟和社會變遷等結構性的力量，在解釋理念的各種表現（包括定期爆發的宗教狂熱）方面，有根本的重要性。

我的著作很多都致力於探討理念，理由純粹是因為我覺得探討理念比論述經濟行為來得有意思，而不是因為我認為理念是比較重要的事件起因。因此，譬如在本書第四章〈制憲中的自利及無私〉，我就倡議在憲法制定的過程中，各種經濟利益可能具有關鍵的重要性。

解釋人的行為是非常複雜的事情。要解釋人的行為，「原因」這個概念幫不了什麼忙。事實上，我曾經在本書第三章〈美國革命中的陰謀論〉中指出，要把「原因」概念應用在人的行為上，縱非不可能，也非常困難。人的行為並不是理念「引發」（cause）的；就算是，史家也永遠無法證明。史家最多只能援引許多表達了一些理念的文件，強調歷史事件的參與者要是說他們的行動是出於共和主義（republicanism）或公益（public good），史家就相信他們說的時候是真心誠意的。但如果碰到二十世紀史家像是比爾德、納米爾（Sir Lewis Namier）等務實的現實主義者，他們就只會心知肚明的笑一笑，認為這些史家未免太過天真，怎麼會對「真實的」人類經驗世界這麼無知，還相信理念會引發人的行為。確實，吾人於二十世紀發展出來的人類行為心理學、社會學全都告訴我們，現實主義史家才是對的；若還要相信一些人嘴上說的「無代表，不納稅」、「奉獻國家」等信念真的是推動其行動的動機，這種頭腦簡單的看法絕對沒有說服力。幹練的現實主義史家告訴我們的總是另外一回事。若是借用納米爾的話，這些現實主義者會告訴我們：「重要的是背後的情感、音樂；相較之下，理念不過就是歌詞，而且還是寫得很差的歌詞。」

然而，儘管像這些現實主義者或說唯物主義者（亦即進步論史家）所說，理念不會「引發」行為可能是對的，但卻不能從這句話導出「理念本身不重要」的結論，從而認為理念對行為影響不大，甚或根本沒有影響，或視之為只是偶然在人的經驗中產生作用的「因素」（factor）。理念如果不重要，我們就不會花那麼多時間和力氣為之爭辯。依我所見，我們可以承認現實主義或唯物論史家，「人一切行為背後都存在情感和利益」這種立論，但不必因此排除理念所扮演的角色。理念就算不是人行為背後的動機，至少也始終在為我們的行為「伴奏」。沒有理念、沒有話語，就沒有行為。理念和話語賦予了行為意義。人的所作所為，幾乎無一樣我們不賦予其意義。這些意義構成了我們的理念、信念、意識形態，以及集體的文化。過去數十年來，我們早已從「語言學轉向」（the linguistic turn）和「文化轉向」（the cultural turn）認識到，我們必須藉由心智才能夠對經驗進行排序（ordering）。

菁英思考（elite thinking）和庶民思考（popular thinking）在我們的經驗排序中是同一件事情。所謂文化轉向對近代歷史撰述學有諸多重大貢獻，其中一項就是將高等智識生活（high intellectual life），即所謂「經典文本」（classic texts）帶入到通識文化（general culture）這一層次。我們發覺，只要把洛克、孟德斯鳩、麥迪遜這一類人的思想和文本脈絡徹底追索清楚，你將會發現他們傳達的理念其實就是源自他們當時當地的文化，和當時當地的文化有極大共鳴。他們講的那些東西，並不是沒有人講過，只是不如他們講得那麼好、那麼尖銳，能說服人。這些東西如果不是當時當地文化、社會的產物，並且直接訴諸於那個文化、那個社會，他們的話就會被人忽視，沒有人要聽。比他們早一些時候，例如十八世紀前半的思想家維科（Giambattista Vico）就是這樣。換句話說，菁英思想家其實只是當地文化中更加通俗的思考者的精煉延伸，他們的思想和一般思考者一樣，都必須放在當時的文化社會脈絡來理解。

文化和社會是分不開的。人的行為是件完整的東西，其中包含我們所賦予的意義或理念，所以我們的理念只要離開社會環境或某種經濟行為真實世界，就不存在。因此，譬如美國革命或制定憲法這樣的事件，如果我們想把該事件的歷史詮釋切割為「意識形態」觀點的解釋、「經濟」觀點的解釋，可說是相當不智。我們的經驗中一定有理念，是我們藉以覺知、了解、解釋、判斷、操縱自身行為的手段。我們會賦予自身行為意義，這個意義又構成我們的社會結構。理念或意義不但使社會行為可以理解，也使之可行。如果我們的行為無意義，如果我們沒有找到一些話語來辯護、正當或解釋我們的行為，我們就無法行動。

當然，我們也不是隨時想賦予自身的行為什麼意義就賦予什麼意義。進步論史家就搞錯了這點。他們認為理念很容易操縱，但其實不然。理念也不只是宣傳。人不可能兀自製造一些新話語或新語言來辯護和解釋自己的行為。我們所用的話語、我們賦予自身行為的意義，都是公眾的話語、公眾的意義，不但要由當代文化中的社會成規和現有規範性語言來界定，而且也受到其限制。譬如說，我們的社會都高度評價「民主」，所以每逢什麼行動有爭議但我們又想推動時，我們就會為那個行動貼上「民主的」標籤。我們賦予它「民主」這個意義，但如果我們無法說服大部分人接受這個意義，那麼那些反對我們的行動或行為，說我們「不民主」的人就贏得了這場思辨，然後我們也會受到抑制，從此不再有不民主的行為。

前面說文化（我們所能運用的「意義」的集合）既創造行為也限制行為就是這個意思。文化強迫人用它的詞彙描述人的行為。我們給自己下定義，賦予自己意義時皆不得任意搞怪，必須在某個程度上文化能夠接受，是文化的一部分才行。所以人的活動唯有在公開時才有意義，因為此時才會依循社會成規及價值傳統。所謂「自由的」、「暴虐的」，所謂「民主的」、「貴族的」，都是由意義的文化結構來決定。

我們的智識生活是由許多掙扎構成——掙扎著要讓眾人接受我們的經驗所帶來的不同意義。事實上這就是想要改變文化。但這其中的賭注實在很大，因為我們若是無法賦予行動以意義，無法構思，給予理由，使之正當化，並說服他人接受，在某種意義上我們就做不來那個行動。文化上允許什麼，會影響社會允許什麼、政治允許什麼，所以理念儘管可能不是行為的動力（背後的利益和情感才是），卻會影響同時限制行為。理念顯非只是上層結構（superstructure）或偶然現象（epiphenomena）。[22]

確實，一旦某個新理念被表達出來，很多人也合理接受了，這個理念就會催生出新的行為，有時還會催生出大家意想不到的行為。漢彌爾頓曾經在《聯邦黨人文集》（*The Federalist*）第七十八號倡議，法官不只是州立法機關的一員，而且也應該是人民的代理人（這點我會在本書闡述）。他當時這樣說其實只是想為司法審核找理論依據，但卻有人拿著他這項倡議立即開始動作。結果沒多久就有一些論辯家開始主張，既然法官是人民的代表，那他們就必須由人民選舉出來才對。後來到了傑克遜時代果然就開始這樣做。時至今日，美國已經有大約三十九個州會用他們自己的制度選出法官；這點我在一篇探討美國憲政的文章已有指陳。像這樣的發展，漢彌爾頓最初倡議時根本難以想像，而且恐怕也會大為驚駭，不過事情就是由他開始的。我們努力讓新的行為產生意義時，常會衍生各種預料之外的結果。

一七八七至八八年間聯邦黨人所提的論據就發生了這種情形。當時的聯邦黨人一方面要為他們強大的新國家政府辯護，一方面也要面對美國人根深柢固對遠方的集中式權威的恐懼，以及傳統上「共和國必須規模小而同質」這種理論；這個任務非常艱巨。他們爭論上的對手，即反聯邦黨人（Anti-Federalists，會給他們強加這樣的名號，顯見聯邦黨人論戰的效力）認為當時制定中的憲法是一份屬於權貴、不民主的文件，目的是要抑制人民對政府施加壓力。他們有很多證據來證明自己這種立論。換句話說，他們從過去輝格派在英帝國的經驗承接了不少「意義」。輝格派在英國的經驗使遠方的集中式權威顯得十分危險，也使人有充分理由相信制定中的憲法，將鞏固菁英對大眾自由的威脅。

聯邦黨人如果要制止這一切想法，讓人民相信新的大聯邦政府是徹徹底底的共和主義，不會危害公民的自由，就必須為昔日那些舊話語找到新意義，而非斥責長久以來一直存在美國人心中關於權力及自由的輝格派經驗。於是，後來在是否批准這部憲法的爭辯中，聯邦黨人用了新的手法運用昔日「權力分立」這個觀念，將「主權」傳統的意義做了一次創新的扭轉，把它交給了人民。然而，聯邦黨人原本是想利用前一個十年的辯論中出現的民主及通俗修辭，來為憲法創造出的權貴和擴權的共和國辯護，但是後來產生的結果卻完全出乎他們的本意。他們對人民主權（popular sovereignty）的讓步以及諸多新的民主觀念現在全部都擺上了檯面，開始任由大家取用和運用。反聯邦黨人在這場憲法戰爭或許失敗了，不過到了下一個世代，他們卻在這個新國家的「國家性格」之爭取中得了勝利。

面對一七八七至八八年間美國憲法的本質是「權貴」還是「民主」之爭，史家應該做的不是判定何者「正確」或何者「真實」，而是解釋這兩種意義存在的原因，以及各方為何會想要賦予該部憲法各自的意義。一七八七至八八年間，美國憲法並不具備什麼「正確的」或「真實的」意義。聯邦黨人或反聯邦黨人能夠說服美國人相信什麼意義，憲法就有那個意義。正是因為這樣，所以憲法辯論才那麼重要。

我希望我們能夠避免兩極化的詮釋，不要拿「意識形態」的東西去和「經濟的」東西做比較。我們的史學界似乎患有這種毛病，不知道要盡力從其整體，從上而下，也從下而上，解釋過往事件。當然，過往非常複雜，史家對於過往的認知始終都不可能一致。現代的我們對於美國革命的起源以及憲法的制定所知當然較比爾德來得多，也比一些進步論史家多，但是任何一個史家都不可能無所不知，所以我們對建國大業等過往重大事件的解釋一定也不一樣，因此爭辯也永遠不會停止。

以今非古的謬誤

除了強調過往行為中理念的重要之外，我還希望自己的修正進步論解釋途徑在詮釋美國革命及共和國早期史時，能避免我所認為的黨派偏見和片面性。進步論史家的偏見來自於他們二十世紀初的經驗。他們非常厭惡當時的一些大公司和「強盜式貴族」（robber barons）對農民和工人的壓榨，很自然就轉而對漢彌爾頓和聯邦黨人存有成見，認為他們就是現今這個卑劣商業世界的先驅。所以他們也轉而把傑佛遜視為英雄，說他領導當時民主共和黨所有的平民工人對抗一九二〇年代史學家包爾斯（Claude G. Bowers）所說的：「那些有錢有勢的人和他們的長工；你簡直聽得見商會在他們客廳裡對物質主義一片讚賞之聲。」[23]不幸的是，我們的歷史撰述有太多總是這樣大而化之的選邊站，根據現在的議題粗魯地解讀過去的歷史。

事實上，我們的「現在」當然和一個世紀前的「現在」不一樣。很多學者如今心裡還是存有「對有錢有勢者進行階級鬥爭」這種想法，然而在很多情形下，他們的反資本主義關懷卻已經被種族及性別議題取代。這點已經改變了許多史家看待共和國早期史的觀點。他們雖然依舊認為聯邦黨人和共和黨人是相互競爭的，不過他們的偏見卻換了邊。例如說傑佛遜和南方一些共和黨領導人都蓄奴，所以很多現代的史家觀點也跟著換到另一邊，以呼應我們今天政治和文化的要求。當今大部分史家固然還是厭惡企業家和商人階級，但是對蓄奴者和種族歧視者卻厭惡更甚。

再者，由於聯邦黨人大部分都是北方人，反對奴隸制，所以在今天的學者心目中地位也隨之驟然升高。[24]很多學者都認為當今社會反自由和狹隘的民粹主義橫行，所以聯邦黨人當時的菁英主義看起來就沒有那麼糟。近現代有些史家認為，聯邦黨人雖然盡是一些權貴，不過至少「比傑佛遜黨人願意讓婦女進入政治程序」。的確，聯邦黨人的「保守菁英主義」在性別及種族議題上，就是比傑佛遜的民主共和黨顯露出「比較和善的面貌」。因此這些史家得到結論：「聯邦黨人鼓勵婦女遷居西部，認為那裡有家庭的存在可以反制野蠻的邊疆人（frontiersmen）。他們呼籲公平對待印第安人，禁止奴隸制度散播到該地區。」但是後來「聯邦黨人的願景被新的民主秩序挫敗，預言了婦女、印第安人、非裔的低落地位。」然而，傑佛遜共和黨人的名譽在現代受到的最大傷害應該是說他們提倡「最小化政府」（minimal government）。有些學者認為他們這樣做主要是因為要維護奴隸制度，而聯邦黨人則是反過來服膺「必須要有政府才能保護弱者」這個理念。[25]

就像這樣，每一代的史家都會在革命及共和國早期找到契合自己政治、文化需求的東西。這或許可以理解，但也很可悲。「現在」非常強大，輕易就可以壓倒並扭曲吾人對過往歷史的解釋，我們史家一定要隨時提防這點。史家活在現在，涉足過往歷史時當然不可以也不應該忘記自己是活在現在。史家若是古物收藏者，就理當耽溺於過去，但史家不是。確實，對於所論述的對象，史家的觀點必須和過去的史家不同，才有可能重建歷史。「現在」的重要性在於激發歷史探究以及史家要向過去問些什麼問題。著名的歷史學家伯納德・貝林（Bernard Bailyn）曾說過：「（史家）永遠都需要從過去提取和當代問題的某種關聯，亦即要給作者所在時代的一些訊息、評論、指導；另外還必須看到過去映現出如今的某些熟悉面向。」不過，貝林說要是沒有「嚴格控制」，這種需要將會「明顯產生一種唯今觀點（presentism），最壞的情況就是成了以史為鑑的灌輸式教育。」[26]

然而近現代史家對於美國革命及共和國早期的研究，有很多卻看不到這種「嚴格控制」。我們如今偏愛種族、性別議題，有時候就會錯誤呈現那個時代。這就好比比爾德他們那一代進步論史家因為偏好平民，厭棄商業利益，所以錯誤呈現了那個時代一樣。我們以為，進步論的歷史撰述這種誇張的做法（現在的史家大部分都同意他們確實如此）本該讓今天的史家有所警惕，不要再犯那種錯誤（依據現在的議題解讀過去的歷史）才對。由現在激發對過去的問題是一回事，讓現在塑造並控制史家在過去發現了什麼，卻是另外一回事。[27]

我不認為史家要在過往的競爭者之間選邊站，不論那是反聯邦黨人vs.聯邦黨人，還是共和黨人vs.聯邦黨人。在我看來，史家的責任在於解釋各方競爭者為什麼會有各自的想法與行為，而不是判定孰是孰非。

對於過往史實，我們只要超越這種黨派觀點，了解過去的人不知道自己的未來就如同我們現在不知道自己的未來一樣。然後，只要我們能夠用他們的話語理解他們，而不是用我們的話語，我們就會獲得一種客觀得多的歷史觀點。如此，我們就能夠比較完整地體察開國元勳他們那一代人抱持有多少幻想。他們有不少人很厭惡政黨，但政黨無論如何就是一一出現。他們有很多人認為他們的社會不久就會變成歐洲型態的社會，可是沒有；至少在十九世紀前半，他們的社會並沒有變成歐洲型態的社會。當時很多人都相信奴隸制早晚都會自然夭折、凋零殆盡。但是他們其實再錯誤不過。他們還認為西部很快就會安定就緒，印第安文化會得到保護，並且如同他們此前在新英格蘭保護了當地的原住民一樣，阿帕拉契山西麓的原住民也不會消失。

他們對未來存有很多幻想，我在本書第九章〈美國歷史上的「尷尬」時代〉有討論到這一點。一直到一八二二年，傑佛遜依然還在想說「目前活在美國的年輕人，沒有一個死的時候不是一位論派（Unitarianism）的信徒。」[28]什麼？一位論？他到底在想什麼？他怎麼不睜眼看看當時正是福音派衛理公會（Methodists）和浸信會（Baptists）蓬勃發展的時代？

傑佛遜聰明又博覽群書，但如果像他這樣的人都對未來存有幻想，我們這些人又何能免於對自己的未來存有幻想？不過這正是歷史研究的要點。我們必須了解自己也有幻想，只差一個我們不知道那是什麼幻想。了解這點，我們才能免於對過去的人產生傲慢之心，認為自己比他們優越。也許每一代人都有幻想，只是每一代人的幻想都不一樣。歷史就是這樣一代一代前進，每一代人都戳破前一代人的幻想，但又揑造自己的幻想。

這樣子看待過去，就會明白有多少人既是歷史進程的被害者，又是其推動者。我們將會明白過去的人確實受制於自己不了解、甚至不知其存在的各種力量，譬如人口移動、經濟發展、大規模文化模式等力量。過去的參與者有其自覺的意志及意願，但背後也有種種限制其行動、塑造其未來的狀況。了解這兩者的緊張，歷史的這場戲（其實是悲劇）就會呈現出來。研究歷史如果能夠讓我們明白什麼事情，那就是讓我們知道生命的侷限。如此，我們應該就會懂得謹慎和謙卑。

第一部

美國革命

The American Revolution

第一章　美國革命的修辭與現實

如果要用一句話來形容這一代史家對美國革命做的研究工作，那也許就是「將美國革命視為一場智識運動」[1]。這是因為在美國革命史的撰述方面，我們如今所在的階段完全是以那些革命家的思想，而非他們的社會、經濟利益作為研究分析的焦點。像這樣著重於「理念」的探討，其實並不是什麼新做法，而且我們想要理解美國革命的嘗試，事實上幾乎從一開始就都已經具有這個特點。在塞謬爾．莫里森（Samuel Eliot Morison）和哈羅德．拉斯基（Harold Laski）筆下，這個時期是西方政治思想史最為豐碩的時期，僅次於十七世紀那數十年的英國革命時期；因此，歷史的撰述無論在哪個階段，都不可能對此時期出現的種種理念略而不顧。[2]

不過，始終很吸引史家的，並非只是這次革命本來就很重要的理念——那些「偉大的自由原理」。[3]除此之外，美國革命本身的性質很不尋常，一些情形乍看下難以理解，一直需要被解釋，這也迫使所有美國革命的詮釋者（包括參與者本身），不得不著重於其明顯的智識性及其在西方歷次革命中的獨特性。二十世紀前半葉曾經有種做法主導了歷史寫作，那就是詮釋者極力想要貶低美國革命出現的種種理念的重要性。若將前述這種做法放在美國革命史撰述學（Revolutionary historiography）脈絡下來看，如今已成為一種異常，是一種以社會經濟決定論解釋美國革命的短暫偏離正軌。史家從這種詮釋方法撤退至今已有二十多年之久。大約從二戰結束後，我們開始目睹史家重新堅認信念（beliefs，尤其是表現於憲政原則的信念）在解釋美國革命的獨特性方面具有重大的意義。美國人的思想和原理藉由心懷理念的史家之手，終於收回了前一代關注物質主義的史家在社會結構中尋找的解釋力（explanative force）。

確實，我們重新開始堅持理念在解釋美國革命方面的重要性，這樣的堅持如今已達到前所未有、最完整而精密的程度；相較之下，前一代行為論史家（behaviorist historians）那種社會經濟的取徑就更加顯得異常。然而詭譎的是，也許正是因為對美國革命諸般理念之解釋力的執著變得這麼強烈、精進、性格鮮明，上一代史家原已失效的社經取徑反而又開始顯現吸引力。換句話說，我們在美國革命史的寫作上可能已經來到理念論（idealism）和行為論（behaviorism）相會的關鍵時刻。

為什麼會發生革命？

率先描述美國革命特殊性質的，其實是革命先賢自己。歷時三十年的革命行動結束之際，他們自己總結說，美國革命不是「常見於對政府革命、且引起公眾矚目的顛覆法律的事件。」這場革命看起來不像典型的革命，所以它的力量及動能源自何處也顯得難以理解。「別的革命是遭受那些危害社會重大力量者的壓迫，自由遭受侵犯，才拔劍而起。」[4]但美國革命根本不是這樣。驅使人民起來革命的，常常是傳奇般的暴政，但美國革命沒有這種東西。當時的美國人沒有受到壓迫，沒有帝國腳鐐要卸除。事實上，十八世紀的美國人知道自己比其他任何一個地方的人類都來得自由，身上也沒有那麼沉重的封建君王枷鎖。對於美國革命的受害者托利派（Tories）而言，這場革命實是難以理解。丹尼爾．雷納德（Daniel Leonard）就說，歷史上從來沒有一個時期有這麼多「沒什麼真正原因」的叛變。彼得．奧利佛（Peter Oliver）也說：美國革命是「曾經有過最恣意且不自然的叛變。」[5]當代美國人對刺激的反應未免超乎比例，當時客觀的社會現實不足以解釋革命為何會發生。

然而，沒有一個美國人會懷疑美國曾經有過這場革命。既然不懷疑，那要如何辯護？如何詮釋呢？如果美國革命「沒有那些讓昔日歷次大革命蒙羞的瘋狂混亂行動」，不是典型的革命，那是哪一種革命呢？假使美國革命的起因不在於人的情感和利益，那是從哪裡起頭？從什麼事情起頭的呢？這些美國人事後回顧他們經歷的一切，唯一能做的只有驚訝於當時那些人要跟英國分手，但卻表現出「充分衡量各種選擇之後所顯示的理性、節制」，一場革命「沒有暴力或動盪不安」，這實在很了不起。[6]這場革命像是一件攸關心智的事情。即便是潘恩（Thomas Paine）和亞當斯這兩位很不同的輝格派（Whigs），對於他們曾經大力促成的這場革命，也認為它涉及很多理念，是一次「心智測驗」，是「人的心智和情感」的一次變化所產生的結果。[7]當時美國人很幸運的地方在於他們出生在對「政府」及「自由」原理最了解的時代。他們已經懂得「界定自然權利，懂得探索、分辨，理解人身、道德、宗教和公民自由原理。」簡單說就是，他們已經知道要事先發覺暴政之力，進行反抗，以免其遂行。歷史上從未有人這樣「單單用理性思考（reasoning）就完成了革命」。[8]

美國人「生而為自由的子嗣」[9]，起而叛變不是為了追求自由，而是為了維護已有的自由。美國社會的發展已經和舊世界的社會不一樣。一七九四年，塞謬爾．威廉斯（Samuel Williams）寫道，早從十七世紀建立第一批移居地開始，「每件事都在產生自由，都在建立自由精神。」歐洲那些純理論哲學家還在殫精竭慮確立自由第一原理之際，美國人早已天天都在體驗自由。威廉斯說，美國革命融合了啟蒙觀念和美國經驗，因此基本上是智識性和宣告性的革命，向「全世界解說這番事業，證實自然和社會業已產生的東西。」「一切都是理性的結果……」[10]美國革命已然發生，但不是爆發一連串事變壓垮社會結構，而是以一系列新思想、新理念證成那個社會結構。

美國革命的參與者自己認為這場革命十分殊異，是場智識性的革命。驅動他們如此看待美國革命的邏輯，同樣也是驅動摩西・泰勒（Moses Coit Tyler）的見解的邏輯。十九世紀末，泰勒如此描述美國革命：「這場革命絕大部分都是由理念引發，依理念移轉。」泰勒本來就認為所有的革命都有理念在其中扮演一角。不過在大部分的革命中，例如說法國革命，只有在社會現實追趕上來，眾人長久體驗到的「真實邪惡」給予理念意義和力量，大家才會覺察到理念，並據此採取行動。但是泰勒說美國革命不一樣，美國革命「不是針對已有的暴政，而是預期中的暴政。」美國人並非已經受苦了才揭竿起義，而是根據理性分析的原則才起兵造反。「所以，比起大部分的革命鬥爭的時代，我們的革命鬥爭時代打的是理念的戰爭，是政治邏輯的冗長戰役，是年復一年一連串論辯的集結優先於軍隊的集結的戰役，這些辯論對最終的結果更有深刻的影響。」11

進步論史家的社經詮釋

十九世紀末發展出上述這樣的史學脈絡，不斷地（有時是不知節制地）強調美國革命的理念性。但這樣就特別凸顯了進步時代對美國革命所做詮釋的激進性。因為進步論史家在撰寫美國革命史時，根據的總是社會和經濟解釋取徑，不認為理念是重要的成因。這批史家無法倖免於二十世紀前半葉對理念有所質疑的總體智識氛圍。他們吸收馬克思和佛洛伊德所傳播的思想，以及行為論心理學家的種種假設，把理念當作意識形態或合理化（rationalizations），認為這種合理化掩蓋了真正決定社會行為的利益和驅動力。在過去一段滿長時間裡，哲學家似乎一直具體看待思想，把理念從產生理念的物質環境區分出來，賦予獨立的意志，使其以某種方式獨自決定了事件。[12]比爾德在他一九三五年版《美國憲法的經濟詮釋》的導論就指陳說，過去的憲法史家總是假設理念是「獨立於經濟名目下一切俗世考慮之外的實體、特殊性和力量。」但比爾德的目標，以及他當代許多人的目標，卻是要將歷史思考置於過去革命史家大半都忽視的「經濟衝突、壓力、緊張等真實情事之下。」[13]他這個目標的產物，就是後來一兩個世代美國革命史的寫作（他自己就是最有名的代表人物），都力圖以社經關係及利益（而非理念），來解釋美國革命和憲法制定的過程。[14]

不過奇怪的是，歷史詮釋途徑這樣的反轉，卻沒有毀掉老一派史家對理念所持的概念。就如馬克思說的，他只是想把黑格爾的頭放在正確的位置，但並沒有想砍掉他的頭。理念作為一種合理化，作為意識形態，都還是定位在與利益對立的明確實體，只不過因為缺乏深層的因果意義，所以成了遮蓋底下決定性社會現實的上層結構。因之，只要把理念放在適當的位置，依舊可以是歷史研究的主題；理念本身確實很有意思，但是實際上在事件的發展上並不是很重要。

卡爾・貝克就對理念很有興趣，但即使是他，也從未認為理念真的是事件的決定因素。他很迷理念，但他之所以喜歡研究理念，是因為把它當作上層結構來看，研究此上層結構的一致、邏輯和清晰性，還有人怎麼形成觀念、把玩觀念。照他在《獨立宣言：政治理念史研究》（*Declaration of Independence: A Study in the History of Political Ideas*）書中所說，美國人的政治理論有一種不真實、甚至是虛幻的性質，彷彿理念是供殖民地居民以最機巧的手法運用的精良工具。他說，獨立宣言整篇都在算計效果，主要的目的在於說服一個不知情的世界：殖民地有合法且合乎道德的權利可以脫離英帝國。對英王的嚴厲指控並非源自什麼難以揣測的情感，而是發明出來、捏造出來的，目的是為另有其因的叛變辯護。對於貝克而言，人從來不是自身思想的受害者，而是主導者。這些理念是一種法律上的案件摘要，「從一七六四到一七七六年，殖民地居民就一直按照自己的需要，一步一步修改他們的理論。」[15]一九〇九年他有一本行為論觀點的著作探討革命時期紐約的政局，如果認真的看，就會發現其中的假設和一九二二年探究獨立宣言政治理念的這本非常接近。

將關於理念的本質的類似假設導入美國革命的研究之後，貝克當代的一些史家進一步揭露了這些假設的影響。他們檢查那些革命先賢全部的思想，無法不驚異其中普遍吹噓誇大、處處鑿痕的性質。那些革命先賢表達的理念總讓人覺得非常膨脹，像是托利派都是「可憐的受僱者，可惡的弒親者」；英王喬治三世是「人世間的暴君」、「人身怪獸」；英國士兵是「貪財淫亂的盜匪」，總想要「把自己勇敢但愛好和平的同胞開腸破肚，用他們純真的血清洗大地。」[16]如此對現實的明顯誇大，實在令人難以當真。這種恣肆無度的話語完全像是算計下的欺騙，至不濟也還是明顯扭曲事實，目的是要煽動並製造革命熱情。由是，進步論史學的泰斗亞瑟・史勒辛格（Arthur M. Schlesinger）就寫說：「這樣把英國的政策汙衊為暴政、壓迫、奴隸制度，至少在

《不可容忍法案》（*Intolerable Acts*）①立法之前，根本不太是容觀的現實，如此一味指控維持了高亢的情緒。」17

是的，這些理念看起來如此洋洋灑灑、如此誇大，致使史家問的不再是這些理念是否成立，而是人們何以如此表達理念。真正耐人尋味的不是這些理念的內涵，而是其作用。那些革命修辭，那麼多討論愛國原理的講道、小冊子、文章最宜當作「宣傳」來檢視；也就是說，這些修辭最適合視為煽動者彼此議定的自覺行為，目的是要操縱、形塑公眾意見。進步論史家認為美國革命是少數階級決心要促進某種社會經濟利益的運動，所以「宣傳」這個概念在他們對某種革命共識（revolutionary consensus）的詮釋上就很關鍵。少數煽動者運用理念激發仇恨，影響公眾意見，並且至少製造「團結的表象」，其影響力和他們的人數完全不成比例。美國革命因此變成操縱公眾意見的技巧的展演會。事實上，史勒辛格寫說：「歷史上從未有不滿的要素如此堂而皇之的奮起。」18

理念因此成了思想的包裹，被放在能發揮最大好處的地方運用。當然，這種宣傳不盡然都是假的，但永遠可用於操縱。菲利普．戴維森（Philip Davidson）曾說：「提議是真是假，行動要公開還是隱密，都是由宣傳者決定。」顯然，理念可任人發揮或克制，可以隨意；人控制自己的修辭，沒有控制利益那麼難。宣傳無論具有什麼重要性，與社會現實的連結都很薄弱。既然人可以如此自覺性地管控理念，輝格派實際上就沒有表達什麼有意義的事情，只是為求效果而一味裝模作樣和誇大其辭。戴維森認為，這些美國人說的話不能當真，必須視其為為了某種隱密的利益而做的修辭性偽裝。即便是界定清晰、經典的自然權利哲學，在戴維森看來，也變成「宣傳者為了保護自己的既得利益而做的合理化。」[19]

拿理念當武器使用，這個概念既經別有用心的宣傳家巧妙發揮，革命先賢的思想就難免隨之蒙汙。言下之意，革命先賢已變成偽善的煽動者，「視情況變化，隨時機敏調整自己的論據。」他們的政治思想因此顯得既不一致、又不甚重要。史勒辛格早期在概述他的詮釋時說：「反對國會的黨派的政治理論闡述起來，最多是在述說他們從一個戰略位置撤退到另一個位置。」由此顯然可見，隨著每次立場被揭發，一站不住腳，輝格派就輕易從辯護特許狀所賦予的權利，轉而辯護身為英國人的權利。總歸一句，史勒辛格下了結論，如果把美國革命視為「針對抽象政府權利所進行的法醫式弘大辯論」，這場革命將永遠難以理解。[20]

理念論史家的反擊

不過，史家埃德蒙・摩根（Edmund S. Morgan）為了推翻社會經濟詮釋框架，十五年來就一直在「智識的一致性」（intellectual consistency）這點上用力。如果能夠證明那些革命先賢的思想

① 編按：又稱為《強制法令》（*Coercive Acts*），指英國國會在一七七四年通過的一系列殖民地法令。該法奪走麻州的自治權及多項權利，是引發美國革命的重要因素。

畢竟沒有不一致，輝格派從一個憲政概念跳到下一個，那麼所謂輝格派「輕浮」、「偽善」等這種罪名就會失去力量。他秉持這個初衷開始研究圍繞於《印花稅法》的政治思想。他本人和另外幾位學者都說過：「分析到最後，《印花稅法》危機的重要性並不在於出現了領導人、方法、組織，而是在於出現了界定清晰的憲政原則。」早在一七六五年，輝格派就已經「畫出了一條線，讓美國人在和英國切斷連結之前可以依循。從一七六五到七六年，他們始終一以貫之否定英國國會從內外向他們課稅的權力，但也始終確認自己願意遵守國會為治理整個帝國而訂定的法律。」[21] 換句話說，輝格派從一開始就前後一致拒絕國會向他們課稅，但也前後一致肯定國會有權管理他們的商業活動。如同一名學者對當前的詮釋所做的研究結果所言，這種一致性因此足以「表示美國人對原則的投入」。[22]

摩根的研究再次彰顯美國人並沒有如行為論史家認定的那樣不遵守憲政原則，他們提出的理念不能認為是操縱性的宣傳。這樣的研究結果即使不至於拆解了進步論史家的詮釋，但至少也削弱了他們的說服力。當各方出現的證據愈來愈多，使大家無法再認同美國革命是源自於內部階級衝突，接受傳統的概念認為美國革命終究是「一場針對抽象政府權利所進行的法醫式的弘大論辯」所帶來的後果，也顯得更容易為人所理解了。如此看來，美國革命當時並沒有一群權利遭受剝奪的沮喪民眾在渴望參與政治，沒有商人階級在迫害眾多無法還債的債務人，沒有對英國重商主義體制發出不滿聲音，沒有在法律保護下享受特權的貴族急切不安地對著喧囂的民主伸張權力。總歸一句，這場革命並沒有內部階級動亂。[23]

若要讓美國革命不會變得難以理解，那它就必須是美國輝格派所一向認定的，亦即母國和殖民地之間爭執憲法所賦予自由（constitutional liberties）的後果。一九五〇年代的史家集中研究獨立前十年間發生的諸般事件，必然會規避進步論史家那種社經決定論的觀點。他們強調美國人對憲政信念的忠誠及一以貫之的態度，再度將研究焦點放在美國革命非凡的智識性，以及因此而有的獨特性上。傑克．格林（Jack P. Greene）說，這種詮釋，「說是新輝格派（neo-whig）也許恰如其分。」這種詮釋將美國革命轉變成一場很理性的守成運動，主要在於面對一七六〇年之後英國政府突然開始挑釁，必須從憲政上保衛現有的政治自由。「從新輝格派觀點看，此時的議題，不多也不少就是要和英國分開，維護現有美國人的自由。」美國革命因此變成「政治的、立法的、憲政的，而非社會或經濟的革命。」有些新輝格派史家曾經間接表示，在引發革命的成因方面，不但社會、經濟情況沒有我們以往認為的那麼重要，就是與殖民地當時的社會狀況關係也不大，甚或根本沒有關係。所有可能的社會、經濟成因都排除之後，剩下來的只有輝格派屢次在宣言中所做的原則聲明。有一位學者近年細心研究革命前維吉尼亞州的社會及經濟狀況之後，將之排除在可能的成因之外。他下結論說：「革命前夕仍然還有的根本問題，就只剩下爭奪憲政權利。」[24]

伯納德．貝林在近年發表的一篇文章當中，以一種不同的方式釐清、並強化了此種重新出現的理念論式的詮釋。新近探討十八世紀美國社會之性質的歷史寫作累積下來的影響，促使貝林最後產生和一七九四年的塞謬爾．威廉斯一致的見解。美國革命之所以真的是革命，不在於破壞政治體制和社會團體，因為若與其他革命相比，當時美國的政治體制和社會團體受到的破壞其實微乎其微。這場革命之所以是真正的革命，是因為它改變了美國人的價值結構，改變了美國人看待自己、看待美國體制的眼光。貝林掌握這種基本的智識性變化，以此種變化解釋美國人那麼認真看待自己的革命理念，但革命後社會及體制卻沒有什麼重大變化這兩者間的矛盾。他說，美國革命是「實現」美國社會，不是「轉變」美國社會。

其實美國人從十七世紀初初來到新世界，就已經逐漸不經意地開始為這一次心智上的革命做好準備。在這一世紀的進程中，美國人慢慢地、不知不覺地、一點一滴地在社會、國家、宗教各方面，偏離大部分英國人心目中的正統觀念，最後終於發生實質的變化。我們可以說，美國革命標示的不過就是一個時間點，就在那一天，美國人不經意眨了一下眼，當他們再睜開眼時，已經換了新的眼光，看到他們的社會改變了、不一樣了。他們脫離歐洲的標準、沒有官方宗教、沒有封土授爵的貴族，儀表樸素，眾人平等，所有這一切現在已不只是可取而已，而且已經成為維繫他們的社會及政治必要的因素。貝林得到結論說，面對當時那一切令人困惑難解的社會及政治分歧，給予其理解、辯護，並且賦予高貴的道德目標——這就是美國革命。[25]

貝林後來還研究了獨立前數十年間那些豐富的小冊子，使他的理念論詮釋框架更加精良而且扎實，證明了他「美國革命最主要是意識形態和憲政之爭，而不是社會團體為強迫社會組織改變而發生的爭論」這種老派的觀點。貝林為一套美國革命小冊子寫了一篇長度如同單行本的導論。他在這篇導論中固然沒有刻意強調美國革命的守成性格，只有（和早先的論述相反）特意彰顯其激進性質，同時還強調了輝格派思想的動力、轉化力，而非其說理（rationalizing）及宣告性質，但這篇導論確實代表了美國革命史理念論詮釋取徑的顛峰。他說，「最終推動美國人起而革命的」，就是美國人的世界觀，亦即他們與（英）帝國爭辯期間發展出來的那些理念和信念，「其他的則都不是。」他研究輝格派那些小冊子之後，開始相信「革命運動的核心中存有一股恐懼，擔心一樁對英語世界公民自由不利的全面性陰謀。這樁陰謀確信是在腐敗中醞釀出來的，對美國人的壓迫只是這樁陰謀當下最明顯的一部分。」英國政府一七六三年之後的各種行動、手段，沒有一樣會單獨引發美國輝格派如此極端而粗暴的反應，但是全部總合起來，就在對暴政之成形素有理解的美國人心中變成了一項全面的、駭人的，打算奴役新世界的計畫。當時的美國人是以輝格派的世界觀看待一七六〇及七〇年代歷次事件，若不了解他們當時的思考框架，就無法理解美國革命。「這個觀點當時已經發展到對美國多數領導人具有壓倒性的說服力，再加上這個觀點所賦予當時歷次事件的意義，這兩點才能夠解釋美國革命起因，而不是當時積累已久的民怨。」[26]

就這樣，從貝林的分析看，很清楚的是當時美國人特有的現實觀讓他們相信暴政正在成形，如果想要保有自由，他們就必須戰鬥。他廣泛對美國人的想法做同理心的理解，為理念在美國革命成因中的重要性提出了最有說服力的論據。在摩西・泰勒之後，沒有人像貝林那樣強調美國革命的智識性質，也沒有人像他那樣申論得如此完整、如此有說服力。如此看來，這讓美國革命的理念論式詮釋看起來也沒有其他走向了。[27]

人為了「什麼」發起革命？

這種近年來對美國革命史的詮釋，說它是「新輝格派」確實很適當，就如同佩吉・史密斯（Page Smith）所指出的：「隨著一個半世紀以來歷史學術、研究技術、工具及方法的發展，我們已經有辦法深入探討那些親身參與美國革命，或經歷那個時代的史家所做的詮釋。」藉由將美國革命描繪為美國人面對英國政府的挑釁，起而捍衛自身自由，為原則而奮鬥的守成之戰，新輝格派史家走了一圈，又回到當時那些革命先賢的原點，也回歸到第一代史家所做的詮釋。[28]確實，這種歷史返祖（atavism）的做法使當代和早期的史家獲得了愈來愈多的讚譽。

不過，說「美國革命史的輝格式詮釋並不如某些史家所說的已經死去」，這種說法與其說是在稱讚大衛・拉姆齊（David Ramsay）和喬治・班克羅夫（George Bancroft）的著述，不如說是在控訴近現代史家的詮釋途徑。[29]新輝格派美國革命史不論對我們有多必要，讓我們有多滿意，呈現給我們的也只是對於革命的部分觀點。新輝格派的詮釋本來就是論辯性質的詮釋，不論有多精妙，目的都是在為美國革命辯護，所以容不下與其完全不同的相反觀點，亦即托利派的革命史觀。就是因為這一點，所以近年出版的彼得・奧利佛《美國叛變的緣起與進程》（*Origin and Progress of the American Rebellion*, 1781）意義才會如此重大。這本書「抨擊美國革命空洞的傳統，質疑開國元勳的動機，並且將這場革命描述為激情、有所圖謀、粗暴」，提供給我們的解釋和大家近年來已經聽慣的很不一樣。[30]奧利佛鮮明刻劃那些革命先賢，特別強調他們情感邪惡、利欲薰心；這種描述讓美國革命史的輝格式詮釋深受困擾。但是，這並不是說奧利佛所描述的，例如亞當斯野心勃勃、心中憤恨不平的說法比較正確，而亞當斯自述其愛國、有德性、對抗暴政、捍衛自由的說法不正確。就某種意義而言，這兩種解釋都對，但因為兩者所認定的動機彼此矛盾衝突，所以都無法了解另一方所說。確實，就是這兩種詮釋自此分裂了研究美國革命的歷史學家。

對於美國革命，不論你做何解釋，你的解釋都必須容納輝格派的觀點也容納托利派的觀點，在智識上才能讓人滿足。如若不然，要是我們在不自覺或公開明言、情感或原則、貪婪或自由，這些對立的動機間選擇其一，倒向一邊，我們將會永遠捲入這些革命參與者的爭辯中，沒完沒了。換句話說，在自覺或不自覺的動機之間，在這些革命先賢明言的意願或隱藏其後的需求及渴望之間，我們終究必須消除這些區別。要消除這種區別，不論如何就必須將信念、理念與其在其中運作之社會世界連結起來。真的想要了解美國革命的肇因，最後都要超越此一動機的問題才行。如果我們還是要以參與者的「意圖」來解釋美國革命，我們就做不到這一點。但這並不是說人的動機不重要。人的意圖確實足以引發包括革命在內的各種事件。不過，人要做什麼事，尤其是要發起革命，其目的往往不只一個，而且是各式各樣，甚至互相矛盾。這些目的合起來相互作用所產生的結果，往往沒有人可以預料、也無法預見。近代史家口氣輕蔑地說到引發美國革命「背後的決定因素」和「與人無關，難以阻止的力量」這種東西時，指的就是這樣的相互作用及其結果。歷史解釋若無法闡明這種「力量」，也就是說，若只是單單理解行動者自覺之意圖，而不理解其他面向，那將顯得狹隘。同時代的輝格派詮釋和托利派詮釋就是因為執著在人的目的這點，所以觀點才會受到限制。新輝格派的歷史詮釋依然還是有這種弱點。但不管是什麼樣的詮釋，凡是想要解釋美國革命歷次事件，但卻把著眼點放在發掘當事人據以行動的算計之上者，都有這種弱點。

所有以某些人的意圖及計謀為著眼點對美國革命所做的解釋，其中最粗糙的，其實是那些革命先賢自己的解釋。美國的輝格派，大體上和十八世紀一般人相同，都很著迷當時大家剛認識到的世界事務中的動機問題、因果問題。獨立前的十年間，美國人不斷探尋一些個人或團體看似難以理解之連串事件背後的目的和算計。也許就是這樣執著於動機，十八世紀才會有那麼多人普遍相信陰謀論可以解釋他們深陷其中的事件。貝林曾經提出說，這種對陰謀的恐懼「普遍深植於十八世紀英國人的政治認知裡面，捲入他們的政治生活結構當中」；「清楚反映了當時君主專制政治高張下的生活現實，也反映當時英國**混合**體制的穩定與自由實是近代重大的成就。」[31]

不過，也有人會說，想從事件中找出其背後的陰謀，這種傾向其實也反映那個時代的「啟蒙」（enlightenment）。會將事件歸因於人的計謀及目的，畢竟是一種啟蒙後的進展，人自此開始不再一味相信偶然、天意或上帝的干預。那是理性且科學，是政治普及化、智識世俗化的產物。對美國人而言，一七六三年之後那一連串事件顯然是「聞所未聞的不可容忍的災難，非來自塵土，不是無端而來。」因此約翰．迪金森（John Dickinson）就問說：「所以人民不是應該好好的守望，觀察事實，追尋原因，追究背後的計謀嗎？」[32]這些原因和計謀都可以追溯到那些身居高位者、大臣、皇家總督及其奴僕身上。為社會世界的事情尋找原因，和自然科學家為物質世界的事件尋找原因是一樣的；人類在啟蒙之後，需要在諸般現象背後尋找人為目的，很自然就會生出陰謀論。[33]這是在事件中尋找關聯和模式的必然結果。美國人知道，英國政府的種種舉措，不應「依據每一次個別的影響來看，而應該視為一個壓迫體系的一部分。」[34]輝格派那麼極力在事件中尋找人為目的，事實是人類開始進入現代歷史的一個範例。

不過，現在的新輝格派史家為了駁斥那些貶抑殖民者大業的歷史詮釋，自己撰述起來卻反而落得像是當初那些革命先賢的虔誠信徒。他們糾結於與原本的對手所採取的同樣類型的詮釋。那種詮釋雖然明顯有了改良，但仍然還是在挖掘動機及其當然產物，評估個人對事件應負的責任。固然大部分的新輝格派史家確實並沒有走到從英國的行動中看出陰謀的地步（只是有幾個其實也差不多了）[35]，不過他們卻常常直言英國官員有多少過錯、愚蠢，並和那些驅使美國人的「廣闊視野」相比較。根據埃德蒙．摩根的看法，當初的英王喬治三世如果真如近年來英國史家所說的，在英國政府中擔當主要的責任，那麼「他就必須為一連串致使殖民地離異、丟失的舉措承擔大部分的毀譽，但其實也看不出他會有多少的譽。」新輝格派史家為了「釐清問題及責任歸屬」，從而將「證明的責任」轉嫁給那些說美國人狹隘、自私，英帝國基本上仁慈而公平的人身上，這些史家開始力圖糾正他們心目中新托利派前此對美國革命所做的詮釋中存有的偏見。[36]然而他們卻沒有質疑新托利派所提的論據，照樣在追問行動的原因、追問誰對誰錯。若我們以這種司法判決式的觀點看待美國革命史，就會將議題侷限在史家看法分歧的動機、責任等革命參與者本身也很關切的事項上。

既然托利派史家傾向二十世紀初的詮釋，新輝格派史家「確信殖民地居民是真心堅守原理」之說無疑就令人耳目一新，而且還是必要的。[37]如此一來更為清楚的是，進步論史家以其對人類行為所持天真而粗糙的反射式概念，長久以來看待美國革命的諸般理念，若不說是傲慢，至少也很膚淺。現在的心理學家、社會學家已經很樂意賦予「信念」（尤其是革命的情境中的信念）決定性的角色。現在大家都已了解人的行為不盡然都是在反映某種客觀現實，反而常常也是在回應他們賦予現實的意義。既然人的信念既是特定促進因素的一部分，也是客觀環境，要完整解釋人的行為，就必須認真看待並了解人的信念。美國革命的諸般理念不是故意捏造出來的思想片段，讓那些有侵略的少數獲利者拿去拐騙輕信而不疑有他的民眾。進步論史家以「宣傳」一說解釋理念的存在，卻也阻礙他們認識理念其實是決定美國人行為的重要因子。因此，新輝格派史家賦予理念及憲政原則的重要性，是對宣傳論史學研究必要的糾正。

然而，新輝格派史家這樣試圖恢復理念在歷史解釋中的重要性固然可敬可佩，但是他們的論述卻常常回到十九世紀智識論者的假設，認為歷史是理性籌劃目的和手段的結果，是人自覺的想望及計畫的產物。他們假定「要解釋特定事件上，個人的行動及當前的議題要比背後的決定因素來得重要」，強調自覺而明說的動機；所以他們選擇及呈現最能直接而清楚地表達輝格派的意圖的證據，亦即界定最清楚、最本質、最合理的輝格派信念。這些信念見之於他們公開的文件，以及歷次表達遺憾、宣示原因的宣言當中。所以對新輝格派史家而言，美國革命史比任何其他事物都更應該是「美國人追尋原理的歷史」，這一點都不讓人意外。[38]因此在他們而言，非但決定美國人行為的，沒有任何一項因素來自美國人的經濟及社會結構，而且這些殖民地居民的行動還是出於最理性、最有計畫的動機。一如他們自己所說，他們起而戰鬥完全是為了在英國的挑釁下，捍衛他們古老的自由。

新輝格派史家這裡的意思是，當初革命先賢所宣告的那些很理性的目標，已經足以解釋美國人的叛變；換句話說，美國革命其實無他，不過就是一場憲政原則之爭。但這樣的意思非但有可能否定吾人於二十世紀學習到的人類心理學，而且因為他們事實上並沒有把當時美國人所信所說的所有事情考慮進去，所以也沒有充分發揮自己理念論解釋途徑的觀點。不過，一九三〇年代宣傳論者的研究所呈現的理念在人類行為中的角色無論如何不足，如何有誤解，他們卻是第一批試圖處理美國革命思想之整體及複雜性的史家。他們不但試圖解釋眾人熟悉的，經過充分申論的法律概念、自由概念，而且重要的是，他們也試圖解釋一些大家始終忽略的、非理性而歇斯底里的信念。沒錯，正是因為美國人說的那些話很多都是那樣赤裸裸的荒謬言語，不可理喻，他們那種不信任理念的詮釋途徑才有了可信度和說服力。那種誇張、狂熱的修辭一經進步論史家摘發，不論它之前曾經怎樣質疑美國人回應方式的合理性，之後就不至於再被人視而不見了。理念既經廣泛表達，史家就無法信手擯斥。

伯納德．貝林近年對美國革命思想的分析，避免了新輝格派史家從歷史上再現美國人心靈時那種扭曲的傾向。藉著理解「當時那些事件表面底下所蘊含的假設、信念、觀念」，貝林嘗試進入輝格派的心靈，設身處地體驗他們所思所感，包括他們理性的基本信念，以及一些歇斯底里、情緒化的理念。此時，「奴隸制度」、「腐敗」、「陰謀」等一類容易觸怒人的字眼原本是大部分史家視而不見，或直接會擯斥為「宣傳」，如今在他眼裡卻萌發新的意義。貝林「開始想說這些字眼對讀寫的人可能都意味著某種真實的東西。這些字眼背後有一股真實的恐懼、真實的焦慮、真實感受到危險，而非只是意欲影響被動的大眾那怠惰的心靈所用的修辭及宣傳。」[39]貝林認為，史家若想了解美國革命的成因，就不要忽視美國人思想的任何部分——不要忽視那廣為眾人所信的政府部會的陰謀、對一些個人的惡毒指控、對「腐敗」的恐懼、對重生的希望、對一些我們現在已知為真的事情粗暴而謬誤的扭曲和否定。簡單一句就是不要忽視所有那些瘋狂的修辭，否則難保在理解上不會有什麼缺失。

然而，貝林的研究並非只是呈現對美國革命史一般的理念性的詮釋外，另一種更完整純正的理念性詮釋而已。美國革命期間那些小冊子「在相當不尋常的程度上是解說性的」，「不僅揭露立場，而且也揭露採取該立場的原因。」貝林從這些小冊子「內部」觀之，和任何一個理念論史家一樣，都想發掘革命參與者賦予自身行動的動機，模擬出他們關鍵時刻的想法，從而掌握革命時期某些「難以預知的現實」。[40]然而貝林揭露的這種現實的「難以預知」，卻正好與理念論史家一心一意想要解釋參與者行動原由的執著抵觸。現在，發掘出來的理念已經不只是解釋用的工具，也不只是動機指標，而是其本身成了分析的對象，成了必須視同歷史事件一般看待的歷史事件。貝林不但曾經主觀地從內部檢視過美國革命的諸般理念，也曾經從外部做過客觀的分析。因此，貝林在當代的輝格派觀點之外，還為我們呈現一種對理念的反思觀點，反思其複雜性，反思其發展過程及結果。這種反思觀點是革命參與者所沒有的。事實上他的論述代表的正是「觀念史的納米爾主義」（Namierism of the history of ideas）。[41]納米爾主義這種思想的結構分析對歷史潮流提出的結論和路易斯·納米爾爵士（Sir Lewis Namier）提出的很接近，認為歷史是「從荒謬的起初開始；那時一些小人物在不知不覺中做了一些既比他們想像中更無限地渺小，又無限地重大的事情。」[42]

納米爾在《美國革命時代的英國》（*England in the Age of American Revolution*）書中，抨擊輝格派史家一直都愛誇大「個人自覺的意志及目的的重要性」。他要求我們，最重要的是「要確認人的行為深層的不相干（irrelevancies）和前後不一（incoherence）的特性，認清人的行為並非完全由理性主導，而是在事後的觀察中被理性披上一層邏輯及合理性表象。」而後接著發覺那變幻莫測的現實，人的動機和意圖就在變幻莫測的現實中墜落於那成堆的、相互作用的事件及其動能之中，難以辨識。納米爾的研究取徑常常是傾全力挖掘人的行為背後的智識內涵。他說，設定行為的原則及目的的這些理念，在歷史潮流中沒有什麼重要性。[43]

但是貝林研究美國革命的諸般理念，得到的結論卻正好相反。他認為理念很重要，不但是美國革命的成因，而且還改變了美國社會的性格。然而貝林他手中，理念失去輝格派史家經常認定的那種靜態性質，不再只是單純的意圖的聲明，而「意圖」卻是讓納米爾很傷腦筋的東西。在貝林看來，美國革命那些先賢的理念有種難以捉摸、難以掌握的性質，一種動態自我增強的性格，超越任何歷史參與者的意圖及欲望之上。他強調殖民地居民的思想有經過「很奇怪的改造，轉向了前所未知的方向」，並且描繪美國人「非刻意地、半自覺地」摸索出「自己也不怎麼清楚的結論」，繼而又證明新的信念以及由新信念而生的新行動並非是在回應欲望，而是回應狀況發展的邏輯。貝林藉由這三種做法硬是把對美國革命的解釋拉到「動機」範疇之外，而前此新輝格派史家卻是一直自我設限在「動機論」中。

在這種探究理念的方法下，前後一致的程度以及對原則的熱愛變得較不重要了，而且，歷史學家向來爭執的有關動機和責任的主要課題確實也變得比較無關緊要了。現在，行動不再是理性算計的產物，而是不甚明白而又變動不已的思想與狀況的產物；此時，「理念及詞彙原本熟悉的意義退化為一個謎團，眾領導凝視著那團迷霧，試圖重新對焦這些變動的概念。」人不再是操縱自身理念的人，而是其受害者；因為沒有幾個人預料得到他們的思想會是這樣「快速、不可逆、無可抗拒地」開展，製造出新的問題、新的考量、新的觀念，每個都具有前所未知的涵義。在這種氛圍下，美國人原本也沒有想要革命，但如今革命卻開始發展出一種無法避免的性質，經過一個不斷升高的過程，來到了最初很少有人想要或覺察的層次。將整個發生的狀況的責任或動機歸咎於特定人士已經沒有意義。如今大家已經捲入一個複雜的現象、理念、狀況網絡中，再回首已難以脫身了。[44]

貝林鑽進那些革命小冊子尋覓美國人的動機，最後證明的是理念作為現象的自主性

（autonomy）；理念在現象中的運作（可以說是）超過了革命參與者的理解力，把他們帶到前此未曾有人能夠預見的方向。他對於革命思想的討論代表的是在美國革命的詮釋方面退回到決定論詮釋途徑，但這個決定論卻又跟新輝格派史家近年來主動放棄的決定論不一樣。然而，貝林的決定論雖然是徹底的理念論（過往確實從未有人如此彰顯理念引發革命的力量），但其涵義卻不然。此前我們對美國革命的論述總是集中在探討其憲政原則，以及那種讓人很不舒服、對於動機與責任司法判決般的追究，貝林的研究幫助我們清理掉這些東西，還開了一條路，讓我們發掘新的問題，並且重新評價。事實上，就是因為貝林這麼完整的理念論詮釋框架，就是因為他彰顯了美國人思想非凡的特質，又彰顯了美國人思想的動力及情感性（emotionalism），我們才會有證據針對美國革命的成因提出完全不同的行為論的觀點。因此，貝林為他編纂的「美國革命小冊文獻」（Revolutionary pamphlets）所寫的長如單行本的導論，不但是理念論途徑的最終實現，而且也是尋找美國革命之社會原由一種新觀點的出發之處。

美國人的理念

研究十八世紀美洲以及美國革命的歷史學家，顯然不能像納米爾和其門生對十八世紀英國政治史的研究那樣，忽略理念在歷史中的力量。不過，這並不是說納米爾研究英國政治史的途徑多狹隘、多扭曲，而是說他對理念及原則的負評並不適用於美國政治，因為當時美國的社會狀況和十八世紀的英國很不一樣。對於社會狀況穩定的民族而言，或許理念比較沒有什麼意義。逃避（evasion）、偽善，以及納米爾對人的信念之不信任，唯有理念變成了刻板的反射之時，才具有意義。意識形態唯有在比較安定的社會才會變成習慣，變成一套大家共有的、本能般的規矩，為那些不會被迫提出嚴肅問題的人提供現成的解釋。反過來說，理念或許只有在比較混亂而不穩定的社會才會變得重要而有創造力，這個時候的社會是問題來得快，答案卻來得慢。[45]

不過，詭譎的是，或許正是因為美國人的理念那麼有活力，才促使史家覺得必須考察理念之所以發達起來的環境。由於理念和信念都是理解世界、解釋世界之道，所以表達於外的理念，其本質不但是世界的性格所決定，也是由傳承及外借而來之概念的內在發展所決定。十八世紀有很多傳承而來以及由外輸入的理念，美國人從其中選取對他們所遭遇的事情而言有意義的，特別予以強調。譬如說，殖民地居民對於古典文學，「只對一個時代以及小小一群作者有興趣，從中求得了詳盡的知識」，像是普魯塔克、李維、西塞羅、薩盧斯特（Sallust）、塔西陀等人。這些人「曾經憎恨、恐懼他們本身那個時代的各種趨勢，在他們的論著中比較過自己的時代和過去某個美好的時代，把自己的腐敗時代所欠缺的特質加諸於過去的時代身上。」[46]用馬克斯・韋伯（Max Weber）的話來說，當時美國人的信念和利益之間始終有一種「選擇性的親和」（elective affinity）。沒有這種親和，他們的理念就不會擁有那種特殊性格及說服力。只有最具革命性的社會需求及環境才會產生這麼革命性的理念。[47]

若是全面檢視美國人的理念，把輝格派的修辭，不論理性或不理性的，全部納入考量，你將不得不驚訝其中顯示的主要特質竟是恐懼與狂熱、誇大與熱烈，還有普遍的社會敗壞、混亂感，然而後來從其中誕生的卻是一個和諧博愛的新世界，而美國人在其中則是「成為一切聖俗美德的優良典範」。[48]如同貝林及幾次宣傳研究已經證明的，即使是最優秀的心靈都有狂熱的千禧年想法，因此，這一點必須先得到解釋，我們才能夠說美國人的理念特具理性及法治精神，並進而將美國革命視為完全是對憲政上的自由的一種保守式的捍衛。要是我們單獨將亞當斯及傑佛遜著述中井井有條、說理清晰的論證區隔出來看，不僅是對輝格派另外一些狂熱的表現視而不見，而且也忽略了亞當斯及傑佛遜本人一些放肆的想法，亦即偏執癡迷於一場惡毒的陰謀和復辟撒克遜時代（Saxon era）的夢想。

事實上，當時美國人的理念所形成的，似乎只能說是一種革命症候群（revolution syndrome）。我們如果自己做個限制，不看政治面與社會面發生的事情，只看那些革命修辭，我們將難以從現代西方歷次的革命中分辨出美國革命。美國革命，如果以其表達的各種理念來看，相當類似於十七世紀的清教徒革命（Puritan Revolution）以及十八世紀的法國大革命。這三次革命都表現一種對於混亂腐敗世界的厭惡，都講了一些憤懣焦慮的大話，都害怕一些敗德之人籌劃什麼陰謀，也都對建立新的道德秩序有種烏托邦式的憧憬。[49]但這並不是說這種理念症候群會這樣一代傳一代，或是從一民族傳給另一民族，而是說，類似的（還不用完全一樣的）社會狀況，會在現有及所傳承概念的範圍內召喚出類似的表達方式。我們如今對革命及群體運動的社會學雖然還不夠了解，不過還是可以說思想模式、表達方式應該是呼應基本的社會經驗。換句話說，至少在大略相似的西方社會，每種革命狀況都會有其典型的表達方式、典型的信念和價值觀。確實，若要辨別作為一種革命的群體運動，最好的方法就是看它所宣達的理念類型。就如同一位專治革命史的學者所說：「必須根據我們對人的信念的理解，才能夠辨別其行為是不是暴動、叛變或瘋狂。」[50]

所以，正是因為美國人修辭的性質是那個樣子——念茲在茲敗德及失序，預期會有敵視及陰謀，有期待社會重生的千禧年憧憬，這才顯示美國革命是真實的革命（別的東西顯然都無法揭露這點），其根源來自美國當時的社會結構深處。因為只有最嚴重的社會緊張才會產生這種狂熱的修辭。美國人那種洋洋灑灑、喧囂熱烈的語言是深陷革命狀況的人民自然的、甚至是無可避免的表現。那時候他們已經與原有的權力源頭離異，極力要從根本上重建他們自己的政治及社會秩序。美國人思考上的歇斯底里正是他們那強烈革命情感的極致表現。美國人和英國權力當局愈來愈互相離異，無疑也大幅助長美國人的革命狀況。不過，英帝國體制的弱點，以及美國人對英國愈來愈敵視的態度，顯示革命運動中還注入別的一些社會緊張的原由。進步論史家那樣專注於內部社會問題，其正確性或許不只我們近年來認同的那樣而已。不過，要是認為這種社會緊張後續採取的形式一定是階級衝突或社會動亂，那就會重蹈進步論史家的覆徹。社會壓力如果會引發革命，其原由應該是一樣嚴重，但卻是較為微妙的。

維吉尼亞是在十八世紀中葉所有殖民地中最穩定的一個地方，最少看到社會緊張情事。對於這種情形，近年來有人說，既然沒有顯眼的社會議題，那麼，對於維吉尼亞人卻近乎全體一致、熱烈投入革命行動，唯一合理的解釋應該就是因為維吉尼亞人對於憲政原則很忠誠。[51]然而，其實也有可能是因為我們找錯了社會議題，我們找的是有計畫的衝突，是群體與群體間自覺性的分裂。現在已經清楚的是，維吉尼亞人當時的問題顯然應不是任何部派衝突、階級對立造成的結果，不是台德瓦特（Tidewater）與皮德蒙（Piedmont）對立、也不是權貴莊園主（aristocratic planters）與自耕農（yeoman farmers）對立造成的結果。維吉尼亞人的社會結構中並不存在對政治體制的不滿，不過統治團體本身內部倒是有某種社會危機，加深了維吉尼亞人和帝國體制的對立。歷史上，維州的權貴莊園主總是給人篤定、自信的印象，然而革命前幾年間他們其實一直處在不安的環境中。換句話說，維吉尼亞當時的仕紳階級在十九世紀最終的衰敗，其跡象於革命前或許還不明顯，但已經有感。

相較於其他殖民地不穩定的政體，那些莊園主似乎很有博得人民忍讓的能耐。但是獨立之前幾年，跡象顯示這些仕紳階級對自己身為代表的角色已經開始感到焦慮。議員與他們的選民之間曖昧的關係在一七五〇年代陷入公開爭辯之中。很多人開始出聲表示關切愈來愈高額的選舉花費、爭取選票時日漸腐敗的行為，尤其是「一些不論先天或後天都沒有資格推薦人選的人」的作為。[52]一七六〇年代末、七〇年代初，報刊常常警示讀者要提防選舉的影響、賄賂、選票爭取（vote-seeking）。還有人呼籲地產所有權人「打擊這種日漸增長的邪惡的根源，要唯功績是問」，不要投給「卑鄙小人」。[53]有一本尖酸的小冊子說，卑鄙的野心和煽動的言行最近「像魔鬼一樣來到我們之間，破壞長久以來存在於此地的和平及和諧。」[54]在這樣的情勢之下，劇作家羅伯特・蒙福（Robert Munford）一七七〇年寫就的戲劇《競選人》（*The Candidates*）非但沒有證實那些莊園主真的有信心，反而透露他們隨著殖民地選舉活動的發展，對於「蠢蛋和愚人竟然淩駕於讀書人頭上」感到不安。雖然最後還是無私的美德勝出，但是蒙福的嘲諷劇確實揭露當權的莊園主面臨的威脅，有一批不懷好意的騙徒、蠢蛋正在將人民代表轉變成人民的奴隸。[55]

革命前夕，莊園主的話語開始透露出「即將毀滅」之感。在很多人心目中，這種毀滅源自於與腐敗的英國政府以及一些蘇格蘭因素愈來愈密切的連結，但是在另外一些人而言卻是源自於「我們的傲慢、奢侈、怠惰」，這真的很可怕。[56]此時維州人公開和私下的撰述經常談到「腐敗」、「美德」、「奢侈」。甚至包括牧師、教區代表，愈來愈多人叛離英國國教；革命前的幾年，不從國教者大量出現，「讓殖民地很多地方的人都怨聲載道」。這種種情況更加顯示確實有某種社會壓力存在。最明顯的事例應是當時的仕紳階級羅伯特・卡特（Robert Carter）曾經有兩度很奇怪的改變原本皈依的宗教，只是在其他地區的仕紳發生的事情沒有這麼狂熱。[57]到了十八世紀中，那些莊園主很多顯然已經瀕臨破產邊緣，雖然一直在苟延殘喘，仍然卯盡全力，幾近狂熱地維持他們長久以來的權貴形象。[58]一七六〇年代發生的羅賓遜醜聞（Robinson affair）之所以算是重大，也許並不在於此事件而導致的憲政上的改革，而是事件曝光之後對美德形象的粉碎性效果。[59]曾經也有莊園主公開表露他們的恐懼。他們眼睜睜看著自己的後代縱情於賭博、飲酒，毀掉他們一生努力的成果。用藍登・卡特（Landon Carter）的話來說，這些後代「盡力揮霍，並且揮霍一空。」[60]

正如一名莊園主所言，「由仕紳階級放蕩生活所產生的」維州革命，無疑從仕紳階級這次的內部社會危機獲取了很大的力量。[61]大家對於革命的期待當然不只是要和英帝國主義決裂，而且也絕對不是什麼要躲避對英國的債務。[62]譬如取消嫡長子繼承制（primogeniture）、取消限嗣繼承制（entail），革命後的改革所代表的或許並非只是對當前現實做些象徵性的法律調整而已。這些改革，除了力圖提升舊的台德瓦特農園對更西部的土地在經濟上的競爭力，另外還代表一種真正的嘗試，想把仕紳統治階級內部社會及家庭發展的一股危險的趨勢引開。維吉尼亞人並非全部都是權貴，實在禁不起把限嗣繼承而來的家產交到懦弱無能的嫡長子手中。一七七六年有一項法案取消了限嗣繼承制。該法案的前言就說，限嗣繼承常常「讓年輕人獨立於父母，也不尊敬父母，因而有損於他們的道德。」[63]悲哀的是，尼爾森家族（Nelson）的表現正是如此：放蕩不羈的一代人毀掉了家族經營起來的成果。[64]喬治・梅森（George Mason）一七八七年在費城會議（Philadelphia Convention）中說：「我們的孩子不要多久就會變成一般民眾。」[65]他這話道出很多維州人的焦慮。

維吉尼亞社會內部的緊張究竟是如何促成革命狀況的，那些莊園主又是期待獨立及共和制度以何種方式來緩解他們的問題，這些當然都需要充分探討。不過，從當時人所表達的理念來看，維吉尼亞革命的原由顯然比單純的「與英國敵對」來得微妙而複雜。單單憲政上的原則不足以解釋維吉尼亞人為何幾乎全體一致決心起來叛變。而且，如果革命在相對穩定的維吉尼亞殖民地都有社會原由，可以想見其他殖民地必然也有他們的社會緊張，同樣需要透過革命或共和制度求得緩解。

藉著輝格派的理念，我們被帶回到進步論史家在其對於革命的內在社會根源的探索上止步之處，並從這裡起步。了解那些理念，具想像力地解讀那些理念，將它們和客觀的社會世界連接起來，我們或許便得以消除所謂自覺或不自覺的動機這種沒有意義的區分，最後將輝格派和托利派（亦即理念論和行為論）的詮釋結合在一起。因為，美國人的那些理念、那些修辭，其實從未遮掩他們最深的利益及情感，反而是揭露出來。他們所表達的那一切，雖然可能大部分不符事實，但卻是他們真實的心理。從這層意義來看，他們的修辭其實從未偏離社會及政治現實，所以也成為理解此一現實最好的入口。他們經常誇大現實狀況，一直在說「暴政」，但實際上他們並沒有受到什麼迫害。他們常愛說「道德」、「奢侈」、「腐敗」這些東西，堅信「自由」、「平等」等原理——這些都不是人為操縱的宣傳，不是借來的空洞抽象觀念，而是具有真實的切身意義和社會意義。宣傳從來無法讓人起來革命。亞當斯就說：「除非人真的受到迫害，看到、感覺到自己受到迫害，否則沒有一個帶頭者能夠說動一群人承認自己受到虧待、傷害與壓迫。」[66]這些理念都具有關聯性，人們儘管常將迫害與傷害之感歸咎於帝國體制，卻非常真實。就是因為美國人所說和所感之間的關聯確實充滿意義，才會使其理念具備推動力以及一面倒的說服力。

史家現在揭示出當時美國人這些理念中非凡的革命性格，極其準確的點出那時候的美國社會確實湧動某種極大的不安。但這就產生一個問題，那就是為什麼當時的美國人會表現出這些思想。這個問題過往的進步論史家也曾經問過。進步論史家的「宣傳」論雖然粗糙，但是他們至少曾經試圖釐清這個問題。換到現在，由於我們無法將當初那些革命先賢的理念視為宣傳，所以這個問題至今仍待解答。亞瑟・班特利（Arthur F. Bentley）在他的行為論經典之作《政治過程論》（*The Process of Government*）中寫說：「當理念呼嘯而過之時，該做的事情是接受它們，將它們視為即將發生事情的指標，然後小心尋找它們真正代表什麼東西，有什麼社會生活因素透過這些理念在表達。」[67]進步時代的行為論史家正是因為著力於同時理解美國革命理念及美國社會，所以儘管他們的概念很粗糙，執著於「階級」及隱性經濟利益等論點，還把理念視為宣傳，不過在美國革命時代方面還是給了我們一個很強、很全面的解釋，任何純智識性的解釋都無法取代。

後記

如果後來的學術趨勢可以當作指標的話，我一九六六年這篇論文，我的美國早期史撰述的第一篇文章，對史學似乎沒有什麼影響。這篇論文發表之後的數十年間，美國革命史研究始終對美國社會的「現實」視而不見，其視野全都集中在美國革命的「修辭」上；這些「修辭」，大體上被等同於「共和主義」。一九七〇、八〇年代間出現了所謂共和主義的複合體（republican synthesis）詮釋，後來變成了一頭怪獸，幾乎把我們大家全部都吞噬了下去。會出現這一頭怪獸，我想我一九六九年出版的《美利堅共和國的創建》應該也貢獻了一部分因素。但是我這篇文章本來是要在這頭野獸被放出來之前先將其馴服。

其實《美利堅共和國的創建》在我開始寫〈美國革命的修辭與現實〉一文前，基本上已經完成了，只是後來晚了幾年才出版。我在這本書中，從來不曾試圖主張美國革命基本上是「意識形態的」運動，又或者可以完全用「意識形態」觀點解釋。確實，我在本書導論就已經指出，我從來不認為光是點評人的信念，就可以完整解釋什麼事情。我撰寫〈修辭與現實〉時，非常清楚貝林為「美國革命小冊文獻」寫的那篇導論涵義深遠。那時候美國革命小冊文獻剛出版不久，後來一九六七年這篇導論最終成為《美國革命意識形態源起》（*The Ideological Origins of American Revolution*）。我知道貝林的著作非常重要，但是我卻認為他太過於用革命參與者自稱的信念解釋這場革命。因此我才開始寫〈修辭與現實〉希望能夠矯正我在五〇、六〇年代的新輝格派史學中看到的那股理念論傾向。這一支史學流派隨著貝林出色的著作在當時達到顛峰。我絕對沒有否定理念的重要性（我自己當時剛完成的一本書探討的就是美國革命的思想），但我想要提醒史家對於美國革命不要太沉醉於完全智識性的詮釋。我倡議，如果我們最終要能夠從上到下、也從下到上，完整地看待美國革命，那麼就必須連同其社會原由也一起觀察才行。

我這樣的提議，問題在於輕易就會強化新進步論社會史學的傳統假設；這支社會史學常常製造出「理念vs.行為」、「修辭vs.現實」等兩極化的論述法。這點我在本書導論中已有提及。我的論文題目或有錯亂、誤導之嫌，但是其目的卻是要反對這種二元劃分，反對將理念和社會環境做如此截然分明的區隔。我一方面想要承認理念及心理社會因素在塑造人的行為方面都很重要，但另方面我並不想回到昔日新進步論史學那種粗糙的兩極化做法。當時，這種治史法是在比爾德等史家筆下成名的。不過我在《美利堅共和國的創建》裡面有幾個部分用的卻就是這種筆法，弄得很多史家都不知道該把我這本書歸入到哪一個詮釋學派。

上個世代是文化史（姑不論是哪一種文化史）當道的時代，甚至就連馬克思主義者都只撰述文化史，但是有好些史家卻顯然想要針對我所說較為穩定的維吉尼亞殖民地，探索存在於其中的文化與社會的連結。瑞斯・艾薩克（Rhys Isaac）在他的《維吉尼亞州的轉變》（*Transformation of Virginia*），布林在他的《菸草文化》（*Tobacco Culture*），理查・比曼（Richard R. Beeman）在他對倫能堡郡（Lunenburg County）的研究，傑克・格林在他的多篇論文中，都力求將當時維吉尼亞的社會發展和美國革命的意識形態銜接起來。[68]

他們這些著作容或彼此都不一樣，但都是具想像力的範例，說明了可以怎麼進行研究。承認文化與社會兩者都很重要，承認意識及背後的社會和物質環境都很重要，這樣的歷史最終才是我們需要撰寫的歷史。

第二章　美國革命的羅馬傳承

我們常常聽說大西洋世界（Atlantic world）的十八世紀末是「民主革命時代」，但其實我們應該說這個時代是「共和革命時代」比較恰當，因為推翻古代君主體制的是共和主義及共和原則，而不是民主思潮。[1]

這是西方歷史上一個驚人的時刻，至今我們還活在其後續效應中。存在數世紀之久的君主制一夕遭到推翻，共和政府代之而起。時至今日在全世界的諸多角落，共和政府早已變得很自然且正常，對於十八世紀發生的歷次共和革命，我們已經很難感受當時它們的創新與激進性質。在十八世紀時，君主制對絕大多數人而言仍是標配，正如我們所處時代的一些事件所證明的，由單一權威從上而下統治龐大而多樣的國家，總是有其益處。君主制有它的歷史根源，歐洲的諸王曾經花了幾個世紀來鞏固他們的權威，統治不受控的貴族與多樣的民族。聖經也曾為王權背書，例如古以色列人就曾說過：「我們定要一個王統治我們，使我們像列國一樣，有王治理我們，統治我們，為我們征戰。」[2]

自有歷史紀錄以來，大西洋世界和其他地方的大多數人民都生活在君主的統治下。但既然如此，為什麼到了十八世紀，這些君主都突然被共和革命推翻了呢？一七七六年亞當斯還感慨地說：「為什麼有這麼多人在那麼短的時間裡，突然抹除他們心中對君王的崇拜、對驕傲貴族的愚忠？」[3]如果改變無法避免，為什麼取代舊制度（ancien régime）的是共和主義而不是別的？除了建立共和制度外，那些舊政權或許可以嘗試政治及憲政改革，世襲制度或許可以做些調整，王位繼承或許也可以換人。像是英國經歷過一六八八至八九年的光榮革命，一七一四年也進行過憲改，但都沒有取消君主制，他們只是換個人當國王，對他們的國王增加一些規定，如此而已。但除此之外，事實上英國在十七世紀曾經短暫實驗過共和主義，結果卻是場災難，換來的是一個獨裁政權。①若這樣的話，怎麼還會有人想要再實驗一次呢？十八世紀確實也有過一些自封的小共和國，譬如瑞士有些「邦」（cantons），義大利有些「城邦」（city-states），荷蘭有些「省」（provinces），但這些小共和國經歷各種階段的混亂之後，最後都一一衰敗，對於西方世界一些廣土眾民的國家而言，上述根本就是錯誤示範。那為何像是英屬北美殖民地持續擴張的各省，或是構成法蘭西舊政權的那些混合體，卻還想要仿效共和制度呢？

共和制度的典範

在這個君主制當道的文化中，卻有一個共和模範值得仿效。這個共和政體在榮耀中做到別人只能期待、巴望的事，它就是古代的羅馬。十八世紀的人對於過去並沒有很大的興趣，唯有古典時代（antiquity）是個例外。沒有其他現代人如此投入古典的過往。十八世紀的一些讀書人都熟知雅典、斯巴達、底比斯（Thebes）等古代的共和國（有個美國人說這幾個名詞早就成了陳腔濫調），但再怎麼熟，都沒有對羅馬那麼熟。對於羅馬，大家再耳熟能詳不過，孟德斯鳩就曾說過：「古羅馬這麼愉快的話題，大家都不會厭倦。」吉朋（Edward Gibbon）會以古羅馬為題撰寫他偉大的史書，一點都不奇怪，他在自傳中就寫說：「不管學童還是政治家都很熟悉羅馬。」在十八世紀，說一個人「讀過書」，意思就是熟知羅馬。洛克也說過，在當時懂拉丁文「對紳士來說是絕對必要的」。[4]

如果說十八世紀歷次的共和革命背後有什麼文化源頭，那就一定是古羅馬（這裡指共和時代的羅馬），以及源自其歷史的各種價值觀。古羅馬的傳承使得十八世紀末明顯的「共和主義轉向」成為了可能。如果十八世紀的「啟蒙」真如彼得·蓋伊（Peter Gay）所說是「現代異教的興

① 編按：指克倫威爾（Oliver Cromwell）統治時期（一六五三至五八年）。

起」（the rise of modern paganism），那麼，古典共和主義就是這支現代異教的教義。[5] 啟蒙是人們對古代產生了興趣，而對古代產生興趣就是對共和主義產生興趣。古典時代當然也能夠為君主制提供一些有意義的訊息，不過若是古代世界，尤其是羅馬，能夠告訴十八世紀一些啟示，其中主要的部分或隱或顯都跟共和主義有關。

如果說啟蒙時代是發現了人的幸福及社會繁榮的源頭，那麼很重要的一點就是要研究羅馬共和從興盛以迄於衰敗過程背後所發生的種種。因此法國和美國的革命分子對古代的視角是有選擇性的，他們會集中觀察古代的政治道德和社會基礎，以及諸如社會墮落和腐敗等情事。由於十八世紀的人相信「類似的原因永遠會在政治、道德、物質世界帶來類似的結果」，所以古典時代的歷史無可避免就成了實驗室，人們會在實驗室解剖驗屍已經敗亡的共和國（尤其是羅馬），從而產生一支判斷政治體質是否健康的科學，美國人參考關於自然界的醫學，說這是「政治病理學」（political pathology）。[6]

拉丁文學黃金時代的著作吸引了十八世紀啟蒙時代的人們，因為前者專注於歷史循環論和羅馬共和的衰頹史。這些作品出現在共和國開始傾頹到奧理略（Marcus Aurelius）在位期間，也就是西元前一世紀中葉至西元二世紀中葉約兩個世紀之間。西塞羅、薩盧斯特、李維、維吉爾、塔西陀等羅馬拉丁文學作家，連同希臘的普魯塔克，拈出的政治及社會方面的共和理想與價值，後來對西方文化產生了重大而深遠的影響。這些拉丁文作家在羅馬共和最偉大的年代開始傾頹或已然傾頹的時代寫作，以想像中秩序井然、充滿純樸及田園詩歌美德的共和國早期，彰顯他們所見羅馬共和的腐敗、奢侈與混亂，嘗試解釋共和國頹危與敗亡的原因。[7]

這種古典理想及價值後來被義大利文藝復興翻新，變成了「公民人文主義」（civic humanism），或又稱作「古典共和主義」（classical republicanism），流傳到現代早期歐洲，到了十七、十八世紀又漸為一個更深且更廣的階層內的大眾周知。不過這些大眾看到的並不是原初、無光澤的古典時代，他們看到的往往是那個早已消失的共和國經過折射後的形象，是馬基維利和文藝復興傳達給他們的古典過往和古典價值。英語世界有些人確實懂拉丁文，可以直接閱讀古代作家的作品，但是絕大部分人都偏好湯瑪斯・高登（Thomas Gordon）的《薩盧斯特》及《塔西陀》、貝澤爾・肯尼斯（Basil Kenneth）的《羅馬古典時代》、華特・莫伊爾（Walter Moyle）的古典時代淺談、查爾斯・羅林（Charles Rollin）的通俗歷史、湯瑪斯・布萊克威爾（Thomas Blackwell）的《奧古斯都宮廷回憶錄》、奧利佛・高德史密斯（Oliver Goldsmith）的羅馬史、愛德華・孟塔古（Edward Wortley Montagu）的《古代共和國的興衰省思》等翻譯本、通俗讀本或二手研究。因此在十八世紀時，歐洲（尤其是英國）的君主制文化已經徹底浸淫在這些共和論述及其傳達的古典價值中，並且至少在這個程度內具備了共和思想。[8]

君主體制下的共和主義伏流

君主制的毀壞以及被共和制取代雖是在十八世紀，但其原由其實早在幾個世代前就已存在，因此君主制不是一次就被共和制完全取代。一七七六年的獨立宣言沒有取代君主制，一七八九年召開三級會議沒有取代君主制，就連一七九二、九三年國民議會宣布處決路易十六，成立共和國，也都沒有取代君主制。改變是在這些事件前就已逐漸發生。十八世紀大部分時候，古典共和價值開始啃食君主制，漸漸地、不停地腐蝕君主制。共和主義滲入了大西洋世界的每一處，由內部侵蝕君主制社會，消磨傳統人們對於王權的支持，最後終於在法國、北美撕去了君主制的「神聖」面貌。這時大衛．休謨就觀察到：「君王之名已不足以令人尊敬；再說什麼君王是上帝在世上的代理人，再給君主什麼曾經很嚇人的頭銜，現在都已成了笑談。」[9]

當然，法國和英國接受這種古典共和價值的程度並不一，而且「共和主義者」（republican）這個字依舊還有貶義，是掛在對手頭上的東西，目的是即使不損害他的信譽，也會損害他對王室的忠誠。不過，可觀的其實是大西洋兩岸英法兩國的讀書人，在實質上（非僅名義上）接受共和思想的程度。很多思想家，譬如孟德斯鳩、馬布里（Gabriel Bonne de Mably）、盧梭等人儘管欣羨古羅馬，但卻認為法國太大，難以建立共和國。但也有人，譬如說羅蘭夫人（Mme. Roland），就坦承說閱讀普魯塔克「使我變成了共和主義者，在我心裡激發那曾經賦予共和主義一些特質的力量及驕傲。此外他還激發了我對公共道德及自由真切的熱忱。」[10]大部分人都不願意承認自己是共和主義者，可是像《南卡信使報》（*South Carolina Gazette*）的編輯彼得．提摩西（Peter Timothy），有一次因為刊登《加圖來信》②而被人視為共和主義者，遭到外界聲討，他卻回應說：「除非美德和真理是共和主義獨有的」，否則他不是「共和主義者」。[11]

這種古典理想，這種詹姆斯・湯姆森（James Thomson）在他的輝格風詩詞〈自由〉（Liberty）中呈現的「古老羅馬美德」，後來就成了大西洋兩岸不滿的英國人和不快的法國人拿來發聲的手段，出言反對他們自身所處君主制世界的奢侈、自私與腐敗。[12]雖然這些知識分子、批評家訴求共和原理及古典價值，反對主流君主制世界的做法和價值觀，但他們卻少有人會因此籌劃革命，試圖推翻君主制。他們會尋求改革及振興社會，開導及改善君主制，不會想砍國王的頭。對這些批評者和其他許多人（包括殖民地一些良善、忠誠的國王陛下臣民）來說，古典時代的共和主義在他們運用下也只是相對於君主制的反文化（counterculture）。雖然很少人會指名援引，但是古典共和主義代表著對抗、批評十八世紀君主制世界弊病的信念與價值。

君主制與共和主義價值就這樣肩並肩並存在這一支文化中。很多優秀的君主制擁護者，其中包括英國不少優秀的托利派人士，在實質上（非僅名義上）採納了共和主義的理想及原則，渾然不知他們這樣的做法長期下來的政治涵義。一些政治信念互異的讀書人，雖然很少講到那些字眼，卻都同聲讚揚古典共和主義的精神、道德、自由、友誼及責任感，以及美好的農業社會憧憬。古典共和主義作為一套價值觀、歷史解釋、生活方式、對自由及開明的追求，實在太全面而普遍，很難認為是要顛覆君主制，反對君主制。

---

② 編按：《加圖來信》（*Cato's Letters*）是英國作家約翰・特倫查德和湯瑪斯・高登，以古羅馬共和主義者小加圖（Cato Minor）為筆名書寫的文集，內容主要在批評英國政治體系中的腐敗與缺失、反抗暴政。

但這一支古典共和主義並不是一股在英國或歐洲文化邊緣打轉的小小渦流而已，而是自成一股大潮流，和主流的君主制匯流，而且還影響了其色彩、調性、方向。所以十八世紀的共和主義並沒有取代君主制，而是改變了君主制，有時候甚至難以辨別它跟君主制的區別。共和主義所代表的，當然不只是一套以民選為本的政治體制。事實上，共和主義完全不能簡約為一種「政體」。在佛朗哥．文圖里（Franco Venturi）筆下，共和主義是一種「生活方式」，是一套古典理想與價值，和君主制完全相容。共和主義已經和「歷史上它曾經採取的各種形式區隔，愈來愈成為可存在於君主制中的一套理想。」[13]

所以，這種源自於古羅馬拉丁文作品的共和主義絕對不是受困於地下的意識形態，只是邊緣知識分子在地窖裡開開會說說而已。實際情形是，連君王本身都參與了這一股對古典時代的膜拜風潮。英王喬治三世曾對著畫家班傑明．韋斯特（Benjamin West）唸出李維羅馬史的一段話，然後建議畫家把「雷古魯斯離去」（The Departure of Regulus）這個故事繪成畫作，來作為犧牲小我的愛國心表率。③約克大主教也曾經要求韋斯特畫出塔西陀傳記中的一個故事。鼓吹古典共和主義最為熱烈的，莫過於英法的許多貴族。照理說，他們的特權來自於君主制，本來應該是最親近君主制的。一七八五年，曾經有一群貴族蜂擁至巴黎的沙龍讚嘆雅克．路易．大衛（Jacques-Louis David）嚴肅的古典派繪畫《荷拉斯兄弟之誓》（*The Oath of Horatii*），完全不知道自己正在促成君主制日後的傾頽、他們自己後來的沒落。詹姆斯．湯姆森一七三〇年出版了由維吉爾衍生而來的田園詩集《四季》（*The Seasons*），這本詩集獲得了王后、十名公爵、三十一名伯爵暨伯爵夫人、很多同儕和他們的子女的贊助。同樣的，這些公親貴族也不怎麼意識到他們這樣讚頌簡樸農村及其純樸美德，形同在催促他們所賴以存在的君主制價值走向潰敗。康尼爾斯・米德頓（Conyers Middleton）曾經在他的《西塞羅的生平》（*Life of Cicero*, 1741）當中說：「不論出身如何，如果不是透過自己的功勳贏得尊嚴，任何人都無尊嚴可言。」他這樣說的時候，如果連「宣布放棄自己與生俱來之權利，匍匐在羅馬人腳下」的世襲貴族都熱烈贊同，我們就知道當時整個文化中的共和情緒有多高亢。「激進時尚」（radical chic）一詞可不是二十世紀才有。[14]

共和價值是針砭現實的武器

此時的西方世界，最「共和化」（republicanized）的，就是英國及其北美殖民地這支文化。十八世紀前半，英語世界的文學，不論是純文學還是政治論戰，都是社會批判文學，而浸染其中的就是古典共和價值。在那個時期，英國的一些作者，不論是波普（Pope）、史威夫特（Swift）等托利派諷刺作家，還是約翰・特倫查德（John Trenchard）、湯瑪斯・高登這些激進輝格派宣傳

③ 編按：雷古魯斯（Marcus Atilius Regulus）是古羅馬時期的執政官，在與迦太基人交戰時被俘虜。據傳後來迦太基人在另一場戰爭中慘敗，企圖拿釋放雷古魯斯來跟羅馬人議和，但雷古魯斯卻在羅馬元老院發表演說，表示不能因自己的生死而壞了羅馬的大業，因此自願離開羅馬，返回迦太基赴死。

家，對於一六八八年光榮革命之後數十年間英國所發生的種種社會、經濟、政治變革，率皆表現出一種深惡痛絕的情緒。銀行、洋行（trading companies）、股市的興起，新富階級崛起，公債日增，政治腐敗，無不對傳統價值構成了威脅，致使持反對態度的一些詩人、政論家不得不起而表彰一些古典模範及價值，來反制日益蔓延的奢侈、商業化風氣。從古羅馬的經驗，他們知道致使一個國家興盛的能量，不久就會導致過度的追求財富與奢華，最終造成國家衰亡。[15]

古典共和的羅馬，如同南海部落（South Sea tribes）之於二十世紀的人類學家，變成了十八世紀啟蒙的英國人用來疏離自身社會，批判自身社會的工具。吉朋之所以仰慕詩人尤維納（Juvenal），正是因為這位羅馬諷刺作家面對君主體制現實，卻不肯放棄共和主義理想。吉朋說，「他有共和主義者的靈魂」，是「暴政的死敵」。因此詹森博士（Dr. Johnson）就發現，要譴責十八世紀倫敦人的腐敗，最好的方法就是借用尤維納諷刺皇帝尼祿（Nero）的羅馬第三諷刺詩（Satire III）。[16]

這樣的社會批判文學很普及，又是主流，因此很難找到另外什麼東西有分量能夠阻擋它。十八世紀英國的作家異口同聲都是共和主義那一套。羅伯特．沃波爾爵士（Sir Robert Walpole）的政府長期執政（一七二二至四二年），最後就是因為威廉．普爾特尼（William Pulteney）所說，「世界上一個快樂、有禮、又充滿機智的地方」全部起來團結起來反對他。這一股反對力量，不論是由托利派的約翰．蓋伊（John Gay）的《乞丐歌劇》（*The Beggar's Opera*）來傳達，還是由輝格派的詹姆斯．湯姆森詩作〈自由〉來表述，到最後都是借用古典共和價值來說出他們對自由的熱愛、對腐敗的厭惡。休謨一七四二年回顧說，此前二十年內所見的文章和撰述，有半數以上主旨都是在諷刺沃波爾的心機，認為那些使英國受窘的事情，應該由他個人負責。一七三一年曾有一個人為政府辯護，得到結論說，人們就只是為了要嘲諷沃波爾，讓「整個國家受到拖累，四處都有人在指控腐敗及墮落。」這些援引古羅馬作家的「在朝反對」的說法都是反對汙穢宮廷的道德訓誡，也因而在無意間讚揚了共和價值。所以後來人們實際上就再也無法區分在朝反對傳統（其中包含激進的輝格派和被疏遠的托利派）和古典時代的共和傳承，兩者實已密切交織在一起。

十七世紀末有一些英國人認為奧古斯都時代（Augustan age）是恢復穩定、允許眾人追求藝術表現的模範時代，不過一六八八年之後的英國人，大部分卻都批評奧古斯都，轉而向羅馬共和汲取靈感，相信其價值，連接近宮廷的貴族都是如此。要敬仰羅馬人，那就是敬仰西塞羅、加圖，而不是奧古斯都。對伏爾泰而言，奧古斯都「這個懦夫竟敢放逐奧維德」。而在傑佛遜來看，奧古斯都始終是「逆親惡人」。孟德斯鳩說奧古斯都「使羅馬人逐漸淪為奴隸」，此說大部分英國人均表贊同。奧古斯都成了「暴君」的符碼，因此除了絕對的保王派（royal absolutists）之外，幾乎人人都批判他。當托利派說奧古斯都是「獨夫」時，他們會想到喬治一世，但當宮廷的輝格派和所有「漢諾威繼承決定」的支持者，也說奧古斯都是獨夫時，他們想到的卻是斯圖亞特的諸王。④

④編按：一六八八年光榮革命後，斯圖亞特王朝信奉天主教的詹姆士二世出逃法國，改由信奉新教的女兒瑪麗二世跟荷蘭夫婿威廉三世共治英國，並指定在瑪麗跟威廉之後，也是由信奉新教的安妮（瑪麗的妹妹）繼位，再立下所謂「漢諾威繼承決定」（Hanoverian settlement），指定由信奉新教的漢諾威家族取代斯圖亞特家族，一七一四年繼位的喬治一世就是漢諾威

一六八八年之後，由於政府仍然必須守護輝格派的《王位繼承法》，抨擊斯圖亞特家族對王位的覬覦⑤，這表示英國文化的正規核心已經植入了準共和主義（quasirepublic）、反王室（antiroyal）成見。到了沃波爾時代，宮廷派和在朝反對派二者皆譴責奧古斯都是獨裁帝王，是殺害西塞羅的凶手，是摧毀共和國之人。維吉爾和賀拉斯（Horace）就算因為和「狡猾的暴君」（吉朋之語）關係太近而被「玷汙」，也必然有人出來辯護說這兩位奧古斯都時代偉大詩人能代表共和精神，像是湯瑪斯．布萊克威爾和湯瑪斯．薛里登（Thomas Sheridan），他們認為維吉爾和賀拉斯的才能是在奧古斯都稱帝之前的共和時代成形的。

從艾迪遜（Joseph Addison）一直到詹森博士，英國的知識分子一直很景仰塔西陀羅馬史那種反奧古斯都、親共和的觀點。塔西陀對傑佛遜來說一直是「世界第一作家，絕無例外」。湯瑪斯．高登撰寫《塔西陀》傳記，原本是要獻給他的恩主沃波爾，但是通篇都在共和觀點下表露出對奧古斯都的嫌惡，他說「他的政府最好的地方就在於它的暴政**陽光**」，贏得了英國共和派齊聲讚揚。休謨則認為，即使是托利派，有很長一段時日也不得不「以共和主義的風格」講話，時間一久，終於也接受了他們的「政敵的觀點和語言」。[17]

他們這樣訴諸於古典時代，造成凡是不符合古典的「領導」（leadership）概念，什麼事情都難以為之辯解。凡是政治領導人，一概用古代的共和主義衡量之：

以你的判斷帶領正確的方向。

> 深諳每一個古人的品格，
> 每一頁中他的寓言、主題、範圍，
> 他那時代的宗教、國家、精神。[18]

亞歷山大・波普（Alexander Pope）如此這般告訴他的同胞，他們也都相信他的話。當時英國的反對派論述者幾乎總是援用古典的標準（也就是加圖的標準或西塞羅的標準），來評斷十八世紀紛亂的政治。他們全部都把從古典共和主義拈出的品格，諸如正直、美德、無私放在公共生活的中心。[19]

所有的政治道德都源自古典時代

這些古典共和理想雖然都建立在君主體制框架之上，然而卻奠定了英語世界博雅教育（liberal arts）及政治辯論的基礎，也為「美好社會」（good society）的討論訂立了基本論點。因此，對

王朝的第一位國王。因此對於保王（保衛斯圖亞特王朝）的托利派來說，漢諾威王朝新國王喬治就是獨夫，反之，把斯圖亞特家族趕下王位的輝格派，則認為斯圖亞特的國王才是獨夫。

⑤ 編按：這裡指詹姆士黨人，詹姆士二世逃出英國後，國內外的斯圖亞特家族支持者始終都有復辟的呼聲，希望能奪回王位。

大西洋兩岸的英國讀書人而言，古典時代的著述並非只是學術上的點綴或櫥窗，而是他們的公共道德及價值主要的源頭。所有的政治道德都是古典的道德；加圖、西塞羅的書看再多都不夠。每一個律師都想成為西塞羅，至於加圖，沒有一個古代英雄能像他一樣。艾迪遜的劇作《加圖》是英語世界最受歡迎的戲劇之一，湯瑪斯・蓋瑞（Thomas Gray）甚至宣稱這齣戲比莎士比亞的任何一齣悲劇都更加是英國悲劇的典範。[20]在美國，這齣戲在一八〇〇年以前已出現過八種版本。華盛頓也是一看再看，還曾經在他的信件中引述戲裡的對白。什麼叫做堅忍的古典英雄，什麼叫做正直的公眾領袖，華盛頓就是從這齣戲學會的。

十八世紀英語世界的政治理論，例如從「均衡的政府」（balanced government）理想，到「正直公民」（virtuous citizenship）的概念，某部分就是古典的過往促成的。根據古典共和的傳統，人天生就是政治存有（political being），是因參與自治的共和國而達成其道德理想的公民。公共的自由或政治的自由，即現代人所說的積極自由（positive liberty），意思就是政治參與。這種政治自由接著又提供了維護個人自由與權利的手段。現代人會區分積極自由和消極自由（negative liberty），但是在這個古典的共和主義傳統中，他們還沒有認識到這一點，還是把這兩種自由當作一種看待。[21]

當然，至少在消極自由這部分，英國人並不需要古羅馬人來告訴他們自由是什麼。打從諾曼征服或是羅馬人入侵之前，英國人對自由與權利的強烈意識，早透過普通法（common law）得到表述與強化，這一直都是英國文化的核心部分。然而，無論古典共和的自由概念對不列顛本島的法律和文化的影響有多小，對部分北美殖民地的影響卻很大。既然古典的過往影響了北美殖民地的自由思想，使其更為積極與共和化，那麼在這裡自由思想和奴隸制度相容，也就順理成章了。因為畢竟在古羅馬人眼中，他們對自由的熱愛和奴隸制度是並存的，在他們自己看並不違和。況且，正是有奴隸的勞動，他們才會有自由，亦即能夠獨立及參政。所有這一切，都使得美國南方蓄奴的莊園主非常認同古典共和主義。

要做到這種積極自由，要在公民有德行的情況下才能實現，也就是說，公民必須願意為群體犧牲個人利益，包括服公職而不收取金錢酬勞。這種美德只有在平等、積極、獨立的共和公民身上才看得到。男人（女人不算在內，因為大家都認為女人不獨立）必須擺脫依賴，擺脫市場的蠅頭小利。所謂腐敗，就是失去了獨立和美德。

古典共和主義鼓勵的道德是公德（public virtue）。休謨就說，謹慎、節儉、勤奮等個人美德雖很重要，但這只能讓人「服侍自己，促進自己的利益」，「難以讓人扮演好社會角色」。公德是為公利犧牲個人欲望，是奉獻於公益。每個人不論才能如何，每位紳士都有義務為國家服務。一七五〇年，富蘭克林曾勸告紐約的王室官員柯爾登（Cadwallader Colden），「不要讓你對哲學消遣的熱愛，超過其應有的分量。」富蘭克林又說，公共服務遠比科學重要，「如果公眾需要牛頓，那即使是他最棒的發現都不能成為他忽視公共服務的理由。」[22]

古羅馬共和的力量來自於它的公民有自我管理的自由。不過，羅馬共和後來的命運卻告訴我們，共和制需要其公民具有高度的公民道德及無私的情操。所以共和制是很脆弱的，很容易滋生腐敗行為。共和國對公民的道德要求，比君主對臣民的道德要求高出許多。在君主制中，人要不要做自認為正確的事，會受到恐懼、外在勢力、恩庇關係或榮譽感的影響；可是在共和制卻是必須說服個人為了公益犧牲自己的欲望和享樂。君主制可以容忍臣民有極大程度的自利、個人滿足、腐敗行為，因為畢竟君主制是建立在依賴和順從的基礎上，除了道德之外，還有各種黏著劑和關係來維繫君主制的社會。例如在一七七五年，麻州西部一名效忠派的牧師明確告訴他的鄰居說，君主制依靠的是血緣、家族、親屬、恩庇關係，以及歸根結柢的恐懼。當時這幾個鄰居想要拿起武器反抗君王，牧師警告他們「千萬不要」，要不然「國王會派出一隊兵馬，一路獵取每個人的人頭；不出六個禮拜，要你勞動一個禮拜才能吃到一頓羊頭羊腸餐，你都會很高興。」[23]但是，換成共和國就不會這樣訴諸武力。形式最純粹的共和國不是靠人與人之間的連結、關聯來維繫，靠的是公民自發的愛國心，還有他們願意遵從公權力。如果公民沒有道德，不願犧牲自己，共和國就會崩潰。

誰有資格成為共和國的公民？

不過，人們不必是共和主義者或激進的輝格派，也可以相信道德及其伴隨的古典價值。十八世紀英語世界為政治領導（political leadership）所開的處方，道德感及榮譽感就是其核心。

如果道德感是以自由及獨立為根基，那麼順理成章下來，自然是沒有任何利益糾葛、沒有主子給錢的獨立個人才有資格成為公民。傑佛遜以及許多懷有共和理想的人都期望，所有擁有自己土地的農民，能完全依靠「自己的土地和勤奮」，而不依靠「買家的任意及隨意」來維持生計，那麼他們就獨立而不受金錢及市場利益的誘惑，進而成為有道德感的人。[24]

不過，也有人質疑一般人（尤其是依靠「買家的任意及隨意」維生的那些人）超越自身利益的能力。西塞羅等古人顯然相信每個人與生俱來都會想做道德正當的事情，這種傳承強化了十八世紀的道德感哲學（moral sense philosophy），構成了民主最後出現的形式基礎。傑佛遜曾說過一句「農夫比教授懂得對錯」的箴言，這句家喻戶曉的箴言確實可以經由特倫查德以及高登筆下的加圖回溯到西塞羅身上。[25]但其實，西塞羅和古典共和主義者並不太欣賞由一般人民組成的民主群眾，他們認為一般人和涉入市場的人通常都會受制於個人利益，因此很難有無私的情操。這種一般人當然不可以擔當社會領袖。因此我們可以說，相較於君主制，共和主義看待一般人民的觀點雖然比較寬大，但是在公職的分配上卻仍保留了傳統的古典貴族偏見。很多優秀的輝格派與共和主義者都認為重要的公職，甚至包括大陪審團（grand juries）在內的公職，都應該只容許「比較好的一種人來擔任，因為他們比較不會受誘惑，比較不怕有權者的皺眉，因此可以假設比那些處於低劣位置的人來得有能力。」正如亞里斯多德、西塞羅等古人指出的，人如果有職業營生，必須參與市場活動，用雙手做事，沒有受過博雅教育，一般也就沒有那麼思想開化與道德無私，因此難以超越市場那種討價還價的習氣，擔當公正的裁判。[26]

古典共和主義很自然會懷疑市場、商業和企業。當然，商業之作為農業的附庸，在十八世紀的人看來是良性的東西，甚至因為商業是國際間和平與繁榮的源頭，還應該為它鼓掌。但如果說要讓商人來擔當政治領袖，古典共和主義就會持不信任的態度。古典共和主義認為，商人雖說會將農產品賣到國外，把財富帶回國內，不過他們卻總是把自己的利益置於國家利益之前，所以很難做到無私。

既然商人、技工，以及必須工作營生的一些人都不夠格擔任無私的公職人員，那麼這個責任自然就落在那些有閒的仕紳頭上。這些有閒仕紳，用亞當．史密斯（Adam Smith）和法蘭西斯．哈奇遜（Francis Hutcheson）的話來說就是，不需要做什麼就有收入的人。[27]

從事公務如果真要無私，那麼在職者就應該沒有薪酬才對，這樣才符合傑佛遜所說的「羅馬的原則」。他說：「一個有道德的政府，對於奉派出任公職者，公職於他應是一種負擔；就算事先知道會很辛苦，而且會失去個人利益，也不應該拒絕。」公職「不會讓你獲利，也不會讓你快樂。公職是把一個人從他的家庭和日常事務中光榮地放逐出來。」就因為這種種原因，所以華盛頓擔任總指揮官時就拒絕領薪，出任總統後也想拒絕薪酬。就因為這種種原因，所以富蘭克林才在費城制憲會議提案新的聯邦政府行政部門人員都不支領費用及薪金。[28]

在共和主義的理想中，政治領袖不會是現代的職業政治家，而是一些有貴族氣的農場主，他們會出於愛國義務心而暫時承擔公職重任。詹姆斯．威爾遜（James Wilson）曾經寫說，在古羅馬，行政官和軍官常常是一些務農的紳士，完成任務後總是願意「從高高在上的官職走下來」，然後像一七八三年的華盛頓一樣，「高興而滿足的重新過著獨立的鄉村生活，有勞動但生活平靜。」務農是一種神聖的活動，這類賀拉斯和維吉爾形式的觀念，是十八世紀英國文化的核心。艾迪遜曾描述維吉爾的《田園詩》（*Georgics*），說那是「古典時代全部作品中最完整、最精細、最完備的。」大西洋兩岸有很多紳士都會想辦法在鄉村蓋房子，好避開人世間的艱苦與磨難。古羅馬的賀拉斯在羅馬城後的山上蓋了隱退後的居所，將其命名為「薩賓谷」（Sabine vale），後世維州富有的莊園主藍登．卡特就模仿他，也把自己的農園取名為「薩賓堂」（Sabine Hall）。[29]

不過，古典的農業主義（agrarianism）不能只是當作一種賀拉斯式隱退（Horatian retirement）來看待。除了說那是一種賀拉斯式的隱退法，也有人讚美那是一種維吉爾式道德及健康社會的源頭。確實沒錯，因為就連南方的莊園主及新英格蘭的聯邦黨人都有他們的田園想像，認為純樸的田野耕作生活可以賦予他們健全的道德、幸福的社會。傑佛遜會讚美農夫，稱讚提摩西．德懷特（Timothy Dwight）、大衛．漢弗萊斯（David Humphreys）等康乃狄克詩人的田園作品，若我們不秉持古典共和傳統來看，將會難以理解。[30]還有，如果不是放在這一支古典傳承的脈絡下來看，如何能夠了解約翰．迪金森一七六七年自詡為「賓州農夫」所寫的那一篇散文呢？迪金森當時其實是費城的律師，專門處理城裡的商業案件，很有錢，不過從一開始他就必須向讀者保證他的無私。他告訴讀者自己不是靠「參與市場」過活，而是靠「一點利息錢」過日子，且過得很「滿足」，「不受世俗欲望、恐懼的打攪」。[31]此外，如果不看吉朋曾經描寫過一些退伍兵員移居到被羅馬征服的各行省的事情，我們要如何解釋新英格蘭革命軍的官員一七八〇年代模仿古代那些軍人，爭相到剛取得的俄亥俄州新領土荒野打造田莊的那種熱情？新的美利堅共和國成立後的數十年間，很多人始終很熱衷下鄉尋覓一席之地，以新的農產品實驗田園生活，其中尤其以新英格蘭的仕紳最為熱情。[32]

美國就是古羅馬共和精神的再現

美國革命的先賢借用這一切古典觀念建立起美利堅合眾國。他們很多人都認為這個新國家是古羅馬共和的再現。他們模仿古羅馬制定混合憲法，再造羅馬人那種對世上每一個人開放的「公民權」概念。對漢彌爾頓而言，羅馬始終是「護育自由的保母」。對亞當斯而言，羅馬「塑造出曾經有過最高貴的人民，最偉大的力量。」[33]這些革命先賢想要實現英國（按照其批評者的看法）所未能實現，亦即沒有歧見、自私、奢侈之良善社會的古典共和價值。這些美國領袖極力想要實現古典的理想，創造古典的氛圍和人物。在波多馬克河（Potomac）有一條支流，過往叫做雁溪（Goose Creek），現在則改稱作台伯河（Tiber）。美國的革命領袖制定了一個龐大的計畫，要在台伯河畔為他們的新羅馬建立一座巨大的都城。就如漢弗萊斯所說的，他們相信美國革命代表的是回歸古典價值：

> 這將帶給我們賢良的古羅馬人當年所見——
> 完全出身農家的英雄及政治家。[34]

約瑟夫・華倫（Joseph Warren）一七七五年為波士頓大屠殺事件（Boston Massacre）⑥發表演說時，身上套的是一件托加長袍（toga）。⑦約瑟夫・霍利（Joseph Hawley）曾經有過一次決絕的「加圖式拒絕」（Catonian denial）行動，表明絕不接受任何政府的擢升、官職、薪酬。派崔克・亨利（Patrick Henry）以一句「不自由，毋寧死」，呼應了艾迪遜戲劇中加圖那一句吶喊：「眾神啊，羅馬的元老難道要一直爭吵奴役和死亡要選哪一個嗎？」同理，內森・黑爾（Nathan Hale）臨死之際說的，「我懊悔我只有一生可以奉獻給我的國家」，也像極了加圖那一句「我們只能死一次以奉獻給國家，真是遺憾！」亞當斯和德瓦維爾⑧一樣，很崇拜西塞羅，很希望自己也能有機會像西塞羅在古羅馬那樣，唯才是尚。塞謬爾・亞當斯（Samuel Adams）的道德感早已蔚為傳奇，後來甚至以「一名普魯塔克筆下的英雄」（one of Plutarch's men）為人所知。羅馬的愛國將領辛辛那圖斯參戰得勝之後即刻解甲歸田⑨，後來的華盛頓便成了另一位完美的辛辛那圖

---

⑥ 編按：又稱為國王街事件（Incident on King Street），是一七七〇年發生在波士頓國王街的衝突事件，衝突過程中有五位平民被英軍射殺身亡。

⑦ 編按：古羅馬男性公民代表性的服飾。

⑧ 編按：德瓦維爾（Brissot de Warville）是法國大革命時期，吉倫特派的領導人。

⑨ 編按：辛辛那圖斯（Cincinnatus）是羅馬共和國時期的元老院成員，軍事將領。他在羅馬帝國時代成為羅馬美德的代表人物。西元前四五八年時羅馬軍隊遭到敵人包圍，退隱務農的他臨危受命擔任羅馬獨裁官，保衛羅馬。退敵十六天後，他放棄權力辭職返回農莊。

斯。[35]

這些美國人進行的是新古典革命，他們的時代是新古典時代。他們要讓他們的新共和國成為有價值的所在，成為許多詩作中描寫的「哥倫比亞」（Columbia）。用耶魯大學開明的校長伊茲拉・史泰爾斯（Ezra Stiles）的話來說：「歐亞所有的藝術都可以輸入到（哥倫比亞）而興盛起來……更加光彩。」而像是班傑明・拉許（Benjamin Rush）這些美國人，當然也知道「藝術通常是在富裕而奢侈的國家才會興盛」，而且是社會敗壞的病徵。亞當斯雖然極為喜愛藝術，但是終其一生始終認為「愈追求風雅，道德愈敗壞；所有的時代、國家都一樣。」他在一七七八年從法國寫給他妻子的信中說：「建築、繪畫、雕塑、音樂、園藝、家具，不論如何富裕、華麗或絢爛，都是時間和奢侈養出來的瑣事，消磨了人心中堅強、勇敢的美德。」[36]美國人如果想超越歐洲人的尊嚴、宏偉和品味，就必須避開繁瑣（overrefinement）及奢華，創造屬於共和國的藝術。

但這該怎麼做？辦法就在古典共和主義那種秩序井然的理性中。古典主義允許藝術表現，但不會助長腐敗及社會敗壞。古典主義會凍結時間，不會改變。就如當時負責華盛頓特區公共建築建造事宜的一位長官說的，古典主義提出的價值觀強調「概念恢宏，共和主義的簡約，真正優雅的比例，呼應一種有節有度的自由，沒有輕浮這種猥瑣心靈的食糧。」[37]這樣的新古典藝術不是任何現代意義下的原創藝術，且它自己也無意於原創。美國人在他們一七八〇、九〇年的文學、繪畫和建築上，想要做的是為已有的藝術形式提供清新的共和精神，像過往許久的古人那樣，在其藝術中標舉或表現普世永恆的理性原理、自然原理。就是因為這點，所以紐約邊疆原野中那些詩人認為，凡事拿維吉爾、賀拉斯來比附並無違和之感。因此，喬爾・巴洛（Joel Barlow）大可認為他所寫的美國史詩《哥倫比亞德》（*The Columbiad*），正因為其中表現的是高尚的道德感以及共和主義的訊息，所以應該比荷馬的《伊利亞德》更為輝煌壯麗。

傑佛遜是另一個完全傾倒於新古典主義的例子。一七八〇年代，他暫時接受了班傑明・韋斯特啟發的時尚觀念，讓烏東（Jean Antoine Houdon）製作的華盛頓雕像穿上現代的服飾。幾十年後傑佛遜才透露自己真正的想法，說他很高興卡諾瓦（Antonio Canova）製作的華盛頓雕像是穿著羅馬的托加長袍，傑佛遜說：「在歐洲，每個有品味的人都偏愛羅馬服飾。」傑佛遜很看不起自家維州一些「哥德式」喬治國王時期的建築，甚至引以為恥，後來還打算在蒙蒂塞洛（Monticello）蓋一棟帕拉第奧式的別墅（Palladian villas），一間會讓人回想起羅馬古典時代的房子。一七八〇年代，他屢次要求維州的同事在新首府里奇蒙（Richmond），仿建一座西元一世紀建於法國尼姆（Nîmes）的方形神殿（Maison Carrée）。他希望美國有一棟公共建築能夠作為人民「研究及仿效」的典範，也作為「國家品味的證明」。他說，方形神殿是「近二千年來無人不愛」的建築。幾乎完全是因為他一個人，所以美國的公共建築都酷似羅馬神殿。[38]

這些美國革命先賢的古典夢想至今已經成為一些文化遺物，繼續與美國人同在。例如有些城市的名字就叫做羅馬（Rome）、敘拉古（Syracus）或特洛伊（Troy）。用羅馬的元老院來命名參議院（Senate），用羅馬的卡必托里山來命名國會大廈（Capitol）。數量頗多、沒有人讀過的田園詩，例如提摩西・德懷特的〈格林菲爾德山〉（Greenfield Hill）。帶有政治符碼的一些意象，像是自由女神（goddess Liberty）、眾多的拉丁文格言、美國國璽上的羅馬之鷹，還有從維吉爾《田園詩》、《牧歌集》引用來的拉丁文語句：*novus ordo seclorum*（世界新秩序）、*annuit coeptis*（祂賜福我們的事工），以及用羅馬數字標示的美國獨立年分MDCCLXXVI（一七七六）。最後，當然還有那無數的羅馬神廟。不過，當初激發這些事物的那種精神，這些機構、藝術品、符號對革命先賢所代表的意義，如今卻已經佚失，甚至在剛建成之際就開始佚失。

這些革命領袖在一開始的時候，或許真的是想要恢復理想中的羅馬共和，但是他們很快就發現自己釋放出去的力量，已經把他們帶到遠超乎最初預期的境地之外。獨立宣言之後的數十年，美國非但沒有成為古羅馬共和新而壯大的轉世，反而變成前所未有雜亂、拜物、縱欲的大眾民主國家；買賣交易之事受到前此未有的頌揚，古典的道德意義也變了。尋常百姓不識拉丁文，也不太顧慮無私的美德，但也開始在經濟、政治領域施展身手。共和國早期的美國人並沒有要為公益而犧牲個人欲望，反而認為個人追求財富或幸福（這兩者之間現在已畫上等號）不但不可免，而且根本是正當的行為，是自由國家唯一應有之基本項目。

建國後數十年間，美國迅速轉向民主，古羅馬此時對美國人已經失去大半意義。這種轉變開始得很早，一開始的方式常常是抨擊學校中學拉丁文或希臘文的必要性。這種民主式的對共和價值的抨擊，與早先對君主制的抨擊一樣，攻擊者很少想到最後的結果會如何。譬如班傑明·拉許就主張學希臘文和拉丁文「在美利堅合眾國特別不恰當」，因為那會讓多數人都無法接受教育。不過，其實共和主義是主張人人都有受教的權利。然而，才不過幾年光景，拉許卻轉而警覺到上大學的人太多，文明的標準已經降低，但此時已經無法阻止那種喧囂而自以為是的民主趨勢蔓延。[39]

到了一八二〇年代，美國社會已經把住在寧靜鄉村，躬耕務農的田園夢想遠遠拋諸腦後。古典的羅馬如今在他們看來太索然無趣、太矯揉造作，已經無法表現新民主美國的躁動及庶民的原創力。愛德華・艾佛瑞（Edward Everett）曾說古希臘反而是個比較好的典範，他說在荷馬筆下的古希臘，狂野、動蕩、自由，有著「自由的縱欲，自由的瘋狂」。[40] 對大部分美國人而言，古羅馬的偉大傳承早已遠去。

後記

這一篇文章曾經多次當作演講之用，包括二〇〇八年十月在羅馬的一次。那一次會議是蒙蒂塞洛的羅伯特・史密斯國際傑佛遜研究中心（Robert H. Smith International Center of Jefferson Studies）贊助的。我在會中讀了與會者的論文或聽他們宣讀論文，得到的結論是關於古典學當初對美國開國元勳的影響，我們歷來的爭論點都擺錯了地方。

古典世界無疑是這些開國元勳政治記憶很重要的一部分。我們甚至可以說，古典世界之於這些開國元勳，就如同這些開國元勳之於今天的我們。我們藉由這些元勳，譬如說傑佛遜、華盛頓來確定我們的位置、方向，重新肯定我們的信念，強化我們的體制；同理，他們當初也是藉由古典時代（尤其是羅馬共和的古典時代）來塑造他們的價值觀，為他們的體制建立理論依據。對他們而言，那是個記憶庫，他們汲取這個記憶庫裡的東西來賦予自身經驗以意義。然而時至今日，對大部分美國人來說，這個古典記憶庫，這組古老的意義，已經不復存在。

我傑出的恩師伯納德．貝林曾說過，古典學在這些開國元勳的思想中扮演的只是個小角色。他認為古典時代對於這些革命先賢的諸般觀念而言，只是種「虛飾」，對於他們的思想有「解說」作用（illustrative），但不曾起「決定」作用（determinative），也就是說不曾引起如他們那種激進的輝格派意識形態所起的作用。他認為古典學「貢獻了一些鮮活的詞彙，但沒有提供思想的邏輯或文法；（古典學）是備受尊敬的身體力行，但不是政治信念、社會信念的源頭。它們提升了殖民地居民對於另外衍生出來的理念及態度的敏感性。」[41]

羅馬的那一場會議有多次的討論，其中一次完全集中在貝林這番十分挑釁的結語。當時我提出的問題是：有哪一個時代的理念會真的「決定」另一個時代的思想？我不這樣認為。我不相信前面一個時代的理念會「決定」後面一個時代的理念。真正「決定」一個時代思想的，是該時代當時的事件及參與者，是參與者當下的利益、情感，是他們當下的經驗。現實會逼迫人，人因而開始期待一些理念、意義來釐清該現實的意義，進而解釋該現實，或辯護或譴責之。對於美國革命的先賢而言，古典時代提供了一組意義，供他們讓自己的行為及目標顯得有意義。他們並非完全吸收那些意義，而是隨意借用，只要適合他們的需要即可。

就算是今天，我們也是這樣在借用理念。有誰看完一本書，會對裡面所說的觀念照單全收呢？我們會選擇跟我們有切身關係、有意義的部分。我們會從所有的理念中挑出最適合我們，最能夠使我們的經驗、環境具備意義的那些。但是，我們自己的經驗才具有決定的作用。當年傑佛遜曾經從巴黎寄了很多書給麥迪遜，但是麥迪遜並不是看了那些書之後才有一七八〇年代改革聯邦政府的想法。我在本書第四章〈制憲中的自利及無私〉就已經指出，麥迪遜的理念是在維吉尼亞議會幾個回合下來的經驗中成形的。另外，不管是休謨還是誰的思想，只要是麥迪遜獲知的理念，他都會拿來證明和解釋他在限制各州立法機構中過度民主方面想做的事情。史家凱洛琳·溫特勒（Caroline Winterer）在會議中，描述了麥迪遜努力利用古代來證明上議院或參議院的必要性，而這就是他利用任何所知之理念的實例。

另外，我在本書前言也倡議過，如果我們想借用理念來說服別人什麼事情，那我們就必須選擇那種對任何聽眾都有說服力的理念才對。沒有事實根據、憑空捏造的理念，是無法賦予事情以意義。我們必須借用眾所周知的理念。對於美國革命的先賢而言，過往那個古典時代就是可資利用的一組很豐富的意義。

我們從過往借用我們所需的理念，在這過程中不可避免也扭曲了那些理念。開國元勳運用起古典主義，當然和古典時代的古典主義不同。同理，我們運用建國時代的理念，自然也和十八世紀人的想法不一樣。但我要說的是，激進的輝格派的理念一樣也有這種扭曲的情形。換句話說，理念本身從來不是思想的決定性因素。十八世紀的美國人在洛克、特倫查德、高登，或詹姆斯·伯格（James Burgh）的思想中選擇與自己切身有關的理念，允當予以運用，並且在這過程中將其安插在環境中。人無可避免會這樣運用理念，並且由於我們的現實經驗總是一直在改變，而我們又必須使經驗富有意義，所以難怪我們的智識生活始終是動態的、變動不居的。我們會有智識上的爭吵，吵的就是我們要賦予經驗什麼意義，以便滿足我們當下的需求。

不過，縱然我質疑古典時代的理念是否決定了開國元勳的想法，但這並不代表我認為古典時代對他們並不重要。即使前一個時代的理念真的不會決定後一個時代的思想，但也不是理所當然代表那些理念只是裝飾的門面，沒什麼影響力。我相信過往的古典時代並非只是有助於我們理解開國元勳的想法而已；前一代的理念會影響並促成這一代人的行為，這點我在本文已經有所陳述。

第三章　美國革命中的陰謀論

美國革命的那些革命家當時心神紛擾嗎？美國革命是深藏於其領導者心中之焦慮產生的結果嗎？這種問題聽起來很怪異、愚蠢，而且關於美國建國先賢，應該也很少有人會問這種問題才對。不過，現在就有一些史家在建議我們對美國革命提出這種問題。

美國革命在相當程度上似乎已經成了一種心理學的現象。近年史家對於美國革命的論述出現了很多心理學詞彙，譬如說感到不安的殖民地人民「在尋找認同」，這種很常見的詮釋所根據的就是心理學概念。[1]史家轉而對家族史、子女養育等事情產生興趣，開始竭力探索「公領域經驗與私人經驗之間的關聯」，但公與私領域的探索兩者卻又是互相矛盾的。[2]殖民地居民的成長發展則是和他們拒絕「母」國，排斥「父」王有關聯。對於英國和殖民地之間的親族關係，他們幾乎榨出了其中所有一點一滴的心理學涵義。[3]他們把建國先賢一個一個抓來分析，一一揭露他們潛意識中的恐懼和欲望。[4]並且由此引伸說英國當局對殖民地的種種限制，似乎危害到了殖民地居民的「自我能力」，引發了「大規模的焦慮、罪惡感、恥辱、匱乏感，唯有**像男人一樣**反抗英國的限制，才能夠克服。」沒有錯，確實就有人說「很多美國人內心的焦慮，一部分來自於擔憂自己的柔弱。對於當時在政界當道的那種偏執的政治世界觀，這種擔憂提供了理解其心理根源的有效線索。」[5]學者非常徹底地應用了這種心理學觀點，弄到後來就算有人說美國革命是一樁「發洩性的事件」，是多種情緒及焦慮日積月累之後的「心理排解」，也就不奇怪了。到了這種地步，自然也會有人將美國革命說成是「可以用心理學原理解釋的假象」。[6]

這樣應用心理學原理解釋美國革命的情形，大部分無疑都可以理解為是整個歷史撰述受到心理學影響所致。實際的情形其實不僅僅是心理史學想成為正規的學術領域，而是心理學詞彙和理論其實早已在不知不覺中進入了我們的文化，所以史家不知不覺也開始用起這些詞彙和理論。然而，晚近心理學對革命史撰述的影響未免太大了，所以不能只從它對史學這門學科的影響效應來理解。要解釋近代美國革命史之高度依賴心理學，有一件事情異常重要，那就是有兩本很重要的歷史著作湊巧都在一九六五年出版，一本是伯納德．貝林為「美國革命小冊文獻」所寫的《導論》，一本是理查．霍夫士達特的《美國政治的偏執風格》（*The Paranoid Style of American Politics*）。[7]這兩本書起初都是各自論述，並未互相影響，但後來卻都大大影響了我們對美國歷史的理解。將這兩本書合在一起看，然後銜接起史家的思考，就會產生一股很不尋常的力量，引發我們今天去關注美國革命其實是一樁心理上的事件。

我們已經很熟悉貝林如何解釋革命的源起。他論證有一組和殖民地政治現實相關的同一模式觀念及態度，「內建在十八世紀英美政治文化結構中」，從而「為我們如何理解美國革命的源起，提供了充分的背景。」貝林認為有一支汲取自英國幾個源流，悠久而完整的知識傳承讓美國人得以用來解釋一七六〇、七〇年發生的那麼多事件。「他們愈來愈看得清楚那些事件，其中不只是有違背自由建立在其上的原則、錯誤甚至是邪惡的政策，而且一些事情也證明有陰謀分子暗地裡在英、美對自由發動處心積慮的攻擊。」這是難以反駁的證據，證明有一種「計謀」（即陰謀），「殖民地居民在一七六三年之後得知了消息，而就是這個**陰謀**驅使他們發動了革命。」[8]

我們如今對美國革命的理解，深受貝林這種解釋的影響，凡是研究美國革命史的人，無論如何都要以某種方式接受他的解釋，如今已經沒有人能否定當時革命先賢普遍都在擔憂某種陰謀。確實，今天的史家大都已經視這種擔憂為理所當然，因此也就一直執著於解釋革命先賢為何會有這樣的擔憂。晚近史家撰述美國革命史時之所以經常運用心理學，背後主要原因就是他們覺得必須解釋清楚革命先賢所深信的「陰謀論」（conspiratorial beliefs）。大部分史家一方面固然承認我們可以理性地解釋革命先賢對於陰謀的恐懼，但另一方面卻也不得不假設這種恐懼主要是來自非理性的根源。他們的這種假設其實源自二戰後美國政治的經驗，尤其是麥卡錫主義（McCarthyism）的經驗。這些年來，這種非理性的假設表現在很多美國的社會學研究中，其中最令人矚目的便是霍夫士達特的「偏執風格」（paranoid style）這個概念。[9]

霍氏發現美國政治普遍存有偏執風格。他有一本書專門探討這種偏執風格。他證明並非只有美國革命的領導人會擔心有潛在的惡勢力陰謀戕害美國。幾個世代以來的美國人一直都有陰謀論的思考方式，這些革命領袖不過是其中一個世代而已。霍氏是後來才知道貝林的解釋，所以來不及將貝林的解釋整合到他的論據裡。霍氏的書從一七九〇年代的「巴伐利亞光明會恐懼」事件（Bavarian Illuminati scare）入手開始探討偏執風格，沿著十九世紀對反共濟會（anti-Masonic）、本土主義（nativist）、民粹主義的恐懼一路追溯，最後以分析一九五〇年代大家都相信的共產黨陰謀作結。他這本書略去了美國革命，並且假設偏執風格只是「美國社會少數運動（minority movements）及邊緣因素偏好的風格」，因而免去了將美國革命先賢描述為「偏執人格」時會有的麻煩。[10]

霍氏說，他使用偏執風格一詞並不帶有任何醫學或臨床的意義。他用這個詞只是要比喻「一種看待世界、表達自我的方式」。他指陳說，在醫學上偏執指的是一種慢性心理疾病，症狀是經常性的被迫害妄想。霍氏說，美國那些偏執的發言者無論在言詞表達上如何過度猜疑、如何過度的末世論，都不能說是「可認證的瘋子」（certifiable lunatics）。不過（這個**不過**是個很大而且冗長的**不過**）這種風格並非完全正常。霍氏說，那是一種「扭曲的性格」，因此也「可以是個信號，提醒我們要小心一種扭曲的判斷。」這種扭曲的判斷顯示有某種政治病理（political pathology）在運作，是美國人公眾生活中一種一再出現的表達方式，「會經常與可疑的不滿運動連結在一起」。那些相信陰謀論的人也許並不瘋狂，但是霍氏指出，他們卻是一些對現實充滿錯亂狂想觀點的人，所以是將某種深層心理學（depth psychology）應用在他們身上的適當對象。[11]

有些史家和霍氏一樣，假設政治是「與那些明顯的議題只有起碼連結的情緒及衝動的投射場」。這些史家也是想把美國人反覆出現的對陰謀的恐懼，連結到一些潛在的社會或心理過程。[12]有的史家認為，「擔憂陰謀是傳統社會及道德價值變動時期會有的特性」，所以他們把觀察的焦點放在美國社會那種不尋常的流動性上面。有的人因為社會性的困擾或疏離而對自己的身分、地位有疑慮，這樣的人似乎特別容易相信陰謀論的解釋。大衛．戴維斯（David Brion Davis）曾經非常細膩地揭露十九世紀美國人對陰謀的恐懼。他指出，從反同濟會到「奴隸權力」（Slave Power）的反對者，各個團體或許都發覺偏執風格可以表達他們各自的苦惱及麻煩。不過，史家也非常謹慎地註解說，那些依賴這種顛覆意象的人，有很多人實在無法指斥為「吹牛的人、狂想者或不滿者」，例如說林肯、大法官羅伯特．傑克遜（Robert H. Jackson）等人都是。戴維斯尤其特別提醒吾人不要做那種膚淺的假設，說什麼「人們對於顛覆的恐懼往往是從內在心理的需求產生的」。然而，儘管如此謹慎，儘管加了些條件，但這些史家所做的歷史敘述涵義卻很清楚，那就是美國人顯得很容易害怕顛覆，這種恐懼是嚴重社會及心理緊張的徵候。[13]

美國的偏執風格一經揭露是無所不在的，無可避免也就與美國革命的意識形態產生了連結。不但貝林描寫殖民地居民對陰謀的恐懼被廣泛傳載，史家也開始倡議美國革命塑造了這種偏執風格的基本型態。戴維斯就問說：「有沒有可能美國革命制約了美國人，使美國人認為反抗黑暗顛覆勢力是他們國民身分不可缺的一部分？」[14]偏執風格和美國革命的意識形態這樣一連結，史家很快就在其源頭發現了很多端倪。貝林在他的《美國革命意識形態源起》書中雖然強調殖民地居民那些恐懼的理性基礎，但偏執一詞卻很快就在美國革命史的撰述中擴散開來。事情似乎開始清楚了起來，「謀反的輝格派意識形態是一種狂熱甚至是偏執的形式」，另外還有人指控亞當斯、傑佛遜等領導人當時患有某種妄想症。[15]各種證據愈來愈多，且全都指向一個結論，那就是「美國革命時代是個政治偏執的年代」，「那個年代流行一種陰謀論觀點」。[16]

這樣子直接點名開國元勳有妄想症，在很多情形下只是個比喻。但是有鑑於當前眾人對心理史學的興趣，有時提到妄想症還真的帶有心理學意涵，而這種指陳已經先預設某種心理上的敏感性會跟偏執的思考有關係。關於美國的輝格派相信政府部門胸有成府，意圖不利他們的政治自由，某些史家固然承認輝格派此種想法或許有其理性而自覺的原由，但另一方面卻又反過來強調「很多美國人心靈最深處都深埋著擔憂陰謀的恐懼」。有幾種類型的殖民地居民會不自覺對自己的自主性及性別認同問題感到緊張焦慮，而這種緊張焦慮「高度塑造了他們共同的恐懼，助長他們覺得有陰謀要對他們不利的感覺。」[17]

另外還有一些撰述者把貝林的論據當作起點，企圖不加修飾且直截了當「用心理學來解釋革命發生的原由」，甚至主張說美國革命的領導人都患有偏執問題，意思就是他們真的罹患了被迫害妄想症，無法理性判斷現實狀況。他們不但不理性，而且「很容易情緒不穩，很容易發生心理問題，此時若是碰到什麼事情的刺激，就容易受這些問題的影響。」就像《印花稅法》那件事情，「後來就留下了英國陰謀奴役美國人那樣的被迫害妄想。」[18]

陰謀論怎麼來的？

真要這樣一直追索下去的話，吾人將伊於胡底？我們實在很難想像從那些革命先賢的陰謀論中，還能夠抽取出什麼心理學意涵。如今也許是我們停止這種心理探索的時候了。我們應該停下來，往後退一步，換個不一樣且較大的視野來看待他們的想法——我們不必去解釋為何會發生革命，而是看看十八世紀的美國人為何會有那種想法。換句話說，我們要跨越美國革命，進入整個英語世界，甚或是進入整個十八世紀大西洋世界的文化中。在這裡也許我們會發現不管你是英國的在野反對團體，還是心生疑懼的殖民地居民，當時所有講道理的人、所有擁有最開明心智的人，都會相信邪惡的陰謀論。[19]

對於十八世紀的陰謀論，有些解釋其實不是源自任何現代的心理壓力概念，甚至也不是源自激進輝格派和在野反對傳統特有的疑慮，而是來自十八世紀文化存在的一些預設及約定俗成，來自這一時期文化中潛在的形上學。確實，這種陰謀論產生的方式與啟蒙思想家設想中事件發生的方式簡直如出一轍，幾乎沒辦法拿來解釋那個時期的任何事件，其中也包括美國革命。拿這種陰謀論來描述一七六〇、七〇年代美國革命先賢的思考模式會很正確，但這種陰謀論無法解釋美國革命自身，同時也不能拿來當作證據證明革命先賢當時正苦於一些情緒紊亂的症狀。這是因為有一點只要是研究西方現代早期歷史的人都會印象深刻，那就是陰謀論其實根本就存在於大西洋兩岸人民的想法當中，無處不在。

在整段英國歷史中，王室復辟（Restoration）①之後的一個多世紀是人心裡陰謀恐懼及密謀疑慮最熾盛的時代。笛福（Daniel Defoe）曾說，奧古斯都時代（Augustan Age）②是「陰謀及詭計的時代，矛盾與悖論的時代」。到處可見假冒、虛偽情事，很多事情看似為真，其實不然。尤其是從斯圖亞特王室復辟到漢諾威王朝入主（一七一四年）的數十年間，政治差不多就等於一樁接一樁的陰謀、欺騙。斯克勒布（Scrub）在法奎爾（George Farquhar）一七〇七年的喜劇《美男詭計》（*The Beaux' Stratagem*）當中說，那一定是「可怕的密謀」，「首先，那裡面有女人，所以那一定是密謀；再來，那裡面有教士，所以那一定是密謀；還有，那裡面有法國黃金，所以那一定是密謀；最後，我不知道該拿它怎麼辦，所以那一定是密謀。」像斯克勒布那樣想知道的事情那麼多，但是揭露的卻那麼少，自然很容易推論其中必有陰謀。陰謀看起來是那麼普遍，所以喬納森·史威夫特（Jonathan Swift）才會以他那獨有的方式指出，唯有奇巧下流的手段才能揭露那麼多陰謀者。人不管在哪裡都會感覺到計謀中有計謀，朋黨中有朋黨，陰謀中又有宮廷的陰謀、樓上的陰謀、政府的陰謀、派系的陰謀、權貴的陰謀。到了十八世紀後半，甚至還有跨越國界、遍集大西洋世界龐大祕密會社的陰謀。所以，那些鬧革命的美國人固然可能真的特別警惕、懷疑，但是那種對於黑暗邪惡陰謀及陰謀者的恐懼並非他們獨有。[20]

在英美世界革命危機（Revolutionary crisis）的那個時期裡，大人物幾乎都會用這種觀點解釋政治事件。美國的輝格派固然如此，反對革命的那些人，諸如美國的托利派及英國政府也都相信自己是顛覆分子的受害者。像喬治三世就說，這些顛覆分子「對母國的忠誠表現得曖昧不明，反對忠誠卻又表現得最強烈……正在準備起來叛變」，其中就暗藏他所謂的「險惡陰謀」。另有些人，雖然未捲入革命危機中，也是這樣看世界。約翰．衛斯理（John Wesley）是如此，霍勒斯．沃波爾（Horace Walpole）、埃德蒙．柏克（Edmund Burke）等嚴謹的思想家也是如此。他們兩人也用「隱密的策劃」解釋一些原因不明的事件。但是，這種陰謀論並非僅止於英語世界。各種世紀大陰謀當中，有些是分屬各個社會階層的法國人想出來的。美國革命誕生於「陰謀恐懼」氛圍中，法國大革命亦然。一些大臣有陰謀、王后有陰謀、貴族有陰謀、教會也有陰謀，到處都有一些祕密負責人在幕後撩撥大革命這巨大事件之弦。有一些人甚至認為整個法國大革命根本就是共濟會大陰謀計畫中的結果。[21]

綜合以上所說，如果十八世紀各種各樣的人都會訴諸於陰謀解釋模型，都習慣在各類事件中看到幕後籌劃陰謀之人，那麼偏執風格是否還是對美國人特別具有意義呢？是否還會像人家告訴我們的，是某些苦惱的人，尤其是特別不安的美國人將其內心的恐懼釋放到公眾場合的特定手段呢？然而，如果十八世紀那麼普遍的陰謀論傾向並非只是美國人情緒不安的症狀，那它到底是什

① 編按：指英國一六六〇到一六八八年期間，克倫威爾統治時期結束，查理二世復辟，重建嚴酷君主體制政權的時代。

② 編按：此處的奧古斯都時代指十八世紀上半葉英國的一個時期，由於該時期文學深受維吉爾、奧維德等羅馬作家啟發，故稱之奧古斯都時代。

麼東西？

要了解「理性的人」為何會相信處處都有陰謀，我們必須照單全收他們對事件的觀點，再來考察其中是否含有理性的成分。那顯然是一種因果解釋，是塞謬爾・詹森（Samuel Johnson）所說一種「很多原因造成一個事件」的傾向。對我們而言，這樣的因果解釋實在相當粗糙，因為這種解釋看的完全是個人的意圖或動機，如同霍夫士達特指出的，是理性主義、個人性的解釋：「沒有把決定性事件當作歷史之流的一部分來看，反而是視為某人之意志的結果。」對於以陰謀論來思考的人而言，事情並非只是「發生」，而是「意志及意圖一步接一步使然」。[22] 一連串的事件並非像我們這些精明的史家所會說的，是「各種社會勢力」或「歷史之流」的產物，而是一些個人共同謀劃的結果。

換句話說，偏執風格是一種「因果性歸因」，所根據的是對社會現實之本質，以及人類事務中道德責任之必要性所做的特定假設。這種歸因法假設有一個自主、行動自由之人的世界，這些人能透過種種決定及行動刻意而直接製造事件，因此也就可以就所發生的事件向他們追究道德責任。現在的我們都是這種因果觀的子嗣，那些假設也一直還遍存於我們的文化中，只是愈來愈變得老舊而矛盾，就像我們的刑罰制度一樣。十八世紀的思想至今大部分都還活在我們的世界，因此之故，我們很難以理解其實現在的我們有多不一樣。我們也許還是在講因果，但是就像霍夫士達特訴求的「歷史之流」所包含的，我們的講法常常是十八世紀人不會理解的講法。所以，如果我們想理解那個時代的人為何那麼嗜好陰謀論，我們就必須先擱置現代人認為該如何解釋事件的想法，對他們那個世界保持開放的心態。

十八世紀之前對於政治事務就有不少陰謀論詮釋，當然，這種詮釋依據的各種理解現實的模型可以回溯到古典時代。數世紀以來，人們如果要解釋公眾事件，依靠的是「以古典倫理心理學分析人心，而非發現或預知歷史態勢。」[23]政治中常見陰謀、詐欺、結黨營私，不是什麼新鮮事。從薩盧斯特對喀提林（Cataline）③事件所做的描述，到馬基維利冗長的《論李維羅馬史》（*Discourses First Ten Books of Titus Livy*）討論，陰謀是政治理論中常見之物。但是古典時代及文藝復興時期對於陰謀情事的記述，卻和十八世紀大部分陰謀論解釋不一樣。他們描述的行動通常是野心政客藉以掌權的行動，視陰謀為罷黜統治者理所當然的正常手段。馬基維利筆下就描述過數十樁這類陰謀行動。他寫說，確實「很多君王不是因為公開的戰爭，而是因為陰謀而喪命或去位。」[24]這種陰謀發生所在是幾個大人物形成的小統治圈，是每個人都互相認識的小小政界。古典時代及文藝復興時期對於陰謀一事的探討有一種實事求是的特質。陰謀一事不是想像、不是猜測，而是實際發生之事。喀提林確實曾經陰謀奪取羅馬，布魯圖斯（Brutus）、卡西烏斯（Cassius）真的圖謀刺殺凱撒。

及至近現代初，陰謀始終還是政治常見詞彙。十七世紀的英國充滿了各式各樣的陰謀話語、陰謀恐懼。有法國的陰謀、愛爾蘭的陰謀、天主教會的陰謀、輝格派的陰謀、托利派的陰謀、詹

③編按：古羅馬政治家，因密謀刺殺西塞羅、推翻元老院而被殺。

姆士黨人的陰謀，甚至還有「餐盆陰謀」（Meal-Tub Plot）。然而，這個時期的種種陰謀，有很多已經和西方歷史早前幾個世紀描述的不一樣了。確實，其中有一些，譬如一六〇五年企圖爆破國會的「火藥陰謀」（Gunpowder Plot），一六八三年打算逮捕國王的「黑麥屋陰謀」（Rye House Plot），都還是馬基維利所描述的那種傳統式陰謀，目的是顛覆當時的政府。但是其中有些所謂陰謀事實上已經有了不一樣的型態。此時陰謀一詞固然還是批判性而充滿嫌疑意味，但卻已經變成模糊的泛指任何「人」（甚至包括政府人員）為共同目的而形成的結合。這個詞彙在政治論述中獲得一種較為一般、不確定的意思。用到這個詞彙時，帶來的是疑惑、而不是肯定。所以，查理二世的陰謀變成不是確有其事，而是推論出來的。朝廷或政府記錄陰謀時，不是描述真實事件，而是詮釋一系列事件。十八世紀的人不但以陰謀為名目，解釋統治者如何遭到罷黜，而且也常以陰謀為名目，解釋統治者及其他主導政治事件者如何運作政事。運用陰謀這個名目的人，與政治事件源頭很親近的人不多，對事件感到不解的局外人反而比較多（譬如前面提到法奎爾劇作中的斯克勒布）。

奧古斯都時代的陰謀論詮釋是源自於當時政界的複雜及擴張，反之，古典時代和文藝復興時期的詮釋卻源自於其單純及狹隘。在現代歐洲早期，人口及經濟前所未有的發展大大改變了社會及政治的本質。人愈來愈多，彼此之間的距離愈來愈大，與政治決策中心的距離也愈來愈大，很多人概念中的世界不但變大，也變得不一樣了。人愈多，愈是彼此都是陌生人，而彼此愈不了解對方的想法，就愈互相不信任、互相懷疑。因此也成了西方史上最容易「看到」陰謀、欺騙的時代。上級對部屬、統治者對被統治者的關係，以前是理所當然，現在卻開始問題叢生。面對他人，你開始難以真正認識他，知道他到底在幹什麼。愈來愈多的人開始有政治自覺，開始關切統治菁英階層濫權、特權的問題。到處都有人努力要喚起「公眾眼目」對少數「腦袋裡不有所居心就無法生存」，「騷動不安、狡猾、處心積慮要作亂的陰謀者」的戒心。由於「公眾事務該如何運作」方面的假設愈來愈偏離現實，提醒大家慎防統治者的警告也就愈來愈急切恐慌，表達「懷疑」的方式也愈來愈狂熱激烈。如果是十五世紀，一個貴族要描述政治事件之時，他可以輕易地說：「只要提到高階層的人就夠了，因為世人就是透過他們認識上帝的權柄和正義。」[25]但是，像這樣把所有事件的原由都追溯到高階領導人的野心及作為的做法，硬撐到十八世紀卻開始失效。社會並非完全由大人物及其僕從組成，除了他們之外，社會還有很多團體、利益集團，以及其行動難以輕易理解的一些「階級」。在西方史上，人類事務在十八世紀來到了最複雜、最互相影響、最非個人因素的地步。

陰謀論與啟蒙思潮的關係

在現下歷史的這一刻，我們已經無法仰仗個人觀點，仰仗個人情感、密謀觀點來理解世界，然而這個西方史上最開化的時代卻猶在自豪自己可以如此解釋世界。在這樣的矛盾中，陰謀論詮釋於焉誕生，大家開始普遍訴諸這種詮釋。

陰謀論詮釋，亦即將事件歸因於一些心懷不軌的人具體的計謀，成了近現代早期一些受過教育的人為政治世界建立意義及秩序的手段。這種陰謀解釋模型絕對不是非理性的徵候，反而代表西方人長久努力理解其社會現實過程中一個啟蒙的階段；源自於啟蒙時代的科學承諾，並且代表一種想讓人本身為他自己的行為負起道德責任的努力——現在回顧起來可能是最後一次這種決絕的努力。

當然，個人人格的解釋是前現代歐洲社會長久以來一直使用的解釋方法，也是原始民族至今仍在使用的解釋。前現代人沒有我們現代人有的各種解釋，無法像我們一樣，順手拈來就拿工業化、現代化或是「歷史之流」等非人力量來解釋複雜的事件。他們無法如我們所說的，說明「導致運動形成的因素」。[26]在那個遙遠的世界，對於事件，大家問的不是：「是怎麼發生的？」而是：「是誰做的？」

然而，前現代人儘管如此注意個人，不注意過程，但是他們始終知道事件有很大一部分是超過人的能動性（agency），是人無法理解的。古典時代及文藝復興時代那些論述者雖然強調事件是「一些決定事情的個人其智慧與愚昧、美德或邪惡所造成的結果」，但是他們所撰述的歷史、所創作的悲劇，卻都要論及其中的英勇人物最後如何戰勝未知的命運。世界畢竟是由命運或機會的神祕力量統御，人無法控制。世事難料，諱莫如深。[27]

在前現代時期，基督新教改革者以天意（divine providence）及上帝的大能（omnipotence）為名目，企圖遏止眾人對命運及魔法的依賴，使之轉而相信這個世界有一種計畫及道德目的。他們認為，人生不是買彩券、中樂透，而是實踐上帝的目的及判斷，或者承接天助（special providences）。人對事件具有道義責任，地震、洪水等雖是天災，但也是神對人之惡行的懲罰。[28]但是不論如何，人生總是不確定、不安全，而且神隨時會介入，但你卻渾然不知。依據清教徒因克瑞斯．馬瑟（Increase Mather）晚至一六八四年的觀察，「事情發生屢屢違背人性的可能性以及理性的猜測和預期。」大自然並非始終一致，事情有時候「並非依照其本質及適當的傾向」發生。上帝有時候在祂的計畫中找一部分向世人揭露，但是人畢竟永遠「無法完全了解神聖且智慧的上帝，藉以規範人世所發生一切繁榮與逆厄事件的規則。」在那看似混亂、僥倖、意外的一切中看出實際上有上帝在主導，就算會讓人感到慰藉，但是天意還是一樣「不可知」。[29]

然而，就在馬瑟如此這般論述的時候，其實上帝也已經在準備「要有牛頓」（let Newton be）。牛頓把他的一篇論文予以擴充，於一六八四年完成了《自然哲學的數學原理》（*Philosophiae Naturalis Principia Mathematica*）三卷中的第一卷。十七世紀的科學革命（正確的說應該是以革命為其最重要表現的「西方新意識」），當然沒有一下子就照亮了一切，但是很多人從此開始不再那麼畏懼混亂跟偶然，對自己理解事件的能力也開始有了信心。連哈利法克斯侯爵喬治．薩維爾（George Savile）這種涉世頗深的人都會提出警告，要大家提防「將上帝的判斷應用在特殊時機之時常犯的錯誤」。世界失去了一點神祕，人已開始能夠操縱它。剛剛出現的科學固然使人不再居於物質宇宙的中心位置，但卻開始讓人進駐人類事務的中心。這種事情是古典時代及文藝復興的思想家也難以想像的。科學承諾給人的能力，不僅讓人能夠預知及控制大自然，還使人能夠預知並控制社會，甚而能直接且自覺地為人類事件的進程負責。最後，這一步重大的變遷終於為十八世紀陰謀論詮釋的發展，創造了文化母體（cultural matrix）。[30]

這個新科學假設的是一個機械式有因有果的世界。在這樣的世界，凡是發生事情，都是因為先前發生的事情有以致之。以往亞里斯多德以降的哲學家也講「因」這一回事，但是卻沒有像現在這樣講得那麼具有機械式的規律性，還有一長串的結果鏈。布羅諾斯基（Jacob Bronowski）寫說：「世界一變成機器，（果）就成了機器中的神。」機械式因果律變成一種典範，其中對一切行為和事件所進行的分析必然是啟蒙後的分析法。因是產生果的東西，凡是果就必有其因。因和果必然有關聯。這種思考法創造了一個有法則、量測、預測，行為有一致及規律的新世界；這些法則、量測全部都依賴「有什麼因，就有什麼果」而存在。塞謬爾．史密斯（Samuel Stanhope Smith）告訴一代普林斯頓的學生說：「認知某一現象而得到的知識或許可以滿足單純的好奇心，不過這種知識卻沒有什麼用處。但是因為這種知識常常可以建立某種通則，通則又轉而可以讓嚴謹的觀察者預測未來任一時刻，在相似的環境，都會產生一樣的果，而且觀察者還能夠仰靠這個果。所以光是這樣的通則本身，就足以稱得上是科學。」[31]

意識的改變就比較慢，比較猶疑不定，比較勉強。對於「上帝的旨意」這個信念，願意立即放棄的人不多，就連牛頓也一樣。他一直努力維護上帝的自主性。他說：「上帝如果沒有主權、旨意、最後的因，就只是命運之神、自然之神。」基督徒相信大自然的秩序是上帝安排的，而事實上，現代科學初起之時也還是以這個信念為基本前提。不過，儘管牛頓的追隨者始終強調上帝控制大自然的運行，十八世紀很多哲學家還是逐漸開始把上帝視為鐘錶匠，更甚至否定上帝和宇宙的物質運行有任何關係。新科學的邏輯指這個世界是自行運作的。[32]

將自然界想定為獨立運作已經夠刺激了，將人的世界設定為沒有上帝的裁判和意旨更是令人倒抽一口氣。不過，事實上啟蒙時代主要就是這樣界定的。說社會原則上雖然無疑還是聽命於上帝，但其實卻是人自身所造，是人自主而有意塑造、維繫或改變。這樣的假設固然令人驚愕，但是洛克等哲學家以其好學深思的心靈，在其著述中卻開始能夠理解。人如果有辦法了解上帝安排的自然秩序，應該就有辦法了解自己製造的社會秩序才對。科學，或者說十八世紀人口中的自然哲學（natural philosophy）那麼成功，使人更加相信道德律（人行為中的因果鏈）應該是和物質世界法則互相呼應的。十八世紀就在這樣的信念下產生了道德哲學，而人對於自身行為一致性、規律性的追尋後來繁衍成現代的各門社會科學。[33]

尋找行為法則成了十八世紀人情感所向。這種自由而民智已開的世界沒有奇蹟和偶逢機會存在的空間。現在，開始有人會說：「機會之說，只是人為掩飾自己對事件之因無知的說詞。」上帝或許還是萬事萬物的第一因（primary cause），但是，在十八世紀啟蒙人士的想法中，祂早就把人丟下，任由人自己尋找生活中的因果，不出面干涉。社會中不論發生什麼事，其成因都已經簡約成完全是出於人自己的動機和目的。一七二七年，威廉·沃柏頓（William Warburton）說：「人的種種變化，完全是因為人性。」沃爾內伯爵沙瑟伯夫（Constantin François de Chasseboeuf）也在一七九一年寫道，人類災難的根源不在於「遙遠的天國……而是在人類自己身上，在人類自己的內心深處。」[34]這種信念普遍存在於當代各門各科治學者心中。他們因此不但生產出一種新的文學類型，也產出了一支以人為中心、論述因果的歷史學，其假設和當代的陰謀論詮釋如出一轍。[35]

依照博林布羅克子爵亨利・聖約翰（Henry St. John）從一七三〇年代的視角所見，一六八八年光榮革命之後的英格蘭歷史並不是「無知、錯誤，或是我們所謂機會的結果，而是當時權柄在手的人計謀及策劃的結果。」看一看「史有明載的那些事件就可以證明這一點……那些事件一件接一件發生，一件生出一件，或是因，或是果，或是直接的，也或者是間接的。」「歷史提供了我們自身經驗的缺失」，並展現了沒有什麼事情真的是意外，「它向我們如實展示原因以及其直接的結果，而這讓我們得以猜測未來事件。」吉朋說得也很簡單：「歷史，就是因果科學。」[36]

不過，要將因果概念從自然現象延伸到人事道德世界並不容易。牛頓等自然哲學家為了規避機械式因果概念所隱含的麻木的宿命論，總是為運動、重力、熱等事物設定一些由上帝啟發的「主動原理」以為其「運轉成因」。十八世紀，有些科學家儘管認為大自然自足自立，無須神的介入，卻還是認為物質當中有一些外來的加持力。[37]另外，由於這支新興的機械論哲學還危害到了亞瑟・勒夫喬伊（Arthur O. Lovejoy）所說西方基督教世界「強烈的倫理內向性」，大家更是迫切感覺到需要在人類事務中引入某種主動原理。但若說「凡是會動作、會移動的東西，都是如機械般一定會動作、會移動」，這種信念和個人主義的想法畢竟難以相容，甚至還會使人懷疑自身行為的道德責任。[38]人類事務如果真的是事情始終如預期般一事接一事發生的結果，社會世界就會變成和物質世界一樣一切早已決定。神學家喬納森．愛德華茲（Jonathan Edwards）等人很歡迎這一支新興的因果哲學，因為他能夠巧妙運用這種哲學來為上帝的主權辯護。不過多數道德哲學家卻不想製造世俗版的天意，破壞上帝或人的任意行事性，於是便開始在機械的運作中尋找自由意志存在的空間。只是他們的方法並非直接駁斥因果論典範，而是努力在人類事務中尋找個人的動機、心智、意志以為其「因」。就好比自然科學家，譬如柯爾登因為相信機械般的物質世界「一定有某種力或力量，或是行動原理」，因此起而摸索一種屬於現代概念的能量一樣，現在道德哲學家也開始追尋連串人類事務背後可能存在的力量或行動原理。但究其實際，他們就是在人的思想和心靈那尋找道德上相當於柯爾登所追求的物質能量的東西。[39]

十八世紀人對於自由意志這個問題爭吵不休，背後就是當時的人有的在尋找人類行為的規則，有的卻致力於追尋人自身的道德能力，雙方在互相調解時有以致之。依照當時的情形看來，人若要成為啟蒙之人，他不妨試試看寫篇文章探討一下大衛．休謨所謂「大家最容易爭吵的形上學問題」：自由和宿命。只是，那時候自由論者和宿命論者吵得那麼凶，但雙方其實都卡在當時新興的因果概念之中。休謨指出，他們兩邊其實都假設「動機和自主行為的關聯，與自然界當中因和果的關聯一樣規律而一致。」既然這麼認為，人的動機或意志就成了人類事務中悠長因果鏈的起點。這樣，把人的行為和事件視為人之意圖的產物就很「科學」了。蘇格蘭道德哲學家湯瑪斯．瑞德（Thomas Reid）說，人的行為和事件如果不是其意圖的產物，如果人「不一定是動機決定的，他的行為就都是恣意而為。」[40]一切人文科學、一切可預測性，都必須視動機即是「因」

之所在才有可能產生。若非如此，就無法在新興的機械性因果世界保留道德。

既然「處處都認可說道德的善惡存乎人心或該動因（agent）的內在秉性當中」，那麼，追尋社會事件的原因便表示要在這樣的動因裡面發掘動機，發掘使此等動因作動的「自主的選擇和謀劃」，也就是其中的加持原理，行為的內在源頭。「每一個道德事件都要有一個原因來負責……因之每一個道德事件都必然有個道德原因。」[41]道德行為有其道德行使者。社會中每當發生事情，背後一定有些人懷有著種意圖（大家往往說那是謀劃）。所有的社會過程最後都可以簡約成特定個人的情感及利益。美國革命時期的史家梅西・華倫（Mercy Otis Warren）曾說：「野心和貪婪通常是人心躁動不安主要的原由。最初的腐敗源頭生出了掠奪與混亂、奪取和破壞，從寧祿（Nimrod）的時代到凱撒，再從凱撒到布倫瑞克（Brunswick）家族的任一個肆意妄為的王公，一貫在人世大地散播悲苦。」當時的人普遍相信要在人本身的道德本質裡面追尋原由，才有辦法解釋社會現象，最後終於把十八世紀所有的道德哲學（包括其歷史及社會分析），全部簡約成了後來所謂的心理學。[42]

一旦人本身的謀劃被認定為人類事件的原由，新興的因果典範立刻發揮作用，不僅使當時的人愈加關切人心和基督教文化的倫理內向性，甚至使這兩個問題散發出科學光彩。確實，自西方有史以來，人就未曾像此時這樣「必須」為人世種種事件直接負有道德責任。新興的因果觀念假設因和果具有同質性這樣「堅不可破的關聯」，因此世人已經無法想像社會效應（即便是發生在遙遠的過去）會沒有道德方面的特定成因，會沒有人的刻意謀劃。「果」裡面不會有「因」沒有的東西。「外在行為是意志決定的」，因此「其道德上的善惡性質完全是參照其因而來，亦即是完全參照內在的意志而存有。」[43]

人自此開始理所當然認為因和果的關係就是這麼密切，所以兩者的道德性質必然也都一樣。因，亦即行為者的動機或傾向，不論其道德性質如何，「它的果的道德性質亦必相同」。[44]因此，如果意圖、信念是善的，結果就是善的行為；如果動機是惡的，就會引發惡的行為。不過，有時候當然會出錯，因而「行為並非有意」。但是，行為若是持續性或常態性的，就一定是源自同個意圖。十八世紀的行為科學完全是因為假設「因果之間關係密切」而成為可能，照休謨的說法就是因「從動機推演出自主行動，從品格推演出行為」這種推演法。[45]

認定因和果、動機和行為的道德同質性，這種看法可以解釋道德人士對曼德維爾（Bernard Mandeville）充滿嘲諷意味的「私人惡習就是公共利益」這類悖謬之論，反應如此激烈的原因。曼德維爾在他那個時代實非常人，因為他掌握到了公眾事件的複雜性，以及異於事件成因、逸出事件成因之外的政治結果。他寫說：「我們切切不要輕率判斷王公大臣以及他們的行為，特別是我們並不熟悉其環境因素的時候。手段謀劃也許很正確，但是卻難以免於意外，致使即便是最妥當的計畫都會產生差錯……人的理解力太膚淺，不足以預見最初的計畫遭遇諸多變數之後的結果。」[46]這樣的懷疑論在那個啟蒙的道德時代是不可忍受的。曼德維爾等一些人忽視個人的意圖，只重視公共結果，難保不會影響到人對自身行為的道德責任感，以及想必存在於因果之間的同質關係。打破因果之間必然的道德關聯，**說惡可以生善，善也會生惡**，據說這樣將會「泯滅一切品格的差異，抹除對錯之別，連最惡毒者和最仁慈者的性情與傾向也沒有兩樣了。」[47]

曼德維爾當時明顯感受到人的活動多數已成為「不可解的因果鏈」，但是當時的人，包括他在內，除了訴諸新教徒的天意觀念，已經找不到比較好的方式來描述這種因果鏈如此盤根錯結的情狀。[48]不過對於一些已經啟蒙、有科學觀的人而言，他們這樣訴諸於上帝神祕之手，除了反過來更加墜入黑暗之中，其實完全沒有解釋到任何人類事務。亞當斯就說，藉由人的意志發生的事情，「不是來自意外，就是出於計畫」。[49]有些讓人困惑不解的事件或結果或許是意外發生，是某人錯誤意圖的結果，但如果一系列事件有顯示出某種模式，那就不會是意外了。當代啟蒙程度最高的諸人既然只能用「天意」這種非人格抽象觀念描繪人系統性連結的活動，他們就不得不得到這樣的結論，認為規律性的行為模式乃是人經過協調的意圖產生的結果。也就是說，是一些人會合起來促成一集體計畫或陰謀產生的結果。在神學家愛德華茲看來，人心有一種自然傾向，「看到事情開始發生之時」，他不但會「明確地下結論說這是有原因的，而且如果看到事情有一種規律、有序、準確的樣態，他還會下結論說這裡面有安插了某種計畫。」愛德華茲在這裡是在為上帝「準確管制極多特定事項」提出論據，但是十八世紀一些理論家為了解釋人類行為的規律性，卻做了一次類似於他的跳躍，從「特定原因」跳躍到「全面計畫」，只是他們說的不是上帝一些巧合的目的，而是人類的意圖。[50]

故而，十八世紀很多啟蒙思想家從此開始像清教徒一樣，不再接受事件的混亂、不定性。他們像清教徒一樣，開始認為那些看起來一片混亂的事件背後，一定有一股定序的力量（ordering power），但當然不是上帝那看不見的意志，而是體現於人看不見的意圖、意志之內一些自然的原因。誰要是在事件中看到的只是任意的偶然，他就是根本不懂人那些看不見的意志。虔誠的清教徒都相信凡發生事情，都是上帝的意旨；同理，自由思想者相信凡發生事情，都有人的意志在裡面。以前，人總是努力領會上帝看不見的意志或部分揭露的意志；現在，人則是開始試圖理解人看不見的意志或部分顯現的意志。一言以蔽之，這就是「啟蒙」的意義所在。

行為者背後的陰謀

十八世紀美國輝格派所持的陰謀論（事實上是當時所有人的陰謀論）背後有的，就是以上所說的這種種假設。借《啟示錄》第十二章第九節的話來說，基督教長久以來就有強調撒旦奸計的傳統，「大龍就是那古蛇，又叫魔鬼，又叫撒旦，是迷惑普天下的。」這一頭生物，是大龍也好，是獸也好，是撒旦也好，從虔誠的基督徒以迄於約翰・米爾頓（John Milton）的讀者，都不難描繪為「一切暴政、迫害、壓榨等暗黑陰謀主要的主使者」。沒有人會否定當初美國的新教徒是借助這支「陰謀論」宗教傳統，才覺察到英國政府「如火藥陰謀一般黑暗的」陰謀。那時候，只要你有在讀聖經，又聽信牧師熱烈的千禧年證道，就會受到制約，開始相信有一些邪惡的力量像是撒旦之龍口中吐出來的那些青蛙一樣，「陰險的躲在地下每一個坑洞、角落，運用其迷惑術及迷幻力，誘開漫不經心的單純者，使其看不見真相，隨時可以架上奴役及拘束的枷鎖。」那個時期，牧師講道時常會說到「隱密的意圖」、「毒計」、「陰謀和暗算」，這與其說是輝格派政治上警惕與懷疑傳統的影響，還不如說是牧師個人的末世信仰使然。[51]還有，一七七〇年代美國狂熱的意識形態氛圍不可否認也激化了當時殖民地居民的情緒，使他們禁不住開始懷疑英國的意圖，而且還看見一些暗黑陰謀正在遂行。不過，若是探討到最後，那個時代的人會那麼容易相信陰謀論，最根本的原因既不是輝格派造成的那種懷疑及不信任的氛圍，也不是由於基督教「欺瞞的撒旦」的傳統信念；因為那時候有一些人既不是激進輝格派，也不是虔誠的新教徒，然而他們卻自然而然地相信陰謀論。所以，最根本的原因是在於當時美國人的俗世思想（事實上十八世紀的啟蒙思想都是如此）成形的方式，致使他們解釋複雜事件時以陰謀論來解釋最為正常，必要且又合理。

短短幾年內連續發生這麼多重大事件，導致了革命，這些事件在在都需要解釋。因為如同殖民地居民對自己說的：「從來沒有聽說過如此難堪忍受的災禍。這些災禍不是來自塵土，不會無端而來。」當然，部分美國人還是訴諸傳統的宗教預設，警示美國人必須「對天意保持無知，靜待事情本身自然明朗起來」，因為上帝的計畫總是如此「浩瀚，錯綜複雜」。不過，也有一些人（大部分是托利派）懷疑是不是真有計畫這一回事，英國政府的種種做法是否有構成任何系統化的東西。紐約的效忠派彼得．凡．夏克（Peter Van Schaack）一七七六年寫說：「英國的種種做法似乎源自一些特定的事情，彼此之間沒有關聯。」不過，一七六〇、七〇年代，美國的愛國者大部分都逐漸開始相信英國的作為真的和傑佛遜所說，跟「刻意要讓我們變成奴隸的系統性計畫」

有關聯。並且，這種計畫無法用天意來理解，必須要用「英國官員的意圖」才有辦法解釋。[52]

因此，一七六五年之後，美國人主要的問題便是：英國政府官員到底在做什麼？當時約翰・迪金森的《賓夕法尼亞農夫來函》（*Letters from a Farmer in Pennsylvania*）廣為人知，書中所言全部以殖民地居民是否有辦法「發覺統治吾人者之意圖」為論據。多年來，殖民地居民一直在和母國爭吵，但是現在卻開始轉而用盡心思解讀英國人的動機。一七七六年，詹姆斯・艾爾戴爾（James Iredell）寫說，要知道如何回應英國的做法，「必須先考慮這一切極端事件的始作俑者——英國政府有什麼情緒和觀點。」譬如喬治・格倫維爾（George Grenville），美國人就可以問說，他一七六五年推動《印花稅法》時，是不是「按照原則行事，而不是揣著壞動機行事？」[53]

對於當時美國的那些革命家，乃至於所有十八世紀的思想家，他們必須思考的問題核心在於：要如何發覺個人真實的意圖，亦即亞當斯常說的「祕密的源頭，人行為的動機及原理」，一些最普通的人，那些人民、那些群眾，你從他們的話語就能夠聽出他們的動機。這些單純的常人是「情感之人」（men of feeling），總是會對人坦露自己的情緒。他們那種天真常常洩露出他們熱烈的、且往往很粗野的天性。他們行為的動機就是源自這種天性。[54]不過，另外還有一些人，那些有讀過書的少數人，文質彬彬的菁英，主導政治事務的一些人，你卻不容易發覺他們的動機。這些非平凡人當然是「原則之人」（men of principle），判斷事情冷靜理性，懂得自制，待人親切和藹，顯示出「誠懇」、「人應有的坦率」。不過，除了以上兩種人之外，另外還有一些人是屬於「策略之人」（men of policy）。策略之人另一說是密圖之人，他們善於運用理性以及學問，以巧妙精明的手腕達成自私自利、邪惡的目的。塞謬爾・理查森（Samuel Richardson）小說中的人物勒夫萊斯（Lovelace）對外的表現是位富有魅力、受人尊敬的紳士，但其實卻是個「全天下最工於心計」的人。他很有教養，但心腸惡毒，望之道貌岸然，心裡卻懷著一些邪惡的念頭。你任何時候看到他總是笑臉迎人，但惡棍就是惡棍。笛福說：「你很難從這種面具之下看到人真正的態度。」[55]

「偽裝」（masquerades）和「看不見的計謀」成了那個時代人思考事情的文法和詞彙。從莫里哀以降到切斯特菲爾德勳爵（Lord Chesterfield），知識分子都在爭吵禮貌、坦白、避談自己內心感受等等做法是否有助於人生活平安無事。切斯特菲爾德勳爵寫說：「大院（courts）裡無一事如表面所見那般。此處無疑是講究禮貌及教養之處，如若不然，即成殺戮、荒涼之地。假若沒有禮節存乎其中，這裡的人就不會在那裡笑臉相迎、互相擁抱，而是彼此冒犯、交互刺傷。野心與貪婪乃此地人兩大情感，不過他們發覺，掩飾要比粗暴有用。掩飾帶來的禮貌習慣使大院居民有別於鄉村紳士。」然而。謹慎及友善換一批人看卻是欺瞞與諂媚。西方史上從未有一個時代如此在意虛偽、誠懇等問題。[56]亞當斯的日記等著作長篇大論分析「掩飾」問題，急切想要訂定公眾人物掩飾自身動機到何種程度可稱為適切。他說這個問題是「處世第一箴言」。他們那個時代的恩庇政治認為，最緊要的是警覺、斟酌，壓抑自己真實的感受，以利於培養自己和恩主的情誼。但他們這種做法反過來卻引發一種反其道而行、立意摘發虛偽的政治學。

對於世故菁英的欺瞞、矯飾這樣的關切，至遲在十八世紀中葉終於使「諂媚者」（courtiers）

一詞變成浮濫之語。此時有些人開始倡議說，一般人是「情感之人」，雖然單純、無知、殘酷，但是在政治事務上卻比那些有學問的人可信。這些人至少可以任其自然而誠實的表露內在情感及動機而不礙事。「一百個人當中有九十九個是一直想過和平生活的人，他們會彼此互相尋求了解。」「剩下的一小部分人」（他們那種相當強的能力會結合成一股複雜的意向），才是「戰爭、叛國、其他殘暴罪行的始作俑者、顧問、犯行者。不管是什麼時代，這種人多多少少都使人類的歷史蒙羞。」史家梅西・華倫說：「必須處處防備奸佞野心者的陰謀」，因為這些人「一而再、再而三玩弄詐欺遊戲。」不管是哪裡，統治者對公眾顯示的表象和他們內在的動機差別之大，十分驚人。[57]

因為從來沒有人能夠真正進入人的內心，所以真實的動機只能由行為推測，間接發覺。這就是說，因必須從果來推測。由於科學的因果典範認為因和果有種同質性，一種相似的道德意義，所以這種推論、推演不論有多複雜，就不只是貌似有理（plausible），而根本就是不得不然（necessary）。小說家亨利・費爾丁（Henry Fielding）曾經寫過一篇短文，探討「表象和真實的差別」這個奧古斯都時代的課題。他說：「要說明人的品格，他的行為是最確實的證據。」尤其是公眾生活中的世故狡猾之人，你無法從他們的容貌、言語看出其內在意圖，因為容貌、言語都只是面具。一七六九年南卡羅來納一名辯論家說，「誠實的人」照說「應該令其語言表達其靈魂真實的感情」，不過，言語其實已不再可信。唯有人的行為可以揭露其內在意圖，暴露他的欺瞞、掩飾。休謨在他的《英格蘭史》（*History of England*）中寫說，查理二世當政之時的那幾個

「黑暗參贊」，即所謂的「五大臣」（Cabal）④，「若不從事件本身追究，無法徹底了解。」當時，不分宗教思想家或世俗思想家，異口同聲常說的一句話就是「憑著他們的果子就能認出他們來。」（By their fruits so shall ye know them.）[58]

一七六〇、七〇年代的美國人接觸不到當時種種事件的源頭。譬如亞當斯，他知道「英國那裡有人」在圖謀什麼事情，所以他們必然要回歸這種常見的推演法，好判斷其中是否有什麼計謀。一七七〇年，麻州牧師塞謬爾．庫克（Samuel Cooke）在他的「大選證道」（the Election Sermon）中說：「大自然的事情，我們可以從果對因做最正確的判斷。因此，統治者也可以藉這種方法接收到法律是否適當、執法是否準確最確實的資料。」對美國人而言，要知道格倫維爾等官員是依據原則抑或是壞動機行事，唯一的方法就是看他們執行法律的情形。迪金森寫說，不能從英國官員的善意宣言判斷其意圖，唯有「行為……才能夠及時充分自我解說。」[59]

在奧古斯都時代，當時的人後來開始以「欺瞞」概念為手段，填補他們眼中因和果之間、明言的意圖與相反的行為之間常有的出入。由於因和果具有機械般固有的關聯，所含的道德意義也一樣，兩者之間始終存在的出入就呈現了嚴重的解釋問題。因果之間只要看起來有出入，哲學家都很肯定地說（譬如休謨就不斷指陳）：「事件的相反性並非來自因當中任何可能性，而是有人在祕密操作相反的因。」[60]如果行動者從言詞說出來的意圖都是好的，但是後來產生的果卻都是不好的，這裡面就一定有問題。這時候就必須懷疑背後有某種欺瞞或掩飾，行動者一定遮掩了他真實的動機。塞謬爾．史密斯就說，偽裝之術使人的行為變得很複雜。[61]

欺瞞在十八世紀盎格魯美洲文化中始終是個吸引人的題目。欺瞞概念當然不是奧古斯都時代的人發明的，但是因為他們認同意圖和行為即是因和果，並且假設一些看似偶然的事件背後其實都有人為的計謀，所以他們在這個概念上比任何一個時代的人都更有所發揮。受到洛克感覺主義認識論（sensationalist epistemology）的影響，人常常陷入一種險境，亦即總是把虛假的表象視為真實，把言詞當作事物本身。激進輝格派始終在示警人心很容易受到誤導。人如果要依靠感官所提供的資料建立知識，對自己所聞所見就必須特別當心。拋球特技師會用「手技」愚弄觀眾，狡猾的政客則是用「精美的圖表，好聽的聲音偽裝及阻斷感覺」，耍弄人民的「弱點」。人所聞所見往往不是真實。他們聽說：經驗的表面下存在一個神奇但是看不見的力的世界，其中有重力、電力、磁力、各種液體、氣體，這些東西如約瑟夫．普利斯特里（Joseph Priestley）所說，製造了「簡直是無限的各種可見效果」。[62]

因此，難怪當時的人總是想說他們是「生下來就是要騙人，也要受騙」，「人類一直在玩化裝舞會，虛假有的是真實的模樣。」感官印象的世界瞬息萬變，事情看起來總是真真假假的，人人都在指控虛偽情事。譬如蒙福《愛國者》（*The Patriots*）劇中的英雄那樣，人總是假設「保密是罪孽的遮羞布」，並且從這樣的假設得到「可靠的」結論說「確實有一些邪惡的計謀」。誠懇在約翰．蒂洛森大主教（Archbishop John Tillotson）的定義中，是「使人外在的行為和內在的目

④編按：五大臣指查理二世朝廷五名重要顧問，cabal分別是他們名字的頭一個字母，且cabal這個單字又有陰謀集團的意思。

的和意圖完全一致」，但現在卻變成了美好的理想。[63]當時的人後來甚至發展出一門「誠懇政治學」（politics of sincerity），之後的共和主義就和這一門政治學有關聯。因為認為所有的社會關係本應依靠人的互信，所以難怪當時麻州的法院對於詐欺案件判刑會比公然暴力行為來得嚴重。[64]十八世紀的文學、戲劇固定的主題就是探討表象與真實之別、虛偽和誠懇的差異。當時的小說、戲劇，好笑的情節習慣上都依照「狡猾的人利用人的純真美德」模式來安排。

當時的人很喜愛「諷刺」（satire）這種文學體裁，而十八世紀確實就是西方史上最偉大的諷刺文學時代，可以想見那時候欺騙的行為是多麼普遍。諷刺文學斷定表象和真實有別，真實的世界不是我們看到的世界那一回事，以人所表示的自己和真實的自己之間的出入作為敘事根據。[65]諷刺文學是應啟蒙時代而生，認為人理所當然是理性自主的個體，必須為經由他發生的善惡之事，負完全的責任。理性之人有權對自己有所期待，諷刺文學的目的就是讓人違背這一種期待的行為，而受到恥笑奚落，將遮掩邪惡之事的虛假表象掀開。亞當斯曾經有多篇文章探討這個問題。他在其中一篇問說，既然每個人都自稱追求的是真相和美德，為何人類事務最後的結果卻總是「與此兩者相反呢？」這種出入，只有欺騙（包括欺騙自己）能夠解釋。要不然，「（真相和美德）這兩件事本來應該就是和整個人性框架最為相應，還會有什麼原因會造成如此激烈的爭吵呢？」[66]

當時的人把陰謀論詮釋常態應用在表裡不一的政治世界，認為人類事務中普遍存在這種表裡不一的事情。[67]人們唯有假定政府在偷偷籌劃某種陰謀，統治者自表之語和他後來製造的事端之間，那種難以理解的出入才有辦法得到解釋。休謨在撰寫查理二世的宮廷史時，曾說陰謀和詭計之說剛開始聽起來實在乖違常理，而且往往找不到具體證據可資證明。「不過，縱然我們無法憑藉他種假設來解釋，宮廷愛用的那些奇怪的手段，以及施用那些手段時的種種條件，卻逼迫我們儘管沒有直接證據，卻不得不承認有個改變英格蘭的宗教、推翻英格蘭的憲政的正式計畫正在擬定中，並且，國王及其朝臣實際上都是想要不利於人民的陰謀家。」[68]

埃德蒙．柏克廣受稱頌的小冊《對當前不滿情緒之原由的思考》（*Thoughts on the Cause of the Present Discontents*, 1770），是前革命時期（pre-Revolutionary period）最直指喬治三世朝最初幾年盛行之欺騙行徑的著作，書中自然也應用了欺騙的概念。柏克說，當前英國人的不滿並無明確的原因可資解釋，什麼黨爭、饑荒、外敵威脅、政治壓迫等等都沒有，只是這個「果」，這種全國人的不滿，卻嚴重到和種種表面的「因」不成比例。這種嚴重到不成比例的「果」只有用「看不見的因」才有辦法解釋。柏克覺得，這個「看不見的因」是一個躲在喬治三世政府背後、違逆人民意志而運作的「雙重內閣」（double cabinet）。試想，如果連休謨、柏克等這樣的啟蒙思想家都會用到這樣的邏輯，那麼另外一些人會用這種邏輯也就不奇怪了。[69]在這樣一個愈來愈複雜的世界，政治施政結果卻愈來愈和統治者明言的目標背道而馳，這種難以理解的出入唯有用大規模的欺騙才足以解釋。

所以難怪不信任、警惕的氛圍愈來愈熾盛，因為，如同一七六五年南卡羅來納商人亨利．羅倫斯（Henry Laurens）說的：「躲在幕後作亂的惡棍……只有用懷疑才抓得到。」不過，起先雖然說是懷疑，但這種懷疑卻會繼續發展為「確定」。言語已經失去揭露動機的能力，現在只有行為才有辦法顯現權勢者的祕謀。「他們起初的觀點如何，又打算執行到何種程度，這些都要從之後發生的諸般事實來收集。」[70]事實和犯行者先前自表的良好意圖之間，兩者的出入愈大，眾人指控看不見的計謀、暗黑陰謀的話就愈嚴厲。有的人會說：「天道難測，最意想不到的事件偏偏是看起來最不足道的原因造成的。」當然，另外有些人援引英國人「地獄之路是由善意鋪成的」這句老話，呼應詹森博士說，行為不見得和動機常相吻合。[71]不過，對一些知道因果真正如何作動的人而言，自表之言及實際行為之間明顯的出入，必須以欺騙和陰謀來解釋，事理上才說得通，道德表現也才一致。當「可見的原因無法解釋」果的時候，合乎理性的結論就是「因此，幕後一定有人」暗地裡在搞事。[72]這種很尋常的「在幕後搞事的人物」意象，是政治界擴張、變化太快，理性的解釋模型無法處理造成的結果。

陰謀論無法解釋的歷史

十八世紀美國人以及其他一些人有種訴諸陰謀論以解釋事件的傾向，本章以上所說是解釋這傾向的一些預設及條件。他們這樣認為有陰謀，並不是有心理疾病，而是很理性的企圖用「意圖」觀點解釋人的現象，在人類事務中維繫道德的一貫性。這種思考法也不病態，也非美國人獨有。確實，若要理解他們為何屬意陰謀論，美國革命這件事本身並不足以擔當充分的背景脈絡。

因此，若要認識陰謀論在西方歷史中較為廣大的場景，也許可以（儘管還是滿簡略）審視一下後來逐漸開始取代陰謀論的因果論詮釋。

十八世紀末，陰謀論詮釋在啟蒙科學的羽翼之下方興未艾，但是還不用等到該世紀結束，在劇烈社會變動的催迫之下，另外一些別的詮釋其實已經開始成形。此時，人的意圖和行為之間，因和果之間的連結現在劇烈的社會變動之下開始拉長、變形。經濟秩序依靠數以千計、數以萬計的小生產者及商人彼此催生，不斷擴張。那麼多的生產者、商人，各有各的動機，有的甚至互相衝突，但幾乎都未可知，更談不上還要去判斷。參與政治的人和利益團體愈來愈多，也使得因的評估更加困難。因和果之間愈離愈遠，有時候根本完全消失在陰暗的遠方。之前大家會推論出陰謀和欺騙來解釋事件與事件之間的出入，現在，這種推論以及所謂「某些人的計謀」開始變得精心、刻意。很多人依舊相信每一件社會性結果、每一起政治事件都起因於心有所圖的人，只是現在大家開始比較常把因分成「遠因」、「近因」，把果分成「當下的果」，和「永久的果」。雖然很多人還是認為因果之間的關係是固有的，其道德性是一致的，但是有些道德思想家卻發現自私、自利等私人惡德有時候對社會並非惡德，甚而竟能裨益社會。這一點讓他們深感不解，甚至忿忿不平。激烈變動的社會現實開始對人的想法有一些要求，社會中到處有人必須和這種要求角力。有的人倡議說也許「愛自己」事實上是一種美德，有的人埋怨「某種曼德維爾式的化學」（mandevillian chymistry）竟然把貪欲說成是仁慈，還有一些人則是質疑怎可把個人動機和公共結果混為一談。73

然而，以上所說種種情事，卻是一直到十八世紀後半，才有人在盎格魯美洲世界開始做有系統的追索。當時，蘇格蘭出現了一批優秀的知識分子，立意要重新了解個人與事件之間的關係。他們因此撰寫一系列非常卓越的著作。這一批蘇格蘭「社會科學家」並非獨力創造了一種看待人類事務的新方式，不過他們的著作確實很明顯是十八世紀後三分之一西方人意識發生的種種變化最後的結晶。亞當．佛格森（Adam Ferguson）、亞當．史密斯、約翰．米勒（John Millar）等人很想要排除鄧肯．福布斯（Duncan Forbes）所謂的「當代歷史思想主要的特點」，也就是「以個人自覺的行為觀點解釋事件的傾向」。這些蘇格蘭道德哲學家比十八世紀大部分哲學家都更清楚人追求自己的目標時，會有「看不見的手」，引導他們另外定出其原有意圖所沒有的目的。佛格森在其《文明社會史論》（*History of Civil Society*）中埋怨說傳統史家看事件始終是「計謀之果」。作者及其作品，像是因和果一樣，始終配成一對。然而，真相並沒有那麼簡單。人們「拚命排除不便，利用身邊明顯的優勢，達到他自身都難以想像的目的，……國家的建設跌宕，確實都是人所做所為的結果，絕非執行人為計謀所成。」[74]

他們這種重大的洞見及時協助西方世界改變了一切社會思想、歷史思想。不過，光是一些哲學家的論述並不足以讓歐洲大部分知識分子動搖。他們必須再經歷一件喧囂大事，才會真正掙脫長久以來習慣性的想法。諸般事件之中，最能夠改變歐洲人意識的，莫過於法國大革命。法國大革命非常粗暴，各方人馬紛紛加入，蔓延甚廣，很難用傳統那種個人化及理性的詮釋予以理解。對於歐洲最敏感的知識分子而言，法國大革命這場災難一舉砸爛了因果之間、動機及行為之間，傳統認為應有的道德一致性。自由的、已啟蒙的善意之人，其行為竟可以製造出那樣的恐怖、混亂。許許多多的承諾，最後的結果卻是許許多多的悲劇。在雪萊（Percy Bysshe Shelley）而言，這已經成了「我們所在這個時代的主題」。華茲華斯（William Wordsworth）為一代覺醒的知識分子代言，認為法國大革命揭露的是「罪過與罪行常常從正相反的特質開始」這個「可怕的真相」。[75]當然，歐洲思想家有很多照樣把所發生的事情描述為某些人出於欲望、野心精心謀劃的結果。然而，以法國大革命規模之大、情勢之複雜，事實上就是需要一種前所未有的陰謀論才能夠解釋。一小撮陰謀家不足以解釋大革命時那種大規模的群眾騷亂。這場泛歐動亂的背後，唯一可能有的就是光明會或共濟會等這種組織嚴密，牽涉數以千計之人，彼此藉由邪惡的計謀互相連結的會社團體。[76]

到處都有人拿陰謀論解釋法國大革命這場動亂，不過，智慧最高的心靈，特別是黑格爾（Hegel）卻知道大革命由那麼多大大小小事件構成，那麼複雜而難以抗拒，實在難以解釋成純是個人意圖的產物。對這些思想家而言，歷史已經不是特定個人操縱之個別事件的集結，而是一道複合匯流或過程，一條衝激著人類的「溪流」。

陰謀論與美國文化

人類解釋事件的方式如此巨大的變化，在現代西方思想史中是很重要的故事。是的，這個故事太龐大複雜，我們那輕易的歸納常常顧及不到這個故事對很多人而言，其實具有令他們困惑而苦惱的意義，也看不到這個故事其實是在很多人心裡片段拼湊起來的。而且這些人並不是什麼黑格爾或亞當·史密斯，而是當時陷入問題與論戰的尋常百姓、一般神職人員、作家、政治家。

的確，十八世紀末美國人經歷這種意識的轉變並沒有歐洲人那麼快，變化程度也沒有那麼大，不過有一些人顯然已經明白社會和道德秩序已不復往日那般可以理解。新而複雜的商業現實開始對大家以往在人性及道德方面的種種假設產生壓力，活躍的心靈已經很少有人能夠抗拒。就連紐約的商人政治家古弗尼爾·莫里斯（Gouverneur Morris）那麼憤世而世故，都會陷入動機和結果互相衝突的窘境，弄得他曾經在一篇未完成的文章中，盡力思索十八世紀末經驗有的那種問題重重的特質到底意義在哪裡。

他的文章探討的是「政治探問」（Political Enquiries）。他幾乎和十八世紀所有的作家一樣，文章開宗明義就講「幸福」，宣稱因為自己贊同傳統「美德和避開邪惡之事是實現幸福的關鍵」這一信念，「因此，灌輸大家遵守道德法則即是促進人生幸福最佳的手段。」不過，問題來了。公德和私德，政府應該鼓勵哪一樣？「公德和私德有沒有什麼不同？」他提出一個和曼德維爾悖論直接對立的問題，問說，「換言之，一件事情有沒有可能又是對的又是錯的？」譬如，自私會不會產生公利？如果會的話，又該如何判斷何謂「自利」？莫里斯總結傳統道德觀點，說：「如果行為本身的本質是錯的，我們就無法從它和公利的關係為之辯護」，而是應該「從行為者的動機下判斷」。但「又有誰知道他的動機？動機到底是不是判斷的標準？」他很想知道，「公德究竟是從什麼樣的人心原理衍生出來的？」[77]

儘管斷斷續續，零零星星有這些思索及質問，美國人大部分都和莫里斯一樣，覺得難以掙脫傳統道德秩序的那些預設。唯有假設事情是個人信念或動機引發的，才能夠對這些人課以道德責任。前此美國革命分子就是依據這種假設控訴英國人的陰謀，之後美國人的每一個陰謀概念，背後也都有這種假設。然而，時序來到十八世紀最後一個十年之後，多年來因持續控訴陰謀而產生的論戰卻開始動搖了原有的觀點，迫使眾人重新開始探索人類事務中的因果問題。

十八世紀末美國人對於陰謀論的狂熱在一七九八年一次危機中達到了高潮。這次危機是當時這個年輕國家曾經面對的最嚴重的一次，不但讓美國瀕臨內戰，而且至少在新英格蘭地區，聯邦黨還出來控訴共和黨參與巴伐利亞光明會主使的一次國際性雅各賓式（激進的）陰謀。聯邦黨指控說，這一次光明會陰謀不但導致法國大革命爆發，如今還想推翻美國當前的新政府。為了讓自己國人了解此一陰謀的本質，熱切的聯邦黨人（尤其是新英格蘭的神職人員），不得不史無前例將自己因果觀念的前提暴露出來。[78]

一七九八年，聯邦黨的發言人力言美國人應該要質疑光明會等這種，聲稱以仁慈為結社宗旨的組織。法國大革命那些舉事者剛開始之時，不就是自稱他們是出於「兄弟愛一般的意圖」，「在慷慨激揚的演說中疾呼普世自由與平等？」然而人人都知道他們後來製造了「惡果」。這些人在製造偽善者，「缺乏誠懇」，不可信任。[79]不過，這種懷疑、不信任，對表裡不一的恐懼，卻很容易就轉向任何領導人，聯邦黨人自己對這點心知肚明。整個一七九〇年代，共和黨一直在控訴聯邦黨欺騙，指控他們在那喊得漫天價響的奉獻事業底下，其實一直在慫恿眾人進行一種共和密謀，企圖在美國社會及政府實施君主政治。聯邦黨人為了自衛，在一七九〇年代末的論戰中不得不開始探索人如何才有辦法分辨領導人是虛偽或真誠。一定要讓公眾相信聯邦黨領導人的言語和動機都是可靠的。他們開始努力讓民眾明白為何應該把政府交付給和他們一樣誠實、可敬、教養良好的仕紳。這些人絕非那些暴發戶般不信教的共和黨人，他們的價值觀、宗教信仰、地位都值得委之以政治權威。

聯邦黨人其實完全是十八世紀的想法（所以他們才比較會訴諸諷刺劇，其政敵共和黨比較不會）。他們假設理性而道德的秩序是存在的，並且社會中控制事件方向與狀態的，是一群謹言慎行的人。他們相信人的信念或動機是決定行為的重要因素，而這樣的因和果，其關聯是本有的。哈佛大學哈利斯神學教授大衛．塔本（David Tappan）於一七九八年宣告說：「人的意志及其產出的行為是由人主要的信念統御的。所以堅定相信真相，恪遵真理的人是有德之人，選擇虛假、遵循虛假的人是惡人。」聯邦黨人既然認定「事件是個人意圖及看法直接的結果」（意圖和看法兩者，他們合稱為「品格」），因此必然得到這樣的結論：個人（尤其是領袖）的品格塑造了整體社會的品格。社會顯然就是一些個人。耶魯校長提摩西．德懷特說：「每一個人行為都正當，社會的行為就不會錯誤。個人的生活若是無可訾議，公眾的狀態必然是可取而快樂的。」既然如此，穩固的聯邦黨仕紳階層自然就是社會的最佳領導者，不會傷害社會。換句話說，良好的個人動機一定會為公眾製造良好的結果。[80]

傑佛遜共和黨人和其他一些人本來就反對這些聯邦黨仕紳占有的特殊地位，現在面對他們這種自說自話的辯解，終於不得不出面質疑聯邦黨「人的意圖和信念（亦即他們個人的「品格」）必然會直接轉化為公領域的結果」這個基本假設，與之對抗。傑佛遜黨人中，和這個問題纏鬥最久的，是康乃狄克州的亞伯拉罕・畢曉普（Abraham Bishop）。畢曉普雖然最後還是指控聯邦黨人自己就懷有光明會式的陰謀，不過他一系列的演講卻還是在嘗試解釋「因果之間的出入」這個難題。他的想法在當時以大膽、原創著稱。

畢曉普有時候還是必須借助欺騙這個概念。「這個世界，那些聰明、富有的有力人士」，總是會「用吸引人的外表、有趣味的態度、有力的言詞、滔滔不絕的論辯」欺騙地位不如他們的人。不過，他承認這樣的詮釋並非完全說得通。他知道，聯邦黨領導人很多「私底下人很正直」。不過個人的這種正直「絕對和政治上的品格沒有關係」。但這一來，該要怎麼說才有辦法解釋個人可敬的品格和糟糕的公共結果之間那樣的出入？他倡議說，也許我們可以主張那些誠實而榮譽之人換到了團體、組織裡行為就變了。「會社成員、行政委員、立法者在公務上做的一些事如果是個人做的，他將會身敗名裂。」畢曉普說，你很難知道事情是怎麼發生的，你只知道人可以在家中或在鄰里不會表現邪惡情感，但是一旦從了政，他的邪惡情感就會「藉由相應行為表露」。[81]

他後來以十八世紀美國人少見的大膽倡議說，個人的品格及意圖完全無法解釋事件。他力言，只要是讓人自己講他的行為動機，他說出來的一定是正當的動機，所以我們很難從動機判斷其行為。人似乎都牽連在「體制」之內，所以要對抗的、要譴責的，就不是特定個人，而是「體制」。他說，一七七〇年代的美國人嘗試解釋美國之所以會反叛英國，責怪的是英國大半的可敬人士。「我們這樣是要控訴他們每一個人都有那種壓迫、掠奪、毀滅我們的傾向嗎？不是！我們控訴的，是他們支持的這個體制有這種傾向，可怕的事實證明我們的控訴有憑有據。」[82]

他這種想法在道德涵義上對當時的人而言太新穎、太嚇人了，沒有人輕易可以理解。[83]不過，人如果相信有陰謀，譬如說相信巴伐利亞光明會的陰謀，這樣的「相信」對於他對事件的理解會有什麼影響，至少有一個美國人卻看得很清楚。一七九九年的七月四日，多位聯邦黨人發表談話，解說了光明會的惡毒計謀。小說家兼編輯查爾斯・布朗（Charles Brockden Brown）針對其中一人的談話，直接指出其誤解的核心。

布朗寫說，這些人雖然相信陰謀論，但是對事情為何會發生其實不明就裡。他們不明白「人容易犯錯，雖然可能用意良好，但是選擇方法時卻會犯下大錯。」譬如，一些啟蒙哲學家：

> 自認在為人類的幸福而努力，為人類解除迷信的枷鎖，掙脫商業的束縛，拔除與生俱來，從父傳子的成見；這種成見讓人以為自己對財產、自由、百萬人的生命擁有絕對的權力。但是，他們（啟蒙哲學家）這樣做其實只有推倒支撐人類社會的支柱而已。他們雖然斬斷了虛假宗教的鎖鏈，但其實連帶也拆除了道德的基礎——不只是掙脫商業的腳鐐，阻止聯邦侵占財產，而且根本是破壞了商業、財產本身。他們這樣做，唯一能做的申辯就是說其行為雖然有害，但是目的卻是純潔的。

但是那些相信光明會確實懷有陰謀的人卻否定自由派改革者「這種解釋的優點」。他們認為，所有的禍果都是某些個人釀致的，都是「預謀，可以預見」。但是布朗說，要免除這種頭腦簡單的陰謀論，我們必須「意識到歷史的不確定性」，認清「人無法真實描繪行為和動機」，「因為這兩者並無難解難分的關聯」。[84]

布朗一直反覆探討所謂「有目的的行為卻產生意料之外的結果」這個主題。[85]確實，身為一名作家，他的重要性不在於開創了美國式的羅曼史與哥德式故事（gothic tale），而是因為他始終堅定不懈，持續探索華茲華斯所謂的「可怕的真相」，檢視仁慈好意之人引發之惡事的道德涵義。布朗的小說和他當代人那些沉悶的教化小說不一樣，總是以理性探索因果、欺騙，以及生活中複雜的道德意義。他的小說表達的，不只是真誠、仁慈等道德義務常常互相衝突，而且合乎道德的動機有時候也會產生不合乎道德的結果。他的小說人物總是要接受乏味的動機分析，而且又免不了不幸的結果。[86]每一個人（譬如說維藍〔Wieland〕）都覺得自己「匆促間開動了機器，卻無法控制其過程。」他的小說人物杭特利（Edgar Huntly）慨嘆說：「人對彼此的行為和動機是多麼不了解！」「人對自己的行為表現多麼的盲目！」他認為，動機和意圖已非判斷道德責任的關鍵，因為，「把人塑造成幸福之人或苦難之人的原因多而複雜，而且是在廣大的面向上作動……每個人周身都包圍著種種說法，而且是層層複雜關係的主體……人的事情總是無限複雜。」[87]

美國人對目標與結果之關係所做的這種探索，其實只是十八世紀末西方人對這個問題探索的一小部分或實例。西方世界別的地方的人也一樣愈來愈意識到人類事務的複雜性質。他們愈來愈認識到探究人心之難，愈來愈不願只因某人的貴族氣質而尊敬該人。道德哲學家原本是根據動機及行為者的資格判斷人類行為，現在卻不得不（有時候是悶不作聲）調整為根據其行為在公領域製造的結果。原本從行為的結果推斷其動機這種常見的做法會使事情本身狀況模糊不清，現在轉而開始為這種轉變推波助瀾。如今，要緊的已經不再是行為者的信念、意圖、品格，而是其行為的結果，是他對人的幸福所做的貢獻。任何一個人，不論如何缺乏品格，不管怎樣的普通、怎樣的無足輕重，都可以有這種貢獻。

從動機轉向結果的這種變遷強化了民主意識，也創造了後來所謂的功利主義。當然，對大部分而言，仁慈的目標和良好的結果仍然沒有違和之處，大家依然堅信個人美德顯然是人幸福的源頭。然而，對邊沁（Jeremy Bentham）等嚴謹的功利主義哲學家而言，現在動機已經沒有好壞之分：「如果動機有好有壞，那就要看其結果而定；有產生快樂的傾向，不會製造痛苦，那就是好的；有製造痛苦的傾向，而非製造快樂，那就是壞的。」88

像堅定的功利主義者那樣把動機和結果、因和果切割，其實很多美國人都不願意。不過，時序轉到十九世紀初之後，美國有一些人亟欲貶抑「貴族」人物，抬高普羅大眾，因而開始強調當年畢曉普粗略所說的「體制」。只是他們現在已經不說那是「體制」，而是說那是無數無足輕重的個人彼此多元而互相衝突的動機，所形成的事件「自然秩序」或「總的結果」。這個「總的結果」，不用懷疑，就是人造成的，只是那是龐大的人群未經思考，依循他們本身自然的傾向，所形成的「總的結果」。這種社會過程概念最後終於演變成傑克遜民主黨所謂的「自願」原理或

「民主」原理。這一原理會憑其自身「從種種品格、觀念，動機、利益形成的一團渾沌（亦即人的社會）中，發展出可能最好的結果或秩序以及幸福。」這裡面雖然切割個人意圖和其行為結果，但是這個結果卻似乎是會形成一個可以信任的過程或模式。或許，有人倡議說，每個人身上都有一股道德力量把社會中無數各唱其調的個人維繫在一起，然後又像物質世界的重力一樣，創造出彼此利益自然調和的狀態。[89]

這種超越個人特定欲望的社會過程概念雖然召告了一種新的社會秩序即將到來，但是它在某些方面其實卻只是返祖到前現代新教徒的天意觀而已。即便是非福音派的華盛頓，很多美國人始終「在這些黑暗而難解的事件中找到天意的手指。」[90]傳統的天意觀在這裡產生了一層新的意義，甚至連俗世思想家也都開始認為這已經可以跟「進步」劃上等號，同時也等同於由各層面多數人依循自然的欲望，不在法律、政府等人為干涉之下，創造出來的自然社會原理。天意，以往始終意指上帝特意介入世界事件，現在卻幾乎快要完全等同於這些事件似將形成的自然模式。[91]有了這樣的概念，在事件的運動中，個人信念及意圖是善是惡就沒有關係了。現在，即使是「追索黃金」都可能產生良好的結果，因為「出於一個很有意思的由來，**有個神會塑造我們的結局**。」[92]

不過，儘管傑克遜民主黨人強烈主張這種集體社會過程概念，而且浪漫時代歷史寫作一部分也都秉持這種概念，但是這種概念卻始終未能主導十九世紀美國大眾的想法。[93]很多美國人認定因果之間的關係是固有且同質性的關係，很在意人的道德目的，因此完全無法接受社會運作的非人格性及集體性概念。雖然有人在講行為可以產生效用及幸福，但是十九世紀的美國人大部分還是無法想像一種不是奠基於意圖的道德秩序。提摩西．德懷特說，美國作為一個共和國，必然是「藉由動機行事的政府，理解並喜好理性的主題，經作用於其心智之後，成為自願服從的誘因。」[94]約翰．泰勒（John Taylor）說：「說惡德會產生善的結果，這種說法真的很不自然」，不但「違反因果之間的關係」，而且也否定了「從道德的因推斷道德時會有的那種肯定性」。他這些話應該很多人都會贊同。各方傳統主義者和道德主義者也都緊抓著托克維爾所謂的「屬於貴族的」假設不放，認為社會仍然是一些自立自主、能力足以引發好壞事件，因而仍可課之以道德責任的個體構成。[95]

一八二五年，愛德華．艾佛瑞在康科德戰役（the battle of Concord）五十週年紀念會上講話，提到任何人想要解釋這場戰事起因時都會碰到的困境。他說，歷史過程很難清楚劃分出「起因於前後相續之一系列事件及人物的部分」和「單獨重大事件影響所致」的部分。他本人完全相信機械式因果論，自然會在美國革命史中看到「曾經見之於歐洲黑暗時代歷史中的一系列因果。」然而他卻又很清楚一七七五年四月十九日那一天，在康科德，「個別一些人和事件的行動」是引發這場革命的關鍵因素。他身上似乎有兩種截然不同的觀點，一個是長期遠距離的觀點，一個是近距離特寫的觀點。前者追索「一系列隨著盲目宿命持續發生的事件」，當中牽涉到無數參與者；後者對焦在當天一些英勇的個人及行動身上，「對比之下，其他一切事情似乎並不存在。」很多美國人在決定論歷史過程中都很不願意遮蔽一些愛國者蓄意而榮耀的行為，艾佛瑞亦然。美國早期的史家，儘管潛在都認為歷史是「秩序井然的因果鏈」，但是大部分也都強調事件的開放性、偶然性，也很注重釐清個別行動者的道德責任。[96]

然而，隨著十九世紀的社會變得比以往複雜，各部分互相影響更巨大，敏銳而深思的觀察家也開始看到事件的有效成因與特定自主個人脫離，後退到看不見的情形。史家湯瑪斯・哈斯克爾（Thomas L. Haskell）在他論述此種發展最具洞見的著作中寫說：「為數不多，但是持續在增加的一些人發覺，要再把真正的肇因力歸因於他們本來非常熟悉的各種社會因素，已經說不通、不再有建設性。」[97]這樣的觀念逐步發展，為現代社會科學的出現打下了基礎之後，再把事件歸因於特定個人刻意的計謀就顯得過度簡化了。此時，陰謀論詮釋雖然依舊盛行，但是已經開始顯得原始而離奇。

我們這個時代是專門化社會科學主導的時代，陰謀論詮釋在這裡已經變得很不合時宜，真要理解起來，充其量只能理解為心智錯亂，或是屬於心理疾病症狀的偏執。在這個科學思想飽和的後工業社會，大概也只有一些怪人才會把事件歸因於有人刻意算計。這些人也許是一些邊緣人，遠離權力中心，無法理解精密社會科學家提出的「複雜成因連結線」概念，但卻還是想要對事件做簡單的、明確的道德判斷。不過，這些抱持陰謀信念的人又非一定是邊緣或非理性的。因果概念在複雜的現代世界確實已經式微，然而，活在這樣的世界不應該阻礙我們看見一些最為開化的人曾經在某個文化、某個時代就是用這個觀點解釋事件。

後記

一九六五年，霍夫士達特出版了《美國政治的偏執風格》，貝林也發表了「美國革命小冊文獻」的《導論》。這本《導論》兩年後變成了《美國革命意識形態源起》；一九七六年，詹姆斯・休斯頓（James H. Huston）也發表了論文《美國革命：妄想的勝利》（*The American Revolution: The triumph of Delusion*）。我後來因以上三部作品的刺激而撰寫了本文。

他們這些著述迫使我開始思考陰謀想法的意義。霍夫士達特認為這種想法是一種扭曲了的風格，顯示背後有某種政治病態在產生作用。但是我知道他這個概念並不適用於建國先賢。這些革命領導人，是什麼都可以，但絕對不是狂想思考者、病態思考者。另外，他們也沒有休斯頓所謂的妄想。更何況，貝林也已經證明，陰謀論在十八世紀事實上很流行。十八世紀不是只有建國先賢以陰謀論思考事情，英國方面的領導人，包括精明如柏克也一樣。我後來開始一心牽掛著一個問題，那就是為什麼十八世紀有那麼多人都在用陰謀論思考事情，但是到了十九世紀，大部分精明的思想家卻戛然而止。本文就是我後來找到的答案。

第二部

美國憲法及民主的塑造

The Making of the Constitution and American Democracy

第四章　制憲中的自利及無私

行憲二百週年期間，我們將會有多次集會來表彰當年美國憲法的制定者，亦即一七八七至八八年間的聯邦黨人。我們過去已經有過多次這樣的集會。我們向來就描繪我們口中這些開國元勳高瞻遠矚，大膽開放，開明而有原創性，精心創作了威廉．格萊斯頓（William Gladstone）所謂「人的手和目標曾經做出來的最動人作品」的受到啟蒙的人。[1]在我們筆下，這些人當時很清楚未來在哪裡，而且還大步迎上前去。查爾斯．比爾德雖然曾經詆毀他們的動機，但也還是認為他們是「事件的主人」，是現實實用主義者，深諳人性、有遠見、經濟無憂，是與歷史俱進的現代人。

相反的，當年那些反對憲法的反聯邦黨人在我們心目中卻總是溫馴膽小、心胸狹隘、短視，只有小知小信，沒有想像力，自陷於過去僵硬的意識形態，刻板、疑心疑鬼，因為無法向前看，所以看不到美國將要成為什麼樣的國家。這些反聯邦黨人似乎注定永遠都是失敗者，歷史從他們身邊迴繞過去，因為曾經反對我國歷史上最偉大的憲法成就而永遠蒙羞。

不過也許我們大家都弄錯了。聯邦黨人也許根本不是什麼「未來之人」。或許反聯邦黨人才是真正看得最遠、最清楚的人。有沒有可能那些大膽、原創、高瞻遠矚的聯邦黨人眼光所及並非在於未來的事情，而是眼前發生的事情呢？一七八七、八八年間的這場憲法之爭，兩邊參與者的角色也許應該互相調換才對。這場為憲法而生的衝突，如果雙方只有一邊代表現代性（modernity），那也許是反聯邦黨人才是。我們現在所知的道德與政治世界，諸如自由、民主、商業發達、個人可自由追求幸福的世界，其先驅或許是反聯邦黨人，不是聯邦黨人。

只是，如果這是真的，如果那些開國元勳其實並不代表現代性，那麼，他們要是因為斯人已矣而變成我們一直在慨嘆的「一群我們從那時起就無法複製的傑出公共領袖」，就一點都不讓人意外了。[2]所以他們會不會其實並非事件的主人，會不會他們的憲法是失敗的，而且是慘敗，因為沒有能達成他們希望這部憲法做到的事？

當然，我們現在不願意承認這部憲法的初衷或許已經失敗，我們現在也難以完全理解其最初的源起。沒有錯，我們都認為一七八七年當時確實需要新的中央政府。因為無法想像美國曾經有什麼時候沒有強大的中央政府，所以我們認為一七八七年也難以避免必須建立新的體制。（對於現在的我們而言，不必認真看待的是《邦聯條例》〔*Articles of Confederation*〕。）然而，新的中央政府之所以在我們看來確有必要，我們根據的其實是現代美國人如今的觀念。所以如果一七八〇年代的美國人是以「邦聯」的缺點來解釋當時的立憲運動，我們自然輕易就會了解並且相信他們的解釋。但如果除了中央政府明顯的缺點之外，他們還用「社會發生危機」來解釋當時的憲法運動，我們就困惑而且懷疑了：真的有危機嗎？這難以置信。因為不論如何，一七八〇年代畢竟是個大解放、大擴張的時代，人口增長之快速前所未有，愈來愈多美國人開始追求繁榮、幸福。一七八六年，查爾斯．湯瑪斯（Charles Thomas）告訴傑佛遜說：「地表上沒有一群人像住在美利堅合眾國的人那樣快樂，創造成果的步伐那麼快。人口增長，建造新房子，開闢新的土地。新的聚落在成形，建造工廠的速度也快得不可思議。」[3]人民總的民心昂揚而滿懷期待，絕不黯淡。所以難怪後來的史家，儘管研究的題目不同，卻會異口同聲表示懷疑那時候社會中真的發生過什麼危急的事情。[4]

不過，當然一七八〇年代還是有一些人說法並不一樣。他們曾經示警說：「我們的情況迫切而危險」，「我們的邪惡行為」正在將我們打入「國家廢墟」（national ruin）之中。班傑明．拉許甚至說美國人已經瀕於「退化為野蠻人，彼此如獵食動物般互相吞噬」的邊緣。他這個話你要是覺得想像過度，那麼在一七八六年，就連清醒自制如華盛頓者都會說：「短短數年之間竟然會產生如此駭人的變化……從我們站立的高處，從吸引我們腳步的平坦道路，我們顛躓！迷失！極為可恥。」[5]

我們該如何理解這種激動而絕望的話呢？這種話語可以一次又一次的講，但不是在大家公開爭吵的時候講出來，而是寫信給朋友時在信函中透露出來。有些史家，譬如說比爾德，認為這種話說得太誇張。他們得到的唯一結論就是，那種「危機感」是聯邦黨人「捏造出來的」，因為「這個國家實際上並沒有面臨什麼緊急狀況」。不過，他那樣用陰謀觀點解釋憲法，實在是說不通，而且完全沒有說到那種提醒、示警的話具有什麼意義。那些人、那些把信件留下來給我們後代人看的菁英，為何當時會認為美國發生了危機？[6]

引發這種危機感的，當然不是《邦聯條例》的缺陷。《邦聯條例》的缺陷是可以補救的，所以不足以引發恐怖和絕望。他們確實有可能因為這種缺陷而召開了費城制憲會議來進行修訂。一七八七年當時，包括後來的反聯邦黨人的大部分，幾乎每一位政治領袖都希望能夠補強《邦聯條例》。當時的邦聯沒有權力償付債務，無權徵稅，無權管理商業，在國際關係方面也經常吃癟。條例的改革，特別是賦予國會課稅及管理商業的有限權力，已經勢在必行。想為中央政府做些什麼事情，成了聯邦黨人的一次機會，因為人民不但願意到安納波利斯（Annapolis）集會，而且後來也願意派代表到費城開會。事實上，改革邦聯很多人都想，而且已勢在必行，所以反聯邦黨人後來對費城會議也就失去了興趣。譬如，西賓夕法尼亞的威廉·芬德利（William Findley）後來就曾經宣稱他本已獲選出席會議，但因為得知「出席的代表沒有報酬」，所以就退出了。賓州說是派了七名代表參加會議，但其實這七名代表全部都住在費城（其中一名古弗尼爾·莫里斯甚至根本就是紐約人），也沒有人有異議。[7]

所以，《邦聯條例》的缺陷其實眾人皆知，很多人也都寄望費城會議會予以補救。但這種缺陷無法解釋菁英所感受到的危機感，也無法解釋國家主義者的「維吉尼亞方案」（Virginia Plan）背後的企圖心。維吉尼亞方案是費城會議中審議程序的操作模型。但國家主義者的目標和維吉尼亞方案本身都遠遠超出補救條例缺陷之所需。要授權國會增加歲入、管理商業、清償債務、有效處理國際事務，根本不需要全盤廢止條例，另外建立掌握大權、高不可攀的中央政府。這樣的政府即使只是在十年前，對美國人而言都還是不可思議的。維吉尼亞方案這個處方並不是針對邦聯的無能而開。這個處方（而且是菁英所開的處方）要處理的，是當時大家常常在說的美國「過度」的民主政治。在菁英的危機感背後的是這樣過度的民主。

「過度」的民主

什麼是過度的民主呢？到底發生了什麼事，會這樣引起慌張、恐懼？不是「謝司叛亂」（Shays's Rebellion）事件。謝司事件發生於一七八六至八七年冬，對很多聯邦黨人（尤其是麻州的聯邦黨人）而言，這是一次令人驚慌的決定性事件，但卻完全不是聯邦黨人全面危機感的成因。他們早在謝司事件之前就已經充滿了危機感。[8]真正嚇到他們的，並不是暴民、社會動亂。他們熟知群眾騷亂，多年來對這種事情或多或少也都處之泰然。讓他們感覺困擾不安的，是他們所說的過度的民主政治。這所代表的，是一種比群眾騷亂來得有害的東西。這種東西在現代的我們來看，會覺得很熟悉、很普通，沒有害處，但是在開國元勳袞袞諸公當時看，卻不是這樣，這個東西就是「昔日美好的美國平民政治」（good old American popular politics）。①造成諸位開國元勳危機感的，就是這種平民政治，尤其是州議會實行的平民政治。華盛頓說，因為州議會不行「公義」，「我們現在感受到的邪惡之事就是因之而起」。麥迪遜則是說，州議會「經常且又公然」濫權，「驚動了共和主義最堅定的友人」。一七八七年秋，麥迪遜告訴傑佛遜，「是因為一種不安，才要召開費城會議，讓公眾的心理準備好接受全面的改革。不安就是這種濫權造成的，不是因為邦聯無法實現其立即目標而對國家性格及利益造成影響的那種不安。」[9]但是，如果說《邦聯條例》的缺陷並非當年之所以要制憲最重要的原因，今天的我們聽起來應該會覺得難以接受。

在整個危機期間，美國憲法之父（如果真有這樣的人物）麥迪遜從頭到尾沒有懷疑過麻煩的主要來源在哪裡。一七八七年的晚冬，麥迪遜的未完稿中有一份叫做「合眾國政治體制的邪惡」（Vices of the Political System of the United States）。他這份未完稿不太論及邦聯的無能，因為他心裡想的其實都是州政府的種種不足。通篇稿子，他用了大半篇幅討論各州通過的法律之「反覆」、「無常」、「不公」。[10]在他看來，紙幣法（paper money acts）、緩償法（stay laws）等幾種債務人救濟法特別驚人且不公平，因為這些法律傷害了債權人，而且還侵犯個人財產權。但他其實一直都知道自己在說什麼。我們平常總認為麥迪遜是個愛讀書的學者，他的思想都是博覽群書而來。但是，對於各州政府「過度」的民主，他的諸般想法卻不是來自那一堆傑佛遜從歐洲寄給他的書。關於平民政治，關於立法浮濫，他學到的都是第一手資料，因為他曾經是維吉尼亞州議會的一員。

從一七八四到八七年，麥迪遜總共參加過維州議會的四個會期。這四年可能是他這輩子挫折感最大、最幻滅的四年，但也許也是他一生最重要的幾年。因為這幾年在維州當議員的經驗從根本上塑造了他此後身為憲法改革者的思想。

這幾年之間，麥迪遜的立法成就其實相當可觀，尤其像是傑佛遜著名的《宗教自由法》，就是在他帶領下開始制定的。但同時他卻又一直被傑佛遜多年後所說（當然是依照麥迪遜自己的說法）「議會中那些律師和半吊子律師的吹毛求疵、奸詐、錯亂、煩擾、拖延」激怒。麥迪遜一直到這個時候才發現原來民主政治在美國是這個樣子。並不是每位議員都和他或傑佛遜一樣，還有很多一看就不是正人君子。維州這些議員老是這麼狹隘、偏執、心胸狹小，大部分也都「為特定一方利益服務」。他們視公共榮譽及誠信為無物，推動法案時，程序錯亂而拙劣，什麼事情若是看起來不會受歡迎就不願意做。他們會拖延繳稅，推翻了欠英國人民的債務，恣意通過法案，然後再廢止，又通過。麥迪遜原本期待一七八四年維州的港口法案會成為開明的法案，但是一些自私自利的議員卻在這個法案上下其手，搞砸了這個法案。他想要提的法案，特別是涉及到法典及法院改革的法案，下場幾乎都是如此。他怨嘆說：「熟練者好整以暇擬妥重要法案，卻被議員粗魯乏味的討論糟蹋。」對於這些蠢蛋，他又能如何？一七八六年，他寫信給華盛頓，信中以厭惡疲乏的口氣提到，要是華盛頓知道這些州參議員實際上否決一項規範外國使節在維州之特權的法

---

① 編按：以下的 popular（populist），將視情況翻為「平民的」或「民粹的」。

案，「依據……外人地位不應高於本地公民……的原理」，麥迪遜說：「這不會提升你（華盛頓）對我們的州參議院的看法。」[11]這是將本土主義帶到了荒謬的地步。

共和主義的立法不應該是這個樣子。麥迪遜只好對當時「主流的情緒」一直讓步，已經無法顧及那種情緒對州本身或國家是否有好處。他不得不同意惡法，因為怕會有更惡的法。他「不想付這樣的代價」，所以只好放棄好的法案。現代的議員對政治的討價還價習以為常，換票（logrolling）、政策買票（pork-barreling）在今日美國的議會政治稀鬆平常，但當時麥迪遜對這一切都沒有心理準備。一七八七年，他開始「極度憂懼」自己和傑佛遜改革法典的希望，「恐難按部就班如願」。議會顯然太過民粹，然而訴諸於人民卻沒有好的共和主義者所期待的益處。譬如說麥迪遜就很擔心，若是將某一個涉及法院改革的法案「先行發布出來供民眾考量」，這種做法並「不會引發有智慧、有道德的人前來抵制」，卻只會「對一些有心人放出訊號，要他們加倍努力進入議會。」這個問題，民主不是解方，因為問題就在於民主。麥迪遜自己就常常要擊退「想要金錢的欲望」，以及另外一些「富有民粹色彩的」手段。他常常不得不承認自己無法打敗憤怒，充其量只能期望自己「節制憤怒」。[12]

麥迪遜和另外一些熱衷革命的理想主義者一樣，經歷一七八〇年代中的民主政治後，成為一位懊悔共和主義者。他在「合眾國政治體制的邪惡」中寫道，州議會的議員常常是一群有心人或是「最受喜愛的領導者」（譬如派崔克．亨利）之詭辯話語的盲從者。這已經很糟了，但是對於共和政府的命運，更駭人的是這些議員反映的其實只是他們自身部派的利益以及狹隘的視野。太多美國人民眼界不出自己錢包及鄰里之外。他說，「眼光長遠，有國家榮耀感的人」（他知道自己在說誰），也許會把公共程序提升到開闊而開明的標準，只是，「群眾」絕對不會追隨他們的榜樣。「你能夠想像羅德島一位普通公民甚或議員評估紙幣政策時，會考慮或在意法國或荷蘭，乃至於麻州或康州如何看待這項措施嗎？這個政策必須符合他們的利益，而這個誘惑已經夠大了。」[13]

由於麥迪遜對於聯邦憲法的制度有很重大的影響，所以他在州議會體驗平民政治的經驗也就特別重要。不過他的這個經驗其實也不罕見。若非很多人共有麥迪遜的體驗，聯邦黨人就無法完成他們後來做到的那些事情。一七八〇年代中，北美大陸各地正派人士看到各州議會那些「私人的觀點，自私的原則」，「靈魂狹隘的人，對社會沒有自然流露的興趣」，無不氣得搖頭不止，感覺難以置信。自私、無知、偏執的州議員，「心裡只有地方關係、地方觀點，因而無法充分關注全民的利益」，使平民政府蒙上了汙點。他們為自己和地方的利益團體謀取利益，猶如法官自斷其案，迎合「大眾粗鄙齷齪的想法」。「個人的方便、金錢、溯及既往的法律」是這些州立法者的「大泉源」。參加費城會議的各州代表，有很多都已經準備要接受麥迪遜所擬激進的維吉尼亞方案，以及其中國家權威可以否決州法律的提議，因為他們也很厭惡州議會那些本土主義者，以及那種只看利益的政治。亨利・諾克斯（Henry Knox）敦促來參加費城會議的路弗斯・金恩（Rufus King）說：「卑鄙的州政府就是汙染源，玷汙了幾個世代美國人的名聲……一定要打擊這些人。以上帝及人民之名，一定要打擊這些人。」[14]

開國元勳當時如此擔憂邦聯政府的弱點，在我們今天來看很容易就可以理解。對於現在的我們而言，這種問題既真實而又具體，尤其是因為我們都知道我們的國家政府如今已經變成這樣，所以我們更是能夠理解。但是，如果說到他們州議會中民主政治的問題，諸如利益團體之間的爭奪，立法時的自肥傾向，不斷迎合大眾的索求，都讓他們感到恐懼，我們就不懂了。確實，當時州議會的這種種行徑若要說是「無政府狀態及邪惡的荒野」，並不準確，但是無論如何，平民政治畢竟就是「過度的民主」這一回事，和美國人最終習慣了的平民政治並無二致。[15]

這種平民政治跟美國人後來習慣了的並無二致，和當年一些革命領導人在他們自己的殖民地議會體驗到的也沒有什麼不同。但是，對大部分開國元勳而言，一七八〇年代各州的平民政治卻和他們自己對共和革命的期待有相當的出入。對他們而言，就是因為這種出入，所以一七八〇年代成了真正關鍵的年代。

利益掛帥的十八世紀末美國社會

共和主義照說是不應該會激發自私心態及個人利益，而是會引開並抑制自私心、個人利益才對。不過，在當時的整個北美大陸，狹隘派系利益（特別是經濟方面的利益）的張狂卻是空前未有。更驚人的是，這些派系利益還會尋求，並且真的取得經由民主方式選出來的州議會的保護及縱容。不過，利益團體及派系在殖民時期的議會儘管很常見，革命後政界的利益和派系卻不一樣，這類團體變得更多，個人或家族色彩較少，常見以民主方式表達社會中新的、廣泛的經濟因素。可見美國革命似乎釋放了一批前此無人知其存在的貪婪商業勢力。

我們一直到現在才開始意識到美國革命戰爭，尤其是當時的戰時動員，對美國社會造成的巨大後果。然而，儘管很多論文及專著都在討論這個題目，但我認為我們將會發現革命戰爭和內戰以及兩次世界大戰一樣，徹底改變了美國社會。這場戰爭力度很大，歷時八年之久（越戰之前美國史上最久），最後總計造成十萬多人從軍，牽動整個美國社會程度之大，前所未有。軍隊無盡的需索，諸如毛毯、馬車、肉類、蘭姆酒等物資創造了大筆製造業及企業利益，把昔日生意不出鄰里之外的農夫變成了商業市場上的農夫。為了購買這些戰爭物資，革命政府大量發行紙幣（四至五億美元），後來都進了很多此前還在經營以物易物商業人士手中。[16]在這種戰時採購的刺激之下，各地冒出了數以千計的投機農夫、內地商人、奸商，在全美內部流通這些物資及貨幣。商人亨利・羅倫斯曾說，一七七八年之時，美國人「對於錢的需求」已經不再「僅限於都市城鎮一些小商人圈子，而是已經蔓延至一片長一千六百英里、寬三百英里的地表。」一位憤怒的代理商就說，戰爭及迅速高漲的物價正在製造一個「每個人買東西都是要再賣出去」的社會。[17]十八世紀沒有什麼事件像革命戰爭那樣促成美國資本主義的快速發展。革命戰爭為市場經濟帶來了新的生產者和消費者，喚醒每一個地方人潛在的貪婪本能，前所未有的刺激出內部商業，鋪就了一條重大轉變的道路，最後終於使美國繁榮的基礎從外部商業轉變為內需商業。

這些國內企業家、生意人、店家、商業市場農夫都是依靠貨幣和大量的債務起家。這些貨幣和債務既不是貧窮造成的結果，也不是反商行為造成的結果。美國史上每一個世代的人應該都知道，債務早就作為擴張及企業經營的徵候而浮現出來。革命戰爭的這幾年，農夫、商人等因為認為未來會更好，所以都開始提早結婚，多生小孩，也開始借貸。最晚從十八世紀中葉開始，民眾購買的消費品數量就已經開始增加，但是革命戰爭卻讓更多一般農民平生首次有財力購買奢侈品。那些奢侈品，從蕾絲服飾到瓷器等原本一直都是仕紳階級所專屬的。戰爭時期，農民會更加辛勤工作，創造盈餘，就是希望未來能夠提升生活水平，增加「快樂和消遣」。不過，證據顯示，戰爭時期後來隨著奢侈品取之不易，這些農民的生產力及其盈餘即隨之降低。[18]歷代以來，大家總認為尋常百姓一直都很勤勉節儉，然而現在在美國，一般人卻突然變成不是因為害怕貧窮才辛勤工作，而是因為想買奢侈品才勤奮打拚。[19]

一七八〇年代經濟的問題源自於戰爭行將結束以及政府的採購。太多人抱有太多極高的期待，涉入奢侈品消費及市場太深，一下子難以適應和平的到來。內需市場崩潰，紙幣枯竭，代表的是所得降低，企業拖欠債務，進口貨物庫存膨脹，農夫、商人債務纏身。這樣的發展，人民深受其害，其反應很可以理解，那就是他們還是想要戰爭時期那樣的生活。緩償法等債務人救濟法，還有印製鈔票，並不是出於保守反商業人士的要求，而是在此之前買得高興、賣得開心、消費得很愉快的人之所需，因為他們還是想要繼續這樣買賣消費。一七八六年，一位擁護印鈔的人辯稱，要維持繁榮，光是人民勤奮，土地肥沃還不夠，錢才是根本的東西。在一七八〇年代，對多數平民而言，說到錢，除非有金幣、銀幣，指的就是政府或政府貸款機構發行的紙幣。「憑藉預期中今後數年勞動的產物」，農民可以用土地向政府取得貸款憑證來「加速改善」，因而「增設經營手段，壯大產業」，從而使自己和州都「富起來」。[20]

一七八〇年代那種對於紙幣的需求，是美國商業的需求。美國企業未來的活躍及繁榮，並非寄託於數百名掌握大西洋岸幾處海港對外貿易的債權人富商，而是在全美那幾千個深陷債務之中，彼此互相買來賣去的普通生意人、小企業家、志在必得的匠人、市場農民身上。這些人和那些進出口商不一樣。那些進出口商有自己私人的匯票，但是對這些小企業家、生意人而言，公開印製的紙幣才「能夠滿足（缺乏現金的）國家的流通媒介所有的國內及內部目的」。現在他們開始力言，一國之繁榮，不能完全依靠外部商業，就算出口對進口有盈餘也不行。「必須增加真實的財富，以促進我國的內部商業」，而這個「真實的財富」如今指的就是所購置的產業、所做的改良，以及企業活動。[21]

美國人現在開始體會到國內商業的重要，其意義之重大再怎麼說都不誇張。一七五〇年代紐約的威廉・史密斯（William Smith）曾說，美國人一直認為內部商業只是財富在群體內大家手上轉來轉去，對公眾沒有什麼價值。這種交換，史密斯說：「雖然可以使個人致富」，但是「按照他所得的比例，別人必然也隨之變得貧窮，人民全體則毫無所得。」[22]但是傳統這種零和商業心態現在開始受到數以千計常民所進行的那麼多企業活動的挑戰。現在他們說：「在新的、尚未經過經營的國家」，農人「會一直需要錢來進貨，改善農田」，要不然就是如麥迪遜所說：「可以賒帳就盡量消費。」現在他們要的錢已經不只是以往舊式的「向有錢人借錢」那樣的錢。這樣的結果就是，整個北美大陸上上下下，這些農人、小企業家一州接著一州選出準備提供鈔票給他們的代表，讓這些人進入議會。這些鈔票，如同一七八五年賓州一部規範貸款機構的法規的前言所說，目的是「促進及建立內部商業、農業、機械工程的利益。」[23]當時真正嚇到聯邦黨人的，就是這種促進民間企業之利益，讓他們不停的買賣，以看不見底的欲望進行奢侈品消費的法令、措施，而不是當時《邦聯條例》的不足。

一七八〇年代之時，聯邦黨人已經看見美國即將變成由人民百姓的金錢利益主導的商業競爭社會，他們不喜歡。他們當時那種危機感，那種恐慌而誇張的措辭，背後就是這種對美國之未來的不祥預感。他們認為，大家都追求個人利益、奢侈生活，已經腐蝕了美國建立共和政府的能力。為了搶救美國的共和主義，使之免於私人一味追求個人逸樂的致命影響，所以他們制定了美國憲法。

「不營私」的政治人物

開國元勳並沒有期待這部新制定的憲法會改變美國人的性格。他們不是天真的烏托邦人，對人性看法很務實，這點我們已經說過很多次。他們不太相信，或根本就不相信，宗教或是什麼節儉法令能夠改變人的行為。確實，他們相信教育。他們當中有幾位堅信教育可以改變美國人、啟蒙美國人。不過在一七八〇年代，他們大體上仍然秉持對於人類的既定性一種實際的、不講感情的理解，來進行他們的任務。他們知道自己活在一個商業及追求利益的年代。雖然也有一些擁有土地的仕紳，譬如傑佛遜有時很希望美國師法中國「完全放棄海洋」，不過開國元勳大部分還是歡迎美國發展商業，只是他們口中所謂的商業其實指的是海外貿易。[24]他們相信這種商業很重要，認為那是改造人民，使人民文明化的原動力，他們一般也都亟思運用政府的權力促進其發展。對於「利益」這個東西，他們知之甚詳。麥迪遜「依照通俗的意義」，將「利益」界定為「立即增加財產及財富」。他們承認「利益」這個東西無所不在，無法避免，也尊重其力量。他們很多人都說：「利益是人我之間會有的最強紐帶。」他們說，利益是州與州之間，人民與人民之間「唯一的黏合劑」。不過漢彌爾頓說得最坦白：「付錢的就是主人。」[25]

一七七六年起，他們開始明白期待大多數人為眾人的福祉犧牲個人利益未免愚蠢。對聯邦黨人而言，塞謬爾．亞當斯那種革命的烏托邦主義遺緒已然飄渺不存在。亞當斯「共和主義」的招牌早在一七八〇年代就已過氣，亞當斯早已變成以前某個時代、某個地方的人物。人民很快就會開始搖頭驚嘆美國曾經有過亞當斯這種人。有人說，「現在這種時代不會產生他這種人物。」他是「屬於普魯塔克那時代的人」，是從古典的過往走出來的人。他是哈佛教出來的正人君子，早已把自己奉獻給民眾。他沒有個人的企圖，對財富沒有欲望。他拒絕幫助自己的孩子，以貧窮為傲。他沒有利益瓜葛，甚至沒有個人情感，在諸位革命領袖當中獨樹一幟。那些革命領袖沒有一個像他那樣認真看待共和價值。[26]

事實上，一些革命領袖很快就明白表示亞當斯那種共和主義理想的不切實際。華盛頓早在一七七八年就已經明白光是依靠愛國心來革命是不會成功的，「還要有可能會有的利益或某種報酬為助力。」[27]不是人人都像塞謬爾・亞當斯那樣，雖說很令人扼腕，但實情就是如此。人類就是這樣，所以一七八〇年代時，麥迪遜等一批少壯派革命領袖也都願意以冷靜的眼光看待利益現實。麥迪遜撰寫的《聯邦黨人文集》第十號不過是眾多承認各種利益已經開始支配美國政治的文章中，最坦白、最著名的一篇。

所以開國元勳並不是那些對人民的期待超過自身能力的夢想家。事實上，現在的我們都讚賞他們的現實主義以及他們務實接受人性的態度。這樣的讚賞，或許是因為我們總是希望他們和我們是一體的，我們竭力收合他們和我們之間始終存在的差距。然而，我們自己打從心底知道他們實際上和我們並非一體，他們和我們有別，他們和後來每一個世代的美國人都有別，原因在於一道巨大的文化鴻溝。他們代表的是一個出現不久旋即覆滅的古典世界，不同於後來的世界，不同於我們現在這個世界的世界，你必須要有想像力才有辦法復原全貌。他們確實相信民主，但他們相信的民主不是我們現代這種民主。他們相信的是由貴族領導的古典民主。在這種民主中，「整個社會受到了政府所示範的美德的薰陶」。對他們而言，政府不是團體及個人爭逐利益的競技場，而是道德精進的手段。費城會議時，詹姆斯・威爾遜曾經在會上說，「人心的化育和提升」是政府「最高貴的目標」，若換成現在美國，有哪一個從政者會說這種話？在開國元勳朝向平民的、自由的未來邁進的路上，傑佛遜算是身先士卒（雖然是不經意）走在最前頭，但是就連他都會在一七八七年呼籲他維州的同僚：「珍惜……人民的精神，保持他們的關注力。不要把他們的錯誤看得太嚴重，要啟發他們、教化他們。」每一個開國元勳都以道德老師自居。[28]他們不論是怎樣隱性的功利主義，不論潛在是如何的自由主義，對於民主政治又是如何的熱切，他們都不是現代人。

這些聯邦黨人雖然接受利益、商業等現實，但是卻沒有放棄所謂公民人文主義傳統，這套價值觀從古代傳襲下來，幾乎主導了十八世紀英美世界所有菁英的思想。不過至十八世紀末時，這支古典傳統幾已被現代金融及商業發展馴化、弱化、腐蝕殆盡。只是其遺緒猶存，而且聯邦黨人仍然相當堅持。聯邦黨儘管對各州的政治領導階層感到幻滅，但是他們在一七八七年猶未放棄希望，認為社會中至少還是有一些賢能與德性之士能夠超越眼前的物質利益，致力於公益。他們孜孜矻矻追求「政治領導必須是一種品格的領導」這樣的古典理想，例如傑佛遜就說：「政治治理的藝術，全在於誠實。」[29]這種政治領導的理想，核心在於「不營私」（disinterested）。聯邦黨人經常把這個詞當作公民道德的同義詞來使用，相當程度反映了公民道德當時遭受各方利益的危害已愈來愈嚴重。

按照詹森博士的界定，不營私的意思是指「超然看待個人利益，不受個人盈利的影響。」當年的開國元勳要是講到這個詞，他們指的都是這個意思。[30]但是今天的我們已經遺忘昔日這種意義的大半。今天，即使是讀過書的人，也都認為disinterested和uninterested是同義詞，然而，uninterested的意思卻是「冷漠」或「不關心」。我們似乎已經無法理解這個不營私所描寫的那種特質。我們無法想像有人可以超越金錢利益，面對可能有的利益猶然不自私、不偏頗，而這正好也反映出我們距離十八世紀是多麼遙遠。

十八世紀這一個不營私的觀念並不僅限於英國共和派作家或地方派傳統（這使得我們目前糾結在這類的思想上顯得是誤導的）；並不是要美國人或共和主義者才會相信不營私，以及其附帶的種種古典價值。十八世紀英美世界開給政治領導階層的解方，全都以道德或不營私（以及榮譽）為其核心。整個十八世紀，英國所有的政黨（輝格黨和托利黨）置身於翻雲覆雨，恐將吞噬社會的金融及商業利益之中，都努力在尋找理想的無私政治領袖。一七四六年，威廉・皮特（William Pitt）嚴峻拒絕軍中傳統油水豐厚的出納官提供給他的外快，身為高度愛國的人士，當時最能夠增加其名譽的，莫過於這種事情。對當時的英語世界而言，他就是人可以不營私自利，身為政治領袖可以免於腐敗的鮮活證明。[31]

古典的「不營私」理想，根基在於獨立及政治面向的自由。人唯有獨立自主、沒有利益瓜葛、不依靠金主付錢，才可能具備這種美德。傑佛遜等共和主義理念者或許始終還是在期望美國的一般農家可以維持獨立與自由，從而免於金錢的誘惑，但是另外有些人卻比較清楚。就算他們當時沒有比較清楚，不久之後的獨立戰爭也會讓他們清醒過來。華盛頓幾乎從一開始就知道你無法期待眾兵士「唯獨不受利益的影響」。即使是軍官團，其中也只有「少數人……遵守不營私原則」，這些人相較之下「不過是滄海一粟」。[32]

情形或許正如亞當・史密斯示警的：社會開始商業化、文明化，也開始分工之後，一般人對於自身國家內各種利益及侵占情事會逐漸失去判斷力，只有「少數人，因為沒有和什麼侵占情事有牽連，才會有閒暇、有興趣檢視別人的侵占行為。」所以可見當時在美國，以及英國，能夠自由且獨立超越市場競爭的，還是少數人。《加圖》劇中曾經提到：「人類當中，只有一小部分人有能力判斷事情的整體情勢。」受過公民自由教育，閱歷豐富，眼界足以理解各方各種利益的，是少數人。不懷偏見，冷靜裁定各方利益，促進公共利益，不圖利私人的，還是少數人。早在一七七八年就有人說美德「只能住在高超的心靈當中，躍升於個人利益以及自私觀點之上。」就連傑佛遜都曾經承認只有「擁有自然賦予之天分及美德的少數人，才有辦法經由公民自由教育改造成值得眾人接受，並且能夠保衛公民同胞神聖的權利及自由。」[33]換句話說，聯邦黨人這就是在說「只有從十八世紀認定為**正人君子**的那一小部分人當中，才找得到人來擔當無私的政治領導人。」

社會當中有正人君子（仕紳）及其他，這種分別固有年矣，但是對於如今我們已完全遺忘的「革命世代」而言卻具有重大的意義。這一條水平向的裂罅把社會階層分成了不相等的兩個部分，兩者之間的分別就像軍中軍官和士兵的分別一樣截然分明，但軍中的這種分別確實也和大社會中這種分別有關係。理想上，仕紳為人所知的開明意指一種自由，亦即沒有物質欲望的自由，不受他人之任意影響的自由，免於無知的自由，免於身體勞動的自由。仕紳的獨特性源自於他們在充滿各種依賴的世界卻孑然獨立，在文盲很多的世界學習，在多數人必須勞動的世界享有閒暇。[34]此前大家曾經期待仕紳能夠加入大陸軍（Continental Army）軍官團（並且利用僅及英軍相同職位一半的薪酬自行處理配給、服裝、裝備），現在則是期待這些獨立、受過教育、享有閒暇的仕紳能夠成為政府必要的無私領導階層。[35]哲學家法蘭西斯・哈奇遜說，這些富有的仕紳「不用從事低階、不光彩的職業」，因此「更有責任要過一種為人類服務的積極生活方式。公眾對他們有這種要求。」換句話說，在政府任事是個人的一種犧牲，必須像仕紳那樣獨立有能，還具有社會地位。[36]

然而在十八世紀，要仕紳犧牲個人，為公眾服務從來就不是一件容易的事情，革命時期尤其是如此。也就是這個原因，所以很多革命領袖，尤其是「小有財產」，在國會任職的革命領袖才會常常抱怨擔任公職負擔很重，希望能夠解除這種負擔，去追求個人利益。定期從騷亂不安的官職暫時退休，到鄉下的莊園休養生息，在當時是典型可接受的行為。不過，特別是在北方，美國的政治領袖會想要退休，常常並不是要回鄉下養老，而是要去熱鬧忙碌的城市從事法律職務，好好賺錢。[37]

簡而言之，美國一些準仕紳有很多事情讓他們難以保持典型的獨立性，並免於市廛商場的影響。美國的仕紳能夠像英國的貴族地主那樣向佃農收租，過著悠閒生活的不多。當然，南方有大量的莊園主依靠奴隸的勞動，也是過著悠閒的生活。在美國，他們這一群人顯然最接近所謂「自由而獨立之仕紳」的理想。但是他們有一些人卻兼營酒館，而且很多都必須天天照管自家的物業，沒有辦法像英國的仕紳地主那樣過得很輕鬆。他們家的工頭不是英國仕紳家那種管家，所以這些莊園主儘管對外表現的是貴族的姿態，但其實卻總是忙著做生意。他們的生計常常隨著國際貿易的變化而變化。他們對市場的依賴常常使他們有一種不安，相較之下，英國的那些貴族地主雖然也致力於企業發展、整頓，卻從未有過這種不安感。不過，這些南方大莊園主至少比較接近傳統的「無私仕紳領導」形象。他們知道自己這種形象，並且在其歷史中把這種形象運用到了極致。[38]

這種超脫於市場利益的獨立仕紳在北方較不易尋得，但是那種理想卻依然還在。詹姆斯·威爾遜曾提到，在古羅馬時代地方法官和軍官往往都是仕紳農夫，也常常都很願意「從辦公室高處」走下來，「快樂而滿足的回歸鄉村獨立生活」，重新開始「安詳寧靜的勞動」。一七六七年約翰·迪金森以「賓州農夫」的姿態出現，如果不放在這支古典傳統中來看，將不可理解。費城富人律師迪金森從一開始就表明他是「滿足的」農夫，「沒有世俗種種希望及恐懼的困擾」，他這是在向讀者保證他不營私的仕紳修養。[39]從事國際貿易的大商人固然是為社會帶來了財富，所以是群體中有價值的成員，但是他們身為獨立仕紳的地位卻常常因為他們關切個人利潤而有所貶損。[40]理查·傑克遜（Richard Jackson）有一次告訴富蘭克林說，也許只有藉由古典教育，「恢復古風」，才能夠「調和不營私及商業兩者。這種情形我們也經常看到，但幾乎都是在受過公民自由教育的人身上看到。」然而，商人不管接受過什麼教育，不論享有多少閒暇，只要還是商人，就難以具備儒雅的不營私品格，但是擔當政治領袖時若要眾人都能夠接受，這卻是必備條件。殖民地商人大部分公眾生活都不活躍，原因就在這裡。[41]

約翰·漢考克（John Hancock）和亨利·羅倫斯深諳個中三昧，所以帝國危機時期，他們都脫售自己的事業體，致力於提升自己的形象。漢考克花錢闊綽，購買所有想像得到的奢侈品，支助每一個人。他用掉了大筆金錢，但確實在十八世紀最後二十五年成為麻州政壇權力最大、最受歡迎的人物。羅倫斯特別清楚「買賣」這回事在南方莊園主當中形象很差。一七六四年，他勸告兩名貧窮但是有抱負的移民仕紳先到偏遠地區去當莊園主，之後再徐圖開店。他們如果立即進入「這裡的零售業，將會很悲慘，會降低大家對他們的敬意，但是他們原本應該努力贏取眾人對他們的尊敬才對。」「要先經判定為可靠的莊園主之後，你才能開始去銷售歐洲及西印度各種貨品而欣然獲利。」同一年，亦即一七六四年，羅倫斯也開始抑制自己的商業活動。及至於革命期間，他已經相當程度成了貴族，開始對一些仍然忙著賺錢的商人嗤之以鼻。一七七九年，他竟然有膽量說：「有錢、貪婪的人很難衷心進入愛國主義的王國。」[42]

技工，還有一些以雙手勞動的人，根本不可能成為不營私的仕紳，富有如富蘭克林也要等到四十二歲從印刷業退休之後才能如此。富蘭克林在他的自傳裡寫說：「公眾才開始認為我是閒人」，然後開始找他，讓他接觸到的重要公家官員愈來愈多。一些有錢又有政治企圖心的工匠、小生意人，譬如說康乃狄克州的羅傑・薛曼（Roger Sherman）則是發現，出任政府高官先決條件是要先從商界退休。[43]

高學識職業人士，特別是受過公民自由教育的，通常都入列為「仕紳」。但是他們會營私嗎？會受市場影響嗎？有沒有能力從事良善公職？別人不說，漢彌爾頓就力言，「高學識職業人士」和商人、技工、農民不一樣，「真的不會在社會中形成一股明確利益」，因此他們「會覺得自己在各部門產業的競爭當中是中立的」，所以「最有可能」在社會各種利益之間擔當「公正的仲裁者」。不過他這話有人懷疑。威廉・巴頓（William Barton）認為，「一國之內也許有幾個人會懷有這種崇高的公德情操……但一定很稀少。」當然，很多人認為就是律師也一樣難以保持超然立場。巴頓說，事實上「每種職業人士，因其職業本身的關係，都不得不追求他們眼前的利益。」[44]

一邊是不營私的政治領袖傳統，另一邊則是人都有賺錢維生的必要，每個地方都有人努力設法調和這兩者。古弗尼爾・莫里斯在一篇未完成的內省性文章中說：「人應該將其財富用在政治事務之上。」他這樣做是出於「個人的考慮」，抑或是想要促進公眾利益？如果是想促進公眾利益，那「他這樣讓家族的生計為此而犧牲說得過去嗎？這種問題當然很重要」，但是他說「還有一個問題」，而這個問題卻有可能危及整個政治領袖不營私的古典傳統：「勤勉照料自己的事務不是也會跟著帶來一樣多的利益？」漢彌爾頓就不同意。漢彌爾頓知道人大部分都是自私的搜刮者，做不出高貴無私的行為，但他自己不想當這種人。所以他拒絕土地或金融的投機買賣，他曾經用嘲諷的口吻說：「因為一定要有一些**公眾傻瓜**明知眾人不會感激，還會冷嘲熱諷，但還是寧可為公眾利益犧牲個人利益，因為我的**自負**告訴我應該做這樣的傻瓜，把自己的情況做最好的安排而可以服務眾人。」漢彌爾頓和後革命美國時代（post-Revolutionary America）的每個人一樣，始終堅持這一個古典概念。[45]

華盛頓對這一個古典理想的力量也很有感覺，終其一生對自己的「不營私」始終欲罷不能。他沒有上過大學，沒有接受過博雅教育，所以始終覺得自己的生活要按規矩來。他一直很擔心別人認為他太有企圖心，太注重私利。最重要的是，他不希望別人認為他貪婪或好謀私利。他不論做什麼公眾服務，一概不接受薪水。他擔任政府公職之時，一絲不苟，絕不接受任何個人金錢利益。

華盛頓始終堅守這種古典共和價值。最能夠彰顯他這一點的，莫過於一七八四、八五年冬維州議會送給他一百五十股股份這件事。這一百五十股股份是詹姆斯河公司（James River Cooperation）和波多馬克運河公司（Potomac Canal Company）的股份。他對這一份贈予非常頭痛。接受顯然不可能。他說，這些股份也許可以「視同養老金」。但是這樣，大家就會認為他是「依賴者」，他的道德令譽就會跟著受損。然而，他卻又熱烈相信這兩家運河公司所作所為。確實，他長期以來就一直夢想靠這兩條運河發財。他認為那些股份也許可以作為「最大、最穩定收入的基礎」，任何人從事投機買賣，巴望的無非就是這個東西。另外，他也不想對同胞顯得「不敬」，或是因為拒絕股票贈予而顯得「做作不營私」。[46]

他該怎麼辦？華盛頓一輩子決定事情，很少有像這次這樣左右為難的。幾乎每個認識的人，他都問了意見。他寫信給傑佛遜、州長派崔克・亨利、威廉・蓋瑞森（William Grayson）、班傑明・哈里森（Benjamin Harrison）、喬治・費爾法克斯（George William Fairfax）、納森尼爾・葛林（Nathanael Greene）、亨利・諾克斯，甚至是拉法葉（Lafayette），要求他們針對這個股份分配的問題給他「最好的訊息和建議」。他問說：「世人會用什麼眼光來看待這件事情？」他的道德名聲會不會因此而玷汙？收下這些股份會不會「奪走我行為中最值得稱道的首要事物？」這個

「首要事物」，指的就是不營私。

如果不是因為華盛頓這麼認真，這件事情將會變得很可笑。他寫給人家的信自稱他心裡對這個問題水波不興。但是那一封接一封的信卻顯示他實際上很苦惱。這不是今天的政府官員碰到利益衝突問題時所表現的那種顧忌，因為在一七八四、八五年冬天，華盛頓當時並沒有擔任公職。[47]

費城會議中，開國元勳（尤其是麥迪遜）一心牽掛著這種價值觀，繫念著公眾官員必須不營私。麥迪遜是個意志堅定的思考者，絕不抱有幻想。他知道「互相衝突的利益」無所不在，對州議會政治也已經造成傷害。但是他並沒有放棄希望，仍然期望至少在國家層級、而非州層級設置「公眾利益的監護人」，這些監護人必須「具有最高的優點，最外向但堅定的性格。」我們常常以為麥迪遜是現代利益政治論（interest-group theory of politics）的先知，但是他其實並非本特利（Arthur Bentley）、杜魯門（David Truman）、道爾（Robert Dahl）等二十世紀政治科學家的先驅。他雖然相當了解當時美國社會中複雜的利益，但是並沒有為美國提出多元政治的概念。他認為龐雜的利益交換並不會自然生出公共政策或共同利益。他希望的是在一個擴張之後的共和國內，這些互相衝突的利益及各方會保持中立，讓受過博雅教育的理性人士不營私、不自利，努力促進公共利益。這些理性人士「因為具有開明觀點及道德情操，所以得以超越地域偏見及不公正方案。」換句話說，我們都以為麥迪遜十分現代，但他其實一點也不。[48]他並不期待新的國家政府擔當社會中各方利益的整合者、協調者，而是在國內各種情感及利益的爭端當中擔任無私、不講感情的仲裁者。他甚至還倡議說國家政府應仿照英王在帝國之內應當扮演的角色，在美國這邊擔當超然政治中立的角色。[49]

換句話說，聯邦黨人對於憲法的計畫所依據的信念是認為美國還有一些不營私的仕紳可以擔當中立仲裁者。以這一層意義來看，憲法成了為實現美國革命之希望（即有品德的政治）的一次壯舉，現在回頭看起來也是做後一次決絕的行動。所以這部憲法看似前瞻，但其實也很後顧。聯邦黨人在精力、原創力、憧憬各方面都很年輕，但是卻始終抓著人文主義古典傳統以及貴族式的無私公共領導準則不放。他們所代表的道德社會秩序和一七八〇年代出現的那種民粹、個人、貪多務得的世界完全不同。

逝去的共和傳統，新生的民主世界

反聯邦黨人看憲法自然很不一樣。他們看到的並不是一些啟蒙愛國者為了促進國家利益而制定憲法，而是各個利益團體想把權貴階層硬塞給共和的美國。正如聯邦黨人所害怕的，他們在宣傳小冊子上和報紙，以及在憲法批准大會上說出他們的想法。對於權貴階層的恐懼確實成了憲法反對者的黑話和口號。一七八〇年代曾有一種很古典的要求，認為政府應該由有錢有閒，做事「不收費，不要報酬」的仕紳運作，但是愈來愈多人卻嗤之以鼻，連由權貴領導的南卡羅來納州都說：「很少有人會將巨大的財富和純潔無私的美德相提並論。」[50]反聯邦黨人把這種鄙視的情緒推升到了沸騰的地步，拒絕「聯邦黨人是真正無私的愛國者」這種說法。不過，事實上反聯邦黨人自己也看不到哪個人是完全利益不沾的。要說為憲法爭吵的兩造之間如果有哪一方代表美國是政治多元、自由、充斥著各種利益的未來，那其實是反聯邦黨人自己。反聯邦黨人才是現代人，聯邦黨人不是。他們從混亂的爭吵中脫穎而出，對美國社會的了解甚至比麥迪遜還要理智、實際、有先見之明。

當然，反聯邦黨的代言人有很多位，所以我們要對制憲上的對立情勢進行分析都將因此變得很複雜。艾爾布里奇．蓋瑞（Elbridge Gerry）、喬治．梅森、理查．李（Richard Henry Lee）等人雖是反聯邦黨人的重要領袖，但不論是社會面或情感面，都不代表反聯邦黨的主力。這些權貴領袖在社會上和聯邦黨人沒有什麼區別，而且和聯邦黨人一樣害怕州議會的過度民主。真正代表一七八〇年代的紙幣利益，帶頭向聯邦黨「權貴」做民粹式對抗的，是威廉．芬德利這種爭強好勝的人。他是蘇格蘭裔愛爾蘭人，來自西賓州。真正向自由的、充斥各種利益的十九世紀民主美國前進的，不是蓋瑞、梅森、李這些人，而是芬德利。不了解這個人，就無法了解當時的反聯邦主義（Anti-Federalism），也無法了解後來的美國民主政治史。

芬德利一七六三年從北愛爾蘭來到殖民地，時年二十二歲。當時正是北不列顛群島向外大移民潮的時期，芬德利就是在其中一波來到殖民地的。北不列顛這波移民潮曾經讓詹森博士大為驚駭。芬德利學過紡織，抵達殖民地之後，先是做紡織工作，後來變成校長，而後又去當農民，最後加入革命運動，先是當民兵隊長，而後出任賓州官員。他是後來那些職業政治家的原型，和亞當斯、麥迪遜等愛國者一樣，都是美國革命的產物，只是亞當斯、麥迪遜比他來得傑出。芬德利沒有家世可言，沒上過大學，也沒有大筆財富。他完全自學有成，但是沒有像富蘭克林那樣涵養出儒雅的仕紳特質，他的來歷很清楚，明顯可見。他志向平庸，成就普通，一般人有的怨氣他都有，比富蘭克林、亞當斯等這些文雅仕紳更準確的代表了後來典型的美國人。[51]

一七八〇年代中，這位紅臉、喜歡戴白色華麗帽子的愛爾蘭人漸漸成為一些債務人聲量最大的代表，這些債務人是存在於當時動蕩不安的政治以及過度的民主背後的一群紙幣利益者。芬德利是賓州議會中來自西賓州的代表，是西賓州那種粗魯、暴發戶、個人主義社會的具體表徵，深受東賓州的喬治．克萊默（George Clymer）等鄉紳憎惡畏懼。對於匹茲堡等西賓州的幾個郡，克萊默等仕紳看到的完全只有貪婪、無知、懷疑，以及一個「沒有追求任何公益的公私團體，每個人都單打獨鬥」的社會。[52]芬德利從來就不喜歡克萊默，但是他最厭惡的卻是另外兩名賓州仕紳，分別是休．布瑞肯里奇（Hugh Henry Brackenridge）和羅伯特．莫里斯（Robert Morris）。

芬德利和這兩位仕紳在賓州議會的政治衝突，是後來聯邦黨人和反聯邦黨人政治鬥爭的預演，也是其縮影。我們要是說芬德利後來開始認為，憲法是布瑞肯里奇、莫里斯等仕紳設計出來阻止他參與政府重大事務的手段，這樣說或許不會太超過。讓芬德利特別惱火的是他又看不出這兩個人有什麼好驕傲的，所謂的優越又是優越在哪裡。芬德利認為，布瑞肯里奇和莫里斯實際上和他沒什麼兩樣。一七八〇年代之時，他意圖要證明這一點。

布瑞肯里奇出生於一七四八年，比芬德利小七歲。他是普林斯頓畢業生，一七八一年因為認為匹茨堡一帶的荒地比擁擠的費城有發展的潛力，所以搬到了西賓州。他是這個地區唯一一個大學畢業的仕紳，所以自認是這片沙漠中的「教養綠洲」（oasis of cultivation）。他立意要成為「把報紙帶到這多山西部的第一人」，所以他協力在匹茨堡創辦了一份報紙，同時開始為這份報紙寫詩、小品文等等類型的文章。[53]布瑞肯里奇善於自吹自擂，只要有機會，從來不會忘記在自己寫的散文中引用一兩句拉丁文，賣弄一下學問。這位年輕、極有企圖心的普林斯頓畢業生有種權貴的矯揉造作姿態，芬德利最無法忍受的就是這種人。

一七八六年，布瑞肯里奇決定要選州議員，這時候芬德利已經是州議會的議員。布瑞肯里奇參選並且當選，因為他向西賓州的選民承諾他會特別照顧他們的利益，特別是要支持他們可以用本州認證的紙幣買土地。不過他的麻煩就這樣開始了。在費城，布瑞肯里奇無可避免要結識羅伯特．莫里斯和詹姆斯．威爾遜身邊一群富有人士，這些人文雅的品味他比較喜歡。他受到莫里斯的影響，在州議會表決時反對州紙幣，這違背了他原本的承諾。但是他竟然還敢在《匹茨堡公報》（*Pittsburgh Gazette*）上面寫說，議會中「（賓州）東部的成員」把他從一群「匈人、哥德人、汪達爾人」當中區別出來，前述這群人通常會從山區過來費城開會，常常稱讚他「慷慨大度」。不過，一七八六年十二月首席大法官湯瑪斯．麥金（Thomas McKean）舉行的一次晚宴終於讓布瑞肯里奇栽了跟頭。那一次晚宴芬德利也有應邀出席。晚宴中，一名賓客說羅伯特．莫里斯之所以會支持北美銀行，主要是為了個人利益，而不是因為人民的利益。布瑞肯里奇當場對這個說法大聲回應說：「人民都是傻瓜。他們只要不要去管莫里斯先生，莫里斯先生自然會使費城人成為一群偉大的人民，不過他們卻不容他這麼做。」54

美國的政治領袖多半知道不可以說人民是傻瓜，至少不要講得那麼大聲。因此這下子芬德利終於有機會可以教訓一下布瑞肯里奇了。他在《匹茨堡公報》寫了一篇負面的報導，描述布瑞肯里奇說的這番話，指控他在表決時反對州紙幣辜負了人民對他的信任。芬德利嘲諷說，州議會代表如果不企求公職，改變想法其實沒有什麼關係，「但這是對一般謙虛而無私的人可以這麼說」，對布瑞肯里奇這種公開追求公職，競選時還開出支票的人而言，卻不可以。他表決時如果改變立場，只會引起人民「憤慨」，讓人民「看不起」。布瑞肯里奇可以自稱擁有「最強的習得能力，最豐富的想像力」，但其實是個自私自利的人，根本不把公益放在心上。

布瑞肯里奇屢次回應，但最後都徒勞無功。一開始他以古典人文主義為論據，辯護說他表決時改變立場，是因為人民不了解立法事務牽涉到「錯綜複雜、盤根錯結」的問題和利益。「人民在家裡自然知道家裡每個人的期待和欲望。」但在議會中，只有受過教育的菁英才看得清楚整體財政的問題。「要有高度的能力才有辦法分清楚州內各方的利益。」但是，他是這種無私的菁英嗎？他真的超然於州內各方的利益嗎？在芬德利的抨擊下，他後來承認自己有「強大的利益促使他自薦」參選，但是他個人的利益和他所住的西賓州的利益是一致的。「我的目標是促進該地區的利益，進而促進我個人的利益。」55

他這樣的回覆率直而誠實，但是也很不識大體。他迫於無奈，試圖把明顯屬於他個人的企圖心和政治領袖不營私的傳統折衷為一體。但他愈是反駁，他的情勢就愈糟，後來始終沒有打敗芬德利的攻勢。一七八八年，他們二人再次交鋒，這次是州審批會議代表的選舉，以聯邦黨人自居的布瑞肯里奇敗給了反聯邦黨人芬德利。布瑞肯里奇之後暫時放棄從政，並且把他對怪誕的美國民主政治的幻滅經歷寫成了喜劇嘲諷小說《現代騎士》（*Modern Chivalry*），還是一部傑作。

芬德利抨擊布瑞肯里奇愛假裝成賢良儒雅的政治領袖，致使布瑞肯里奇倉促離開政界，轉而投入寫作。芬德利對羅伯特・莫里斯攻擊手法如出一轍，但是莫里斯承受的後果卻比布瑞肯里奇慘重。一七八〇年代，兩人開始纏鬥，那時候他們已經都是賓州議會的議員。有一次為了給北美銀行新發許可證的事情，兩人激辯數日，過程中芬德利殘酷無情地扯掉了莫里斯一直穿戴的高尚古典無私面具。這場廣泛而引人入勝的辯論，主題在於公共事務中利益所扮演的角色，也是我們對於一七八〇年代州議會立法程序留下的紀錄當中唯一重要的一篇。

芬德利是當時州議會裡面反對續發許可證給北美銀行那一派的領袖。他和來自西賓州的約翰・史邁利（John Smilie）等幾個人就是麥迪遜等仕紳，在整個八〇年代一直在指控的那種支持負債農民、支持發行紙幣，不寬容、心胸狹隘的議員。但是現在芬德利等人終於有機會可以報一箭之仇，而且他們確實也充分利用這次機會。他們日復一日重申一個基本要點，那就是支持銀行的人都是一些利益相關人士。他們不是董事就是股東，所以無權支持續發許可證給北美銀行，否則就不要再擺出「不營私、注重公益的仕紳」姿態。擁護銀行的這些人「本身就有利益牽扯」。芬德利迅即成為那些支持銀行的人士主要且最尖酸苛薄的批評者。芬德利說得很露骨：他們保衛銀行之舉「讓利益相關人士貪婪不成，非常懊惱」。

他們這樣指控莫里斯等人在銀行章程中占有私利，讓莫里斯以及支持銀行的一干人等非常困窘。一開始，克萊默針對續發北美銀行許可證之合適性提出的委員會報告中，他們還用很傲慢的口吻說仕紳階層中那些支持銀行的人士，「包括我們裡面最德高望重的人物」，這些人通曉世界，也通曉銀行的本質。但是隨著指控他們自私的聲音不斷高漲，這些銀行支持者開始轉而採取守勢。他們堅持自己是擁有「獨立財富及狀況」之人，因此不會受到銀行的「影響或恐嚇」。然而，在芬德利等人冷酷無情的批評下，他們一個個都沒了聲音，到最後幾乎只剩下莫里斯一個人還在防守。他在這場爭辯當中，在個人、情感上的投入遠遠超過他對這家銀行關心的程度。[56]

莫里斯是當時賓州，甚或是全北美最富有的商人，對於外界說他在北美銀行占有私利的說法其實早有聽聞。這種指控一直是他公眾生涯中的大患。他常常資助、贊助革命。但不論他這種「力行」是如何的「凡人所能做到的最大的無私、純潔」，無論他為公眾做了多少犧牲，還是一直有人指控他利用公職取得個人利益，讓他苦惱不已。革命的領導人沒有一個像他這樣受到如此「不值得的羞辱」，蒙受如此嚴重侮慢的自私罪名。[57]

如今來到一七八六年，他又再次聽到有人指控說他完全是為了個人利益而支持銀行。他還能怎樣？他承認自己確實是銀行股東，但是辯解說銀行的利益其實屬於州內全體公民。那他要如何證明他在銀行並無私利？是不是要他把銀行股票賣掉？他向他的議員同事保證說，他即使出清自己的股票，他還是會一樣關切銀行的章程。他曾經有一次想要放棄，並且說他要把他的私利問題留給州議會的同事決定。但是他實在無法放著這個問題不管，不久就又重新站出來講話。他說，有議員說「我的消息不可靠，因為我關注的是銀行。不過，當然我比較關注的其實是我們這個州。」他希望，「儘管有那樣的影射，應該沒有人會假設我會為了我在銀行中可能享有什麼利益，而犧牲州的利益和福祉。」他問說，他為銀行所做的辯解，為什麼大家不能夠直接看其論據本身，不要因人廢言？就讓我們「不要看它們是來自利益相關各方，而是抽象的看它們的力量和確實性。」

如此緊張不安的辯解顯示他極大的挫折感，他的憤怒最後終於爆發。他再度斷然表示：「我不是因為考慮私利才站出來保衛銀行。」要是有人認為他需要這家銀行，那就「大錯特錯」了。他比這家銀行來得巨大。這家銀行要是真的毀了，他憑他「一己的資本、信譽、資源」都足以再成立一家，即使是他的敵人（「天知道我現在敵人已經夠多了」），就算「完全為他們自己的利益和方便」，都必須和他生意往來。[58]

這些經驗都在凌遲莫里斯。爭吵中，他曾經一度表示想要退出公職，回去當一般平民，「這比介入公眾生活要來得適合我的個性和事務，我覺得自己並不很適合公眾生活。」但是，公共舞台，還有公共舞台對權貴而言所代表的那一份榮耀，實在太誘人了，所以他後來反而是完全退出商界，像之前的漢考克、羅倫斯一樣，致力於提升自己的身分地位。他製作了家族徽章，開始贊助藝術家，延請建築師朗方（Pierre Charles L'Enfant）在費城建造一座大理石宮殿，家裡布置了精美的傢俱、織錦、銀器、美酒，使他們家變成了美式社交生活的中心。塞謬爾．布瑞克（Samuel Breck）回憶說，他像個好心的權貴那樣，維持一種「殷勤、不間斷、優雅的待客之道」，展現出「全美各地看不到的……奢華」。一七八九年，他當選為美利堅合眾國參議員之後，開始出言「稱讚自己的生活態度及方式」，尤其更是讚美自己「視金錢為無物」，聞者莫不駭然。但是，真正的權貴不都是會這樣？[59]

然而對莫里斯而言，漠視金錢不僅令人驚駭，而且根本就很要命。我們都知道他後來的事情，那是很辛酸的故事，甚至是個悲劇。他的權貴夢想最後全歸於夢幻空花，切斯納街（Chestnut Street）那一座大理石宮殿只蓋到一半，他的馬車全遭扣留，最後因欠債而鋃鐺入獄。他此前的種種行徑和做法，說明了兩件事情，一是古典權貴不營私的理想在革命後的美國影響力仍然很大，二是芬德利的民粹力量由此可見一斑，因為當時能夠驅使莫里斯放棄商業利益的，就是芬德利，而不是當時參與爭論的其他人。

他們爭吵當時，芬德利就已經摸清了莫里斯的底細，了然於心。他說：「人的靈魂幾乎所有的機能都會受到財富影響。靈魂會受到眼前利益的影響，會受到未來期待的影響，也會受到恐懼的影響。」這種說法對莫里斯而言毋寧是太過分了，他憤怒反擊芬德利說：「如果財富是那麼可憎，那麼我要請問這位先生為什麼還這樣汲汲營營追求財富呢？」他說這句話時如果預判芬德利會否認自己也追求財富，他的預判就還是落空了。因為芬德利就是因為了解自己的動機，所以了解莫里斯的動機。他有沒有和莫里斯一樣愛財，追求財富？「不用懷疑，我喜歡，」他說，「我喜歡財富，也追求財富，但那不是我的目的，而是讓我享有幸福及獨立的手段。」但他隨即又說，他的財富「不論如何都和莫里斯沒得比」。不過莫里斯並不因此而比芬德利優越。沒錯，芬德利以及西賓州那些銀行反對者強調的要點正是：莫里斯以及他那些費城權貴和芬德利他們沒什麼兩樣，沒有比他們尊貴。這些準權貴只是「比鄰居有錢」而已。芬德利說，在美國「擁有十萬英鎊的人享有的權利不會比我這個只有五英鎊的人多」。美國的平等，意義在此。

心裡有所企求的權貴在平等社會中都強調社會性的劃分並非完全根據財富這項標準，莫里斯自然也不例外。他覺得難以置信，「擁有知識、判斷力、訊息、正直，交遊廣闊的人當然不應該和沒有信譽、品格的人歸為同一類。」但是，莫里斯及其親朋好友只要還是被視為享有利益的人，他這套優越論就毫無意義。芬德利打的就是他這一點。他和他的議會同事並不打算對所謂「不營私」表達任何看法。事實上，他們只是不想再聽到那些權貴虛偽的道德及無私之說。他們其實不反對莫里斯及一些股東關注給北美銀行續發許可證事宜，「任何人置身在他們這種情況中……都會這樣。」芬德利說，莫里斯及一些議員「有權在本院議事廳內倡導他們的主張。」但這樣的話，當別人明瞭「他們在鼓吹的是自己的事業，並以此去評價他們的意見和評斷他們的投票」時，他們也不應該抗議。芬德利說，事實上這樣公然為自己圖利，「議員們應該參選而不競選」這個流傳悠久的理念將為之終結。競選人如果「有自己的主張要倡導，原本正當的拉票活動就會受到利益的影響。」關於特殊利益選舉政治，有誰的描繪有芬德利那樣入木三分？[60]

這就是一七八〇年代那些民主議員的論據。他們已經厭倦麥迪遜等這類權貴老是在說他們「性喜結黨營私」、「懷有地方成見」、「提倡偏袒自己的主張」。他們認為，如果他們是有沾到利益的人，那麼所有的議員，包括莫里斯、布瑞肯里奇等這些具有「開明觀點及道德情操」，說是能夠自由思考的儒雅人士就沒有一個不是。芬德利說：「公民（指像他這樣的公民）已經學會對一些政治人物」，尤其是假裝無私從事公職的那些人，「用可靠的方法取得相關他們的資料。」他們尤其更是已經懂得調查這類人物「在地方上的利益及環境」，指出一些不符合「政府平等治理」原理的「業務或利益」。他如此這般近身觀察仕紳階層，近到那些權貴階層全都失去了神祕感。[61]

利益之無所不在，無私之難以實踐，最後終究難免成了反聯邦黨人在制憲論戰中主要的論據。正因為制憲的目的就是想維繫政府無私領導的古典傳統，所以反聯邦黨人才覺得不得不挑戰這個傳統。他們反覆申述說，無私仕紳菁英「無法感同身受人民的需要」，無法替人民說出他們的「感受、環境、利益」。芬德利說威爾遜等這種準貴族自認「天生就是和其他人類不一樣」，「有辦法思考大事，做大事。」這些仕紳，儘管所乘坐的「馬車高大」，事實上眼光卻不出「權力及世俗榮華」之外。反聯邦黨人說，人不論如何高超、如何受過教育，都無法不受市場利益的誘惑。有錢有閒的權貴因為「不需要辛勤才能掙得麵包」，尤其不夠格擔當公共領導職責，甚至事實上他們根本就沒有那個資格。他們這種人對公益毫無貢獻，他們靠著「別人辛苦的勞作」才能夠那麼「懶散」。[62]

不過，反聯邦黨人挑戰的並不只是古典的有閒仕紳領導傳統而已。他們其實也挑戰了以聯邦黨人為代表的整個社會秩序，只是他們自己並不完全了解自己所作所為的全盤意義。對於他們而言，社會不再能是一個階級的等級結構，或是繼續分裂為仕紳和庶民兩個不平等的部分。事實上，公民社會不應該有任何階級分別的標準。社會最好是「商人、農人、種植園技工、仕紳或富人各色人等的異質混合」，彼此平等。在這種平等的社會，每一種人都不熟悉別種人的「情況和需求」。律師、莊園主絕對「不足以擔當商人問題的裁判」。立法機構的代表不能只是「為了」人民，他們實際上必須是人民的一員。要人民不要理會地方利益實在愚蠢，因為地方利益是真實存在之物。「人進入社會之後不會以利他觀點做事，只會以自利觀點做事。」有一位筆名「聯邦農夫」的人寫說，社會中每一個人、每一個團體都有自利心，所以政府中唯一一個「公正的代表機構」，應該是一個「社會中各個階層的人……都能有一席之地」的地方。故而，任何美國政府「都應該允許專業人士、商人、農人、技工等人按照公正的比例將他們最優秀的人選送進議會。」唯有讓日耳曼人、浸信會教徒、工匠、農人等各種人都能夠把自己的代表送入政壇，才能體現共和國開國時期新興社會的多元殊異。[63]

所以，一七八七至八八年間的美國，真正的多元主義者，真正美國政治之前途的先知，是反聯邦黨人，不是聯邦黨人。反聯邦黨人不僅僅只是預見一個容納各種人、相互衝突之利益的美國政府，甚且根本就是為之背書。不過他們並沒有如同聯邦黨人那樣，提供公正無私的裁判或機制來仲裁，調節各方互相衝突的利益。他們和那些後來在共和黨內繼承他們的人，都引用傑佛遜的想法，假設「每個人都以其自己的方法追求自己的利益，這樣最能夠促進公益。」[64]

對於著名建築師兼工程師班傑明・拉托布（Benjamin Latrobe）等眾多仕紳而言，早至十九世紀的第一個十年期間，他們都不認為芬德利及反聯邦黨人已經輸掉了這場鬥爭。一八〇六年，拉托布向菲利普．馬捷（Philip Mazzei）解釋說：「我們那些進入各州議會以及全國議會的代表，都是由**沒有讀過書的**多數選出來的。」

譬如，我們從費城及其周邊送進議會的人就沒半個文人。有一個是律師，但沒有什麼名氣。有一個是很優秀的數學家，但是他當選之時是銀行的職員。其餘的都是一般的農民。另外一個郡選出了一名鐵匠，河的對岸選出了一名屠夫。我們的議會沒半個優秀人才。事實上，優秀人才反而會讓人不信任。人生活的經驗並不鼓勵人信任天才。[65]

這樣的世界，不是開國元勳這些「天才之士」想要的。制憲的本意本來是要管制一般眾人，令其超脫於一般常有的金錢利益之外，但現在看來這樣的立意已經失敗。美國人現在建立的，不是由無私開明菁英領導的古典共和國，而是人人公平競爭、追求利益的民主市場。這一切，托克維爾看得很清楚。他寫說：「美國人並非講究道德的人，但是他們很自由。」美國和那些古典共和國不一樣，在美國「可貴的不是不營私，而是利益。」這樣一個分歧、無根、躁動不安的民族，有什麼東西管得住他們？就是「利益」。這是祕密所在，是那些隨時都在突破，甚至公然暴露，還自我標榜為一種社會理論的利益。托克維爾說，在美國，「無私愛國主義的時代已經永遠……消失了。」[66]

所以，難怪開國元勳會離現在的我們這麼遙遠，這麼遙不可及。

餘論

當時的反聯邦黨人是對的嗎?當時的政府真的人人都沾染利益嗎?布瑞肯里奇、莫里斯等人也許真的享有利益,但其他的聯邦黨人呢?威爾遜、麥迪遜等聯邦黨人口中的「明智及正直之士」、具有「開明觀點及道德情操」之人是否也關注利益?這些接受過人文自由教育的世界主義者真的和西賓州那些負債累累的農人不一樣嗎?這些問題基本上都是史家比爾德在問的問題,但至今依舊是好問題。67

聯邦黨領導人大部分當然認為自己和芬德利之輩不一樣,但是在相當大程度上,他們也確實和芬德利不一樣。他們擁有財富、財產,要不然他們就成不了自己心嚮往之的有閒仕紳。只是,他們的財產是怎麼來的?這些有閒仕紳的所得是怎麼來的?我們一直不太清楚開國元勳的收入來源。譬如,富蘭克林退休後那幾年是靠什麼支持他那種優雅的生活方式?商人靠海外貿易的利潤過活,南方莊園主在跨大西洋市場買賣賺錢,一部分仕紳向佃農收租,很多專業人士以收取費用謀生,有一些人靠政府給付酬勞過活,只是在革命時代,這些都不容易。

但是,除了以房產收租之外,這些直接的收入來源其實大部分都沾染了利益。這就是說,大部分美國仕紳的收入都是來自在商界工作或參與商業,亞當·史密斯認為若要這些政治領袖真的不營私,那他們應該就只有進入商業一途。亞當·史密斯說,英國那些擁有土地的權貴,其「歲入」十分獨特。他們靠著收租而有收入，「不需要勞動，也不需要照顧。可以說他們不需要做任何計畫，不必籌謀，那個錢就不請自來。」於是美國這邊這些準無私政治領袖也開始努力尋找一種類似於此，不受市場因素及利益影響，可靠的收入來源。後來很多有閒仕紳在他們放貸出去的錢當中找到了這種來源。所以當時有很多仕紳開始以這種方式運用其財富並不意外。畢竟，在當時那種沒有銀行、沒有公司、沒有股市的未開發社會，他們還會有什麼投資管道？按照傳統，土地當然是一種投資標的，但是約翰．維澤史班（John Witherspoon）有一次在大陸議會的重要演講指出，土地收租永遠沒有辦法像英國那樣成為穩定的收入來源。他說，在新世界，土地比舊世界多而便宜，那些仕紳如果想尋求穩定的收入來源，自然不會「買土地、擁有土地，而是選擇會生利的金錢。」[68]

我們沒有多少證據可以證明維澤史班所言正確。一些有錢人所留，後來經過認證的紀錄顯示他們的財產有極大比例都拿來放貸。事實上，這些有錢人往往就是這樣借貸給朋友和鄰居而建立了依賴者及客戶網絡。一七七六年，卡德瓦拉德．柯爾登擁有七十三名債務人。亞當斯說，商人、專業人士、寡婦，尤其是「依靠所得過活的有錢人」，當時每一種人都在放貸。正因為當時的人認為放貸賺利息比其他大部分賺錢的方法來得斯文，所以迪金森才會聲稱「賓州農夫」是依靠「一點點利息錢生活」來美化他的人格面具。商人、富有的工匠如果想毫不含糊的建立有閒仕紳的身分，他們就會放棄原先的生意，不再投資置產，而是把錢放貸出去生利息。富蘭克林就是這樣，薛曼、漢考克、羅倫斯也無不如此。一七八三年，積欠漢考克的中長期債券金額多達一萬二千英鎊。麻州春田鎮的約瑟夫・德懷特（Joseph Dwight）做生意每有利潤，就把利潤從事業中拿出來借出去生利息，一七六八年他辭世之時，其資產有六成以上還在外面放貸。[69]

羅伯特・莫里斯曾經指出，革命戰爭前幾年，「有錢人喜歡藉由債券和抵押放貸，這是他們最喜歡的做法，認為這樣十分安全。」即便是南方的大莊園主，有很多也都是銷售其大宗作物所得遠遠不如放貸生息這種副業所得。馬里蘭州的查爾斯・卡洛爾（Charles Carroll）借給街坊鄰居的錢總數達二萬四千英鎊。雪南多亞河谷（Shenandoah Valley）的詹姆斯・巴頓（James Patton）百分之九十的資產是一些國庫券、債券、本票。在這種情況下，革命期間由州以及美國政府出售的各類債券、國家債券遂成為尋求穩定收入的仕紳另一種投資標的。[70]

對於這些債權人、投資客而言，紙幣印行過多引發的通膨只會造成災難性後果。亞當斯曾警告說：「貨幣貶值將會毀掉我們大家。」有些本地債權人同時還是必須履行跨大西洋海外貿易之責任的城市商人或南方莊園主，紙幣印行過多對他們造成的傷害更是加倍。他們從債務人那裡收到的是貶值的貨幣，但是卻必須依照上漲的匯率付款給海外債權人。華盛頓當時是莊園主，又是銀行家。一七八〇年代，他對於自己分神於革命戰爭之時，他的債務人和紙幣貶值的助長者對他造成的傷害一直氣憤難平。他不只一次埋怨說，這些混蛋「趁著我不在，利用償還法，每一鎊以一先令或六便士償債。」但是，如果是他還債，他卻必須「以硬幣償付實價」。「除非有各種理由顯示判決會對我有利」，否則他不願意興訟，因此「雖然是很不公平，很惡劣的強求我」，他也只好勉強同意收租或收受債款時接受紙幣，不用硬幣。羅伯特・莫里斯說，所以難怪一些富人，或至少是那些經歷過革命之後還在的富人，後來再也不願意接受債券或抵押，因為「紙幣和償還法已經嚇得他們不敢再把錢借出去」。[71]

我們一直都知道這個年代曾經因為紙幣印行過多，使通膨一飛沖天，致使一些債權人損失慘重，但是我們卻不見得明白這種事情對當時的社會道德人心有多大的影響。信用是社會主要的支柱，對於任何一種商業的順利運作都絕對不可或缺。在這個由人組成的社會，建立個人的信譽即等於建立個人的存在。介紹信之所以重要，道理就在這裡。債權人和債務人的關係並非僅止於一種非人的法律契約關係。這種約定，即便是跨洋過海，最終都還是依靠個人的信念及信任而成立。所以很多人都認為債務不只是一種法律責任，而且是把人維繫在一起的道德紐帶。所以當時很多人都認為，拖欠債務的債務人並不是時機不好的受害者，而是道德的失敗者。違背信任及友誼的規矩，應該予以懲罰、監禁。[72]

因此難怪克萊默口中那些「具備固有價值的正直仕紳」，有很多對於破壞這種債權、債務關係的做法會覺得很不齒，認為在道德上很可惡。波士頓一名仕紳就說，羅德島印行紙幣人為引發通膨，完全危及「社會第一原理」。麥迪遜告訴維州其他議員說，紙幣不符合公義、有害、違憲、敗壞商業、敗壞道德，也敗壞社會，破壞「人與人之間的信任」。因此，當時站出來護衛信用以及誠實還債的聯邦黨人，大部分都自認自己並非只是多元社會中一個經濟利益者，而是在維護正義。希爾多·塞奇維克（Theodore Sedgwick）當時就說：「一邊是才智之士，正直誠實，堅決維護公義及個人信念，另外一邊則是堅持要制定償還法，發行紙幣……就是要用法律製造罪孽。」[73]

所以大部分仕紳對後來聯邦憲法廢止各州發行紙幣的權力都額手稱慶，認為這是矯正了一種道德與社會弊病。費城會議的參與者原本就認為各州這種通膨政策確實有問題，所以對憲法第一條第十款對州當局的禁制也就沒有什麼爭議。雖然也有人提案授權聯邦國會發行國庫券，但是在大會中也以九州對兩州遭到否決。實際上，像芬德利這一類真正的反聯邦黨人並沒有人出席費城會議，所以會中也沒有人會為各州紙幣發行權辯護。至於出席的各州代表，只有古怪的路德・馬丁（Luther Martin）發言反對禁止各州發行公債券。聯邦黨人嚴格主導一七八七至八八年間紙幣問題的論戰，逼退了大部分潛在的辯護者。威廉・大維（William R. Davie）就曾經在北卡的批准會議中指出，眾仕紳在演說當中如此嚴厲指斥紙幣不誠實、可恥，就連「羅德島（這州發行紙幣最過分）的人也沒有那個臉敢反對。」[74]古典價值居於優勢，紙幣的社會及道德後果又那麼惱人，因此就連一七八〇年代那些為紙幣發行辯護的人，事先也都承認聯邦黨人傳統所持「一般人賺錢花錢不應超過其本分」之論。[75]美國人是一直到後來發行紙幣的銀行逐漸普遍，大家對經濟問題也有了新的理解，才找到一些論據回頭認可芬德利這些人的論點。

但是，不論反聯邦黨人有多錯亂，聯邦黨人大部分卻都相信自己很了解那些反對者是怎麼樣的人。南卡的大衛・拉姆齊示警說：「那些厭惡新憲法的人，要好好檢查一下他們的品格和環境。」這些人很多都是「意欲詐欺其債主」的債務人，因此，至少對其中的一部分人而言，憲法第一條第十款正是「反對的真實依據……只是他們可能會用一種熱烈擁護州權利及普遍自由的體面專業來掩飾。」[76]就算不是這樣，聯邦黨人至少還知道各州停止印行紙幣，是「對社會中誠實的那一部分人真正的服務」。一七八八年，班傑明・拉許說，新制定的憲法即使「只有將在未來廢止紙幣及償還法這一個優點，都已經足以推薦給誠實人士」，原因在於，「沒有了紙幣和償還法的侵擾，有錢人將再次感受到其債券及所收租金的安全。」[77]這樣子講憲法，心態真的是再自私不過了。

畢竟還是不應該這麼說。制定聯邦憲法事情這麼重大，卻說那是出於粗鄙狹隘、自私的動機，比爾德的錯誤就在這裡，我們真的不該再犯。一七八七年當時，除了個人信用及社會地位，聯邦黨人當然還有更為迫切的問題要處理。他們保衛的，不是個人的利益（因為他們往往是債務人又是債權人），而是由革命以及十八世紀最開明思想所啟發的一種道德及社會秩序。他們非常投入這種古典人文價值當中，幾乎無法理解貪多務得，由紙幣所代表的企業世界，更別說還要承認其正當性。他們和美國史上每一個世代一樣，真誠且徹底自認是道德良好的領導者，致力於提升美國的利益。聯邦黨人背後或許真的有自己很大的利益，但是他們總是用古典共和的「不營私」話語描述他們的理想、目標。這種語彙，那些理想、目標，不斷出現在他們的個人信函、北美大陸各處的論壇當中，最後終無法不開始塑造、控制他們的行為。華盛頓後來會對運河股份感到為難，莫里斯後來會放棄商人生涯，都是以實例示範了這一種文化影響行為的力量。私利若是難以公開辯解、說明，必定難以根據私利而行動。

如此這般，開國元勳給予未來美國的，並非只是一部新的憲法而已。他們交付了一些理想及政治行為標準，希望能夠抑制並控制之前十九世紀民主革命釋放出來的拜物狂潮。今天我們美國人會這樣厭惡腐敗，對特殊利益之明目張膽感到不安，渴望公共服務方面出現無私典範，在在都顯示他們的理想至今還是有很大的道德影響力。不過，現在回想起來，後來開始成為美國主流文化的，並不是一七八七年的聯邦黨人。我們緬懷他們的偉大、英勇，我們認為美國不會再出現他們這種典型的政治領袖，我們那麼順手的接下政黨及利益團體政治——這一切都在告訴我們真正屬於未來的是芬德利以及反聯邦黨人。是他們，而非聯邦黨人，代言了民主平等以及人人追求自己幸福的新興世界。

後記

本文最初是份演講稿，於一九八四年十月在費城一次會議中發表。這次會議則是為三年後的美國制憲二百週年紀念預作準備的籌備會議。一九八七年發表的版本已經過大幅修改、擴編。

我在本文犯了一個錯誤，那就是指出替美國政治之未來代言的也許是反聯邦黨人，而不是聯邦黨人。這種說法也許太過奇巧。很多讀者很死心眼，一直期待我能夠翻轉我們的理解，釐清是聯邦黨人還是反聯邦黨人對於美國政治後來的發展比較重要。不過，以這種手法評估個人或團體對未來的責任，並不是歷史撰述的好方法。歷史過程非常複雜，這種評估法不足以成事。

第五章　美國憲政主義的源起

時至今日，美利堅合眾國的憲政主義（constitutionalism）已經成了老掉牙的東西。美國憲法是全世界最古老的成文憲法，所以在今天看確實沒有什麼新意或特殊之處。美國憲法是成文憲法，這個事實本身沒有什麼特別，現今全世界各國的憲法大部分都是成文憲法，多數成於近三十年間。現在大家如果說到阿富汗、伊拉克有了新的憲法，通常都假定那是成文憲法。現代國家如果要制定憲法，形諸於白紙黑字似乎是唯一的方式。（我應該指陳的是現今的新成文憲法大部分都比美國憲法冗長許多。美國憲法有八千多字，在今天其實已經變成和以色列、英國憲法一樣「不成文」。）

過往，美國的三權分立制若不算獨特，至少也很不尋常，但如今已經不是這樣了。現在各國政府大部分都有不屬於議會的司法官、主席，不過內閣向議會負責的國會制度在全世界仍然是主流，所以美國的三權分立制似乎還是有點不尋常。

司法審核制曾經是美國特有，但是現在也不是了。全世界有很多國家現在都設有審核立法的司法官，有權宣告法規無效。（不過這種法院很多都是專設的憲法法院，和美國不一樣，這點很重要。）英國的法院一向尊重國會主權，不過近年來也已經開始會引用歐洲人權公約（European Convention of Human Rights）解釋或限制國會所立的法規。

外國的法院現在也都會常態性處理美國法院處理的生命權、言論自由、平等等事宜。但事實上，外國法院有時候會嚴格審查美國法院的判例，作為他們判決的參考。歐洲國家的一些司法官現在宣告無效的法規比美國最高法院宣告的多。這些外國法院（譬如以色列最高法院）有很多甚至會認為美國法院所避開的一些案例還是可以交付審判，一些和軍事事務有關的案例尤其如此。二〇〇二年四月初至五月上旬，以色列軍隊在伯利恆包圍躲藏有二百名巴勒斯坦人的聖誕教堂（Church of the Nativity），期間發生了為這些巴勒斯坦人供應食物之數量的問題。這一類的事情，美國最高法院不太可能會接受成案，但是以色列雖然沒有成文憲法，其最高法院卻可能會接受！

眾所周知，以前美國人很注重自己的權益，但是現在已開發國家也愈來愈常看到這種情形。近三十年內實施的新憲法都有一個以各種基本權利及自由構成的核心可供法官判決時參考。「政教分離」是美國率先而有的觀念，但就連這樣的觀念如今都已傳播到一些為宗教多元奮鬥的國家。聯邦制說起來也許是現代美國人發明的，不過也已經有多個國家模仿。確實，聯邦制如今在全世界太常見了，世人反而不再看得見美國的聯邦制。不過，美國在眾多聯邦國之間其實是最中央集權，所以也是最無趣的聯邦國家。

然而，美國憲法儘管和眾多國家的憲法很相像，其實還是有一些重大的差異。要了解這種差異，理解美國人對他國憲法習慣性的無知，查考一下美國憲政主義的起源或許會有些幫助。

我們首先要強調的是一個事實，亦即十八世紀末奠定美國憲法基本結構的開國元勳，其實是一群強烈以英國自由傳統子嗣自居的英國人。十八世紀的英國固然已經腐化，但是在美國人心目中卻曾經是世上政治自由及人民政府的主要源頭，其憲法廣受各地自由知識分子的讚譽。所以，盎格魯美利堅人（Anglo-Americans，十九世紀初歐洲人大部分都是這樣稱呼美國人）會成為這一支英式自由與權利平民傳統的受益人實是再自然不過。美國人認為，英國這一支自由火炬已經傳承給他們，他們有責任使之更加大放光明，更為永久。

這些美國人一心一意要避免充斥於英國憲法中的腐化，這表示他們在幾個方面必須和英國的憲法傳統分道揚鑣。事實上，針對十八世紀末美國憲政的發展以及原先的英國憲政做個比較，會有助於我們了解美國憲政的獨特之處。

美國與英國憲政的差異

十八世紀美國憲政和英國憲政最明顯的差異就是，美國那些革命家心目中的憲法是一份成文文件，是一套規範政府的基本法制。美國革命之前，憲法差不多完全等於政府以及政府的運作。按英國文化的傳統，說到憲法，指的是政府的結構或組織，以及政府負責維護的一些基本權利。十八世紀的英國憲法是一套集法律、習俗、原則、體制而成的不成文憲法。

不過，美國人的憲法觀經過發展，到了革命時代結束之後，已經變得很不一樣。現在，美國人看憲法已經不再是政府的一部分，而是不同於且超越政府之運作的一份文件。一七九一年，潘恩說憲法是「先行於政府的東西，政府是憲法的產物」，憲法「不是徒托空名之物，而是事實」。

對美國人而言，憲法是種根本的東西，是份成文文件，就像每個家庭都有聖經，會帶在身邊，隨時查找一樣。一七八七年憲法的主要制定者之一詹姆斯．威爾遜宣告說，這樣的憲法絕對不是議會的產物，而是人民本身行動的產物，「在他們手中如同黏土在陶藝家手中，他們有權隨自己高興予以塑造，維護、改善、精修或設置。」十八世紀的英國人要是真的相信美國人這個憲法理念是英國作家亞瑟．楊（Arthur Young）嬉怒笑罵所說，「照食譜做出來的布丁」，那麼美國人真的會認為英國根本沒有憲法可言。

不過，我們現在對美國人這個「憲法是套成文基本法」的理念雖然都視為理所當然，但是美國人建立這個理念的過程其實並不容易。北美殖民地居民於一七六〇年代開始和英國吵憲政問題。在這個時期，他們對制憲問題的想法其實和他們的英國同胞沒什麼兩樣。他們和英國人一樣，相信人民長久享有的權利及自由如果有什麼重大的威脅，那一向都是源自於君王的特有權力。君王擁有這種同樣古老、悠久，但是卻模糊而任意的權力來履行其治理國土的責任。確實，十八世紀的英國人看自己的歷史，的確認為那就是兩種相互衝突的傳統權力的鬥爭，一邊是權力以及性好侵凌的君主體制，一邊則是熱愛自由的人民。殖民時期，美國人和他們的英國同胞一樣，一次又一次被迫起來抵抗君王特權的侵擾。他們依靠的是殖民地議會、身為英國臣民的權利，還有他們口中所說一些古老悠久的特許證（charters）。

十七世紀之時，在國王的特許證之下已經建立了許多殖民地。國王特許證是由國王發給麻薩諸塞清教徒等團體，或威廉·佩恩（William Penn）、巴爾的摩勳爵（Lord Baltimore）等個人的法人或領主特許證，讓他們得以在新世界建立殖民地。不過這類特許證後來在殖民地居民的眼中卻逐漸失去其原來的意義，反而變成政府治理用的法規，以及人民面對王室統治者確保自身權利的利器，因而產生了新的重要性。事實上，過去的整個殖民期間根本就充斥了這一種特許證以及各式各樣的文件，與王室每有嫌隙，殖民地議會就會拿出這些文件和王室爭吵。

殖民地人民訴諸書面文件以確保自身之公民自由，做法和英國人沒有什麼不同。英國人幾乎從有歷史以來，就會用書面文件、各類章程對抗王權，保衛自身權利。革命前夕，康乃狄克一名教士宣告說，英國人「急切想要維護」自身的權利，「並且完好無損的傳承給後代子孫」，所以他們不得不一直「把那些權利載入書面，以最嚴謹的方式獲得」最先是約翰王，後來是亨利三世，再來是愛德華一世的「承認、批准、確認」。接著還要「再經過從愛德華一世到亨利四世各朝一堆法案的認證。庫克勳爵（Lord Cook）曾算過，這堆法案總共有三十二個。但除此之外，在各式各樣的事例中，這些文件另外還要再獲得《權利法案》以及《王位繼承法》的認可。」從

《大憲章》到光榮革命的《權利法案》，這些文件全部都是一些書面證據，證明英國人心目中後來衍生出憲法的那些明確的理性原理確有其事。

十八世紀的英國人雖然會討論英國憲法的基本法，但是卻不太會懷疑國會身為權貴及人民的代表，以及國家的主權立法機關，確實是那些理性原理及基本法律的保證人和詮釋者。事實上，國會正是人民遭受王室侵凌之時，保護人民自由的堡壘，單靠國會就可維護、確保人民的自由。《權利請願書》（*Petition of Right*）、《人身保護令》（*Act of Habeas Corpus*）、《權利法案》都是國會法案，形式上都是與國會通過的其他法律沒有兩樣的成文法。

因此，如同十八世紀偉大的法學家威廉．布萊克斯通（William Blackstone）指出的，對英國人而言，並無「憲法或政府框架」及「法制」的區別。這些東西全部都是一個東西：國會的每個法案都是憲法的一部分，所有的法律，不論是習慣法抑或是成文法，也都是合憲的（constitutional）。因此英國理論家威廉．派里（William Paley）下結論說：「合憲的和不合憲的這兩個字意思就是合法和不合法。」

沒有什麼比這個論點和美國人所相信的有更顯著的差異了。確實，美國的憲法傳統和英國的憲法傳統就是因為這種「合法的」、「憲法的」的區別，才在革命期間開始分道揚鑣。殖民地居民在一七六〇、七〇年代開始逐漸明白，國會的法案（譬如說一七六五年的《印花稅法》）或許都合法，亦即都是按照大家認可的方式制定的，但這樣的法案並不因此而可以自動視為合憲，或是符合使英國憲法之所以是英國憲法的權利與正義基本原理。英國的《權利法案》和一七〇一年的《王位繼承法》確實只是國會的成文法，但是，美利堅這邊的殖民地居民卻堅持，「其本質比訂定收稅道路（turnpike road）的成文法崇高多了。」

在這樣的壓力之下，美國人開始認為必須將英國憲法的基本原理提升到立法及政府治理體制之上，超越此兩者而存在。一七六八年，塞謬爾．亞當斯說：「在自由各州，憲法均已確立；由於最高立法機構的權力和權威來自於憲法，若是凌越於憲法之上，必將毀壞其自身的根基。」因此，一七七六年美國人開始為新獨立各州制定州憲法之時，無可避免均設法將之載入書面文件。因此，一七七六至七七年間的各州憲法，於立即翻譯為各種歐洲語文版本之後，迅即引發各國開明人士的遐想。

不過，將憲法清楚界定為基本法，有別於一般的立法以及對政府的規範是一回事，如何使這種區分有效實踐卻是另一回事。由於各州憲法是由各州議會所定，所以順理成章各州議會也可以予以修正或改變。一七七六年的制憲者有一部分人士了解這個問題，也處理了這個問題。德拉瓦州訂定修改憲法必須以七分之五絕對多數通過才可以。馬里蘭州則是規定連續兩個會期有三分之二通過即可修改。不過，大部分的州都是視同一般法規那樣實施州憲法。顯然，每一個人都相信憲法是特別法，但誰都不知道實質上如何實施方能使之名副其實。

獨立宣言之後的那幾年，美國人拚命要解決分別基本法和成文法的問題，其中最堅持的莫過於傑佛遜。一七七九年，傑佛遜從經驗中了解到「人民為一般立法目的選舉出來的」議會無法約束繼任議會的行為。因此他明白「宣告他在維州所立的《宗教自由法》不可撤銷，在法律上是沒有效力的。不過，我們是自由的」，他在一七七九年這一項法案中以充滿挫折感的語氣寫說：「可以宣告，也確實要宣告……此後不論通過什麼法案來廢止現有的（法案），或限縮其適用範圍，都是侵犯自然權利的。」他這樣說實際上是給維州未來的議員下了一道符咒。

但是他知道光是這樣紙上宣告是不夠的，他還需要多所作為。因此，一七八〇年代之時，他和朋友麥迪遜兩人都急切想要為維州「制定一部真正的憲法」。他們說，目前的這部憲法其實只是一套「法令」，「沒有高於同一任期內其他法令的權威」。他們想要的是「永久的」、「別的議會無法改變」的憲法。用傑佛遜的話來說，唯有「用高於議會的權力」才有辦法制定出這樣的憲法。一七八〇年代初，傑佛遜開始撰寫《維州筆記》（*Notes on the State of Virginia*）之時，制憲問題的答案開始浮現。「想要建立議會所定普通法案無法改變的政府」，傑佛遜說，「人民必須委任具有特殊權力的代表。這些代表並因此召開會議或代表大會來組織、建立其政府。」

一七八〇年，麻州顯示了這樣的途徑。這一年，麻州召開了特別指定以制憲為目的的制憲會議，後來還把制定出來的憲法交付給人民批准。因此，一七八七年費城會議起草新的國家憲法之後，他們自然也知道下一步該怎麼做。他們宣布，必須召開完全為批准憲法而召開的會議，由參加這種會議的代表來批准新的憲法。這樣的憲法會議和批准的程序讓人民掌握了實際的制憲權力。如同歐洲一些開明人士後來的理解，這樣的程序安排是美國革命對人類政治最獨特的貢獻。

但是，美國革命的貢獻卻不止這樁而已。牢牢掌握「憲法是不受州法律侵擾的基本法」這個概念之後，一七八〇年代，一些州法官在個別的案例中小心翼翼的開始對州議會實施的法律施加約束。譬如說維州最高法院法官喬治．維斯（George Wythe）於一七八二年，實際上告訴議會的是：「你們的權威有這樣的限制。到這裡為止，不可以再過去。」美國日後的司法審核制度，此時已開始踟躕起步，後來才讓普通法院的法官有權判決州及聯邦議會的法案是否合憲。

司法審核制的發展非常緩慢。十八世紀的人民，就算本身也認為州議會所立的法案有很多都不公正、不合憲，要他們接受非選舉出來的法官可以擱置民選議會制定的法案，也很不容易。在他們看來這是越權行為，很不民主。不過，詹姆斯．艾爾戴爾早在一七八七年就已經看出美國人賦予憲法的新意義其實釐清了法官審核法律的責任。他不久之後就奉派為新成立的美國最高法院大法官。他說，在美國，憲法並非只是「基本法」，而是特別的，人民制定的「書面法律……限制議會的權力，議會每一項權力的行使都必須比照該法律。」法官並不是憲法的仲裁者或立法權的篡奪者，而是藉由應用適當法律以履行其職責的司法官。面對人民特別制定的「基本不可廢除的法律」，以及議會所實施違憲的普通法令，必須在兩者之間判決之時，他們只要決定哪一種法律比較優先即可。艾爾戴爾下結論說，法官不可規避行使此種權威，因為在美國，憲法不是「純然想像之物，眾人對之可以有一萬種意見。憲法是成文文件，人人都可能求助之，因而法官也不得任意視若無物。」

儘管艾爾戴爾說眾人對憲法會有一萬種意見這個數目可能並不正確，但是他所說的美國的司法權日後會有的走向卻說對了。正因為這條路已經鋪就，所以才會有最高法院大法官約翰．馬歇爾（John Marshall）一八〇三年對「馬伯瑞訴麥迪遜案」（Marbury v. Madison）的判決，以及後續激烈爭吵下司法審核制的發展，而歐洲人很快就覺察到美國正在發展這種制度。

美國的聯邦法院和歐洲及以色列的憲法法院不一樣。美國聯邦法院並非背負憲法責任，做普通法律裁決的特殊法院。這種區別非常重要，但是其意義卻不容易理解。歐洲、以色列的憲法法院就是因為很特別，所以他們有相當複雜的委任制度，以免法院產生黨派屬性。以色列的委任制度是間接制，而且相當程度脫離以色列國會（Knesset）政治。但是我們從近年的一些事件看得很清楚美國沒有這種間接委派法官的制度。因此，若要在參議院取得絕對多數票讓聯邦法官任命案通過，針對任命案進行議事阻撓就硬是成了必要之舉。但這其實只顯示法官在我們的憲法體制中已經變得非常重要。

十八世紀，「成文憲法和普通法律截然有別」這種觀念確實非常重要，但這並不是美國人偏離其英國傳統之後所產生種種差異當中最大的。美國憲政之有別於英國以及當今大部分民主國家的憲政，最大的差異其實在於三權分立。

誰有權代表人民？

孟德斯鳩在其著作《論法的精神》（*Spirit of the Laws*）當中曾經稱讚英國憲法把行政、立法、司法三權分別得很清楚。但孟德斯鳩其實並不了解十八世紀英國憲法發生的一些事情。英國在十八世紀跌跌撞撞成為現代的責任內閣國會體制之際，立法（國會）和行政（國王的那些大臣）的分際事實上也開始變得模糊起來。此時英國體制的關鍵之處在於國王的那些大臣同時身兼國會議員。這種連結，美洲殖民地人民認為很「腐敗」，休謨說這是種「權勢」（influence）。一七七六年，美國人決心將之摧毀。

所以在一七七六年，他們在州憲法中就排除掉了議會議員中來自行政部門的人員，如同紐澤西的憲法所宣告的：「本政府的立法部門將因此在最大程度上免除了腐敗的嫌疑。」後來的美國憲法也在其第一款第六條規定了這種權力分立，因此也防止了責任內閣政府在美國的發展。就這點而言，美國的憲政主義可以說是未曾產生什麼影響力，因為全世界各國的民主政府後來採行的大部分都是英國那種國會型政府。

不過，這只是英國憲政和美國憲政之間較為表面的差異，表面之下其實還有一些較為根本的差異，致使美國的政府概念和政治概念幾乎和全世界國家都不一樣。這種差異，其中第一個是「代表權」問題。

一七六〇至七〇年代間，英國人一直在爭吵英帝國的本質問題，期間英國曾經想要賦予國會對殖民地課稅的正當理由而未果。他們爭辯說，全世界的英帝國子民都要透過所謂的「實質代表權」這種制度遵守英國國會通過的法案，美洲殖民地的人民也不能例外。英國人說，美洲那些殖民地居民縱然事實上和英國「十分之九的人民一樣，未曾選舉自己在下議院的代表」，但無疑仍是「英帝國下議院的一部分，而且還是很重要的部分：他們在國會中有代表，就如同那些選舉時沒有聲音的英國居民在國會中也有代表一樣。」

對於英國國內大部分的主流英人而言，這種說法有它的道理。經過幾個世紀的變遷，英國的選區不論在形制或幅員方面都變得非常混亂。有的選區很大，區內有數千選民；有的很小，小到控制在一個大地主手裡。很多選區沒幾個選民，有一些所謂「腐敗選區」（rotten borough），連居民都沒有。例如鄧維契鎮（Dunwich）雖然早已沉沒在北海底下，但是年年都有代表出席國會。相反的，十八世紀突然擴張的曼徹斯特、伯明罕等大城市卻從來不曾推選代表出席。英國為這種亂象辯護，聲稱國會中每一個議員都代表全英國，而非僅代表他的選區。照埃德蒙·柏克所說，國會並非「代表各種相互敵視之利益的使節，不是作為各種利益的代理人及提倡者，各擁其利，互相反對的集會。而是一個國家、一種利益的協商會議，是一種**全體**會議。」本來是有規定要求國會議員必須是住在他所代表的選區，但這項規定長久以來沒有人理會，所以現在就更非必要。根據這種「實質代表權」概念，在英國，人民的代表並非從選舉產生。推舉代表時，選舉過程僅是其附帶，主要是根據議員和他所代言的人民之間可能有的共同利益，但這些人民包括並沒有把選票投給他們的人，譬如殖民地人民就是。

英國聲稱美國人和曼徹斯特、伯明罕那些未曾投過票的市民一樣，在國會都有「實質的」的代表，美國人對這種說法強烈不以為然，開始以「真實」代表權概念挑戰「實質」代表權概念。美洲殖民地人民宣告說，如果他們在議會中沒有正當的代表，那麼他們不但必須直接投票選舉這些代表，而且這些代表的人數還必須和他們所代言的人口規模呈相當比例才可以。一七六五年，麻薩諸塞的詹姆斯·奧蒂斯（James Otis）就質問說，英國人一直用曼徹斯特、伯明罕為例來為國會缺乏美洲人代表一事辯白，到底有何目的？英國下議院始終沒有這兩個城市的代表。奧蒂斯說：「如果連這種大地方都沒有代表，現在也應該要有了。」

在英國有意義的，在美國卻沒有什麼道理。新世界的選區和英國不一樣，不是傳襲數世紀的歷史產物，而是新近常態性的制度，和人口變化連動。麻薩諸塞每有新市鎮形成，維吉尼亞每有新的郡成立，都會按慣例派遣代表參加當地殖民地議會。這種「真實代表權」制度著重的是地方選民和他們的代表之間最緊密的連結。美國人和英國人不一樣的是，他們相信議會代表必須是他所代言之人民當地的居民，地方上的人民也有權指示他做事。這些代表實際上就是他們地方上派出來的使節，但之前柏克卻說他們不應該是這種人物。美國人既然認為他們的地方必須要有多多少少符合人口比例的代表才公平，所以後來就把這項規定寫進了他們的革命憲法中。簡而言之，美國人之堅信「真實代表權」，這其間或許已經顯示了現代世界所曾見過的人民對政府治理最充分而公平的參與。

由於這種真實代表權是建立在人民對其所選之人的不信任之上，所以他們就開始推動一種最明確、最寬鬆的「同意」表示法，而通常這指的就是投票。在英國，利益交換使他們那種實質代表權有了意義，但是這種交相利的情形在美國卻非常稀少。所以，如果代表不是真的由選民選出，他們將難以信任代表真的會為本地選民的利益講話。因此在美國，選舉過程就成了確立真實代表權的要件，而不是附帶之物。

真實代表權因此變成美國憲政及政府治理之所以特異的關鍵點。人民希望他們選出來的官員每一方面都和他們一樣，不只理念一樣，宗教信仰、種族、社會階級也要一樣。一七七五年，費城人民在他們的革命委員會當中就召集了眾多的長老會教徒、工匠和日耳曼人。美國人早在此時就已經在表達一個理念，那就是選舉出來的代表不只是「為了人民」而已，而且也應該是「屬於人民的一員」。

所以，「不信任」成了美國民主政治的源頭。確實，這種不信任有時候非常嚴重，弄到連代議程序都遭到質疑；一些亂眾、無法可管的團體還跑出來宣稱，他們替人民代言比那些選出來的代表來的真實。一時之間，好像各路人馬、各種機構都可以代表人民一樣。然而實際上，官員不論獲得多少選票，都無法充分代表人民。

最後，這些截然不同的「代表權」理念區分了英國和美國的憲政體系。在英國，國會之所以擁有主權——英國最終、至高、無可分割的立法權威，是因為國會體現了整個社會、領土內的所有階級，一切都在其範疇之內，其外無任何一物。然而，換成在美國，主權卻是在人民手裡，不在其代理人手裡，甚至不在代理人總合體的手裡。美國人民和英國人民不一樣，從來不曾被代議過程淹沒或消失。

美國人提到「主權在民」之時，意思並非只是說政府由人民衍生而來。美國人的「主權在民」指的是整個社會最終、至高、不可分割的立法權威始終保留在人民手裡，不在他們的代表或任何代理人手裡。依照美國人的想法，所有的公共官員，可以說都是由人民「借予」權力而成為不受人民信任的代理人，這一份借予的權力隨時都可收回。

不過有一點很重要，必須要指出的是，一七八七年的制憲會議起草的憲法之所以沒有納入權利法案，這是因為一七八七年制憲會議將要結束之際，雖然有一名與會代表建議必須要有權利法案，不過這項動議卻被與會代表否決。他們否決的理論依據是說，在英國，國王特享的權力是早先就已存在，所以才需要以權利法案予以節制；但是在美國，所有的權力都握在人民手中，由他們把一部分權力分配給各個代理人，所以也不需要另外再設權利法案或保護法案。然而，對很多人而言，這種立論實在太過奇巧，麥迪遜等人後來只有讓步，承認必須設置修正條款。這些修正條款的前十條後來就成了美國憲法中的權利法案。

由於這樣以非比尋常的眼光看待人民，美國人才構想出聯邦主義這種東西，也就是中央與地方權力分立制度，非常了不起。美國人創造了同時適用於一地的「國會」和「各州議會」兩種議會，在同個地方行使兩種權力，因而為這個世界提供了新的政府組織法。後來的數十年間，歐洲、拉美各地的自由主義改革派面對強烈的地方忠誠性而要組織中央政府之時，便開始懂得參考美國的聯邦主義。一八四八年德國的改革派推動建立邦聯國家（confederation），援引的就是美國的聯邦制度。瑞士的自由派改革者說美國憲法是「建立共和制公眾生活的典範與模型。在這種組織中，全體和部分都是自由而平等……新世界已經為所有的族群、州及國家解決了這個問題。」但有鑑於此時美國已陷入內戰之後的聯邦危機，瑞士人這一番話其實是熱烈有餘，準確性不足。

「主權在民」的意涵

特別為制憲召開的會議，人民對憲法的批准程序，這些都是美國憲政新的成就，但這些成就都必須在「主權在民」的設想之下才有意義。在美國，「主權在民」這個觀念並非為政治權宜虛構出來的東西。美國人保有真實的立法權，英國人沒有。英國人要修憲，不需要特別召開會議，不需要人民批准，因為英國國會就等於人民本身。在政治及憲法上而言，除了選舉之時，國會之外沒有人民。

選舉既然成了美國人識別「代表權」的唯一標準，他們很自然開始認為所有選舉出來的官員都是人民的代表。一七八〇年代，很多美國人提到那些當選的參議員，早就說他們具有雙重代表權；還有人聲稱，由於州長也是選舉選出來的，所以州長是全州最具有代表權的官員。結果是，要不了多久，所有選舉出來的官員都已被指定為人民的代表。「代表」一詞原本只用在州憲法及聯邦憲法中的「眾議院」（House of Reprcsentatives）等說法當中，現在卻開始讓美國人感到尷尬，因為它現在像是一直在提醒美國人他們曾經像英國人那般看待「代表權」，因為英國人一直將「代表權」侷限在「下議院」的範疇之內。

就連法官，人民最後終於免不了還是要將之列為他們的代理人。漢彌爾頓在《聯邦黨人文集》第七十八號倡議當中為司法審核制辯護，曾經說法官是人民的代理人，在議會中地位不遜於其他代理人。他這種說法開闢了對司法一種全新的思考。很多人於此很快就得到結論說，法官如果確實是人民的代理人，那自然也應該由選舉產生才對，更何況選舉現在也已成為判別代表權的唯一標準。結果是，後來對於選舉法官之事，只剩下「何時」要選的時間問題。各州將法官設定為其各種代理人之一，這點有助於解釋美國人後來很能夠接受司法審核制的原因。美國人最後連由最高法院判決某人當選總統都願意。

美國體制既然沒有在政府當中完全體現人民，自然就會出現各種奇怪的政治制度與做法。二十世紀初進步改革派提出初選、公投、罷免、創制等制度，其實都是美國開國時期「主權在民」和「真實代表權」理念的延伸。這種種做法目的是想要超越真實代表權，做到某種純粹的民主，其最初的根據就在於人民對於當選官員的不信任，真實代表權理念最初的想法也是如此。一八九六年有一份報告就說，加州「只有一種政治，就是腐敗政治。你是共和黨或民主黨都沒差。南太平洋鐵路公司（Southern Pacific Railroad）把兩黨都控制得好好的。」

近數十年來，美國西部幾個州創制案日漸增多，數量多到和議會通過的法令很有得比。諷刺的是，太平洋鐵路公司雖然只是個特殊利益團體，卻在一九九〇年開始推動一項創制案，意欲發行數十億元公債以發展交通運輸業。奧勒岡州的創制案比加州多，但是惡名昭彰的卻是加州。二〇〇三年，加州罷免州長蓋瑞．戴維斯（Gray Davis），由阿諾．史瓦辛格（Arnold Schwarzenegger）繼任。這種民粹行動是今天的已開發民主國家（也許瑞士除外）做不來的。但是，我們只要有掌握到美國人獨有的「主權在民」理念，知道那是基於對當選官員根深柢固的不信任使然，那麼對於這種非比尋常的政治事件自然就會了解其意義所在。不過，這種「直接民主」的做法是不是經營現代民主國家的好方法，仍有待觀察。

後記

收在本書的文章，有很多一開始都是演講稿，本篇也是。這篇文章是二〇〇四年一月在芝加哥大學法學院一次憲政主義研討會上發表的演講稿，之後從未印行發表，但是文章所探討的主題，卻是我這半個世紀以來種種思考及論述的一部分。

即使只看近年的一些事件，十八世紀的美國憲政主義歷史還是很重要。近二十幾年內，包括後共產黨時代的中東歐國家，以及南非、阿富汗、伊拉克，總共有六十九個國家起草了憲法，同時有很多國家以書面進行了修憲，連歐盟也在尋求他們的成文憲法獲得批准。所有這一切，基本上全都始自二百多年前的美國。

讀者如果想要進一步了解二百年來美國憲政主義所產生的影響，請參閱喬治．比利厄斯（George Athan Billias）的巨著《世界聽聞之美國憲政主義，一七七六至一七八九：全球觀點》（*American Constitutionalism Heard Round the World: A Global Perspective*; New York: New York University Press, 2009）。

德國學者侯斯特．狄柏爾（Horst Dippel）現正參與《現代憲政主義及其源起》（*Modern*

Constitutionalism and Its Sources）這本憲法大全的編輯及出版計畫。這本憲法大全計畫收入全世界各國一七七六至一八六〇年間撰就的憲法，出版之後，將大大有助於世人對現代憲政主義的理解。

第六章　美國民主政治的塑造

近二百多年來人類最徹底的革命之一，就是平民開始參與政治過程。對美國及西歐而言，這種革命主要發生於十八世紀末；所以史家帕爾默（R. R. Palmer）曾經說十八世紀末是「民主革命時代」。[1]美國在革命之後的數十年間逐漸有平民開始參與政治；在歐洲，這段時日比較久，在很多國家差不多綿延了整個十九世紀的大半；若於全世界而言，那麼這個過程至今仍在持續中。確實，二次大戰結束之後，我們早已目睹所謂的「參與爆炸」（participation explosion），很多未開發國家，匆忙、甚而是急迫的起而追趕一些現代發達國家，開始迅速將人民納入政治過程當中。[2]根據一些組織估計，二十世紀的頭十年，全世界各國大多都已成為「選舉民主政體」（electoral democracy）。這些民主政體彼此之間當然有一些差異，照《經濟學人》雜誌的評比，其中只有二十八國是「完全民主政體」，八十四國是「瑕疵民主政體」或「混合政權」。除此之外，全世界有五十五國政府是「威權政府」。

然而，近六、七十年來全世界各地民主政體的成長確實非常可觀。事實上，現代世界之所以蛻變為現代世界，正是因為平民開始參與政治，十八世紀革命時代的美國人則是這一股發展趨勢的先鋒。獨立宣言之後數十年內，美國人已開始直呼其政府為民主政府。他們使這個辭彙正當化，促使這個世界開始走上民主道路。

民主與投票

民主（直接由人民治理）其實是古希臘人發明的，民主一說也是由他們傳襲給西方世界的。但是西方世界承接下來的這個民主觀念，古希臘有些人當初其實是懷疑而敵視的。古希臘那些偉大的作者，西方人讀得最多的莫過於修昔底德、柏拉圖、亞里斯多德等幾人。但是他們這幾個人卻常常覺得民主有或大或小的缺陷，認為由人民自己主政，無法避免將導致無政府狀態和暴力，最後一定會步上獨裁及暴政之路。亞里斯多德曾經力言，在最理想狀況中，民主最多就是一種混合政府的一部分，只要接受君主制和貴族制的制衡就可以。

十八世紀大西洋兩岸的英國人就是這樣在講「民主」這兩個字的，幾乎都固定和君主制、貴族制連在一起，藉此成為混合憲法或均衡憲法（balanced constitution）的基本部分。沒有錯，十八世紀的英國憲法之所以有名，正是因為其中混合、或說搭配了三種政府：君主制、貴族制、民主制，也就是國王、上議院和下議院。

單單民主的本身，即詹姆斯．奧蒂斯所謂「眾人統治眾人的政府」，當時不太受人重視。[3]這種民主政治指的並不是經由選舉由人民那裡衍生出來的政府，而是實際上由人民管理的政府。英國部分開明人士或許也贊同理想上人民應該直接自治，但是他們知道，民主就其基本意義而言，差不多只在希臘的城邦或新英格蘭的市鎮實施過，實際的自治政府或單純的民主政治從未在大型社會實行。一七七六年，美國一名論辯家說，即使激進如偉大的輝格黨人阿爾格農．西德尼（Algernon Sydney）都曾經說過：「嚴格說來……」他從來不知道「有純粹的民主這種東西，說人民可以自行執行屬於政府的那些事情」，這個世界如果曾經有過這種東西，他也「沒有什麼好說的」。[4]漢彌爾頓、麥迪遜在《聯邦黨人文集》中講到古代那種純粹的民主也沒有什麼好話。麥迪遜在《聯邦黨人文集》第十號裡面說：「這種民主曾經造成一些動亂及爭奪奇觀，也已顯示有違個人安全或財產權，一般而言也很短命，常常在暴亂中告終。」因此，十八世紀不論是母國還是殖民地，大部分的英國人對於純粹民主的不實際、不穩定，總是覺得很不安，甚至連「民主」這兩個字都變成了壞話，用來責罵任何傾向人民政府的人。

「代表權」（representation）是英國人發明的觀念，這其中的想像是經由選舉產生的下議院即等於是混合憲法中民主的部分。但是，把代表權觀念擴張到其聯邦政府及州政府每一部分的，卻是美國人。本書前面已經探討過這點。但這種擴張行動並非立即發生。一七七六年革命期間各州憲法的意旨原本是要把前母國那種混合憲法或均衡憲法改變為共和憲法。就是因為這樣，所以我們才會把美國的聯邦議會或州議會的「下議院」稱作「代表院」(houses of representatives，中文另譯作「眾議院」)，視同政府當中唯一的「代表體系」，以之與參議院、行政體系、司法體系抗衡。不過，獨立宣言之後的幾年間，美國人卻開始把自己選舉出來的政府機構視為人民的代表。「共和」的本意原本是指由人民衍生出來的政府，現在也開始和「民主」變成了同義詞。十九世紀頭十幾年間，這兩個名詞變成可以互換。

既然人民代表權完全以平民選舉為根據，因此在美國，投票選舉便成了識別代表權唯一的標準。美國人認為，其代理人若不是他們自己投票選出，便不足以代表他們。這種獨特的「真實代表權」概念接著又使「選舉權」成了民主政治必要而充分的手段。我們從這點便可以了解為什麼我們美國人會有那種天真的想法，老是以為在開發中國家，只要給人民投票權，就等於是在該國建立了民主政治。投票權確實是民主政治的先決條件，但光是人民有投票權絕對不夠。事實上，投票行為只是一個複雜的政治及社會過程最頂端的一角，整個過程如何進行，人民又是如何跟政治牽扯在一起，這些問題都是深入到美國革命核心的問題。

美國革命是民主的結果，也是民主的原因。美國革命代表美國人進行政治活動之方式一次決定性的變化，而且為平民參與政治奠定了正當性。不過，這並不是什麼創造了一批新選民這種事情。革命之前，投票權在殖民地部分地區早就很普遍。北美殖民地的投票權儘管和十八世紀英格蘭一樣有財產限制（通常是個人必須擁有價值四十鎊的資產，或是持有每年價值四十先令的房地產），但是殖民地擁有財產的人所在多有，所以北美殖民地人民享有的也是全世界最普遍的投票權，多達百分之六十至八十的白人成年男性擁有合法投票權。之所以會將沒有財產的人排除在外，並不是因為擔心他們會沒收少數權貴的財富，而是反過來擔心少數權貴會為自己的意圖操縱窮人、腐化窮人。人必須獨立，擁有恆產，不受外力影響，才可擁有投票權。排除婦女、少數族群等幾種人的投票權意思也一樣，就是說他們是依賴別人生活，所以沒有自己的意志可言。

不過，北美殖民地的人雖然普遍享有投票權，事實上那些擁有合法投票權的人大部分都很少行使投票權，有之通常也是固定投給幾個大家族。北美殖民地那些財產持有者並沒有立法者所以為的那樣獨立、不受影響。殖民地的政治，由於殖民地的社會結構及價值觀的關係，其實相當穩定，至少和後革命時代的美國比較是這樣。真正會投票、會參與政治的人民，占比一直很小，政治領導權始終掌握在有限少數人手中。

殖民時期的美國政治

固定的一些社會領袖期望得到底下人的尊重，通常底下人確實也很尊重他們，而且他們也一再獲選為政治官員。不過，人民雖然因為這些人的財富、勢力、獨立性而認為他們最夠格當官主政，但是這種認可並非基於傳統「尊重」的習慣，而是基於他們的恩庇、經濟力及社會力創造出來的實質附庸性（dependency）。一七七三年，紐約特萊恩郡（Tryon）的摩哈克區（Mohawk）

至少有四百人擁有投票權，但是那一年該區要推選五名保安官（constables）的選舉，卻只有十四個人出來投票，這十四個人被當地一個大人物威廉．約翰遜爵士（Sir William Johnson）的利益及恩庇綁在一起，他們的票全部投給了特定五名候選人。[5]

將仕紳領導階層的個人、社會、經濟權力轉換成政治恩庇及政治權力，十八世紀的政治基本上就是這一回事。這個過程會一直自我強化：社會權力創造政治權力，政治權力接著又製造出更大的社會影響力。譬如維吉尼亞台德瓦特那些莊園主或康乃狄克河谷那些富有的大地主，部分仕紳的勢力及恩庇關係大到足以威懾當地整個社群。以色列．威廉斯（Israel Williams）、約翰．沃辛頓（John Worthington）等康乃狄克河谷仕紳，顯赫到人稱「河神」。他們可以運用權力當上鎮裡的行政委員，當上麻省眾議院的議員、麻省理事會成員、法院法官、治安法官，乃至於郡兵團的上校。我們根本無從講起他們的勢力範圍，他們的政治勢力可以發放酒館或磨坊執照，決定道路開闢、橋梁架設的地點，徵召人員入伍，但這些只不過是舉其犖犖大者。

同理，維吉尼亞那些大莊園主之所以有辦法不需警力就能夠維持其本地社區的法律及秩序，並不是因為選舉時有招待選民喝托迪酒（toddy）的緣故，而是因為他們本身那種家父長式恩庇的勢力。那些仕紳領導者，是其教區的代表，聖公會的教友領袖，所以宗教的神聖性和濟貧的恩惠又更加提升了他們的權力層級。貴族，就是這一切材料做成的。

殖民地社會沒有我們今天這種有組織的政黨和職業政治家。那些大莊園主、成功的商人、富有的律師占住主要職位，處理政治事務，只是在履行其高社會地位帶來的責任。當時自然很少看到有酒館主人或小農出任政治職務。人之取得政治權力，不是因其政界的資歷或經驗，而是因其經濟及社會上的優越地位。波士頓富家子弟湯瑪斯・哈欽森（Thomas Hutchinson）出身大商人家族，二十六歲就當選麻省眾議院議員，而且幾乎立即又成為眾議院議長。鄉村商人喬納森・特朗布爾（Jonathan Trumbull）原本籍籍無名，但是一七三九年，年僅二十八歲的他卻突然出任康省議會議長，翌年隨又加入了聲譽卓著的參事會（Council of Assistants），這一切僅僅是因為他娶了家族史悠久的羅賓遜家族的人。若是用十八世紀史家塞謬爾・彼德斯（Samuel Peters）話來說，這個婚姻給了他「在公民生活中出任要職的前途」。[6]政治權力和社會權力是不可分的，今天的人是在純政治階層中垂直爬升，當時的人卻是橫向從社會移向政治。

然而，十八世紀北美殖民地有很多地區政治並不穩定，權貴本身也經常為了政治權力及前例（precedent）而互相鬥爭。社會階層頂端經常亂成一團，政治職位到底最後要由誰出任，情勢從來不曾完全明朗。顯赫家族出身的富有律師或大莊園主顯然優於鐵匠，不過他們自身內部誰優於誰卻不明顯，亦非無可爭議。確實，在一些殖民地，所謂「社會地位」是後來才有的說法，而且其認定又是隨意的，自然難免產生爭議。這種職位及權力的競爭造成了派系的傾軋，所謂派系即仕紳領導階層彼此之間，個人及家族互相衝突的利益集團。[7]十八世紀殖民地政治的特性就是派系傾軋。

一七三〇、四〇年代以前，這一類的競爭在性質上是跨大西洋的，並且集中在帝都倫敦。十八世紀最初的幾十年間，權貴派系和王室總督對抗時，常常運用從帝國的場域而來的政治槓桿。

換句話說，他們在殖民地為了贏得政爭，常常利用帝國的利益團體和跨大西洋關係。他們利用母國一些法外管道，例如倫敦的商人團體，暗地裡削弱總督的政治地位。有時候他們是和帝國的一些代理人結為盟友，例如英格蘭國教會的代表，藉此繞過總督。殖民地的反對陣營領袖有時候甚至親自前往倫敦游說，尋求推翻總督決策，甚至將其革職。這一種盎格魯—美利堅政治（Anglo-American politics）是沒有設限的。由於跨大西洋勢力管道及關係所在多有，很多人也都越過地方首長直接前往白廳（Whitehall），所以殖民地這邊鮮少有人能夠做最終的決策。[8]

不過，大約從一七四〇年之後，美國政治的這種毫不設限的性質開始式微，殖民地居民對英國政治的影響力大幅消退，和母國的溝通也開始變得正式起來，個人進行訴求開始不再可行。那些殖民地的游說代理人原本是殖民地政策的發起人，現在卻很難再阻擋一些人在英國制定殖民地政策。以前那些跨大西洋影響力管道不是堵塞就是關閉，王室總督現在成為殖民地與母國之間僅有的主要聯繫線。殖民地的反對陣營如果要和總督對抗，現在只能在殖民地這邊尋找槓桿。[9]

環境發生這樣的變化，殖民地那些異議派系只好轉向殖民地內部，對準十八世紀英美政治理論所承認的英王以外唯一的權力來源：人民。反對陣營現在空前未有開始動員殖民地的選民，將民選議會當作反王室總督的主要手段。這樣的結果就是殖民地議會多人競選的選舉大為增加。例如波士頓一地，一七二〇年的這個十年間，所有的選舉只有百分之三十是多人參選的選舉，但是到了一七五〇年代卻已達到百分之六十。隨著多人參選的選舉愈來愈多，大家耳聞目睹的選民參與以及惡毒政治修辭與宣傳也愈來愈熾盛。各類團體開始形成參選者名單、小團體、政治俱樂部，僱請專人製作小冊抨擊對手錢太多或是書讀太多。十八世紀中這樣的發展，我們從其中看到的是後來美國典型的平等主義選舉宣傳及現代政治運動的發端。[10]

不過當然，沒有人做事會替未來設想。這些權貴家族、派系如此這般訴諸人民，並不是要為十九世紀創造民主的世界，而是運用手上現有的武器，搭配輝格派激烈民粹措辭來攻擊對手。他們不論對人民做怎樣的訴求，其實全是獲取官職的策略。殖民地議會此前實質上等於是封閉的俱樂部，現在卻開始對外面的公眾敏感起來。一七五〇年代，他們開始大量印發法令公報，告訴民眾他們在院內對各項議題表決的經過。一七六〇年代，他們開始在議事廳開闢遊廊（galleries），供民眾觀看議場議事狀況，看議員吵架。有的議員甚至開始呼籲擴大選舉權，反對者後來還被人貼上「人民公敵」的標籤。[11]

美國的民主政治並非始自人民自己覺醒，從下而上吶喊要政治權力，而是由上而下創造出來的。人民是經過慫恿、說服、甚至恫嚇，才開始介入。平常的時候，麻省有很多市鎮（有時候多達三分之一）根本懶得派代表參加議會。不過，一七四二年，總督威廉·薛利（William Shirley）示警說：「如果碰到緊急狀況，他們卻力足以增派兩倍乃至於三倍的代表。他們如果為了什麼事情想要和陛下的總督爭吵，但是又懷疑平日議會的那些代表是否足以和總督在眾議院的勢力對抗，他們就一定會這樣做。」[12]這些互相對立的派系競相擺出人民朋友的姿態，假裝不顧君主的利益，極力保衛人民的權利，促進人民的利益。然而，時日一久，這種姿態終究還是露出了眾人預料之外的真面目。只是，人民既經動員，已經難以壓制下來。

美國政治從君主制朝向共和制的革命性轉變，就這樣在一七六〇年代做好了準備。愛國的領導者開始反抗英國政府的權威，先前動員人民介入政治的做法隨即劇增。前面說過，主權之爭辯並非僅僅挑戰了英國傳統的權威，而且美國人也因此被迫表達了「真實代表權」這個理念（他們其實從未失去代表權）。這個理念不但造成大家開始要求擴大開放選舉權，而且也使大家開始相信政府應具備平等且與人口數多少呈相當比例的代表權。後者這個信念起先於一七七六年列入革命的州憲法當中，成為其中的規定，後來更是在聯邦憲法中成為命令，規定每十年必須進行一次人口普查。最後，我們在本書第五章〈美國憲政主義的源起〉也探討過，「真實代表權」理念先天就存在「選舉是判別代表權唯一的標準」這種信念，這種信念此時往往也將包括州長、上議院議員等在內選舉出來的官員改變成了某種人民的代表，致使他們至少在名義上和原先議院的代表形成了很尷尬的關係。

對美國政治而言，真實代表權問題並非只有在憲法上很重要，就是對社會也很重要。本書前面說過，革命動亂尚未平息之時，有些美國人就已經開始在爭論說，光是平民投票，但只有權貴可以競選、當選，已經不足以維護人民的利益。現在大家已經開始會想說，在多元而有各種特定利益的社會，某一階級或團體的人，不論受過如何高等的教育，如何備受尊敬，都不可能了解別的階級或團體的需求和利益。受過大學教育，富有的律師、商人無法了解貧窮農人、小生意人切身的問題。前面說過，真實代表權的邏輯自然會要求平民一定要由平民來代表。確實，人民就是該由相同宗教、種族、職業的人為其代表。

這種理念存在於美國革命之激進性（radicalism）的核心當中，促成了政府和社會之間關係的重大變化，也表現出美國革命釋放出來的平等主義的力量。這一力量既經釋放，就再也無法輕易予以壓制。

革命之初，對大部分美國人而言，當時所謂平等指的是一些法定權利以及憑藉功勳在階級分明的體制中向上爬升的機會，但是到了那些但求詆毀對手的才幹以贏得選舉的政客手中，平等這個概念卻很快就擴張為「人人都一樣好」的意思，完全不在其大多數支持者預料之中。這種平等概念打破了政治領導即是社會領導那種等同性，把政治權力交給了從未擁有此等權力的人。政治變得不一樣了，政治暴發戶（指從未上過大學，籍籍無名的背景出身的籍籍無名之人）一邊開始對一些社會地位屬性（名聲、頭銜、社會人脈、家族連結，甚至是學歷）發動猛烈攻擊，一邊吹噓自己的地位完全是因為辛勤工作賺到了錢所致，並不是依靠親友。

開始出現「民粹」性質的美國政治

一七八〇年代，約翰．拉特利奇（John Rutledge）是南卡一個有名的社會政治領袖，威廉．湯普森（William Thompson）則是沒有人知道的查爾斯頓（Charleston）酒館主人，這兩個人的鬥爭生動表現了當時新興的後革命文化。拉特利奇派了一名女傭到湯普森的酒館那裡，想要觀賞從酒館屋頂施放的煙火。湯普森不允許女傭進入，要她回去。拉特利奇非常氣憤，要求湯普森到他家來道歉。湯普森不但拒絕道歉，而且因為認為拉特利奇傲慢的要求損及自己的名譽，所以轉而向拉特利奇下戰書，要求決鬥。拉特利奇基於自己的社會地位不便接受一名酒館主人的挑戰，於是跑去自己擔任議員的南卡眾議院，堅持議院通過一項法案，將湯普森以侮辱政府官員的罪名驅逐出境。湯普森又轉而訴諸新聞輿論來為自己辯護。一七八四年，他說的一句話非常典型表達了美國人對社會地位優越人士的怨恨。湯普森說，說出這種怨恨，並不是替他本人，而是替普羅大眾，「特別是替當今在**下等人**稱號底下忍辱的那些人說的。」

湯普森在報紙上發表文章，不只抨擊羞辱過他的少數權貴，而且實際上根本就是在攻擊「由仕紳權貴治理的社會階層制」這種觀念。事實上，他根本是把傳統十八世紀的觀念顛倒了過來，論辯說社會權貴特別沒有資格治理政治。他說，「奢豪與勢力」不但不會想要儲備在自由政府中做事的政治領導人才，而且特別是他們「藉由通婚或其他方式」互相結合起來之時，實際上是「處心積慮要顛覆共和體制」。拉特利奇等這些南卡權貴，在「個人生活中」，他們的「人和行為或許跟大家一樣平常，甚至也很親切，不過在公眾生活中，他們的驕傲、勢力、野心、人脈、財富、政治原則」，他認為「應該會使他們永遠難以獲得眾人的信任」。由於在共和政府中，「結論是集眾人意見而成，不是來自個人的狂想」，所以，湯普森說，共和體制的領導就必須「善良、能幹、有用，而且贊同社會平等」。

湯普森以調侃的語氣說，他只是個酒館主人，「是本州中階級僅及於普通公民的可憐人」，但是卻因為「膽敢和一名叫做約翰·拉特利奇的人或權貴中的任何人吵架」，所以遭到他口中

「這些自視甚高，結黨為本州高層階級諸人的輕視」。作為一個「人」，這種經驗已經讓他非常難看，但若對於一名前民兵軍官而言，這種經驗就更是「難以承受」，這指的是革命時的服役如何影響到了社會流動性和社會期望。他寫說，拉特利奇無疑「視我為卑賤之人」。然而，湯普森和當時眾多的酒館主人、農人、小生意人、小律師、前民兵軍官一樣，此時已經「不知卑賤為何物」。[13]

從這以後，許多新生政治家也都和他們一樣不知卑賤為何物，開始懂得運用革命的民粹及平等主義理想困擾舊階層，把自己這一類平民百姓送進政界。這始終是不容易的事，因為如同一些從政者抱怨的，「平民比較貧窮」，縱然擁有法定投票權，卻對「異議」很無感，反而很能夠接受傳統權威。他們就一直認為「政府是權貴的、不是平民的」。有個論辯家說：「富人長久以來就一直習慣統治，好像那是他們的權利一般」，換成平民百姓，「到目前為止卻不曾或很少插手政府治理，似乎認為那完全不是他們的事。」[14]所以革命之後的幾十年間，那些急切的平等主義從政者都有一個任務在身，也就是要說服人民說政府本來就應該是人人有份。這些平民從政者敦促人民揚棄冷漠的心態，「一直對法官、律師、將軍、上校，還有那些充滿心機的人喊話，我們就會有自己的好日子。」他們要求大家「在選舉中全力阻止那些能人、律師、富人當選」。[15]

十九世紀初政黨之間及候選人之間競爭非常激烈，聯邦及州公職的多人競選選舉開始多了起來，出來投票的選民也隨之劇增。特別是在北方，很多地方合格選民的參與人數一七九〇年代只有百分之二十幾，到了十九世紀第一個十年間，已經上升到百分之八十，甚至更多。[16]

投票選舉的意義既然愈來愈重大，一些原本原地踏步的州於是開始擴大開放選舉權，有的州是取消財產限制，有的則是將規定改為只要有納稅即可。十八世紀時，不動產是享有投票權的正當資格，因為那時候的人認為不動產代表獨立及權威。但是後來來到共和國早期，在當時那種快速移動的經濟當中，房地產已經成了市場上隨時買賣的商品，此時再把房地產當作出任公職以及投票選舉的資格規定，已逐漸失去意義。一八一二年就有紐約的民主共和黨黨員質問說，此時還有誰會相信「財產足以……證明美德、眼光、愛國心？」[17]在這種民粹壓力之下，一八二五年之際，除了羅德島、維吉尼亞、路易斯安納三州之外，各州或多或少均已做到白人男性普選的地步。五年之後，就只剩下羅德島還保留要永久持有四十鎊四十先令財產才有投票權的規定，然而羅德島卻曾經是北美最民主的地方。除了紐澤西曾有短暫一個時期的例外，各州都沒有開放婦女投票權。若是依照現代的標準，這種制度絕對不民主，但若是依照十九世紀初的標準，美國擁有的卻是全世界最全民的選舉制度。[18]

這幾年間出現的人民利益的代言人，多數都不會假裝自己具有什麼特別的個人資歷或社會資歷足以擔當政府治理之責。這些人都不是富人，不曾在哈佛還是普林斯頓求學，往往也對自己狹隘的本地視野感到自豪。西門．史奈德（Simon Snyder）沒讀過什麼書，父親是個窮技師，但是一八〇八年參選卻當選賓州州長。他的對手嘲笑他卑微的出身，說他和他那些從眾都是一些大老粗。但是他卻很聰明，欣然接受這個渾號。身為大老粗社會中的一名大老粗反而成為他的資源，幫助他在政界成功。他之所以會從事公職，完全是因為他有辦法找到選票，也有辦法滿足選民的利益，這一點他和所有的民選政治人物都一樣。政治公職後來已經不若以往是由仕紳憑藉其財富及社會地位來出任。要有的話，在美國，擔任公職反而開始逐漸變成獲取財富及社會地位的源頭。

一七八〇年代，麥迪遜曾經希望政府可以「在國內各種情感及利益的爭端當中擔任無私、不講感情的仲裁者。」[19]但是這種希望卻愈來愈成為空想。當選公職者很少有人會力求超越市場上種種相互競爭的利益，針對涉及整體社會利益的情事擔當公正的裁判。事實上，這些當選人反而把部分人的利益、選民中的地方利益，乃至於他們自身的利益放到政治的運作過程當中。州議員往往變成一七八〇年代的麥迪遜十分畏懼的那種人物，亦即自斷其案的法官。在康州，一七九一年有名精明的認購人就建議說，哈特福銀行（Hartford Bank）如果想要令康州議會讓其註冊成立，其認購人名單就必須開放或是貌似開放，因為「議會中有些人想要成為認購人，如果他們認為自己可以認購，他們當然就會推動該相關法案，如若不然，如果他們知道名額已滿，他們自會激烈反對。」[20]

每一個地方的議員都在回應其選民的利益。既然好像每個鎮都希望自己鎮上有銀行，於是銀行就如雨後春筍一般紛紛冒了出來。一八一三年，賓州議會僅僅一個法案就授權註冊登記二十五間新銀行。州長否決了這項法案，但議會旋即於一八一四年不顧州長的否決又通過另項法案，註冊登記了四十一家銀行。肯塔基州至一八一八年為止總共開設了四十三家新銀行，其中有兩家所在市鎮居民不滿百人。

十九世紀初的政治逐漸開始出現現代特質，黨派和結黨營私（利用政府促成少部分人的利益）取得前所未有的合理性。議員提到那些企圖影響他們的人士，開始說他們是「司令前廳」（commanding lobby），lobbyist（說客）一詞開始產生現代意義。立法過程中開始有人運用logrolling（選票交換、法案交換，議員為雙方各自的法案交換表決票數）手法，讓保守的聯邦黨人大為不解。「我真的搞不懂這種做法，」俄亥俄州一名聯邦黨人說，「但我相信那就是在為州裡面一些私人利益彼此交易。」現代民主制度中課稅的問題此時也開始出現。一八一四年維州一名議員就抱怨說：「每個人都贊成每個人都該納稅，但是他和他的選民例外。」[21]

既然選舉代表是為了促進選民的特定利益及私人事業，此時要再說代表是一些不營私的仕紳、鄉紳，純粹是在責任感召喚之下承擔起公共服務的責任，這種觀念顯然已不合時宜。很多人現在競選公職已經不再像以前那樣為選而選。傳統的社會階層以及菁英統治的信念皆已式微，使得政黨不僅是可能，而且根本就是必須。確實，美國是第一個為因應大眾選民而發展出現代政黨的國家。傳統那種個人和社會階層的連結已經斷裂，現在不得不為政治目的而結合成新的政治團體。政治官職已不再是由社會歸屬決定，而是在政黨組織內經由勝選的政治成就而贏得。

運用便宜的報紙及群眾聚會進行的新型游說術也適時應運而生。政治開始蒙上一層嘉年華色彩，在十九世紀導致合法選民參與的比例遠大於美國政治史以往任一時期。昔日的舊仕紳階級在這種「競選演說」（stump-speaking）和公職競選的氛圍之下，常常處於不利的態勢。事實上，十九世紀初在美國某些地方，選舉時若身為仕紳，或是顯露仕紳特質，甚或只是上過大學，都會成為候選人的罩門。

一八〇七年，傑佛遜共和黨人丹尼爾・湯普金斯（Daniel Tompkins）參選紐約州長。他是哥倫比亞學院（Columbia College）的畢業生，如今是富裕的律師。不過他知道，他必須說自己是單純的農家子弟，才能夠明顯對比對手摩根・路易斯（Morgan Lewis）的特質，因為路易斯是權貴家族李文斯頓的姻親。一八一〇年，紐約的聯邦黨人推出平民約納斯・普拉特（Jonas Platt）參選，企圖反擊及對抗湯普金斯及共和黨。聯邦黨人說普拉特「的習慣和舉止和他鄉下的鄰居一樣單純，也很共和主義」。普拉特和湯普金斯不一樣的是，他不是「耽溺於華麗，沉迷於奢侈的城市律師」。[22]

由美國革命導致的這種民粹式的反菁英主義（antielitism），在十九世紀中葉的數十年間，勢頭未見稍歇。一八六八年麻州第五國會選區的選舉很清楚的說明了這點。艾塞克斯郡（Essex）曾經是麻州高雅聯邦主義（Brahmin Federalism）的中心，不過至十九世紀中葉之時，這裡的愛爾蘭移民卻愈來愈多。一八六八年這一場選舉基本上是小理查・丹納（Richard Henry Dana Jr.）和班傑明・巴特勒（Benjamin Butler）之爭。富有的丹納是哈佛畢業生，出身自麻州一個望族，寫過一部小說，叫做《航海雙年紀》（*Two Years before the Mast*）。巴特勒是旅店老闆的兒子，不曾上過大學，不過後來卻是美國政界曾經產出的最張狂煽情的政客。（他是麻州二百多年來第一個未獲哈佛學院邀請參加畢業典禮的州長。知道這件事，你就約略了解他對麻州菁英所持的立場。）在這一次選舉中，巴特勒著實讓丹納見識到了十九世紀的選舉政治是怎麼一回事。丹納這邊是對著茶葉團體談政府公債，巴特勒那邊卻是在向林鎮（Lynn）的愛爾蘭裔鞋廠工人宣講，籌劃遊行，鼓動警察、消防隊，僱請銅管樂隊，分發宣傳小冊，指控對手是戴白手套的博．布魯梅爾（Beau Brummel）。種種招式，丹納根本和他沒得比。

丹納最後還是不得不面對那些工人。他後來就不再談什麼公債，而是急切向那些工人保證自己工作也很辛苦。可是同個時間內，巴特納卻一直在諷刺他說，他其實很愛戴白手套，卻那麼費勁在向人民保證他們是同類人。丹納在一次演講中告訴那些愛爾蘭裔鞋廠工人說，他年輕時當過水手，在海上航行了兩年，在船上一樣是沒戴白手套的工人。他叫喊著說：「我和你們大家一樣髒。」既然這樣子說話，難怪那一次他會以得票率不及百分之十敗給巴特勒，輸得很難看。[23]

既然領導職位必須競爭而來，選票也是爭取來的，新人（不是巴特勒那樣多采多姿的人，而是沒沒無聞，不管到了哪裡始終沒沒無聞的人）就成了政治過程必經的一部分。他們的領導能力，最重要的判準在於他們吸引選民的能力。

美國革命促成了我們的政治的這種種變化，也加速了這些變化。由於共和革命的結果，美國人開始只承認「公民」地位，其餘均予以否定。人人都在政治當中，人人平等。對於公民權利不論施加什麼限制，諸如限制參選權或投票權，理論上均屬異常，是舊社會的殘餘，必須予以剷除。十九世紀的前幾十年間，互相競爭的政黨一直在尋找尚未參與政治的人民團體，將那些因為沒有永久所有權所以也沒有選舉權的承租人，沒有財產、不具有選舉權的窮人，以及新來乍到的移民，任何可能成為選民、政黨支持者乃至於政黨領袖的人，把他們引進政治當中。他們如果無法合法投票，就設法給他們選票。如果他們可以合法投票，但是嫌太麻煩，就力勸他們去投票。革命後的幾十年間，美國的從政者就以這種種做法建立了男性普選權以及民主政治。

我們現在總是把這些發展視為理所當然，輕易就忘記美國在十九世紀當時是如何領先全世界。那個時候，歐洲國家大部分都還在努力解除多到不可勝數的資產及公司法人的投票權及代表權，但是在美國，酒館主人、紡織工人此時已經坐在議場中參與議事。肯塔基州一七九二年進入聯邦，此時其州憲法早已允許自由成年男性普選，然而此時的一個世代之後，英國卻還在爭吵投票權是否應屬少數人的特權。事實上，在英國，勞工一直到一八六七年才獲得投票權而成為威廉·格萊斯頓口中所謂的「我們同一國的臣民」。時至今日，世界上依然還有很多地方人民仍然還在等待成為公民，期待完整參與政治過程。

「平等」的自我矛盾

然而，我們都很清楚，關於將人民整合到政治當中，美國的成功故事並非毫無汙點。革命期間大家都會討論平等、選舉、代表權等問題，而其中大家看來最顯乖違之事，莫過於蓄奴。確實，一七七六那一年，蓄奴在眾多美國人眼中突然變得很異樣，這並不僅僅是由於革命本身訴求的政治自由，而且也是由於其中包含的「人人平等」的公民身分理念所導致的。十八世紀之時，大家認為蓄奴是理所當然，是生命本有殘酷及不平等的一部分，奴隸只是社會中各種程度及等級的自由或不自由當中最低級卑賤的一種身分。但是在一七七六這一年，蓄奴卻開始顯得奇怪而礙眼起來。共和國不是君主國家，沒有「隸屬」以及有所短差之自由及依賴存在的餘地。北方雖也有相當蓄奴的習慣，但並非根深柢固，蓄奴制之乖違一旦彰顯，北方人便開始著手廢除該制度。北方至一八〇四年之時，所有的州在法理上皆已終止蓄奴制度，到一八三〇年時，北方全部十二萬五千多黑人當中還是奴隸的已不到三千人。[24]然而在南方，此地的白人本來一向都是在革命運動中打頭陣，而且還是其自由放任主義（libertarianism）最熱切的代言人，可是蓄奴一開始變得怪異之後，他們卻一下子變成了防守的一方。內戰之前，南方藉由憲法操作，還是足以主導聯邦政府大半政務，但是這種領導地位始終卻是空洞、虛弱的，缺乏全國性的堅固基礎，後來，蓄奴的怪異性更是把南方從平等主義發展的主流中切割了出去。

然而，平等主義這個美國共和意識形態固然打擊了蓄奴制度的理論基礎，但卻又同時抑制了自由黑人參與政治的過程。共和主義的公民權意指所有的公民一律平等，一經承認為公民，進入了政治過程，每個人就都來到了與所有公民齊一的水平，每個人都一樣的好，例如酒館主人雖然沒讀過書，卻跟上過大學的富裕莊園主一樣好。但是，隨著這種共和主義的假設逐漸傳播開來，北方的白人卻開始對黑人產生了疑慮，不肯接受選舉權和公民權所指定的平等。一七九〇年代，北方好多個州的自由黑人就已經有投票權，而且某些地方黑人行使這項權利也相當有效。不過後來白人卻透過修法以及動員新選民而不斷擴張，黑人開始感覺受到排擠。

十九世紀初，美國政治的民主化最諷刺的一件事，莫過於窮困白人得到了選舉權，但是自由黑人卻失去選舉權。在「傑克遜民主」的顛峰時期，北方各州的白人平民多數相繼起來廢止對白人選民的財產資格限制，同時卻又擬定各種規定，剝奪黑人選民的選舉權，但有一些黑人此時行使選舉權其實已經有幾十年。一八一九年之後獲准進入聯邦的幾個州，沒有一州允許黑人投票。一八四〇年當時，北方的自由黑人有百分之九十三是住在完全或實際排除黑人投票權的州，這些黑人自然也無法參與政治。[25]

會這樣將黑人排除於政界之外，主要是因為白人對於共和公民權所要求的「平等」心存疑慮所致，不過其實也是民主政治常有的競爭造成的。在某幾個州，譬如賓州，排除黑人其實是為低階白人獲得投票權所付的代價，因為之前男性全面投票權遭到反對時，反對者所持的理由就是那會使選區內增加很多黑人選民。另外有些州，例如紐約，排除黑人的投票權則是（傑克遜）民主黨多數有效防堵黑人選民的結果。民主黨之所以要防堵黑人選民，是因為他們常常都是投給聯邦黨人，後來也總是投給輝格派參選人的緣故。民主黨身為民粹反菁英、反權貴立場的代言人，既然總是帶頭追求擴大開放選舉權，那麼現在該黨不僅開始設法吸引新的選民，並且也設法剔除支持其反對黨的選民，看起來的確像是不錯的政治操作。不過，這樣的政治壓力，終於導致某些州出現了一種怪異的情況，那就是外來移民還未擁有公民身分，就已經獲得投票權，反之，世代在美國出生、長大的黑人，其投票權反遭取消。這種奇怪的情形，是政客精心估算過新移民和黑人會投給哪個政黨之後造成的結果。這些都是民主政治奇怪而錯亂的結果。

這種事情在共和主義的社會實在不可理喻，美國人後來為之奮鬥了數十年。十九世紀的前半，聯邦官員猶自無法決定自由黑人的身分地位，有時候甚至還辯說黑人不是擁有投票權的公民，不過是有權取得護照的公民。也有官員想要為黑人安插一種介乎外人和公民之間的中間法律地位，稱之為「居民」（denizens）。然而，共和主義的平等理念，其邏輯卻不允許這種區別。或早或晚，很多人就開始想要逃避這種黑人無投票權所造成的困境，但是他們採用的方法卻是乾脆否決所有黑人的公民身分，不論其自由與否。一八五七年首席大法官羅傑．譚尼（Roger B. Taney）的「史考特案」判決就表現出他和最高法院企圖將黑人設定為這種地位。然而，此時在美國，選舉權早已變成幾乎等同於代表權。因此，一個人如果沒有投票權，那就表示他在社區中沒有人代表他。而在共和國社會中，沒有人代表你，就等於你不是該國公民。美國有著沒有自由的被奴役黑人和沒有公民權的自由黑人，革命理想中發生了如此巨大的矛盾，或早或晚終將會撕裂整個國家。

內戰結束，北方人開始為重建南方的方法爭吵。此時的他們，縱然總是很不願意，但是在革命所標舉之理想的逼迫下，並且又限於當時的政治環境，因此還是很穩定的往黑人選舉權邁進。有些史家一直認為，內戰結束之後共和黨之所以支持黑人選舉權，不過是出於一種自私的想法，想要為該黨尋找新的選民，不過他們顯然並非只是如此。若以政治的權宜性而論，共和黨若贊成黑人選舉權，即使在北方，都有後人所謂「白人反彈」（white backlash）的這種風險。黑人選舉權的提倡者若用溫德爾．菲利普斯（Windell Phillips）的話來說，很多都堅信「除非從五大湖以迄於墨西哥灣，上帝所創造的每種階級都得到了選票的保護」，美國絕不會成為真正統一的國家。26

不過和內戰之後所有的改革一樣，黑人選舉權確實是在政治窘迫狀況下趁勢而起，這是毋庸置疑的。北方人和共和黨雖然贊成黑人選舉權，但卻是不情不願，這點也是毋庸置疑。他們之所以贊成黑人選舉權，只是把它當作一種手段，用來防止未重建的南方在民主黨控制之下復辟，威脅到共和黨的優勢。然而，這整個情勢也造成了憲法第十四條修正案和第十五條修正案之間的歧義，兩者扞格不入，很是尷尬。第十四條修正案是首度界定公民身分，也首度賦予其全國性意義。第十五條修正案雖然賦予黑人選舉權，但卻將此一選舉權和種族連結，而不是和公民身分連結，真是不幸。此種連結讓各州在設定投票資格時，只要不是以種族為出發點，任何規定都可以。這種糾結不清的情況，美國人要到一百年後才開始拆解。

美國人對於明確表現公民地位和投票權之間的連結雖然常常踟躕不前，可是美國歷史一切的一切卻都在指明這種連結。一九六〇年代由於民權運動的推動，美國人開始愈來愈關心政治權利以及投票權，原本在美國革命中初試啼聲的選舉權及代表權原理，至此終於傳播開來。投票權法案以及反人頭稅修正案的通過，都是基於一個極深的信念，那就是像我們這樣的國家，依憑其良知，絕不會把它的任何一個公民排除在政治過程之外。同樣也是這一筆從美國革命留下來的政治資產致使最高法院做出了一系列的「重新分配」判例，將「一人一票」理念實際應用於國會及州議會選舉的分區（districting）制度中。結果在很多州，參議院最後竟變成了具有充分代表權的政治組織，而這本非其一七七六年的初衷。當然，有個幽默的傢伙觀察到，我們這樣定期重劃選區有時候卻把民主政治頭腳顛倒了過來，本來是選民選舉政治領導人，有時候卻變成領導人選擇選民。[27]

很多美國人之所以開始關心龐大而不均等的競選獻金問題，原因無他，正是因為競選獻金會抵銷平等選舉權的效果，同時也違反政治過程中「平等參與」此一原理。有時候會有某個選區好像顯得冷漠，但是比起上一代人，他們對於投票權和「同意權平等」卻是再關心不過了。對於我們的政治體制，這樣關心自然形成了重大的負擔。不過這卻是我們應該欣然承受的負擔（很多國家應該也會喜歡），因為這種負擔說明了人民對於政治過程潛在的信心，這種信心從表面事件和報紙標題是看不到的。

事實上，由於我們對於選舉權以及諸般正式的同意權的關心已經衍生出一種極高超的意義，有時候不免就掩蓋了民主政治的實質，而且常常誇大了法定選舉權真正的力量。選舉權變成了公民地位的象徵，所以擁有選舉權似乎必然又會把其他各種權利牽連進來。因此，取得投票權往往成為進行改革或是解決複雜社會問題的手段。十九世紀的女權運動以「任何權力若無法化為選舉權，就沒有真實性」這個信念為前提，這句話是一八四八年一位女士說的。女權運動既然是立基在這一信念上，很自然就會幾近完全以取得選舉權為其焦點。[28]可是美國憲法第十九條修正案一直到一九二〇年才獲得批准，而且也沒有帶來期待中的改革。那種挫敗感造成女權運動倒退幾乎半個世紀之久。美國人一直到一九六〇年代之前，始終認為像這樣透過選舉權整合到政治過程中，是解決社會弊病的萬靈丹。一九六〇年代末對年輕人叛逆行動的回應，以及最後終於採行第二十六條修正案賦予十八歲青年投票權，背後都看得到這一個萬靈丹假設。

像這樣對政治特別迷戀，想解決社會問題時又特別依賴「以選舉進行整合」為手段，這些全都是美國革命的遺緒，只不過當初如何，今猶亦然，美國人一直到今天還是這種看法。美國革命不僅讓平民開始參與政治，也使大家完全信任以選舉作為「代表權」的判準，但我們就是因為這麼相信選舉，所以常常忘記當初在美國是什麼情形才讓投票權行得通的。因之我們現在對於新興發展中國家，往往很輕易就認為在這些新國家安排好選舉制度，他們就自然會成為可行的民主政體。但是因為絕大多數的情形都不如我們的預期，所以我們也常常覺得疑惑和幻滅。

不過，重點在於，我們把這一層關係弄反了，因為並不是選舉權賦予民主政治生命，而是我們的民主社會使選舉權有了生命。美國社會普遍具有平等信念（儘管所得差距很大，也相信美國社會真的平等），所以我們也很相信選舉是行得通的。民主政治的創建，並非由於十九世紀普遍存在選舉權。殖民時代選舉權也很普遍。因此是因為政治上平等主義的過程，美國的選民才會動員起來，開始進行政治整合。分析到最後，我們的民主體制是無數從社會各階層徵召而來的政治家塑造出來的，他們代表各方的利益，對選民進行勸誘、請求，力圖贏得選舉。任何一個州，只要願意，一夜之間就可以賦予人民以選舉權，但這並不足以保證該州從此就確立為民主政體。綜觀美國歷史就知道，這樣的民主政治需要一代又一代的美國人在選舉政治上累積經驗，但是更有賴於政黨逐漸成形，以及一批權力不是很大、戒慎恐懼的平等政治家，他們營造選舉優勢、討好選民、熱烈追求勝利，但是最後的結果卻是一些他們原先難以預見，無法想像的恢宏而重大的發展。他們是我們這個政治體制的心臟。這個體制現在是這樣的民主，是因他們使然。

後記

本文已經過大幅修改，並更新其中的資料，原稿是一九七四年一月九日在肯塔基法蘭克佛（Frankford）的肯塔基州議會所做演講的演講稿，這點可以說明為何本文末尾會有那一段對於政治家的讚美之辭。那一次演講是美國企業研究所（American Enterprise Institute）安排的。該研究所贊助幾位學者及知識分子在各地做了一系列的演講，是美國革命二百週年紀念的一部分。這幾次演講的演講稿後來集為單行本《美國後續革命：保守之行動》（*America's Continuing Revolution: An Act of Conservation*; Washington, D. C.: American Enterprise Institute, 1975），並出版發行。

第七章　探討傑佛遜及潘恩的激進思想

在一七九二年的時候，湯瑪斯．潘恩已經感覺到世人不會承認他自認為對美國革命應有的功勞，所以覺得必須正告世人這一回事。潘恩在《人的權利：第二部》（*The Rights of Man: Part the Second*）當中寫道：「儘管早年生活的種種不順遂，我還是要很驕傲的說，憑著一股不畏艱難的毅力，一種讓人不得不肅然起敬的無私，我不但對一個立基於新體制的新帝國的崛起有貢獻，而且在政治論述上也有重大的成就。而這是各個領域最難超越、最不易有的事業，權貴們即使擁有種種奧援，也難有可以跟我相比的成就。」潘恩對未來的感覺是正確的。到一八〇〇年時，願意承認潘恩對美國革命有貢獻的美國人已寥寥可數，但是傑佛遜卻是大大的例外。一八〇一年時傑佛遜就說，潘恩為自由及美國革命「孜孜矻矻，成果不遜於當今任何人。」[1]

因為傑佛遜和潘恩兩人想法一致，所以人人鄙夷潘恩之時，會發言稱讚他的，自然就是傑佛遜。美國革命家裡面若要找到想法那麼接近的，那就是傑佛遜和潘恩這兩個人，可是這兩個人的出身、氣質卻又完全不同。

傑佛遜是維吉尼亞的富裕菁英，家中蓄奴，社會關係和美國一般人一樣正常。他的母親娘家姓藍道夫，是維州最顯赫的家族，社會地位於傑佛遜而言總是水到渠成。傑佛遜冷靜自持、從容自若，不喜歡跟人爭吵，面對人時，不論是敵是友，總是那麼親切愉悅。傑佛遜雖然常常顯得很隨意，但其實很有修養，溫文儒雅。他嫻熟多種語言，包括古典語言在內，一輩子都在發掘（並學習）啟蒙後的十八世紀各方面的菁華。他自詡是個有禮貌及品味的人物，也成了美國人的導師，在藝術、品酒各方面給予人們建議。他幾乎無所不知。這位求知欲永不饜足的自學者，一七八〇年代初在法國訪客查斯特勒克斯侯爵（Chevalier de Chastellux）口中「雖然從未離開自己的國家」，但是卻已經「同時成為音樂家、製圖家、測量員、天文學家、自然哲學家、法學家、政治家……的美國人。」[2]

潘恩卻完全相反。潘恩的一生四處漂泊，照評論家所說，他沒有任何社會上的關係連結，來自一般家庭，但從未像富蘭克林那樣擺脫卑微的出身。他讀過一些書，但沒有上過大學，除了英語之外，不諳其他語言。人生的前半，他從女用緊身衣製作師、老師，到做生意失敗，工作一個換過一個。之後又重操舊業，做起女用緊身衣，後來兩度擔任稅吏也都失敗。除此之外，他還開過菸草店。他邋遢懶散，人稱他「舉止行為粗魯無禮」[3]，脾氣火爆而熱情，愛喝酒，看每件事都不順眼。三十七歲那年，他來到美國，對於這個世界無人賞識他，感到心中忿忿不平。

雖說潘恩、傑佛遜兩人差異如此巨大，但他們對世界的看法卻如此相近。一七九二年的一次餐宴中，同桌一名英國人描述傑佛遜在談話中，「極力主張革命，打倒權貴……而事實上傑佛遜和他的朋友潘恩一樣，他不講革命就活不下去。不論歐洲發生什麼事情，他一概用會不會引發革命這層關係來思考事情。」[4]

傑佛遜與潘恩的人性論

傑佛遜和潘恩都是優秀的共和主義者，篤信人權。他們認為政府應該是從人民衍生而來，沒有人可以靠世襲權利擔任政府職位。美國沒有什麼人比他們這兩位激進分子信任政府之外廣大的人民。

這種信心來自於他們寬厚看待人性的觀點。他們兩人都相信平民百姓的道德能力。潘恩自己就是平民百姓，自然傾向於相信一般平民。不過，傑佛遜天生就是貴族菁英，卻也是大部分事情都相信平民甚於相信他的同儕。他認為，貴族菁英只要可以，輕易就會變成豺狼虎豹。常民不像貴族菁英，不喜欺騙、誠懇、心口如一。一個由平民百姓治理的美利堅共和國，將不再看到佞臣、君主常有的那些欺詐與虛偽。傑佛遜就說：「那些害怕的，就讓他們吹捧奉承吧：這（詐欺與虛偽）不是美國的技藝。」[5]

潘恩也認為每個人都有社會意識或道德感。他說，訴諸常識就是「訴諸這種情感，而沒有這種情感，我們不但無法完成生活中的職責，也無法享受人生的樂趣。」[6]理性在整個社會中分布或許並不均勻，但每個人都有感覺、有感受，即使是最卑微的人也有。他在自己所有的著作中始終都說，他「主要的構想就是營造人民的一種意願，願意採行一些舉措。我完全相信採行這些舉措不但符合他們的利益，也符合他們的本分義務，而且只要有感覺就足以完成這些舉措，不需要別的力氣。」[7]

不過，傑佛遜和潘恩對常民的信任不止於此。他們認為尋常百姓的現實和他們的一樣。因為這樣的設定，他們促成了一種事物的誕生。這種事物用最恰當的描述，可以說是現代人對於人道主義的感知能力，我們在二十一世紀不但繼承了這股巨大力量，也大幅擴充了這股力量。傑佛遜和潘恩兩人，和美國革命大部分領袖一樣，都設定了洛克的感覺論（sensationalism）這樣的自由主義前提。這個前提是說：人人生而平等，唯後天的環境造成他們感受各有不同。十八世紀一些啟蒙人士開始會有那種對於他人的同理心，主要就是這種前提的啟發。這些人受過自由開明教育之後，開始相信他們可以控制環境，教化粗鄙卑微之人，使他們不要變成傳統社會認定他們一輩子注定的那種人。這些被啟蒙的少數人，會在他人身上看到缺陷與無知，而產生一種道德責任感，也體驗到自己和他人有相同的人性。

故此，傑佛遜和潘恩兩人一方面固然接受人和人之間的差異，但是另方面也認為每個人基本上都是一樣的，大家都有共同的人性。這種共通性讓人在自然的情感中互相連結，了解彼此的感受。每個人身上都有一種東西，一種道德感或同理心的本能，使人自然產生仁心或愛心。確實，潘恩就曾經寫說：「社會及文明原理對於人的作用，猶如動物因本能而產生衝動一樣。」傑佛遜相信，就算是最卑微的人，即使是黑奴，對人一樣都有這種同理心、道德感。他認為只要是人類，不論富與窮、白或黑，「胸懷中都已經植有」這種「道德本能」，這種「對人的愛」。每一個人，不論教育程度如何，都能夠如同本能一般知道對錯。傑佛遜也說，如果我們跟「農夫和教授談一種道德情境」，農夫所做的判斷往往跟教授一樣正確，甚至更好，「因為農夫不曾受到人為造作規矩的誤導」。[8]

這種道德價值觀一樣、道德權威一樣的信念，就是傑佛遜和潘恩兩人民主平等觀念的源頭。相較於洛克單純的「每個人生下來都是一張白紙」，民主平等觀念顯然更強而有力。

傑佛遜和潘恩都假設人的內在有道德感、社會意識，這種假設意義非常重大。他們相信社會自然和諧，提倡小政府，背後都是因為這個信念。他們宣稱，人本來就需要相互來往，所以自然會親切和善。這種親切及友善在現代取代了古代共和主義者那種苦行的斯巴達式美德。大衛．休謨曾指出，這種現代美德與古人樸素且嚴厲的美德相比，更符合十八世紀啟蒙、文明時代下那種商業化、精緻化的發展。

「社會」與「政府」的衝突性

古人的古典美德源自於公民對政治的參與。那個時候，政府是公民之公民意識及公益精神的源頭。但是，傑佛遜和潘恩等十八世紀自由主義者推崇的現代道德觀，卻是源自於公民對社會（而非政府）的參與。對於十八世紀的自由主義者而言，社會本就是和諧而充滿愛心的。我們常會認為今天的社會充滿階級對立、資本主義商業的壓榨，種族偏見也造成了很多弊病和慘況，大家都深受其苦。但是對十八世紀的激進分子而言，社會卻是良性之物，孕育同理心、親切之情，以及新的常民道德。現代人的生活，大家會在客廳、俱樂部、咖啡廳相處，在日常往來中相互參與、交流，培養出感情、同儕友誼，而這種感情變成了一種黏著劑，把眾多啟蒙人士結合了起來。還有人說，事實上，就連商業這個古典道德傳統的敵人都是現代美德的源頭，因為商業鼓勵人與人、國與國互相信任、來往，所以實際上對仁慈及同儕之情是有貢獻的。

潘恩在《常識》書中開宗明義就講社會和政府的不同。社會和政府是兩回事，從起源就不一樣。「社會由我們的需求而生，政府因我們的邪惡而有。」社會「積極結合大家的感情，提升我們的幸福」，政府「消極節制我們的邪惡，影響我們的生活。前者鼓勵交往，後者製造區別……社會不論是什麼狀態，都算是一種安樂。而政府在最好的狀況下是一種必要之惡，最糟糕的時候卻無法忍受。」[9] 最虔誠的共和主義者如潘恩、傑佛遜，他們相信只要讓人民互相關懷及互愛的傾向自然流露，不受政府（尤其是君主政府）人為的干預，社會自然就會繁榮，持續不墜。

說社會本來就具有自主性，能夠自我調節，每個人都有道德感、社會意識，這種自由開明的理念並非烏托邦式的狂想，而是很多思想家建立的現代社會科學產生的結論。教會的神職人員依舊在鼓勵教徒效法基督的愛與仁慈，但是許多受過教育的啟蒙人士已經開始世俗化基督的愛，發覺在人性中「愛鄰如己」已如一種科學上的必然，像是自然存有的一種吸引力法則，把人拉在一起，是種與物質世界諸般法則無異的道德法則。麻州自由開明的牧師喬納森·梅修（Jonathan Mayhew）就說：「天體依靠彼此之間重力的吸引維持規律的運動及和諧，同理，愛與仁慈也維持了社會的秩序及和諧。」[10]愛是道德世界中人與人之間的重力，若是詳加研究，也許比物理世界的重力要來得容易操作。沙夫茨伯里勳爵（Lord Shaftesbury）、哈奇遜（Francis Hutcheson）、亞當·史密斯等啟蒙思想家因此開始努力發掘這種力量，亦即在道德世界推動人的行止，將人維繫在一起的那股力量。這種力量足堪比擬十八世紀科學家所發現的，統御物理世界的看不見的力量（諸如重力、磁力、電力、能量等等）。在他們這樣的夢想中，現代的社會科學於焉誕生。

傑佛遜、潘恩完全信任一套「社會情感制度」，所以他們自然會成為共和主義者。[11]共和制對於公民的道德要求比君主對臣民的道德要求要嚴格許多。在君主制中，一個人如果想做什麼事，就算他自認正當，還是會因為恐懼、對勢力的畏懼、恩庇關係、榮譽感而克制下來，或是因職位的分配與差別而受到限制，甚或被職業常備軍隊制止。相對於此，共和制卻無法如傳統般以政府為維繫社會於一體的工具。他們必須由下而上自我維繫，讓公民願意為公益而犧牲自己的欲望。所以這是依靠公民的道德維繫社會。像這樣信賴公民的道德，依靠公民自我犧牲的能力以及其內在的友善，所以，歷史上歷屆共和政府都很脆弱。

傑佛遜和潘恩極度相信社會天生自然和諧，有時候甚至會否定政府在維繫社會於一體上有任何功能。潘恩說，相信政府有助於維繫社會一體性，是大錯特錯。「大家歸功於政府的事情，幾乎每樣都是社會自己做出來的。」文明生活和政府一點關係都沒有，就卻算有也很薄弱。政府無法維持社會秩序，而是「分裂社會，剝奪社會天生自然的一體性，引發不滿及混亂。若非政府，社會本不致如此。」[12]傑佛遜和潘恩都相信，所有的社會苛待及剝奪現象，像是社會性區分、商業合約、商業壟斷，各式各樣的特權，乃至於過多的財富，所有會干擾人民自然社交天性的一切，都是因為和政府（最終就是和君主政府）有連結的結果。潘恩說，在舊世界當中，「到處可見政府貪婪之手伸入產業的每一個角落，每一個縫隙，奪取大眾的財富。」[13]

他們倆都深信小政府，但不是像十九世紀自由放任主義者那樣為的是推動資本主義，而是因為作為十八世紀的激進分子，他們很厭惡君主制，而當時他們所知道的政府就是這種政府。說他們是小政府的信徒，這種說法很可能把他們講得太過溫順，不足以表達他們對於世襲君主政府那種深惡痛絕。君主制對潘恩而言是「愚蠢可鄙之事」，其中的小題大作、形式主義，只要暴露出來，都很可笑。傑佛遜深有同感。他當總統的時候，還曾經不憚其煩，出口嘲諷歐洲那些君主宮廷中的形式主義、行禮如儀。他對歐洲那些君主的不齒幾無限度，常說那些君主不是笨蛋就是白痴。「他們成天都在打獵。一個禮拜派出兩名信使，遠至千里之外，告訴大家前幾天打到了什麼獵物。」[14]

世界和平的夢想

不過，君主制讓他們倆最嫌惡的，卻是製造戰爭。潘恩說，在他們看來，「所有的君主政府都是軍事政府。戰爭就是他們的生意，橫徵暴斂是他們的目的。」[15]西方世界各地的憤怒自由主義者都認為戰爭和君主統治有密切的關係。確實，美國革命軍將軍班傑明．林肯（Benjamin Lincoln）的兒子就宣告說：「君王都是靠戰爭起家的。」[16]十八世紀到處可見對歐洲三百年來此種發展的抗議活動，小班傑明．林肯這位新科哈佛畢業生和傑佛遜、潘恩想法一樣，以這句話道出了這些抗議人士的心聲。

歐洲各地的君主，從十六世紀到十八世紀，一直忙著鞏固自己的權力，以清楚的界線劃定自己的權力範圍，同時努力保護自己，不讓要求權力及版圖的索求者得逞。他們建立龐大的官僚組織和軍隊以發動戰爭。這三個世紀之內，大部分時候他們都在幹這種事。他們建立中央集權政府，要手段向臣民巧取豪奪金錢及人力。這一切作為的結果就是軍隊愈來愈大、公共債務高升、增稅、行政權獨大。

諸位君王這樣子打造國家，自然有人會起來反對，其中尤以長久以來就有重視公民自由，反抗王權傳統的一些英國人為然。輝格派的這股意識形態產生於此前的十七世紀末、十八世紀初，於是現在這些英國人就援引這種意識形態來反對當前的君王建國策略。十八世紀末，包括潘恩在內，英國的一些激進分子開始提出警告說歐洲的自由之燈即將一一熄滅，英國的也已經開始黯淡。他們這樣說的時候，指的就是當時這種現代國家的形成。

傑佛遜、潘恩等自由及共和主義者認為，國家之所以會這樣長年征戰，是因為戰爭可以鞏固王權。戰爭頻仍，背後的成因是因為君主制一些固有需求——需要龐大的官僚組織、需要常備軍隊、需要對外聯姻，加上王朝還有無止境的野心。很多美國人相信，消滅君主政治及其一切附屬體制、人事，自然就會消除戰爭。一個由共和國組成的世界將會鼓舞一種完全不一樣的外交，一種追求和平的外交，不是以傳統外交特有的權力殘酷鬥爭為基底，而是立基在各國人民商業利益的自然和諧之上。潘恩說：「商業只要盡其所能發揮作用，就可以根除戰爭體制，並在政府的未開化狀態下帶來一場革命。」[17]換句話說，各國人民只要任其自由交換貨物，沒有自私王室宮廷、無理性的王朝對抗、祕密兩面外交手段的腐敗干擾，那麼傑佛遜、潘恩等自由激進分子希望國際政治將共和化、和平化，完全服膺商業規則，於焉實現全面的和平。在這種由商業連結起來的新世界，連舊式政治那種外交官都不再需要。

傑佛遜、潘恩兩人自然熱烈支持法國大革命。沒錯，他們確實和拉法葉等自由人士很親近，甚至還參加了初期的法國大革命。他們一點都不懷疑美國革命的共和理想已經西風東漸，歐洲最後終將完全共和化。不過，潘恩雖然加入了法國國民公會（French National Convention），參與其事務，但事實上反而是傑佛遜比較狂熱。潘恩從未說過一七九三年時任國務卿的傑佛遜說的那種話。那一年一月，傑佛遜曾說，「我寧願看到大半個世界陷入荒涼」，也不願意看到法國革命失敗。「只要每個國家還剩下一個自由的亞當和夏娃」，那就比現在要好。潘恩大膽的在國民公會主張應該饒了法王路易十六的命，但是傑佛遜卻認為處決這位國王不過是「懲罰一般罪犯」。他希望法國最終的勝利「會把國王、貴族、僧侶送上他們長久以來一直以人血浸洗的斷頭台。」[18]

現實主義者的噩夢

傑佛遜和潘恩這種激進理念，對於頑固的現實主義者漢彌爾頓等人而言，不啻是場噩夢。十八世紀的君主政府主要是以任免、儀典、爵位、武力為手段，治理並維繫其社會的穩定，但憤懣不滿的漢彌爾頓說，如今傑佛遜、潘恩等這些夢想家卻想要拋棄這一切，轉而提出「一些看似光鮮亮麗的信條來蠱惑人心，向大家承諾再過不久即可掙脫政府的重擔及枷鎖。」一七九〇年代初，法國大革命透露出「政府只需要小部分的權力」這樣非常烏托邦式的理念，漢彌爾頓聞之駭然。然而，對於威廉．高德溫（William Godwin）等一些激進分子而言，即使是這一小部分權力也只是「暫時需要」，等到把舊政權的「惡習」革除，就要褫奪之。糟糕的是，漢彌爾頓說法、美兩地都有人有些一廂情願的想法，認為根據大家都有的道德感，以及愛和仁慈的交流，就可以「施行一種開明計畫，人性就會趨向完善，政府也就不再有用武之地，社會也會掙脫其桎梏，開始滋養生息並繁榮。」[19]

「一個如此瘋狂、要命的方案……本身就是胡鬧」，漢彌爾頓曾經希望「這支新哲學的信徒」莫要全力以赴。但是，新的傑佛遜政府一八〇一年接任聯邦政府之後，卻就是準備全力以赴。「不要陸軍、海軍，商業不需要很活躍，國防不靠武器，而是靠禁運、靠禁止通商，盡量做個小政府。」但是漢彌爾頓一八〇二年卻說，這一切總合起來，不過是「最空想的理論」。[20]從此以後漢彌爾頓和一批反對傑佛遜政府的人就不知疲乏，一直嘲笑總統及其支持者走在雲端，脫離現實，徒勞無功。他們說，傑佛遜這個唐吉軻德式的總統當大學教授或許很理想，但是絕不適合做一個偉大國家的總統。

不過，很多大學教授都很樂觀，傑佛遜、潘恩也是。他們相信未來的希望，不在意過去遺留下來的惡果。兩人都愛發明，譬如潘恩就發明了鐵橋。他們希望自己發明出來的東西可以增進生活及商業的便利。嫡長子繼承制等貴族繼承法律造成每一代子女兄弟姐妹之間的不平等，他們也很厭惡。他們討厭一些特許證、當局將壟斷的特權授予少數人，沒有由大家共享。潘恩說，那種章程「不是權利章程，而是排外章程。」[21]傑佛遜認為，「群體的章程被賦予了權利，後來的民選議會不得改變」，這種想法都是「那些律師、神職人員」灌輸給我們的學說，意思是說「前代人掌握土地比現在的我們自由，有權將法律施加在我們身上，我們不得變更，但我們一樣可以制定法律，施加在後人身上，他們也無權改變。總之，意思就是說土地屬於死人，非活人所有。」[22]換句話說，不論是傑佛遜還是潘恩，他們都無法忍受埃德蒙・柏克針對「慣例」（prescription）的辯護，儘管其論據十分縝密。

這兩個人連宗教觀點都很一致，他們都很激進，十八世紀的人容許人們有多激進，他們就有多激進。潘恩曾經在《理性時代》（*Age of Reason*, 1794）書中強烈抨擊正統宗教，不過傑佛遜從來不曾公開為之。潘恩宣告說：「人發明過的所有宗教體制當中，最貶抑全能者、最無法教化人心、最厭棄理性、最自相矛盾的，莫過於基督宗教這個東西。」傑佛遜會私底下流傳潘恩這種藐視傳統基督宗教的觀點。他寫信給自己信任的朋友說，從事「神職人員技藝」（priestcraft）的一些人，已經將基督宗教「改造成全人類都無法理解的祕密和黑話，成為確保其完成目的的推進機。」傑佛遜說，三位一體無他，就是種「咒語」，是種「胡言亂語……人的智慧完全無法理解。一個人若是誠實，絕對難以說他知道那是什麼東西。」要對付這種東西，唯有以嘲諷為武器。但是因為之前他曾經在《維州筆記》中輕率批評宗教而飽受抨擊，所以他現在知道自己對宗教的這種看法只能說給信賴的友人聽。「我不止寫作時不提宗教，也絕少發言論及宗教，除非置身理性的社會，否則以後也永遠都不會。」[23]

潘恩在《理性時代》中對宗教的說法駭人聽聞，也進一步毀掉他在美國的名聲。他這些觀點，加上他對華盛頓惡毒的批評，致使他一八〇二年從歐洲返美之後，在國內簡直就是沒有朋友，傑佛遜是僅有的朋友之一。

傑佛遜是總統，是政治人物，這自然使他們兩人境遇大不相同。這兩位開明激進分子的政治信念及宗教信念幾乎完全一致，不一樣的則是潘恩必須公開講出自己的理念，傑佛遜卻必須非常克制，只在私人客廳把自己的理念吐露給明理人士。潘恩是美國第一位公共知識分子，一位毫無人脈的社會批評家。這位社會批評家說，他知道「自己只適合一種生活，那就是思考者的生活，所以當然，也就是寫作者的生活。」[24]他發表自身理念甚為積極，目的是將思維的生活方式轉為行動的生活方式。傑佛遜就沒辦法這樣。他的政治生涯有賴於人民選舉，無法如同潘恩那樣出版書籍大力宣揚自己的激進理念。不過，傑佛遜要是必須系統化論述自己的政治理念的話，那應該會是如同潘恩《人的權利：第二部》那樣的冊子。傑佛遜身為政治家，常常必須在小政府、銀行、公債、任免關係，甚至是蓄奴制度等理念上妥協。談話的對象如果是海外的自由開明友人，他採取的自然是反對蓄奴這樣正確的路線，但是他沒有辦法像潘恩那樣直言不諱，反對蓄奴。不過若以他實施禁運時的那種斷然的態度而言，他在某些議題上確實是個非常投入的激進分子。禁運是他對「和平脅迫」（peaceful coercion）的一種大手筆的實驗，他想要用「和平脅迫」手段來取代戰爭。

傑佛遜在十八世紀確實算是個有國際觀的人，但是他打從心裡卻是個維吉亞尼人、美國人，根深柢固附屬於他的國家。潘恩卻不是這樣。一七八七年潘恩啟程自美國返回舊世界，此時的他已經在情感上和養育他的家園切斷關係，在智識認知上變成了革命的先驅。早在一七七九年潘恩就告訴大陸議會主席說：「讓我義不容辭支持革命的，不是（美國的）人，也不是（美國這塊）土地，而是其事由。因為只要產生相同的環境條件，那麼不論它是發生在哪個國家，我都會起來擔當這樣的角色。」他自認此時的他比難民好不到哪裡去，「而且這個難民還是最不尋常的一種，也就是來自一個我有結交的國家。」說到底，他已經成了沒有家、也沒有國家的人，變成了他所謂的「世界公民」。[25]

一七八七年之後，潘恩開始不只想改革新世界，而且也想改變舊世界，所以反映在著述中，他也開始探討之前不曾碰觸的一些議題。想到英國，想到英國大量沒有土地的人民，想到那種極端的貧富差距，他開始在《人的權利：第二部》和《農業正義》（*Agrarian Justice*）兩本書中提議制定公共福利及社會保險制度，所需經費由累進稅法支應。愛國者傑佛遜卻認為農業美國早就是平等樂土，所以不需要公開發表如此激進的觀點。但其實他在一七八五年也曾經私底下提議幾種確保各州財產公平分配的措施。他宣告說，財富不均等為害甚巨，「議員不可制定太多財產分配的法令。」另外，他還曾經提議所有子女均等繼承財產，和潘恩一樣提倡累進稅法，對富人課稅，窮人則免稅。他說，即使是美國，「及早運用各種措施讓每個人都有一點土地，這永遠都不嫌晚。小土地所有者是一個國家最寶貴的部分。」[26]

這兩個人有這麼多理念都那麼相近，但是後來美國人對待這兩個人卻完全不同。美國人在華盛頓特區建造了巨大的紀念堂來緬懷傑佛遜，尊之為首位民主代言人，但是潘恩卻無人聞問。一八〇九年潘恩在美國孤苦伶仃的死去，十年後威廉・科伯特（William Cobbett）才把他的骸骨送回英國。一八〇一年，傑佛遜宣告說，潘恩為自由及美國革命「孜孜矻矻，成果不遜於當今任何人。」[27]潘恩至今仍是眾人不聞不問的開國元勳，但是改變的時機或許已經到來。

後記

本文是二〇〇九年在倫敦的一次會議中宣讀的論文，那場會議是為潘恩辭世二百週年召開的一次紀念會。儘管這並非撰寫本文的初衷，但本文應該也有助於稍微洗刷傑佛遜的一點清白。這並不容易，因為半個世紀以來，他一直受到史家嚴厲但卻往往很正當的批評。傳統上，大家一向公認他是美國民主的頭號代言人，但是他其實卻是個蓄奴的權貴，這種反差讓很多史家都受不了，尤其有些史家認為蓄奴根本是美國建國過程中的核心事實，因此他們更加無法忍受。傑佛遜也許終究是個偽君子，但因為他一直都是美國的象徵，所以他的虛偽也讓美國的令名為之蒙塵。

傑佛遜成長於蓄奴的社會，年輕的他縱然常常鼓起勇氣，發言反對這種制度，但是在蓄奴及種族問題方面我們終究無法替他辯護。傑佛遜青年時期確實反對蓄奴，但是他後來寫的《維州筆記》卻透露出黑人低級論（black inferiority）和種族歧視的嫌疑，非常駭人，致使他的道德信譽受到了致命性的折損。不過，他的種族觀點縱然令人厭惡，但是他有些話還是值得當今的美國人聆聽。確實，我認為他擔得起「美國的最高民主使徒」這個令名。

潘恩也許有助於救贖傑佛遜。他們兩人明顯在每一個議題上面想法都一樣。潘恩激進與民主的名聲也許可以讓史家（特別是左派史家）以比較賞識的眼光看待傑佛遜，或者至少以十八世紀而非當代的眼光看待他。

現代史家這麼介意傑佛遜的虛偽，其中有幾位甚至倡議說，傑佛遜之所以要提倡小政府，目的就是要維護蓄奴制。因為小政府照理說應該是比較沒有機會干預蓄奴制，所以南方一些傑佛遜共和黨員自然會喜歡小政府。不過，這並非傑佛遜的動機，也不是他眾多北方追隨者的動機。十八世紀的激進分子潘恩、高德溫等人都有小政府的理念，但是他們都不贊成蓄奴。事實上，十八世紀末英美的激進派都有小政府的信念，史家如果不知道這個事實，就顯見他們對那個時代有多麼無知。

身為民主的代言人，傑佛遜的立足點在於他對平等的信念。此所以林肯才會以「榮耀全部歸於傑佛遜」之語向他致敬。林肯等很多人都曾經從獨立宣言以及其中「人人生而平等」這句話得到啟示。但是傑佛遜所宣告的並非僅止於「人人生而平等」，這是十八世紀那些開明人士的老生常談。我在本文就有指出，他和潘恩兩人都相信人不但是生而平等，而且在後續人生中也都是平等。他們絕不否認人實際上有種種差異，譬如說我身材比較高，你頭腦比較聰明，他臉蛋比較帥，但是每個人，不論是男是女、是黑是白，從根本上都有道德感和社會意識，眾人因此而連結在一起。美國開國元勳中，除了他們兩人，沒有人懷抱此等信念，華盛頓沒有，漢彌爾頓沒有，亞當斯也沒有。然而，如果沒有人人平等此種博大恢宏的信念，就沒有民主可言。說傑佛遜是美國民主的使徒，不但恰如其分，而且這位使徒對於美國的安定與發展也是不可或缺的。

第三部

共和國早期

the Early Republic

第八章　美國早期的君主論與共和論

一七八七、八八年間美國人正為新提出的憲法爭吵之際，不少美國人擔心的是一七七六年所定的革命計畫會受到影響。反對者認為這部憲法會有礙於共和制的實驗，製造君主專制，奪走美國人的自由。他們尤其反對「強勢而氣派的總統」擁有「最不受限」的權力，輕易就可能濫用。[1]

這是真的，制憲會議確實決定了異常獨大的行政權。總統昂然獨立，除了有一個他自己任命的行政議會外，不受任何的制約。他可以指揮軍隊，有權決定外交關係，委派行政及司法官員，這種權力連多數州長都沒有。總統任期四年（比任何州長任期都久），可以一再參選、續任。如同派崔克．亨利所說，總統已經成為「隨便都可以當君王」的長官。[2]憲法的反對者很多都認為美國已經走上君主體制之路。

這些人反對新憲法並非完全無的放矢。一七八七至八八年間，那些支持新憲法的人（他們自稱聯邦黨人）有很多想法中都具有君主政治色彩。一七七六年革命的夢想是希望美國能以當時的十三州建立一個小政府，以邦聯的形式存在。但是一七八七年制憲會議在費城召開時，有不少菁英人士已經對這個夢想失去了信心。根據當時一名英國旅行家的描述，新英格蘭有一些聯邦黨人「看到民主的邪惡而感到畏懼」，因而寧可「承認君主統治，或類似於此的制度」。一七八七年當時，很富有的新英格蘭商人班傑明．塔本（Benjamin Tappan），後來的廢奴主義之父，就認為美國需要相當分量的君主制度來抵銷美國人民過度的民粹。當時有這種想法的人並非只有他一個。塔本公開表達這種看法，華盛頓的好友亨利．諾克斯碰了他一個軟釘子。但是他反過來告訴諾克斯說：「以目前的狀況而言，如果要拯救各州免於沉淪至最悲慘的深淵，絕對需要君主體制。我無法放棄這個想法。」他把「我的感慨傳達給所有的夥伴」，發覺大家都能夠接受。他相信，也許可以藉由辛辛那提學會（Society of Cincinnati，革命戰爭當時的軍官組成的兄弟會）的協助，「好好釐清問題，很快也很容易就會有結果。」但就算什麼事情都沒做，他仍然打算繼續「積極提倡我這些建議」。[3]

我們雖然不願意承認，但是一七八七年除了塔本之外，其實還有很多人也有這種想法。此時的新聯邦政府代表的是如同美國革命一般重大的變革。一七七六年當時沒有人預料到後來憲法規劃的會是這麼強大的國家政府。任何人極盡其狂想之能事也難以想像政府可以這麼強大。

十三個共和國？

一七七六年當時，那些革命家建立的並非是一個共和國，而是十三個共和國。獨立宣言事實上是個別十三州的宣言。這十三州於一七七六年之際都立即開始制定各州自己的憲法。這些革命性州憲法仿效的都是當時美國人心目中的英聯邦，所謂理想上應有之三方混合或均衡憲法。所以各州憲法的制定者大部分都創造出了混合州長、參議院、眾議院的憲法。他們認為這樣的憲法等同於英國憲法，也是結合了君主制、貴族制和民主制。新的共和制州長固然是民選，但還是可以視為體現了社會中的君主制成分。同理，參議院或者上議院則可以視為貴族制成分的體現。

美國憲法的制憲者當然有想到要避免英國憲法所發生的腐敗情事。他們相信這種腐敗情事是國王濫行任命權所造成的。所以他們明訂，並且在聯邦憲法的第一條第六款中重申，禁止議員兼任政府或行政部門的職位。這種禁止使得行政部門不會發展出立法的責任，因而如同前一章所探討的，使美國人在憲法上走上一條與英國很不一樣的道路。一七七六年美國人制定各州共和憲法時，雖然想要仿效英國三方均衡的君主制憲，他們卻很清楚共和政府及君主政府的設計所針對的社會很不一樣。共和制最重視的是社會的同質性及凝聚力。君主制卻涵蓋大片領土以及由多元利益及種族混合的王國及人民。君王擁有一統的權威、君王榮耀及任命、世襲貴族、國教、常備軍隊，可藉此維繫其多元社會於一體。共和制卻沒有這一切黏著劑，而是依靠人民的道德感（美德，以及天生的社會性）為社會凝聚力。君主制以傳統前國家（prenational）概念想像其社會，視其為準社團（quasicorporate）集合而成的社會，因此輕易可以將非洲奴隸及印第安人視為臣民，毫不勉強。共和制創造的卻是公民，而公民則是人人平等。然而美國的那些革命家對於他們即將建立國家並把黑人、印第安人視為公民，卻深感為難。孟德斯鳩曾經指出，共和制既然首重同質性及平等公民權，就應該是小規模、小體制的國家。

因為這個緣故，所以一七七六年時，革命家對於十三州除了建立成邦聯之外，完全不做他想。因此他們跟著就在次年制定了《邦聯條例》，一七七八年隨即通過。這是一種友好同盟，性質上和現在的歐盟沒有什麼兩樣。在這個邦聯中，一州一票，各州的代表權都平等。個別的州也許一直以來都是共和州，但整個邦聯政府卻是另一種東西，亦即各個州組成的聯盟。邦聯議會（Confederation Congress）並非君王，但最初的設計就是要邦聯議會扮演過往英王在英帝國扮演的角色。邦聯議會繼承了此前英王對殖民地行使的種種權力，亦即施行政策、發動戰爭及宣戰、媾和、處理印第安人事務、調解各州糾紛等權力。議會由各個平等的代表組成，但這個議會不是立法機構，而是邦聯的行政監督機構，實際上取代以前的君王。就是這個原因，所以邦聯議會才會沒有徵稅、管理商貿的權力，因為之前這種權力不在王權之內，非由英王一人獨斷獨行。

一七八〇年代初，戰爭頻仍，邦聯議會被迫個別設置戰爭部、財政部、外交部，各部均派人主掌。換句話說，邦聯議會此時建立了類似於現代的行政部門。議會原本應當扮演以前英王在帝國扮演的幹練中心角色，現在這樣的發展卻將議會改變成類似於立法機構那種東西。發生這種情形，很多人開始抱怨這樣的議會型立法機構在各州並沒有成正比代表人民。這一切使然，所以美國人在一七八七年廢止了《邦聯條例》，依據美國憲法建立全新的政府，也就是現今的美利堅合眾國政府。

獨立宣言之後的十數年、二十年間，很多革命領袖對自己的共和革命產生的結果愈來愈感到幻滅。邦聯無權課稅，無權管理商貿，也無權在國際事務中代表美國。但是更嚴重的是，各州行事風格均不如革命領袖的期待。前面說過，一七八〇年代中，革命領袖有很多都認為邦聯太過虛弱，不足以完成其各項任務。尤其駭人的是，各州本身做不到成為穩定而公平的共和政體。

過度的民主？

麥迪遜等革命領袖最後發覺各州議會中的多數黨做事沒有責任感，州裡面充斥制定草率、翻來覆去的法律，不但少數黨深受其害，也侵害了一些人的權利。最驚人的是，這些州議員都會觀望選民的情緒做事。如此濫用民粹權力，如此過度民主的現象，非常難以矯正，因為它觸及了美國革命的核心問題。麥迪遜說，州議會的種種惡行，「使大家不禁開始懷疑共和政府的基本原理，不再相信在共和政府執政的多數黨是公眾利益以及個人權利的最佳守門員。」[4]如此這般，整個美國的共和主義實驗在麥迪遜等人看來可以說是岌岌可危。

一七八〇年代這一次危機，對美國很多領袖而言，是一場真切的危機。各州過度民主了，這種過度的民主必須遏止，不過不要粗暴對待共和原理。起初，許多改革者都著眼於改革各州的州憲法。他們呼籲把眾議院的權力拿回來，轉交給參議院及州長，亦即州憲法中的貴族制成分及君主制成分。不過，雖然美國人於一七七六年確實是仿照名聲卓著的英國憲法制定了各州的三方混合或均衡憲法，但是這些改革者後來發現，現在如果還要用「在州憲法中注入較大的君主制成分及貴族制成分」這種說法來加強州長及參議院的權力，已經不再有正當性。因為，現在只要公開提及君主制、貴族制，就會受到激烈的斥責，被說這是「非共和」（unrepublican）、「非美國」（un-American）。所以改革者只好另行設法，另外再為參議院及州長尋找理由。幾年之後，他們開始把原來的混合型州政府的每一個部分（除了眾議院，還有州長及參議院），描繪成代表人民的代理人。我們前面說過，這種做法迫使美國人對主權在民，以及人民與政府的關係產生了新的理解。

然而，改革者很快就理解到，原來連改革州憲法都無法解決州議會當中多數黨派系、少數黨權利兩方面的問題。他們立即越過州這一層級，在州層級以外尋找麥迪遜所謂的「共和政府最常發生之弊病的共和制解方」。這些想要改革州憲法及議會的人開始和愈來愈多敦促改革邦聯的人士結合。確實，一七八〇年代中，美國這一個政治國家（political nation）差不多已經全國都同意邦聯議會需要擴增一些權力，亦即課徵關稅以及管理商貿的權力。

因此，當一七八七年五月說要為修改《邦聯條例》召開費城會議時，幾乎每個人都很歡迎。不過這場會議其實也為那些最關切各州民主問題的人提供了機會。其實大家普遍都想改革邦聯，所以才會召開這次會議，但驅使這次會議的領導者訂定計畫的，卻是各州的民主問題。在這群領導者中，麥迪遜就是負責新憲法的主要人物。他告訴他的朋友傑佛遜說：「州議會如此經常且公然濫權，驚動了所有對共和主義最堅定的朋友」，「促成這次會議以及期待普遍改革之民情的那些動蕩不安，主要就是州議會這種濫權造成的，而非《邦聯條例》不足以達成其當前目標而為國家性格及利益產生的影響。」[5]在麥迪遜領導下，費城會議並非只是為《邦聯條例》增列一些權限而已，而是廢止全部條款，另行擬定一部全新的憲法。他們當然無權這樣做。

這部新憲法建造的並非幾個州集合而成的邦聯，而是直接體現於人民身上一個強大的國家型共和政體（national republic）。換句話說，這部憲法建立的是一個國家，只差一個他們始終小心翼翼，不在條文中用到「國家」（nation）、「國家的」（national）這兩個字。有鑑於大家普遍認為共和國應該要小規模，具有同質性，現在要為這個擴張至如此龐大的共和國尋求正當性，確實有些困難。所有的經驗、所有的理論全部不利於美國人在一七八七年想要建立的這個龐大共和國。美國人不僅很早就在英帝國之下體驗到很不一樣的中央集權制是怎麼一回事，而且知道社會共識也認為共和國應該小而同質。

可是現在這個新國家卻是大而又不同質。一七八七年的美國人已經是一個龐大而多元的民族，種族及宗教信仰之多元，令人眼花撩亂。例如非裔人口在全部人口中占比超過兩成，白種人的原國籍幾乎涵蓋歐洲每個國家，英國出身者大約只占人口一半。不過，和現在不一樣的是，當時贊成新憲法的人不可能公然強調美國的文化多元性，當時的社會共識認為共和國應該是同質性的社會。因此，為了要替新憲法中龐大的共和國建立正當性，他們只好牽強附會，強調全體美國人是天命之下的同一個民族。

不過，支持新憲法的人雖然大部分都強調美國人的同質性，有些人卻反其道而行。包括麥迪遜在內，他們（依循休謨的觀點）力言，相較於小共和國，龐大的共和國，連帶其各方多元的利益，比較有利於維繫國家於不墜，其中主要原因在於各方的利益會互相打平，讓公共利益浮現。

然而，這樣的論據不論其本質如何，所有聯邦黨人都知道，如果要抑制民主，那麼新政府顯然就會需要較大的權力。可是，在十八世紀英美的政治理論中，所謂權力指的就是君主體制。在十八世紀那種三方平衡或混合的憲法的思考中，要制衡過度的民主，就必須強化君主體制。

從前各州制定州憲法之時，一些改革者有受到壓制，不准他們直言州憲法需要列入比較多的君主制及貴族制原理。同樣的，現在聯邦黨人也很不願意公開表示新的國家政府需要有比較多的貴族成分及君主成分。不過，雖然不願明言，但是毫無疑義的是，他們很多人確實認為需要一些貴族成分，尤其是君主成分，才有辦法抵銷美國人此時過度的民主。班傑明·拉許一七九〇年之時曾經描繪新的政府是「結合了君主制的活力、貴族制的穩定，和單純共和國的自由。」[6]所有的開國元勳原本都堅信共和主義，麥迪遜自然也不例外，但是一七八七年對革命的結果感到幻滅之餘，也不免開始看到君主制的優點。他雖然還是夢想他巨大的共和國內擁有權力的各州會有「最高貴純潔的品格」，不過卻期望新的聯邦政府扮演原英王應該扮演的超政治中立角色。麥迪遜認為，新的國家政府將如同優良的憲政君主一樣，「在各方利益、派系之間保持超然中立，防止社會中某一部分侵犯另一部分的權利，但同時保持自制，不要包庇某一方利益而不利於整個社會。」[7]

溫和派如麥迪遜者會認為君主制也有優點，在一七八〇年代實屬一種危機。漢彌爾頓等聯邦黨人對革命的結果幻滅感更為強烈，所以希望注入當時政體內的君主制劑量也更大。事實上，漢彌爾頓和一些很高調的、一七九〇年代自認支持新憲法的聯邦黨人想要建立的，其實是一個中央集權的財政—軍事國家，並且期待這個國家最後可以和歐洲的君主制大國分庭抗禮。不過他們也知道，不論他們想要把君主制的什麼部分重新注入美國政體中，那都一定是注入到共和制框架裡。如同一些史家所說，或許他們是想要再造奧古斯都時代，因為不論如何，奧古斯都就曾經一頭一直在講共和主義，另一頭卻想著怎樣才能夠把君主制成分注入羅馬帝國當中。

形同君王的總統

若要在新的國家體制中注入君主權力，那麼總統將會是那個強大的權力中心。就因為這一點，所以新政府最讓很多美國人心有疑慮的地方，就是總統辦公室。不論如何，傳統上行政部門或首席長官畢竟一直是暴政之源。富蘭克林指出，在美國，這個源頭將自然而然出現君主制。

美國人縱然已經習慣國會的存在，但是總統對他們而言卻是新的東西。這樣一個獨立而強大的行政首長，讓他們不尤得想起不久前才剛擺脫的君王。當初的費城會議，詹姆斯．威爾遜在會中一提出動議，說「該行政部門由一人組成」時，眾人聞之隨即陷入一片沉默，久久無語。眾代表對於這樣的職位所代表的意義實在太清楚了。約翰・拉特利奇後來抱怨說：「人民會認為我們太過於向君主制靠攏。」埃德蒙・藍道夫（Edmund Randolph）警告說，設置總統一職，是「推動君主制的大膽之舉」。[8]但是費城會議完全不理會這些警告，照樣賦予這個行政首長極大的權力，非常像是個君王，原因無他，完全是因為與會代表希望華盛頓出任第一任總統。

包括傑佛遜在內，很多人都希望華盛頓成為終生總統，成為某種民選君主，這在十八世紀不是不可能的事。[9]確實，我們如果沒有如同當代人一般認識到一七九〇年代真的可能有某種君主制在發展，我們就斷難理解該年代間發生的那些事件。從我們現在的觀點看，「美國變成君主政體」這個概念十分荒唐，但是在一七八九年應該完全不然。因為不論如何，當時的美國人畢竟是以「君主的臣民」這種身分長大的，照某些人的看法，這樣的美國人在情感上仍然還在期待能夠有個家父長般的人物可以仰望。那個時候，共和主義還是新的東西，尚未經過試煉，君主制卻到處都是，世界大部分地區習慣的都是君主制，歷史也顯示共和國大部分到最後都變成君主政府。古羅馬帝國的歷史顯示的是，社會及城邦的自然演化是從年輕而單純的共和制演變為成熟且複雜的君主制。

威廉・修特（William Short）在法國審視美國這一部新憲法，當下並沒有被行政部門權力之大嚇到，不過他認為，「十八世紀的總統」，「將成為十九世紀嫁接國王的苗木」。另外，像維吉尼亞的喬治・梅森，他也認為新政府注定要變成「民選君主」。南卡羅來納的羅林斯・藍德斯

（Rawlins Lowndes）認為新政府實在太像英國政府，所以自然人人都想當然耳認為「我們會從共和國變成君主國」。[10]更糟的是，十八世紀之時，君主政府和共和政府的分野根本就混淆不清，時時有人在說什麼君主共和國（monarchical republics）、共和君主國（republican monarchies）這種模稜兩可的東西。

從一開始，華盛頓本身的一些做法也常常隱含君王的姿態。譬如，一七八九年春，他要從維農山莊（Mount Vernon）前往紐約之時，那個隊伍就有王室的陣仗。他一路上接受禮砲致敬，繁複儀式祝賀，人民夾道歡迎，歡呼高喊「華盛頓萬歲！」耶魯的學生爭論民選君主和世襲君王孰優孰劣，同聲一氣都提議君主制。一七八九年三月，詹姆斯·麥亨利（James McHenry）告訴華盛頓說：「你現在就是國王，只是名號不一樣而已。」他祝福華盛頓「永遠快樂統治我們」。[11]所以當有人提到華盛頓的就職典禮時，會說那是加冕典禮也不奇怪。[12]

那時候認為華盛頓很像民選君主的人太多了，所以有的人一得知他沒有子嗣，都鬆了一口氣。[13]民眾對君主制的擔憂，他也很敏感。所以有一陣子華盛頓曾經想說他總統做個一兩年之後就要辭職，把這個職位交給副總統亞當斯。他曾經在自己就職演說的草稿中說：「上蒼並不樂見我的血脈或我的姓氏由我的直系後代傳承下去，儘管這是令人喜悅且誘惑的。」他說，他沒有「子嗣要傳承，也沒有要把家族建立在國家的毀滅之上。」在麥迪遜勸說下，他在草稿中刪除了這幾句話，不過他的初衷並沒有變，還是很想要民眾知道他並沒有懷抱當君主的野心。[14]他這些話正好見證當時大家普遍感覺美國可能出現君主體制。

因為對於華盛頓想當王的指控敏感，所以他常常不知道該如何拿捏自己總統的角色。他知道新政府很脆弱，必須維護尊嚴，但是他不知道在歐洲君主制方向上他該走到何種地步才能做到這一點。華盛頓知道身為美國第一任總統，他所做的每一件事都會成為先例，所有他常常向身邊的人，包括副總統及漢彌爾頓尋求諮詢。上任不久，他就任命漢彌爾頓為財政部長。

華盛頓該常常接見民眾嗎？他應該有多平易近人？他應該和國會議員共進晚餐嗎？他可以私下和朋友一起吃飯嗎？十八世紀美國人熟知的國家大典都是歐洲君主國的大典，在年輕的美國舉行合適嗎？

漢彌爾頓認為大部分人都已經「認定行政部門在態度舉止上將會很高調」，只是那卻是讓漢彌爾頓不以為然的高調。他說，「平等概念」對總統而言恐怕「還是……太籠統、太巨大」，不足以讓總統知道要和政府各部門保持適當距離（請注意「還是……」這種說法，聯邦黨人當時認為時間站在他們這邊）。另外，漢彌爾頓還建議總統應該盡可能依循「歐洲宮廷」的禮儀，只允許各部會首長、高階外交人員、參議員接近總統。「閣下」（Your Excellency，他如此這般稱呼華盛頓）應該每週最多一次接見他們半小時，其他時候只接見應邀而來的賓客。一年最多可以有四次娛樂活動，但是絕不接受任何邀請，也不去拜訪任何人。[15]副總統亞當斯則是敦促總統展現一下總統這個職位的「威儀」。總統應該要有管家、隨從參謀和禮官來職司總統儀節。[16]

華盛頓知道自己不可以像邦聯議會主席那樣和民眾沒有距離。那些主席把辦公室弄得太小，「到了輕蔑的程度」，在眾人看「沒有比旅店老闆高到哪裡去……覺得他的餐桌是公眾的餐桌，凡是有辦法得到引介的，每個人都認為自己有權獲邀入座。」他知道和眾人太熟沒有辦法「保持元首應有之尊嚴及尊重」。[17]

行禮如儀常常讓華盛頓很不自在，不過他卻知道要讓總統職位「受到尊敬」。所以當了總統之後，他就不吝花費，盡力鋪張。華盛頓雖然說是勉強才接受了二萬五千美元的年薪（在當時是一筆大錢），但是他卻斥資將近二千美元買酒招待賓客。華盛頓外出公開露面時，乘坐的是華麗的四駕或六駕馬車，有六名僕人著制服隨侍在側，他的家人乘坐馬車隨後同行。[18]華盛頓對公眾發表演說時，提到自己時用的是第三人稱。華盛頓喜歡找人來畫他的畫像，仿效的是歐洲那些君王。完成的畫像懸掛在全國各地重要的公共場所，希望能夠培養民眾對新政權的敬意。確實，這個新國家的大部分肖像都是在模仿君主的意象，即使是民間收藏品亦然。[19]華盛頓也許確實是個單純的共和主義者，骨子裡是個鄉村紳士，每天晚上九點半準時上床睡覺，不過他無疑非常關心「元首該有的樣子」。他坦言政府一定要有一部分具有君主作風，他則是很樂意扮演共和國國王的角色。亞當斯後來有一句說得很尖酸刻薄，他說華盛頓是「我們見過最會扮演總統的演員」。[20]

忌憚於新政府的羸弱，聯邦黨人比華盛頓更急於提升其尊嚴及威望。大部分人都認為，要做到這點，最好的方法就是施行王室禮制及威儀。譬如說華盛頓的生日比照七月四日國慶日舉辦盛典，比照英王坐在王座上對國會講話，總統本人在國會進行就職演說。也和英國上下兩院一樣，參眾兩院要負責舉辦總統的就職典禮，還要迎接總統從官邸前來國會。

不過，以英國王室作為美國新共和政府的模範，美國想要仿效的並不只這些。在美國，參議院是最像英國上議院的政府部門，曾經議決聯邦政府的各項命令必須以總統之名行之，如同英國以英王之名發布命令一樣。雖然眾議院拒絕從命，但美國最高法院照樣還是以參議院的議決行之。另外參議院也曾經想要仿照歐洲各君主國那樣，在美國的硬幣鑄上總統頭像。

高調的聯邦黨人提議在硬幣上鑄造總統肖像最後雖然失敗，但是他們卻多次要求新政府要設置一些君王飾物。他們草擬了一份巨細靡遺的禮節規範，不過隨即遭斥為「美國宮廷」。[21]他們制定了正式的朝儀，批評者說，「在規定的時間讓華盛頓像東方的喇嘛一樣接受民眾拜見。」[22]一七八七年，參議院在副總統亞當斯帶頭下，為了總統的頭銜足足吵了一個月。不可以稱呼總統為「閣下」，因為大家早就這樣稱呼各州州長。亞當斯說：「要合乎總統的聲譽、威望、尊嚴，一定要有王室或至少王侯的頭銜」，所以只有「殿下」（Your Highness），或者願意的話，「至善的殿下」（Your Most Benign Highness）才可以。[23]最後，在亞當斯催促之下，一個參議院的委員會才提報了「美利堅合眾國總統殿下，自由的保護者」這個名銜。亞當斯這麼執意要為華盛頓制定頭銜，參議院也已經提報，傑佛遜聽說了之後，只能搖搖頭，不禁想起富蘭克林形容亞當斯的話。富蘭克林曾說，亞當斯這個人向來很正直，而且常常很聰慧，但是有時候碰到一些事情卻很瘋狂。他這句話現在已經變得家喻戶曉。[24]

不過，當時瘋狂的顯然不只亞當斯一人，因為華盛頓自己其實從一開始就屬意於一個頭銜，叫作「尊貴的美利堅合眾國總統殿下，自由的保護者」[25]，但是他後來聽到有人批評說這個稱號君主制味道太濃，只好收起這個念頭。不久眾議院在麥迪遜領導下議決了「總統先生」（Mr.

President）這個簡單的稱呼，才讓他鬆了一口氣。不過想要在新的共和國施行君主制的討論並未因此而停止，很多美國人現在更加擔憂了。財政部長漢彌爾頓的財政計畫，包括發行公債、國家銀行等，全都是模仿英國的財政政策。確實，漢彌爾頓和喬治三世政府中的大臣一樣，也想運用任免權及其他一切影響力的來源，為自己及華盛頓的政策爭取眾人的支持。但是，在很多美國人看，卻覺得英國君主政府的腐敗風氣已經開始在美國滋生。

美國早期的政治局勢

由於對君主體制及其腐敗風氣的疑慮，美國開始實施新憲法的第一個十年，其政情絕非普通的政治。事實上，這一個十年，美國政局危機連連，幾乎毀掉不久前眾人苦心孤詣建立起來的國家政府。合眾國，這個擴大的共和國，其實是一次政治實驗，而且沒有前例可循。這一點大家都很清楚。這一類現代的共和國，不曾有哪一個國家版圖擴張到如此巨大。所有的歷史、理論都顯示這種共和實驗從來不曾成功，也不會成功，因此諸位政治領袖一直很擔心國家會有意外的發展，連華盛頓總統在制憲會議結束的談話都說新的聯邦政府也許撐不到二十年。一七九〇年代，大部分政治領袖都不相信聯邦會倖存下來。在這種憂懼不安的氛圍當中，政治絕對不會是我們今天認為的正常政治。

一七九〇年代出現的政黨：聯邦黨、共和黨，並不是現代意義的政黨，兩黨之間的競爭也絕非某些學者所謂的「第一個政黨競爭體系」。那個時候沒有人認為政黨是好東西。確實，當時的政治領袖其實總是極力防止政黨出現，不會想要建立政黨政治。聯邦黨在華盛頓、亞當斯、漢彌爾頓領導之下，從未自認為是個政黨，反而認為自己是合法的政府，但被一些勾結法國革命派、意圖消滅聯邦的人圍攻。至於共和黨在傑佛遜和麥迪遜領導下，也是心不甘情不願的說自己是政黨，並且還是暫時的，其成立宗旨是要防止合眾國變成由聯邦黨領導、英國支持的君主國家。此時聯邦黨和共和黨都不承認對方的正當性，黨同伐異情緒高漲，造成了漢彌爾頓和傑佛遜之間非僅個人恩怨的衝突。一七九〇年代確實是美國史上最激昂、分裂最嚴重的年代。

以上就是了解一七九〇年代以及傑佛遜一八〇〇年參選總統一事的脈絡背景。不知道這些背景，就難以完全理解這個時期一些不尋常的事件和一些人的舉動。此時有那麼多的暴動，焚燒官員肖像；新聞界的惡毒；時常有人相約決鬥；國會議事廳常常在打架；《外國人與煽動叛亂法》賦予政府極大的權力處理外國人，起訴誹謗聯邦官員之人；官員處理外國勢力手法之輕率失當，令人驚訝。一七九〇年代很多美國人都覺得聯邦黨人在美國復辟君主體制十分順遂，我們必須認真看待當時美國人的這種感覺，才能夠理解傑佛遜一八〇〇年參選總統的意義。如同傑佛遜自己後來說的，他由衷相信他「一八〇〇年的革命」是「政府原理方面一場真實的革命，就如同一七七六年那次是政府形式的一場革命一樣。」[26]傑佛遜認為自己拯救了共和國，使得君主制沒有在美國復辟。傑佛遜這麼說有他的根據。

但若是從我們現在的觀點看，傑佛遜自認他參選總統具有革命性的意義這點我們卻難以當真

（特別是那時聯邦黨人推動的財政—軍事準君主國家後來真的實現了。漢彌爾頓一定會喜歡現在的五角大廈、中央情報局，還有那龐大的常備軍隊）。在我們看，傑佛遜參選總統這事情並沒有那麼大膽、那麼激進。他其實從一開始就採取懷柔政策：他說，我們都是共和黨人，我們也都是聯邦黨人；而且共和黨很快就吸收了一些聯邦黨人。史家亨利·亞當斯（Henry Adams）很樂於指出，傑佛遜政府確實偏離了嚴格的共和原理，不但後續政局的發展相當可觀，他的「一八〇〇年的革命」也早就融入美國史中的民主主流，世人幾乎已經不再對這件事有感。

不過，相較於聯邦黨人一七九〇年代想要建立的那種統合的、中央集權的國家，一八〇〇年之後的共和黨卻證明一種接近於真實革命的事情確實曾經發生。傑佛遜徹底縮編了聯邦政府的權力，將聯邦政府改變為類似於《邦聯條例》的機構，而非聯邦黨人原來想要建立的那種歐式國家。事實上，傑佛遜共和黨人想要建立的，是一種普通政府，這種政府治理國家，但是不具有傳統的權力屬性。

傑佛遜從一開始就決心不讓新政府搞傳統那套官場禮節。他刻意和僵硬的宮廷儀典唱反調，設定了一種共和式簡樸（republican simplicity）的基調，不要聯邦黨仿效歐洲宮廷的那一套來困擾美國總統。前兩任聯邦黨籍總統（華盛頓和亞當斯）都是仿照英王，本人在國會「坐在王座上」對國會議員發表演講，傑佛遜卻是發送文告（這種做法一直延續到第二十八任總統威爾遜為止）。傑佛遜讓訪客很容易接近他，做法和華盛頓、亞當斯完全相反。為了彰顯他的政府和前兩任總統不一樣，傑佛遜讓白宮的作風比較隨興，有一次他竟至於穿著室內拖鞋接見英國大臣。他取消歐洲宮廷生活的準則及規矩，代之以平等主義的「先到者先入坐」的規則。

華盛頓原本有一份計畫，要為新的美利堅帝國建設壯麗的國都，傑佛遜卻予以擱置。他希望國家政府無足輕重。一八〇一年，他發給國會的第一個消息就宣告聯邦政府「只負責外部事務及各州之間的關係」，其餘「對個人、財產、名譽的照料，組成人們關注的大領域」，則留給各州自己負責。傑佛遜和他的共和黨人決心要翻轉十年來的聯邦黨政策。雖然就算用十八世紀的標準看，聯邦黨的政府也是小編制的政府（譬如戰爭部，人員編制就是部長一人、會計一名、職員四名、信差兩名），但是傑佛遜卻認為，美國的官僚體系已經變得「太複雜、太花錢」，聯邦黨當政時，官員「不斷增加，殊無必要」。[27]聯邦政府因而大幅縮小了人事編制。所有的查稅員、收稅員全部解編。外交體系減少到只有英、法、西班牙三個任所。聯邦黨人先前建立歐式陸軍及海軍的夢想消失了，軍事預算削減一半。向來只駐紮在西部的陸軍也縮編為三千兵員、一百七十二名軍官。海軍也縮編為幾百艘防禦用砲艇。原來漢彌爾頓所定的財政計畫廢止，所有的聯邦稅目也全部取消。在大部分人看來，聯邦政府現在只剩下傳送郵件的功能。

一八一二年，麥迪遜總統治下的共和黨政府打算和英國開戰，但是卻不肯加強政府發動戰爭的能力。與其讓國家權力得到漢彌爾頓式的提升，他們寧可讓敵人進來焚燒國都。因此，共和黨政府想開戰，但是不想增稅、不想增加國債、不想擴軍、不想擴增行政部門。他們想要證明不必利用常見的權力工具也可以打仗。

一八二八年，安德魯．傑克遜當選總統，看起來合眾國的共和原理應該已告確立，因此傑克遜民主黨人開始感覺他們可以重新實施總統職位中昔日曾有的君主制的部分，不必擔心會有政治後果。傑克遜時代或許並不是普通人的時代，而是超乎我們後人所允許的鞏固及重整的時代。傑克遜黨人把任免（酬庸）發揮到近乎藝術的境地。他們建立了聯邦的官僚體系，並且在傑克遜領導下將美國總統變成了整個國家最民粹、權力最大的官員。傑克遜的反對者出於報復心理，罵他是「安德魯國王」，並自稱為輝格派（這是昔日反對英王高漲之王權的人士自稱的名號）。然而，當時那種畏懼君王的心理早已成為過去，輝格派如今不論如何再也無法兜售他們的反君主意識形態了。

可是，總統這個權力極大的職位始終隱藏著一些君主作風，並且在這以後的幾十年間，經過幾任總統一一恢復。美國憲法第二條規範相當模糊，致令多位總統曾經於戰時狀況中擴增行政權超過預期的時間。所謂的「單一行政權」（unitary executive）其實很多從一開始就已經在那裡。甚至你還可以說一七八七年制定的總統職位根本就繼承了英王所有的王權，只有宣戰、開設法庭、鑄造錢幣等權力明白分配給國會而已，但其實從這半個世紀的歷史看來，就連宣戰權也早已回到總統手中。

所以，二十世紀以及二十一世紀初的「帝王式總統」（imperial presidency）其實是從一開始就已經在制度當中。你還可以爭論說共和制之所以能在美國續存，並不是因為拒絕、而是吸收了君主制的一些基本要素。亞當斯副總統當時或許沒有什麼「政治正確」這種概念，但是當他說合眾國是共和君主國時，他確實是打從骨子裡的誠實，而且也說得十分準確。

後記

本文最初是二〇〇〇年在澳洲勒卓布大學（La Trobe University）的伯納德．貝林講座所做的演講，之後並由勒卓布大學獨家出版，但是後來有經過大幅修改。除了本文所說總統戰時擴權問題之外，「新政」之後總統在內政中扮演的角色也已有擴增。行政權如此的擴張，國會有時候會反擊，譬如設置國會自己的預算局，反制行政部門那樣主導財政。但是現代生活處處危機，要反制行政量能的擴張，變得十分困難。憲法雖然規定宣戰權在國會，但是近七十年來，君王一般的美國總統已經有六次讓美國打仗，事先未經國會正式宣戰。近年來，美國總統也開始插手經濟事務，譬如空前未有的控制汽車工業、金融業。今天，美國政府的君主性格已經比以往更加明顯了。

第九章　美國歷史上的「尷尬」時代

美國憲法所創建的國家政府於一七八九年正式成立時，美國人民比獨立宣言以來的任何時候都更加樂觀、更加具有共識。大家那麼熱烈擁護憲法，所以一時間都看不到國家領導人和州及各階層存在的種種差異。華盛頓在選票全體同意之下獲選總統，使新政府得到應有的尊重。新大陸各地的社群充滿了一種重新開始，在新而堅實的基礎上進行共和實驗的氣氛。一七八九年之際，即便是反聯邦黨人這一群憲法的主要反對者，也已經轉而接受憲法，只是仍然期待不久再進行修憲。事實上，早在一七八七年，反聯邦黨人就已經不再反對強化國家政府的政策，只是沒料到後來憲法創建的國家政府權力會那麼大。因此，先前有這種態度的反聯邦黨人如今確實沒有立場繼續反對新政府，不給新政府機會。

那是個自由的、人道主義的，具有國際視野的時代。美國的領導者眼中這個「崛起的帝國」終於出現了「啟蒙」的希望。共濟會開始盛行，到處都有演說家在承諾結束愚昧、迷信，重新展開一個理性、仁慈、兄弟愛的新時代。眾人侃侃而談的是一種貴族式的情感，追求偉大、榮耀與名譽。這是個新古典時代、奧古斯都時代，是史家琳達・克伯（Linda K. Kerber）口中經歷革命動亂之後一個穩定的時代，文學、藝術在這個時代開始發達起來。[1]美國歷史上從來沒有一個時代像一七九〇年代一樣，國家領導人對於文化成就表現出那麼大的期待。藝術和科學終於越過大西洋，來到新大陸，美國開始進入黃金時代。

但這個聯邦制度的時代，不論你如何形容它，都是個很短暫的時代。這個時代消失得很快，非常難以回頭理解或尋找其原本的樣子。一七八九年美國人的那種樂觀與共識迅速煙消雲散。在那一個十年，一開始時充滿了希望，到最後卻成了美國史上最激情、分裂最嚴重的時代。一七九〇年代末的合眾國瀕於內戰邊緣，依當時英國外交大臣所見：「整個政府體制，根基已開始動搖。」[2]

美國歷史上的尷尬時代

一七九〇年代是美國史上最尷尬（awkward）的年代。這個年代似乎和其前後的年代都沒有關係，像是一個沒有美國現實支持的新古典主義英雄幻境，稍縱即逝。華盛頓那種自覺、相信自己、十分自制的性格就是這個年代最佳的象徵，因為整個聯邦黨的計畫就是面對逆境一次重大的刻意行動。合眾國出現了大眾民主，聯邦黨人出來阻擋，因此在這種民主信仰的發展中成了異端。一切都回過頭來對付他們。他們認為自己在創造古典的英雄國家，希望這個國家的每個部分都成為這個古典目標的象徵。然而到最後，他們留下的卻只是一堆讓人看不懂的圖畫、沒有人讀的詩、古董一般的地名，這裡或那裡一間間的希臘式、羅馬式神廟。他們鄙夷政黨，但後來政黨卻破壞了一七八九年合眾國的和諧。一七九〇年代，他們極力避免和前母國發生衝突，但是卻因此像是一直在折損自己這個新國家的獨立性，最後還發現合眾國後來在他們的政敵執政下，終須在一八一二年與英國一戰。十九世紀初，聯邦黨卓越的領袖漢彌爾頓雖然曾經比任何人都更勇於追求這個時代的夢想，此時也得到絕望的結論：「這個美利堅世界不適合我。」[3]

聯邦黨時代（Federalist era）之所以那麼尷尬，是因為那時候美國的領袖很多都很英勇，堅信自己有辦法控制一切。美國歷史上沒有一個世代像他們那樣清楚自覺到自己的所作所為會影響到未來的世代，或套用當時人常說的：「現今尚未出生的幾百萬人」。這些領袖感覺自己不但對美國的政府、政治體制責任重大，對於美國的藝術、文學、風俗發展亦然。是的，他們對整個美國文化責任重大。

但是，他們當然從未掌握事物及環境。每樣事物都在快速移動與變化。一邊是領袖們假裝能夠掌控一切，一邊是他們企圖處理的各方勢力的動態現實，一七九〇年的怪異與尷尬之處就源自這兩邊的差距。後續美國幾個世代的領袖通常沒有他們那種英勇的態度。十九世紀中葉的政治領袖常感覺自己陷在超乎自己的巨大力量中，受到一些無法避免的要素支配，我們可以說那是天意、進步、公眾輿論，或就是普羅大眾。但是一七九〇年代的政治領袖大部分依附的卻是舊式的階級仕紳世界，認為高高在上的少數幾個人可以控制、操作事物，改造環境。十八世紀的美國是一個貴族承擔、英雄領導、戴假髮穿馬褲的世界。這樣的貴族世界後來開始快速消失，被世人遺忘，而一七九〇年代就是他們最後的一息尚存。之後代之而起的則是史上所見最大眾化、最放蕩、商業氣息最重的社會。

一七九〇年代發生的事情大部分都是開國元勳始料未及，不曾想要的。最明顯的例子就是總統選舉制度中選舉人團（electoral college）的調整。這種調整是費城會議與會者複雜而費心折衝之後產生的結果，但是卻壞了開國元勳的大計。

我們今天或許很難看出那十年間的結果和他們的期待到底有多大的出入，因為事實上他們的希望和夢想很多後來也真的都有實現（即使有的已經是計畫制定幾十年，甚至一兩百年後）。結果是，雖然他們在世之時並沒有完成多少事情，但是我們後世人卻常常稱許這些聯邦黨人以及另外一些領袖的高瞻遠矚，為未來奠定了良好的基礎。華盛頓特區（Washington, D.C.）這座城市就是很好的例子。這座城市的規劃確實非同凡響，但規劃案的執行卻曠日費時。整個十九世紀泰半，這座國都一直都是個笑話，到處都是空曠之地，在其間行進距離總是很遠，有一位觀察者甚至說：整座城市「到處可見半途而廢的工地」。[4]等到這座「聯邦之城」（the Federal City）開始呈現建築師朗方等人當初所希望的模樣時，已經是十九世紀中葉、二十世紀初的事了，甚至還有人說其實要到近數十年才算數。除了這座城市，一七九〇年代其他的夢想也都是很晚才逐漸實現。但是，這個聯邦黨時代諸多的希望和抱負雖然最後終得實踐，終究掩蓋不了充斥於這個怪異狂暴年代的失望、幻滅之情。

這一、二十年間的問題揭露了政治領袖的計畫及目標，與快速變動的社會環境之間的鴻溝。不管是漢彌爾頓還是傑佛遜，不論是聯邦黨人或是共和黨人，這些政策決策者很少有人了解自己必須處理一些很複雜的傳統勢力。不過就算了解，他們也控制不了、操縱不了。

國家政府根本尚未成形，未來也有很大的問題，這個賭注太大了，但是他們也清楚自己將會創造先例。因此，事無大小，每一個主題都承載了重大的意義。參議院用掉一個月時間爭吵要如何稱呼總統才恰當，院內很多人都不覺得那是浪費時間。因為，不論是要稱呼總統為「殿下」或「總統先生」，那個稱呼都關係到政府和國家未來的本質。

聯邦黨人心中的國家

這種不確定的氣氛對於憧憬最清楚的人最有利。他們的目標非常明確，這個「他們」就是聯邦黨的政治領袖，尤其是財政部長漢彌爾頓。聯邦黨內一些最以國家為念的人從一七八七年開始就希望合眾國不要只是各州集合而成的邦聯，而是要成為獨立的共和政府，有權對公共事務採取有力的行動，也使美國成為重商主義國家。但是，若要建立完整的國家政府，聯邦黨的政治領袖認為最大的問題在於「凝聚力」：幅員如此廣大的共和國，如何才能夠一方面讓各州追求自己的利益，一方面又不使共和國分崩離析？這點固然如孟德斯鳩所說，是所有的共和國最大的問題，但對於幅員如此遼闊的合眾國更是重大的問題。共和國應該訴諸人民的道德品質——他們的德性以及天生的友善，來取得凝聚力，以他們自然的情感及善心，而又願意為公益而犧牲個人利益，由下而上維繫國家於一體，而非如君主國那樣由上而下統治。

以今天的語言來說就是，共和國的本質在於公民社會——由人民自願組成，介乎國家和個人之間的一些社團、機構。在我們這個時代，復興昔日蘇格蘭啟蒙運動（Scottish Enlightenment）非常重視的「公民社會」的，是幾個中東新國家以及東歐前共產主義國家。因為他們這樣努力建造可行的民主社會，今天的我們才比較了解公民社會對平民政府運作的重要性。今天的美國人確實比前幾個世代人居於有利的角度，足以理解君主及專制政府比較有利於將多元背景、利益、種族的人民維繫於一體，共和國政府則比較難。

在一七八九年當下，很多的聯邦黨人，尤其是漢彌爾頓，對於以美國人民的德性及自然的友善來凝聚共和國其實沒有什麼信心。這些聯邦黨人說，如果要像傑佛遜、潘恩等激進派那樣依靠一些瘋狂的方案、理想的原則來維繫合眾國的完整，那他們等於沒得依靠。所以，如果要將美國人民維繫成完整的國家，漢彌爾頓等聯邦黨人就不得不另外設法，不能依靠美國人的共和美德及天生自然的友善。

聯邦黨人念茲在茲的，是維繫人民於一體，創造社會凝聚力，結合散漫的各部門、社群，建造完整的國家，但不是依靠理想中的共和國凝聚力。他們後來的種種作為，包括華盛頓提案開鑿運河、漢彌爾頓的財政計畫，都可以從這裡得到解釋。我們前一章也探討過，很多聯邦黨人當時設想的其實就是要將合眾國政府改變成代理君主制（surrogate monarchy），他們想要設計一種制度來取代傳統的君主制紐帶，並將其併入共和國的框架內。[5]

為了取代一七八〇年即已存在的無能邦聯政府，聯邦黨人設想了一個強大、鞏固、繁榮的國家，正如漢彌爾頓所說，「為了完成偉大的目標」而團結在一起。領導這個國家的，是個活力充沛的政府，由社會中最優秀和傑出的人士組成。[6]本書前面說過，他們打算採用一些君主制特有的儀典、威嚴來提升這個政府的尊嚴，簡而言之，他們的目標是要將合眾國建造為足以跟歐洲各君主國分庭抗禮的顯赫壯盛之國。漢彌爾頓尤其期望新政府成為傳統歐洲式的軍事強權。在他而言，聯邦政府不應該是麥迪遜心目中那種超然於外，在各方利益之間進行類似司法裁判的政府。他想要的是積極運用中央政府的權力將合眾國轉變成「高貴、宏偉的事物」。漢彌爾頓和一些聯邦黨人一心夢想要按合眾國自身的條件，使合眾國足以媲美歐洲那些君主國。用華盛頓的話來說，這些條件就是「智慧而強大之國家的特質」。[7]這就意味著要有一個強大的中央政府，它可以深入到一個完整國家的每個部分，有著強大的陸軍和海軍，贏得全世界的尊重。

英國是漢彌爾頓參考的模型。他刻意想要在北美再造十八世紀偉大英國的成就。十七世紀，英國罷黜一位國王、殺害一位國王，擺脫內戰亂局之後，就成了全世界最強的霸權。這個小島位於歐洲北面，人口僅法國的三分之一，但是卻建立了羅馬帝國之後最大的帝國，堪稱該世紀的奇蹟，其成就甚至超越前一世紀荷蘭的成就。歷史上從來沒有哪個國家能像英國這個「財政—軍事國家」（約翰．布魯爾〔John Brewer〕的貼切之語）那樣動員財富、發動戰爭。英國的中央政府非常能幹，能夠向臣民徵稅、舉債，卻不會致使臣民貧窮。[8]漢彌爾頓認為英國的成功在於其國債，以及其金融體制和公共證券市場。英國諸位大臣為其前母國做到這些事情，他打算在合眾國如法炮製。有了這個目標，隨之就有了他的財政計畫。

漢彌爾頓無疑非常關切合眾國商業的繁榮與否，關切「為一個偉大的民族興利」這回事，然而他卻不是現今很多人口中所謂美國新興商業資本主義的推動者。他是十八世紀傳統型的政治家，容許尋常百姓賺取利潤、財富，追求利益以及一點卑微的幸福，但他要的是國家和自己的榮耀、聲名。他鄙視信奉「自由放任」的人，認為商業和利益團體自有分寸。他說道：「很多人奉一些瘋狂投機的謬論為圭臬，自由放任就是其中之一。但是自由放任卻不符合最為文明開化國家的做法及認知……凡是了解商業歷史的人都應該拒絕它。」[9]

漢彌爾頓當然承認利益無所不在，甚至於他根本就認為社會中人與人之間除了利益，絕大部分都沒有其他牽連。但是，身為財政部長，他自己卻是一絲不苟，堅持不營私利，絕不貪腐。其他人（包括國會議員）可以是投機者、貪汙者，但他不是。他決心要超越所有牽涉到利害關係的人，駕馭這些人，利用這些人。他贊同十八世紀英國經濟哲學家詹姆斯．斯圖亞特（Sir James Steuart）所說：「政治家若是為他的政府訂定了什麼計畫，並且要促使自由的人民贊同他的計畫，人的自利心便是個主要的泉源，也是他唯一應該利用的動機。」漢彌爾頓後來雖然否認他的財政計畫背後有把人的自利心列為「最大的動機」，但是他無疑還是認為國債等財政手段「加強了政府與個人利益之間的牽連」，可以強化國家政府。[10]

但實際上，用十八世紀英美世界的反對話語（opposition language）來說的話，他們說漢彌爾頓反而是想要「敗壞」美國社會，欲藉類似君主制政府的力量將現有商業利益和政府綁在一起，創造一個利益及依賴階層來取代現行美國所缺乏的美德和明顯虛弱的共和凝聚力。在地方上，漢彌爾頓和聯邦黨政治領袖從革命戰爭退伍軍人和辛辛那提學會會員之間召募到一批從眾。他們委派重要的地方人士擔任聯邦司法官等聯邦官員，對於財政部及其七百多名海關關員、稅吏、郵局局長的任命也獲得極大效益。一七九三年，聯邦黨已經在大部分的州組成了「政府之友」（friends of government）團體。他們布建的任命及依賴階層從聯邦行政官員到國會，再到地方，非常完整。美國從未像他們這一次這樣，所建立的體制如此接近君主制以及英國前此因羅伯特・沃波爾首相而聲名狼藉的腐敗勢力體制。

聯邦黨人同時還開始設法切斷人民對州政府的情感，希望他們能夠感受到日後應該會很強大的國家政府的威力。聯邦黨人開始想要在憲法中大幅削減各州權力。別的不說，憲法第一條第十款本就禁止各州對進、出口貨徵收關稅及任何稅款，也禁止發行紙幣，掣發特許證。這原來是前現代政府籌錢的主要手段，禁止之後，各州的財政能力立即隨之大受影響。但是現在部分聯邦黨人卻想要進一步削減各州權力，使之成為國家政府的行政單位。當初起草憲法時，漢彌爾頓就希望新的聯邦政府將「比各州政府優越，將各州政府降格為完全從屬地位，較大的州還要劃分為小區。」[11]華盛頓認為各州不久應無繼續徵稅的必要，「因而放棄其所有課稅的對象，交給聯邦。」聯邦課徵消費稅，尤其是威士忌酒稅，目的是要人民感受國家政府的權威。同理，聯邦政府之所以要籌組將近一萬五千名民兵部隊來鎮壓威士忌暴動（Whiskey Rebellion），就是因為漢彌爾頓認為，「如果不釋放一些訊號，藉由軍事鎮壓顯示其力量，不能說政府已經穩固建立。」[12]

但是國家政府不可能依靠軍事力量要人民守規矩。要控制人民洶湧的民主激情，需要一些看似共和主義的巧妙手段。這時，聯邦黨人在司法部門找到了解答。他們亟欲讓法官擔當抵禦革命之後那些失控民主亂象的堡壘。一七八〇年代，關心州議會之猖狂、濫用私產及少數人（尤其是一些債權人）權利的一批人，以強化司法部門為目標發動了一波宣傳活動。

在北美殖民地，法官一直是政府中比較無足輕重的成員，常常由總督看英王的意思派任，一般均視之為皇家總督或行政長官的附屬或延伸。革命期間，美國人並未著手改善法官低落的地位。一七七六年他們在州憲法中將法官任命權由州長手中轉移給州議會，並且透過法治方案進一步削減法官的重要性，使之成為傑佛遜所謂的「只不過是一台機器」。[13]

然而這一切在接下來的一二十年間卻全盤翻轉。一七八〇至九〇年代間，美國的司法部門突然從原先的無足輕重變成了如今所謂美國三方體制政府當中成熟的夥伴，開始和立法、行政部門一樣擁有平等的權力。事實上當時有很多人根本認為司法已經成為控制平民立法機構，保護個人權利的主要手段。共和國早期體制上最大的轉變就是眾人口中所謂「獨立司法」的崛起。但這是一個尚未有人充分闡述的故事。

所以難怪當時的聯邦黨人會想要在各州（尤其是在新的聯邦政府）建立強大的司法部門。新的國家政府當中，就屬聯邦司法體系最容易受到大眾民主壓力的影響，最容易觸及地方上一般民眾的生活。所以聯邦黨人拚命想要建立獨立的司法體系，希望實施罪行的普通法。一七八九年《司法法》賦予各州法院共同管轄權，以國家層次思考的聯邦黨人並不是很滿意，所以他們在一七九〇年代一直極力設法擴張聯邦法院的權力及管轄權。一八〇一年《司法法》，以及整個一七九〇年代聯邦法官對全國性法律的擴大和建設性的詮釋，包含對叛國罪的詮釋，在在顯示聯邦黨人這一方面的做法。然而，後續幾年內馬歇爾首席大法官的法庭的一些做法卻斷然不是國家權力的延伸。這幾年之內，馬歇爾法庭不但駁斥了在聯邦法院執行罪行的普通法的想法，並且還在艾隆．伯爾（Aaron Burr）的審判中限縮了「叛國」的定義，實際是從一七九〇年代的聯邦黨人試圖為國家司法部門爭取的靠前和暴露的立場中撤退。[14]

聯邦黨政治領袖（尤其是高尚的聯邦黨人）之所以有這些宏大的目標，反映的是他們對美國革命在美國社會產生的結果感到幻滅，但是卻相信自己對這個國家的問題已有全國性的解方。但是，除了他們，美國的仕紳領導階層也是普遍對革命的結果感到幻滅，因而促成了一七八七年的制憲。不過，同樣是支持制憲的人士，他們幻滅的程度其實彼此差異很大。譬如說麥迪遜。麥迪遜一樣對民主很有疑慮，一樣希望縮減各州的權力，一樣希望有個強大的重商主義國家政府能夠通過航海法案，保護各州少數債權人的權利，但是他以及一批制憲並支持憲法的人士（尤其是南方及中大西洋地區各州的一些人），卻不贊成漢彌爾頓希望合眾國成為鞏固的類歐洲「財政—軍事」強權的理想。另外，他們也從未曾懷疑過美國政府的平民基礎。[15]確實，麥迪遜、傑佛遜，還有共和黨人的確從未接受歐洲新興的現代國家觀念，自然也不曾接受包含其中的複雜行政結構、大陸軍、大海軍、高稅率、龐大舉債等施政措施。但共和黨人當時拒絕這種現代國家，卻對美國的未來產生了重大的影響。

一些高尚的高階聯邦黨人（High-Federalists）要使美國成為那樣的國家，最後終於造成國家仕紳領袖階層的分裂以及遍及整個國家的派系分裂。傑佛遜和共和黨人真誠認為漢彌爾頓和聯邦黨人決意要在美國建立君主政體。漢彌爾頓同樣真誠否認自己有這樣的目標，民粹的共和黨人如此抗拒他的計畫，只會讓他和一些高階聯邦黨人更感急迫。一七八〇年代末，一些事情的民粹走向嚇到了聯邦黨，情勢所迫，他們通過了《外國人與煽動叛亂法》，並且開始訂定戰爭計畫，準備建立一支數萬名兵員的陸軍，然後召喚華盛頓重披戰袍，擔任這支部隊的總司令。漢彌爾頓甚至還曾經考慮要解散各州。

但是我們都知道最後的結果是傑佛遜於一八〇〇年參選總統，一八〇一年權力和平移轉。因此我們現在回顧起來，已經很難再把當時聯邦黨人或共和黨的恐懼當真看待。雙方當時的害怕都有理由，因為一七九〇年代確實存在一些聯邦黨人、共和黨人都不了解，都無法控制的勢力。雙方最好的意圖很多最後都走味了。

領導眾人的「資格」

制憲諸公希望國家政府吸引的是一些最優秀的人材。用麥迪遜的話來說的話，這些人「有最優良的長處，最為人欣賞的品格」；用華盛頓的話來說則是「眼光與器識兼具」。[16]這樣的人，我們現在會覺得不知從何說起，但是他們這麼說時卻很清楚自己指的是什麼人。他們指的就是類似於他們自己的那種人，才識卓越，擁有十八世紀所謂「仕紳」的一切優點。這種仕紳最好是在哈佛、普林斯頓等優良學院接受過博雅教育，至不濟也要注重修身養性，擁有足夠的財富及獨立性，不必以過於明目張膽或唯利是圖的方式謀生。麥迪遜原本很擔心第一屆國會的成員會是原先各州議會那些保守而狹隘的議員，但是後來他所接觸的國會議員大部分都足以讓他放心。只是之後他很快就發覺，他那崇高的共和國並沒有高到足以永久排除一七八〇年代在各州議會惹了那麼多麻煩的庸俗利益之輩。至少在北方，各級政府都在逐漸民主化，充斥著一些亟欲圖利自己的人士。到了第二屆國會，連威廉．芬德利這種人都進了崇高的國家政府。芬德利曾經在西賓夕法尼亞當紡織工人，是典型的反聯邦黨平民人士，國家政府的規劃原本是要排除他這種人的。

問題在於華盛頓所謂的「眼光與器識兼具」的人實在不好找，即使有，其經濟收入也不足令其以超然無私仕紳的姿態在政府中任事。一七九五年華盛頓要找人出任聯邦最高職務（包括閣員）就一直很困難。眾議院的聯邦黨人指控傑佛遜、漢彌爾頓、亨利．諾克斯說，他們辭去內閣職務「主要的原因只有一個，那就是薪水太少」。[17]傑佛遜的情形其實不是這樣，但是諾克斯和漢彌爾頓則是確實無法依靠這份薪水維持一流的生活水準。政府的中、低階職務當然求職者眾，但這些人都是普通常人，來求職擺明了就是想藉此謀生。

實情是，整個聯邦黨的方案所依據的對美國仕紳階層的理解其實是錯誤的。華盛頓和所有的聯邦黨人一樣，依據傳統共和主義的觀點，認為有錢有閒，獨立而與市場利益直接無涉，將承擔公職視為本身所屬之社會階層應盡之無私義務的人，即屬「眼光與器識兼具之人」。富蘭克林在費城會議提案建議應禁止行政部門所有人員收受薪水或費用，表現了極端版本的共和主義傳統「從公」（officeholding）的觀點。然而事實上，美國的權貴階層，除了富蘭克林等幾個有錢人，以及華盛頓、傑佛遜等幾名南方仕紳之外，大部分都表現不出「有錢有閒，無償擔任公職的貴族」的形象。

天曉得他們有多少人始終在強自維持那種形象，常常最後只為自己和家族帶來了苦果。想要擔任高級公職的商人通常會想辦法自抬身價，將自己的商業公司投入放貸業務，約翰．漢考克、羅伯特．莫里斯都是個中實例。我們前面也探討過，他們這種做法，目標是取得大筆財富（最好都是土地），不必為了積攢金錢，長期勞作，貪多務得。羅伯特．莫里斯、詹姆斯．威爾遜、亨利．諾克斯等人為了維持仕紳獨立性，會這樣拚命從事土地投機買賣，最後搞到身敗名裂，甚至鋃鐺入獄，由此可見傳統「有錢有閒貴族」形象吸引力有多大。因為，現代的我們也許不懂，但是對十八世紀的仕紳階層而言，人如果想要真正超越市場利益，那種真實的獨立性不能不建立在史家喬治・泰勒所謂的「業主財富」（proprietary wealth）之上。[18]「業主財富」是泰勒討論十八世紀法國時所用的名詞。業主財富由靜態財產，亦即我們所說的「非勞動所得」組成，包括租金、債券、金錢放貸之孳息等等。業主因有這樣的非勞動所得，所以才有充分的閒暇擔任公職而不期待高薪。華盛頓說到「有錢的仕紳」時，心裡想的就是這種業主。[19]這些有錢仕紳，因為所擁有的是靜態資產，所以都很害怕通膨。印行紙幣這種事對他們而言非常可怕。這些業主仕紳和他們的英國同類一樣，都會做投機商業買賣，但是絕對不是現代意義之下那種勇於冒險的企業家、商人。他們是以財產樹立個人權威與獨立性的社會領袖，通膨不僅影響他們營生，也有損於他們的身分和社會地位。我們必須掌握這一點，才有辦法理解一七八〇年代這些仕紳群起反對紙幣發行以及債務人救濟法背後那種憤慨之情。

不僅這種業主財富在美國本來就來之不易。相較於英國，美國地廣人稀，土地多，承租人稀少，而且此時商業和貿易也已經開始在創造一種新的財產，使另外一種人也開始擁有財富和權力。這種新的財產絕對不靜態，而是冒進的企業資本；不是對外放貸，而是借錢進來。事實上，這些年內企業人齊聲要求的就是這樣的紙幣。這不是亞當・史密斯界定英國仕紳地主所收租金時所說的，不勞而獲的「非勞動所得」，這是「勞動所得」，要費力氣才會擁有，要真的勞動、生產、交換才會擁有。這是生意人和原始商人（protobusinessmen）——商業農民（commercial farmers）、製造工匠、買賣者、店家的財產，以及所有為了生計而勞動、生產和交換的人的財產，無論他們多麼貧困或富有。

用新英格蘭一位沒有讀過書的農民威廉・曼寧（William Manning）的話來說，這種情形將這幾年來「為謀生而勞動者和不需身體勞動即可生存者」（後者包括一些仕紳專業人士）之間的分野，刻劃得更清楚，顯現一種新財產的崛起。[20]不同於業主財富的是，這種動態、流動、倏忽即逝的新財產無法樹立個人權威或身分地位。用約瑟夫・史多利（Joseph Story）的話來說就是，這種財產「像海浪一樣，變動不居」。[21]因此，要以之建立獨立性也就毫無意義。我們只要了解這點，就能了解人們要參與公職，不論是只當個選民或進入政府任職，財產條件已無關緊要，甚至很快就沒有人再提起。威廉・曼寧、威廉・芬德利一直以來始終在為這種新類的企業財產及勞動生產而來的財產辯護，為「勞動所得」辯護，但他們二人不折不扣正是一七八〇年代麥迪遜等自由派仕紳所譴責的無知識而褊狹之輩。[22]

不過，麥迪遜、傑佛遜，以及南方一批共和黨仕紳領袖對於當時的社會情勢和財產的了解，也沒有比漢彌爾頓及一干聯邦黨人好多少。漢彌爾頓和傑佛遜都不清楚當時美國經濟的走向。這兩個人都認為合眾國未來的繁榮要依靠海外貿易，但他們都錯了。合眾國後來的榮景依靠的是內需經濟，合眾國甚至因此「國內自成一個世界」。[23]十八世紀這些政治領袖之所以如此輕忽內需商業，是因為他們有一個揮之不去的重商主義假設，認為一國之財富唯有依靠他國的消費才會成長。也就是說，一個國家唯有出口多於進口，經濟才會繁榮。[24]

他們認為內需商業只對個人及地區有利，於整個國家無益。內需商業只會把財富在國內移來移去，總量不會增加。然而，美國未來的榮景繫乎於何物，那些從事內需商業買賣的人看法卻不一樣。他們需要紙幣來進行內需商業買賣，而且他們需要很多紙幣。憲法第一條第十款禁止各州發行紙幣，但是所有的原始商人、內需生意人都需要紙幣，這種需求不是紙幣禁令遏止得了的。於是各州在巨大的大眾壓力之下，開始繞過憲法禁令，發給數百家銀行特許證，允許他們發行人民需要的紙幣。漢彌爾頓和傑佛遜一樣，沒有預料到銀行和紙幣會這樣劇增，事實上他和一些聯邦黨人都以為美國第一銀行會吸收各州銀行，壟斷銀行及貨幣發行。[25]

漢彌爾頓和傑佛遜都低估了工匠製造業的重要性。史家喬伊絲．艾波比（Joyce Appleby）曾經告訴我們說，傑佛遜和共和黨都從中大西洋各州的支持中獲益不少，但傑佛遜自己卻完全不明白這點。那些大眾商業勢力照說應該是他在帶領，但是他卻對該勢力的本質不甚理解。[26]漢彌爾頓忽視工匠製造業者的利益則是他政治上犯過的最大錯誤。一七九一年他提出了《製造業者報告》（*Report of Manufactures*），照說其中應有承認內需商業的重要性，但約翰．尼爾森（John R. Nelson）告訴我們說，漢彌爾頓完全無心於製造業，也從來未曾要付諸實行報告的內容。他的計畫都偏袒有錢人和進口商，犧牲內需生產者及商人。[27]結果在一七八七、八八年間，中大西洋各州（除新英格蘭地區）那些原本是熱烈支持聯邦黨的工匠終於被迫轉為支持共和黨。新英格蘭地區這個例外倒是彰顯了一些事實。該地區的工匠有很多與此地海港城市那些富有的進出口商有相當緊密的恩庇侍從關係，所以不會像其他地區的工匠那樣對自己的利益有那麼明顯的感覺。一七九三到一八〇七年間，新英格蘭的利益及繁榮幾乎完全由進出口商吸收。因此，漢彌爾頓的計畫對海外貿易的強調，使聯邦黨人轉而支持新英格蘭，進而遮蔽了事實，讓美國人不再知道美國未來的繁榮主要是繫乎於內需商業的發展，而非國際貿易。

但是，除了新英格蘭地區，其他地方也一樣，各界仕紳領袖及兩黨都活在錯覺中，對美國社會的實情充滿了無知。譬如，一七九〇年代就有多少領袖一心以為蓄奴制度即將告終。美國革命已經釋放出開明的自由原理，因而蓄奴制度消失只是時間問題。南卡的大衛・拉姆齊就認為「這些州五十年後」不會再有半個奴隸。[28]全世界都有開明輿論在譴責蓄奴制度。連湯瑪斯・傑佛遜、派崔克・亨利、亨利・羅倫斯等南方人都開始為蓄奴制之不公不義義憤填膺之際，很多人都相信從「那一刻」開始，「緩慢但確定的致命傷已經上了蓄奴制的身」。[29]

當然，我們都知道，這些預言根本都再錯誤不過了。美國的蓄奴之風在一七九〇年代，非但不是即將告終，反而是正要開始它曾經有過的一次最大的擴張。不過美國革命先賢這種自欺欺人、錯誤的樂觀，卻是可以理解的，因為他們是自己就寧可信其有，更何況也有一些證據證明蓄奴制即將消聲匿跡。在北方各州，蓄奴制本就無關緊要，現在更是忙著清除這種制度。一八〇四年之際，北方各州已全部完成這件工作。跡象顯示，在南方，尤其是上南方（Upper South）各州，同樣也在廢止蓄奴。反蓄奴社團在南方其實多於北方，南方也更加頻繁地解放奴隸。

維吉尼亞是美國當時人口最多、最富裕的一州，不但主導總統職位，而且也為整個美國定調。在維吉尼亞州，自由黑人從一七八〇年的三千人，到了一七九〇年已經增加到一萬三千人。一七九〇到一八一〇年之間，全美自由黑人增加的速度遠高於黑奴增加的速度。美國各州（包括南卡）於一七九〇年代陸續停止國際黑奴買賣。很多人都相信取消黑奴進口最後終將遏止蓄奴制度。不過光是對未來有信心沒有什麼用，開國元勳就是想不到昔日蓄奴各州（尤其是維州）的人口容量，後來足以提供深南方（Deep South）、西南方（Southwest）各擴張區域的黑奴。他們以為蓄奴制度將會自然消失，這是他們諸般錯覺當中最為致命的一個。

如果考慮到一七九〇年代環境之複雜，諸般事件發生速度之快，對於開國元勳無法準確預知未來我們也許會寄予一些同情。那種環境的複雜，事件發生速度之快，以西部移居地最為明顯。政治領袖的錯覺和現實的差距，則是在他們處理西部的方式上最為明顯。

不過聯邦黨人至少沒有誤以為合眾國並不脆弱。合眾國是古羅馬之後最大的共和國，所以隨時都有分崩離析的危險。確實，大陸會議之所以會在一七八七年通過《西北條例》（*Northwest Ordinance*），背後就是因為擔憂合眾國的安危。《西北條例》雖然也做了一些進步的承諾，但這份美國領土殖民計畫其實相當反動。條例中提議在西部新殖民地設立地方政府並賦予相當權威的領導權，像極了十七世紀英國設立軍政府治理頑固殖民地居民但是後來失敗的做法。[30]《西北條例》顯示的是東部的政治領袖很擔心蠻橫的西部人受到歐洲強權國的引誘，離開合眾國。

這種擔憂並非無端而生，特別是當時的民間社團正好也一直在討論每個人都有權隨時「脫離合眾國的限制」。[31]當時在合眾國西邊國境確實也有牽連到英國和西班牙的陰謀在醞釀。事實上，英國一些駐加拿大的官員就相信他們有辦法翻轉美國革命的結果，恢復英屬北美帝國。一七九〇年代時，合眾國會倉促允許佛蒙特、肯塔基、田納西幾個州加入聯邦，後來還違反《西北條例》所規定的領土依序升格為州的程序，在在都說明合眾國政治領袖確實擔心外國勢力的影響。

美國人已經把加拿大視為危險勢力，因此更覺得必須盡快組織西北領地（Northwest Territory）。至於西班牙，美國人卻認為西班牙如今已經老態龍鍾，已無法強力維繫其帝國，其西南及南方領地將如同瓜熟蒂落一樣落入美國人手中。這一點，一七九〇年代美國的政治領袖認為自然的人口壓力自然就會處理，他們普遍認為西部的移民大部分將來自新興的南部各州。但這也是他們對西部的未來所持各種錯誤想法之一。

包括實施《西北條例》，處置印第安人等在內，聯邦黨人的西部政策所依據的假設就是認為西部領地移居地將會是秩序井然之處。聯邦黨政治領袖很多都很密切關注印第安人的命運。戰爭部長亨利・諾克斯當時曾經發表應公平處置北美原住民的聲明。他的這聲明，就算是在現代人類學家都會認為是政治正確的。然而，要購買印第安人的土地權，然後以文明的方法管理、保護，所依賴的前提是白人移居的步調必須穩定且按部就班。

政府在此地來自土地的歲入，以及土地投機客的計畫，其實也都有賴於漸進、階段性、按部就班的移居西部的過程。聯邦政府希望把這裡的土地賣給土地公司和投機客可以有穩定的歲入。土地投機客則是希望他們擁有的土地周邊將逐漸住滿移民，使他們的土地價值上揚，為他們的投資帶來想望中的利潤。

但是這一切都是錯覺。[32]那些移居西部的人，一方面固然無視於聯邦政府的印第安人政策，另一方面面對那些昂貴的地價，也不願意購買土地。他們避開投機客的土地，侵犯印第安人的權利，隨時隨地任意搬家，四處丟下空地和圍困於其中的印第安部落。政府為回應這種情勢，在大眾壓力之下提出一連串措施，到最後終於在一八六三年推出《公地放領法案》（*Homestead Act of 1863*）。政府不斷降低地價，提高信貸額度，縮小購地最小面積，但是人民照樣抱怨不停，也不遵守法律。聯邦政府最後只好承認搶先占地者的權利，甚至最後根本就是免費送地。政府領導人足足花了半個多世紀才完全接受西部移民地的現實。

至於一七九〇年代那些聯邦黨人，他們英勇的計畫和夢想，倒不需要拖那麼久才告破滅。即使在一八〇〇年，聯邦黨人能阻止傑佛遜當選總統，聯邦黨人的美國建設藍圖大部分也已經日薄西山。他們和當時美國新興的流行及商業現實也已經脫節。當時存在的經濟力和人口力量太強大了，已非任何仕紳領導階層可以抵禦，任何選舉可以逆轉。傑佛遜的成功，如果有的話，其祕密就在於他無意間承認了這些商業及大眾力量。他放棄了聯邦黨人建設重商主義類似歐洲強國的目標，多方面削減國家政府的權力，讓每個人依照自己的興趣追求幸福生活。聯邦黨人當時破滅的那些夢想與計畫，有很多只好留待後世（有的甚至要到二戰之後）才由後代美國人逐項完成。

一八〇〇年之後美國人的歷史，也許就是一場長久的努力，想在二百年間完成當初聯邦黨人想在十年間完成的事情：控制美國革命釋放出來的野蠻而強大的大眾及商業力量，建立強盛而完整的國家。如今我們已經建立了世人已知的最強盛的國家。看著這個龐大繁榮、強盛而統一的財政—軍事強國，我們可以說漢彌爾頓以及當時的一批聯邦黨人如今應該可以含笑於九泉之下了。

後記

本篇論文原本是一九九〇年代一次論壇的開幕演講內容。這次「推動『延伸的共和國』」（Launching the "Extended Republic"）論壇由美國國會歷史學會主辦。本文後來收入霍夫曼（Ronald Hoffman）和亞伯特（Peter J. Albert）所編，《推動「延伸的共和國」：聯邦黨時代》（*Launching the "Extended Republic": The Federalist Era*）一書當中。霍夫曼和亞伯特（在美國國會歷史學會的支持之下）籌劃並完成了相當成功的「美國革命的各個觀點」（Perspectives on the American Revolution）計畫，對於吾人理解美國革命及共和國早期的歷史有著重大的貢獻。從一九八〇年代至二十世紀末這二十年間，霍夫曼及亞伯特有時會在特聘編輯協助下，針對美國革命及其結果，推出了包含婦女、黑奴、印第安人、宗教、社會發展、消費模式等各項主題的十八卷著作，成就非凡。

第十章　美國的啟蒙

一七八八年美國憲法的批准，獲得了自獨立宣言以來十年內，美國民眾空前未有的喝采與贊同。一七八八年七月，班傑明．拉許宣告說：「完成了！我們已成為國家。」只是他這句話至少可以說是奢侈的宣告。他真的認為合眾國一夜之間已經成了國家。他說，在美國「到處都是一片歡樂，這在任何時代任何國家都很少見……正義已經從天而降，來到我們這個國度。新的憲法終於治癒了人性所承受來自蠻橫政府、虛假宗教、非法商業的傷害。」這個新國家代表了「智識戰勝了無知，美德戰勝了邪惡，自由戰勝了奴役。」[1]

拉許等革命分子之所以對美國當下立國這麼有信心，是因為他們認為美國已經「啟蒙」了。亞當斯早在一七六五年就已經宣告說，美國所有昔日的歷史全部都指向十八世紀的啟蒙。他說十七世紀的美洲殖民地，已經「在**天意**當中」展開了「盛大的情景與安排，以資啟發蒙昧無知，釋放國土之內受奴役之人。」[2]美國革命則是這一齣偉大歷史戲劇的高潮。當時西方世界已遍布啟蒙，不過尤其以美國為最。和英國完全決裂之後，憲法一經批准，一七九〇年代很多美國人都認為合眾國已經成為全世界「最開化」的國家。[3]

全世界最開化的國家？

不過，對於「一直到近代還是崎嶇荒野，為野蠻野獸所居」的偏遠州縣而言，賓州的塞謬爾·布萊恩（Samuel Bryan）宣稱，要這些州民自稱此地已是全世界最開化的國家，已經達到「相當程度的進步與偉大……史上從未之見」，未免難以取信於人。[4]若和其前母國相比，一七八九年的合眾國其實還是個未開發國家。美國人沒有複雜的朝廷禮儀、沒有大城市、沒有大音樂廳、沒有豪奢的畫室，也不談美術。經濟活動很原始，沒有足以和英格蘭銀行相提並論的銀行，沒有股票交易所，沒有大貿易公司，沒有大資本中心，沒有隨時可以運用的交換、流通媒介。當時每二十個美國人有十九人從事農業，而且大部分都住在鄉村小社區。一七九〇那一年，整個合眾國人口達到二千五百人或以上的城鎮只有二十四個，其中只有五個都會區人口達到一萬以上。倫敦如果發生什麼事情，消息要兩個月之後才會傳到費城。[5]所以難怪當時歐洲人會認為合眾國是遙遠的荒野，位在基督教世界的邊緣，距離當時的各文明中心足足有三千英里之遙。

然而，雖然距離各文明中心這麼遙遠，很多美國人卻堅信自己不但是全世界最開化的民族，而且光憑他們是最開化的民族這點，他們就足以成為國家。確實，美國是全世界第一個憑藉啟蒙價值建立自身國家身分的國家。葛楚．史坦（Gertrude Stein）曾經說美國是全世界最古老的國家，她這話或許說得沒錯。

革命時期的美國人主張的，是一種很奇怪的國族主義（nationalism）。對於美國人而言，讓自己的國家認同啟蒙價值，就是讓它認同一套超越國家的，乃至於普世的標準。他們一方面恪遵啟蒙的普世原理，一方面又效忠於自己的國家，並不覺得這樣有何杆格之處。史家大衛．拉姆齊宣稱自己是「世界公民，所以鄙視以國家為主的思考方法」，但是卻認為自己希望一些專業職業「將藉由我國自己的子民使國家獲益」。喬爾．巴洛則是認為，不能因為他於一七九二至一七九三年入選進入法國國民公會，而認為他不完全是美國人。美國革命結束後撰寫的許多地方州史，都不推崇地方主義及國家的多樣性。事實上，拉姆齊宣稱，這些歷史都在見證美國致力於啟蒙的國家性格，其目的在於「排除偏見、互相砥礪，將我們大家塑造為同質的民族。」[6]

同質的民族！這句話立刻將我們這個時代與遙遠的十八世紀分別得清清楚楚。今天的我們把我們的國家性格視為理所當然，因此享有盡情稱頌美國多元文化的奢侈。但是，二百年前的美國人卻沒有這種奢侈，那時候他們白手起家，剛開始在打造國家。那時候他們還在極力讓自己成為一個民族，而最好的方法就是強調自己當時相當大程度的啟蒙。由於啟蒙運動強調同質及單一民族價值，所以美國人強調自己是全世界最開化的民族，就是認為他們將憑藉此點而成為一個國家。因此他們不論如何就是堅持自己特別開化。

但是他們為何會認為自己特別開化呢？當然，那是因為理查．普萊斯（Richard Price）等歐洲的激進分子一直在他們腦筋裡灌輸一個觀念，說啟蒙運動實際上是他們推動的。一七八七年，普萊斯告訴富蘭克林說，源自於美國的「一種精神」已開始向大西洋彼岸世界散播。普萊斯說，這種精神承諾「社會國家將會比目前所見的情形有利於和平、美德、科學、自由（因而連帶人的幸福與尊嚴）的發展……人的心智將會較為開化，一些愚蠢昏君將被迫開始尊重人的權利，提防自己管太多事情，以免最後管不了事情。」[7]

不過，美國人之所以相信自己是全世界最開化的民族，並非完全因為普萊斯的恭維。他們認為自己有相當充分的根據可以對自己那麼有信心。他們所謂的根據也許沒有什麼道理，不過，重要的是要了解他們為何會有那種看法。唯有這樣的了解才能夠使我們明白合眾國起源的一些事情，同時明白啟蒙運動對十八世紀大西洋世界許多人的意義。

啟蒙的意義

當時的美國人一點都不懷疑自己活在啟蒙時代。到處可以看見黑暗與愚昧的邊界在往後退卻，光明與理性的疆界也一直在往外擴展。相較於大西洋世界多數人而言，美國人很清楚野蠻已開始退讓給文明。美國人在文明的邊緣地帶生活，在那裡，史家佛朗哥．文圖里曾經指出，「落後世界和現代世界之間的接觸在時間上比較突然，地緣上比較接近」，所以他們知道啟蒙開化的過程是何等模樣。[8]在他們而言，轉變為文明，人變得文雅，這種經驗比住在舊世界大都市的那些人要來得具體而切身。

美國人再三提醒自己是年輕而成形中的民族。因為是住在新世界，並且還在可塑狀態，所以他們比舊世界那些懷有成見與習慣的人容易精進與教化。革命時期的美國人在其撰述、演講、詩詞當中，在每一種想像得到的方式，在最誇張狂放的修辭中，都告訴自己他們比世界上任何一個民族都更能改造自己。

因為共和主義者是想由下而上建造國家，所以他們服膺的必然是洛克的感覺主義，亦即主張智識主要不是來自理性，而是來自感官體驗。因為每一個人都有感官，所以洛克的感覺主義不但賦予了平常人的能力新的意義，而且也打開了人經由改變環境而受到教化、教育的可能。

這種觀點存在於啟蒙運動「人人生而平等」的認定當中。即便是威廉．拜爾德（William Byrd）、維州州長法蘭西斯．佛奎爾（Francis Fauquier）等權貴，也都開始承認每一個人，不論其國籍、種族如何，都是生而平等，並且，如同拜爾德所說，「人與人的差異主要是來自改善的機會不一樣」。一七六〇年佛奎爾州長也宣稱：「白、紅、黑，素質好或差，人就是人。」[9]革命元勳們已經準備接受「文化是社會建構」以及「人只有教育及教養方面的差異」這樣的觀念。他們接受這些後來成為現代思想基礎的爆炸性觀念，因此成了美國史最輝煌一代的領導人。他們企圖心高昂，但出身平凡，所以自然渴望從傳統的家族及血統價值擢升至開化的教養及學習標準。

他們認為自己和父祖輩所屬的舊世界截然不同。他們立意成為（雖然常常不成功）傑佛遜口中所謂「自然貴族」（natural aristocrats）。這種貴族不是用出身或家族衡量自己的地位，而是用啟蒙價值以及仁慈行為。身為自然貴族，就必須講理、寬容、誠實，有道德感且坦誠，同時還要有國際觀，站在某種高度綜覽人類事務全景。不心懷成見、不褊狹、沒有粗俗野蠻的宗教狂熱。簡單的說就是，自然貴族具有我們今天所謂「博雅教育」這個理念所呈現的所有特質。

這些革命領袖（包括第二、三線的領導階層）幾乎都是第一代仕紳。這就是說，他們幾乎都是家族中開始上大學，接受如今已成十八世紀開明仕紳記號的博雅教育的第一代。傑佛遜的父親彼得·傑佛遜（Peter Jefferson）是維州富有的莊園主兼測量員，後來入贅望族藍道夫家族。但是彼得·傑佛遜並非接受過人文教養的仕紳，他不懂拉丁文，不會法語，不拉小提琴，據我們所知也從未質疑過宗教制度、蓄奴制度。

他的兒子湯瑪斯就不一樣。確實，所有的革命分子都比他們的父親多知道一些東西。他們渴望藉由自己所知、所信、所珍視者，以及美德與無私證明自己。

最重要的是，同樣是為人民代言，這些革命領袖覺得自己比歐洲那些菁英階層親近民眾。他們不是史家彼得·柏克（Peter Burke）所說從無教養的大多數人「撤出的上層階級」。因為是要建立共和國，所以美國仕紳階層看待人性必須比他們歐洲的同輩寬大。前面說過，君主國可以掌握大片領土，組建王國，統治自私、腐敗、利益及種族多元的人民。反之，共和國卻需要啟蒙開化的社會，而且這個社會還要有凝聚力、道德感，講平等主義。美國人民看起來那麼適合共和主義，必定是因為他們擁有別的民族沒有的一致性、一體性。一七九二年，喬爾．巴洛說，「人民」一詞如今所指稱者已經和歐洲不一樣。在歐洲，人民始終只是社會的一部分，是窮人、街友、可憐人（Misérables）、小人物（the menu peuple）、暴民（Pöbel）。[10]但是在美國，整個社會就是人民。共和的美國不會有臣子、命令、貴族、與人民有別的階級。人民就是一切。

也許有些美國仕紳在自家私底下還是會表現對常民那種傳統菁英式的不屑，但是美國的政治領袖已經不可能再公然稱呼人民為「羊群」（herd）。一七八八年六月維州憲法批准會議期間，埃德蒙．藍道夫在會中用這個字眼指稱人民，派崔克．亨利立刻發言斥責。他說，藍道夫把人民說成「羊群」，無異於「把人民貶到了最下層」，使他們從「可敬的獨立公民變成了一味依賴的臣子或奴隸」。藍道夫被迫立即辯護說，他「用那個字眼只是要傳達**眾多**的意思，無意讓任何人不快」。[11]

從那個時候開始，美國政治領袖就沒有人敢再用如此貶抑的字眼說人民。在他們的演說、文章中，大家都開始為美國人民作為一個整體在各方面都比其他人類開化而歡欣鼓舞。

他們努力為自己的啟蒙建立理論依據，因而創造了一個信念之源，讓他們不但相信美國「例外論」（exceptionalism），也相信自己與舊世界人不同。他們告訴自己說，美國人沒有歐洲人那種奢侈、腐敗，也沒有那麼截然分明的貧富差距。法裔移民、作家克雷維各（Hector St. John de Crèvecoeur）說：「這裡沒有權貴家族，沒有宮廷，沒有國王，沒有主教，沒有宗教統治，沒有看不見的權力人士將權力賦予可見的少數人，沒有僱用數千人的大廠商，沒有奢侈排場，貧富差距沒有歐洲那麼大。」倫敦的那種赤貧人家，那些簡直是浸泡在琴酒中的貧民窟，美國沒有。克雷維各還說，美國主要是由「散布於遼闊領土中的耕耘者」構成，這些耕耘者做的都是自己的事。在美國，南方莊園主那些巨大的房舍和那麼多擁擠的黑人居住區暫且不論，你找不到「讓人望而生畏的城堡和豪宅，與之形成鮮明對比的是一些土屋、破房，其中只見牲畜和人互相依偎取暖，生活在拮据、煙霧、貧困之中。」[12]

正因為美國遠離歐洲，而且如果如同傑佛遜一七八七年說的，「孤立無援，所以我們不得不自行發明，自己執行。不依靠別人，自己想辦法。」這種傑佛遜所說的實用主義，「以決心及發明克服一切困難」的能力，其結果就是美國普遍的繁榮。[13]美國白人開始享有全世界最高的生活水準，整個社會充斥各式各類的貨品。確實，社會啟蒙的程度可以由其享有物質的普遍程度，看大部分人是否擁有傑佛遜所謂這些「可用於日常生活中」的事物而定。人民是用刀叉用餐還是用手抓飯吃？睡覺時是鋪羽絨墊被還是麥稈？喝水是用瓷杯還是木碗？這一切都是繁榮、幸福的指標。傑佛遜相信要真正了解社會啟蒙的程度，「必須把人從家裡找出來，看看他們家的水壺，試一口他們家的麵包，躺一下他們家的床，假裝是要休息，但其實是要試一下他們的床是軟是硬。」[14]

革命使美國人變成了聰明人。大衛．拉姆齊說，革命打開了「這些居民行動力的源頭，促使他們在思、言、行上都掙脫了平日的習慣。」[15]一六四〇至一八〇〇年間美國人出版了那麼多書籍、小冊，其中四分之三是在最後的三十五年間出版的。依照十八世紀的標準，美國人（至少是北方的白人）當時的識字率幾乎高於全世界任何一個地方，而且還在迅速攀升，尤其以白人女性為然。他們讀的書促成了他們的啟蒙。傑佛遜認為率先想到用整塊木頭製造輪框的，是美國的農民，不是英國的農民。他之所以認為那一定是美國人，是因為那個構想最先是荷馬（Homer）提出的，而「只有我們的農民才有辦法讀荷馬」。[16]

在英國，那些保守的貴族因為怕民眾心生不滿，擔心社會動亂，所以一直反對讓民眾接受教育，但是美國的菁英卻全心全意贊成給予民眾教育。美國的領導人這個時期針對民眾教育的重要性做了大量的演講及撰述，這種情形不論是在美國歷史或其他任何國家的歷史當中都很少見。照班傑明．拉許所說，他們的目標不在於釋放個人的天賦，而是建立「整體而統一的教育制度」，以便使「平民大眾趨向於同質，使之適應統一而和平的政府。」[17]

要啟發民智，使人民素質齊一，制式教育只是整個教育過程的一部分。美國國土廣袤，要在這個面積遼闊的國家傳送各式各樣的訊息，美國就開始設立郵局，設立速度之快超乎世界各地其他民族。美國的郵局迅速擴張，結果之一就是新聞報紙開始大量流通。諾亞．韋伯斯特（Noah Webster）說：「全世界沒有一個國家（包括英國）像美國這樣報紙在人民之間流通這麼普遍。」一八〇一年，美國人購買了三百七十六家報社總共二千二百萬份報紙，然而此時美國人口卻還有一半未滿十六歲，五分之一是奴隸，沒有機會看報紙。在當時，這是全世界最大的報紙發行量。[18]

班傑明．拉許說，因為共和國天生是「和平而仁慈的政府」，所以最先促成人道改革的，就是美國人。事實上傑佛遜根本認為美國是全世界最仁慈的國家。他說，「全世界沒有一個國家像美國這麼祥和。美國的法律比較溫和，大家比較會遵守……對待陌生人比較好，比較好客，也比較尊重。」[19]美國革命之後的數十年間，美國人真心自認是敏感重情的民族，比別的民族誠實、寬大、關心他人。

他們熱烈開設各種慈善、人道救援機構，數量以千百計。確實，革命後十年間美國人設立的這類機構、社團真的比整個殖民時期設立的多。這些機構做的事情包括治療病人，協助勤奮窮人，安置孤兒，提供坐監債務人物資，建造房舍供遭遇船難的水手居住等等。麻州人道協會（Massachusetts Humane Society）甚至參與急救「假死」（suspended animation）者，譬如看似死亡，其實未然的溺水者就是。那個時代的人會擔心人未死但遭到活埋的問題。很多人臨死之際都會要求死後不要把他立即下葬，以防萬一他是假死。華盛頓就有做過這種要求。

革命後所見最可觀的人道主義改革就是懲罪制度的調整。傑佛遜等幾個領導人擬定計畫，準備要放寬殖民時期殘酷而血腥的刑罰。潘恩說，既然人是透過所見所聞學習，君主國那樣公開進行殘酷野蠻的刑罰，必會使其臣民變得鐵石心腸而嗜血。「敗壞人心的，是君主國那種流血刑罰。」[20]既然君主國是建立在人民的恐懼之上，必須依賴嚴酷刑罰，所以英國有二百多種罪行都必須處以死刑也許是合理的。但是，潘恩說，共和國不一樣。共和國產生的人民比較仁慈、祥和。

人並非天生就會成為罪犯——現在大家都開始這麼說了。人是因為在這個世界縱欲才變成罪犯。如果人的品格真如洛克的自由思想所認為的那樣，是由環境造成的，那麼罪犯的行為就不能完全歸罪於其一人身上，或許要怪罪的是他那殘暴的父母，甚至是整個社會。一七九六年，新罕布夏州的一名牧師說：「在良心的制裁之下，也許我們都應該認罪，承認在敗壞社會道德上我們也有一份，鋪平前往絞刑台之路我們也有一份。」[21]犯罪行為如果是學來的，那自然可以改正。「那麼，」一七九〇年一名論述者說，「就讓我們把每一個罪犯都視為感染了混亂之疾而在掙扎吧。」「心理疾病是一切犯罪的成因。」[22]既然如此，那麼每一個罪犯就都有拯救的可能，不能再直接予以肉體刑罰或處決了事。

這種開明的觀點傳遍各地，瓦解了新共和國各州支持死刑的民情。但是這些改革者並未對罪犯手軟。傑佛遜所擬的刑罰雖然訂定應處死刑之罪只有叛國和謀殺兩種罪行，但是對其他的罪行所定的也是「以眼還眼」式的報復性法律。所以下毒害人者，他們同樣令其飲鴆而死；強姦罪犯或雞姦罪犯，他們閹割犯人；女人犯罪，他們會在犯人鼻上穿一個半寸寬的洞。一七八五年的麻州，製造偽幣已罪不至死，但是卻要套上枷鎖，送到絞刑台上，以繩繞頸，受二十下杖刑，砍斷左臂，然後再服三年勞役。

雖然各州大部分都有採取實際措施改革各自的刑罰，但是整個一七八〇及九〇年代，卻是由賓州率先開始這種（如他們自己的議會所說）意在「矯正，而非摧毀，改正並革新犯法者」的開明改革，不是抹除犯法者或在他們身上做記號了事。賓州廢止「烙手心」、「割耳朵」等肉體刑罰。除了殺人罪之外，也廢除了死刑。該州還訂定一套以罰鍰、監禁為主的罰則。他們將罪犯拘禁在牢房之中，和外面世界的熱鬧環境隔開，獨自感受自己的罪疚。「心靈的平靜沉思，」一名心嚮往之的法國觀察者宣稱，「帶來了懺悔之情。」[23]

種種措施當中包括設立感化院。這種感化院將監獄改變成費城官員口中的「革新學校」。一八〇五年，紐約、紐澤西、康州、維州、麻州皆跟著賓州，依據「單獨監禁」原理相繼設立感化院。啟蒙哲學家發覺，西方世界沒有一個地方像美國這樣改革刑罰這麼徹底。[24]

美國人不但相信自己這一國的社會比其他國家的社會明智、平等、繁榮、仁慈，而且認為自己比舊世界各民族來得理性，沒有那麼迷信。實際上，他們已經摧毀了當時的宗教建制，創造了歐洲的自由派只能夢寐以求的某種程度的宗教自由。用一七七七年紐約州憲法的話語來說，美國人認為他們的革命目的是要終結「偏執、懦弱、邪惡，充滿野心的神職人員藉以使人類深受其苦的精神壓迫及不容忍。」[25]

這種宗教自由雖然實際上是因為新增很多宗教團體而造成的，但是美國人其實一般並不贊同宗教多元。宗教的破碎化令大部分美國人深為驚駭。對於宗教的差異，大部分美國人能夠接受的僅及於允許寬容及良心自由的差異。連啟蒙改革者傑佛遜都希望每個人最終都成為「一位論」的信徒。①

因啟蒙而造就的民族，因啟蒙而鑄成的國家

一七九〇年代愈來愈多人逃離英國及歐洲暴政，來到美國。美國人有各種理由相信本國已成為自由的庇護所。一七九四年春，著名科學家約瑟夫．普利斯特里在英國受到迫害而逃到新世

界，行前都柏林愛爾蘭人聯合會（United Irishmen of Dublin）獻上他們最誠摯的祝福：「你即將前往快樂的世界……有華盛頓和富蘭克林的世界……你將前往的國家會將科學用於正途。」

這樣的移民潮意味著如今歐洲各民族都已經有代表在美國。這些人接著又有助於美國人完成啟蒙思潮的博愛夢想，如同班傑明·拉許所說，使「不同國家及語言的人……如同同一位父親的子女一般交談。」[26]但這並不是說美國那些領導人在現代意義下贊同民族多元。絕對沒有。讓這些革命領袖感受深刻的，並不是這些移民來自如此多元的文化，而是他們竟然可以這樣涵化（acculturation）、同化（assimilation）為一個民族。紐約市是全美種族、宗教最多元的地方，約翰·傑（John Jay）住在這裡；他有八分之三的法國血統，八分之五的荷蘭血統，沒有任何英國祖先，但是卻可以一臉正經的在《聯邦黨人文集》第二號中宣稱：「天意很樂意給了這個連結起來的國家一個統一的民族——源自相同的祖先，講一樣的語言，信奉相同的宗教，遵守相同的政府原理，態度和風俗都很類似，經由共同的計畫、力量和努力……創造了普遍的自由及獨立。」[27]

革命先賢的「現代國家」觀念是十八世紀當時英、法、德改革派都有的觀念，但這個觀念追求的卻是同質性，不要有語言、種族、宗教的差異。十八世紀的歐洲分割成極多公國、領主國、城邦，總數幾近三百五十個之多。有些城邦雖然已經開始互相聯合，但是卻不是那麼穩固或同質

---

①編按：傑佛遜信奉的一位論（Unitarian）否認三位一體和基督的神性。此派強調上帝只有一位，並不如傳統基督教相信上帝為三位一體（即聖父、聖子和聖靈）組成。

性。英格蘭足足經過幾百年的努力，才將威爾斯、蘇格蘭、愛爾蘭置於其控制之下，且直到一七〇七年的《聯合法案》（*Act of Union*）才真正建立了所謂的「大不列顛王國」（Kingdom of Great Britain）。然而各種事件顯示，他們建造單一國家的過程至今仍未結束。法國的情形更糟。以現代標準來看，法國十八世紀的古老王朝還是許多省、民族湊集而成的大雜燴，不足以視為一個單一國家。西班牙一直到近年才開始同化卡斯提爾（Castile）和亞拉岡（Aragon）這兩個王國，但是巴斯克（Basque）和納瓦拉（Navarre）卻仍然維持相當程度的獨立，不受中央君主的管轄。

歐洲的改革派想要藉由共同的文化填補境內的種種差異，維繫人民於一體，美國的革命領袖也是這種想法。他們認為，由於美國人是理性而同質性的社會，所以已經成為全世界最開化的國家。他們革除了舊世界社會特有的農村習俗、手工藝節日（craft holidays），以及莫里斯舞（morris dances）、夏瓦利模擬遊行（charavaries）、逗熊（bear-baiting）等等原始特有民俗活動。新英格蘭清教徒禁止了很多這一類民俗節慶及習俗，其他地方則是因為不同民族的混合及移入而使這一類習俗大部分消失。在新英格蘭，昔日舊世界留下的節日只剩下十一月五日教宗日（Pope's Day），亦即殖民地版的篝火之夜（Guy Fawkes Day）。各地的開明菁英認為這些平民習俗、節日大部分是迷信野蠻的殘餘，因此，這些習俗大部分在美國看不到，也算是這個新的國家啟蒙與一體的象徵。[28]

美國人在很多方面都比歐洲各國像個單一民族。美國人大部分說的是同一種語言，不論在哪個地方，人和人之間彼此都能夠互相了解，十八世紀啟蒙的美國人最引以自豪的就是這點。歐洲各國不是這樣，則是舊世界那些啟蒙改革派最大的遺憾之一。地區和地方方言把歐洲人彼此分割開來，即便大家在同一國內也不能倖免。約克夏人到了薩默塞特，沒有人聽得懂他在說什麼；薩默塞特人到了約克夏亦然。法國大革命之前，法國人大部分說的不是法語。

反之，從緬因州到喬治亞州，美國人不管在哪裡彼此都聽得懂對方的話。紐澤西學院（後來的普林斯頓）校長維澤史班說，為什麼會這樣，道理很明白，「美國人往往不是定居於一處，常常搬家，所以不論是腔調或措辭都不會受制於地方特性。」29

諾亞．韋伯斯特說，在英國，把英國民族分開的，就是語言。宮廷和上層貴族訂定了使用的標準，他們和其他人所使用的語言遂因此有了差異。韋伯斯特說，美國的情形就不是這樣。美國語言使用的標準是依照全國實際使用的情形定出來的。所以美國有「最好的機會可以建立國語（national language），使之以前所未有的清晰與一致……呈現給人類。」沒錯，韋伯斯特真的認為美國人說的是「現今世人所知最純粹的英語」。他預言一個半世紀之內，北美將會住滿一億公民，「每個人說的語言都一樣」。全世界沒有一個地方像美國這樣有那麼多人「能夠像一家人一樣交誼、交談」。30

另外一些人對於美國語言的傳播有更大的憧憬。亞當斯等人倡議說美語終將成為「下一個普世語言」。一七八九年，甚至有一名法國官員也對此表示同意。在興致昂揚的一刻，他甚至預言美語注定將要取代委婉練達的法語，成為世界語言。他說，美國人「在厄運的淬鍊之下，比較有人性、寬大、容忍。這一切都使得你願意和這樣的一個民族分享意見，學習他們的習俗，講他們的語言。」[31]我們只能假設這一位法國官員的政治生涯將會很短命。

我們可以理解美語也許會征服全世界，因為只有美國人才是真正的世界公民。華盛頓說，啟蒙就是「成為這個廣大人類偉大共和國的公民」。美國史上，革命世代比後來任何一個世代都更渴望表現國際觀。強烈的地方情感在農民及落後民族中很常見，但是受過教育而開化的人不論置身世界何處都應該感到自在。確實，一個啟蒙仕紳必備的條件就是沒有地方成見及褊狹的關係。一個人的人道情懷可以由他善待陌生人，進入甚至是與之不同之人內心的能力看出來。美國人很自豪自己的好客以及總是善待陌生人。好像克雷維各所說，在美國，「陌生人」這個概念並不存在。「你在歐洲旅行，一出自己國門，你就成了陌生人，但是在這裡不會。適切說來，我們都不知道有陌生人，這個國家是每一個人的國家。我們各式各類的土地、狀況、氣候、政府、物產全都有一種東西讓人感到愉快。」[32]

此中真相，潘恩在《常識》書中宣稱，在於美國人是全世界最有國際觀的民族。美國人超越一切地方偏見，認為別的國家的人每一個人都是他們的同胞，不理會鄰里、市鎮、郡縣這種區分，認為這種「區分對於大陸型的心靈而言太過狹隘」。[33]他們是自由人，所以他們是全世界人的兄弟。

這是二百年前美國人的啟蒙夢想。若以我們現在全知的後現代觀點觀之，我們只會驚訝當時所謂建立開化自由帝國之論的傲慢及虛偽。然而正因為合眾國如今已成為全世界曾經有過的最大、最富裕的帝國，所以我們才會只看到其成就的狹隘，所憧憬者的失敗。看到他們其實不願意廢止蓄奴制度，促進種族平等，公平對待原住民，他們那樣講啟蒙，講美國的希望，就顯得很虛偽。然而，事實上正是因為美國人當時致力於追求啟蒙，所以他們才首次大規模具備動機及道德能力去譴責自己人對待印第安人及非洲人的方式。革命後數十年間美國白人對待印第安人、非洲人之殘酷，沒有人可以否認，但後來愈來愈多開化的美國人出來斥之為道德邪惡，其譴責力道之強烈卻是前現代前啟蒙時代所未見的。

因為這些啟蒙理想至今仍是美國國家性格的源頭，所以我們必須了解這些理想本身及其起源。我們現在雖然一直在談多元（diversity）及多元文化（multiculturalism），但是若要處理當今全世界所見巨大的人口變遷及運動，我們的立場在各先進民主國家當中仍然是最優越的。當今歐洲所有先進民主國家都有同化移民的問題，也都遭遇了嚴重的國家認同危機。在這一方面，我們美國現在不論發生什麼問題，和歐洲這些先進民主國家比較都顯得輕微。

當然，這個世界不是只有美國依據啟蒙價值塑造國家性格。法國亦是宣稱依據普世啟蒙原理立國。但諷刺的是，法國對於啟蒙思想當中單一同質國家的想法太過認真，以致於他們的集體國家一體感容不下阿拉伯人及其他少數民族的存在。美國則是後來開始把自己視為個人組成的國家（在我們國勢較強之時，甚至是對全世界任何人開放），而非單一個實體，因而比較能夠妥善處理爆炸性的未來人口問題。未來的幾十年將會測試出我們美國人，願意成為何種程度的開化移民國家。

後記

近年來，史家開始運用新的取徑探討英美啟蒙運動。他們認為啟蒙運動並非只是涉及理性、自然神論以及大衛・休謨、亞當・史密斯等高層次哲學家之著作的運動，非常認真看待當代人心目中「啟蒙」所代表的意義。而當代人在這一方面多所著墨的則是「禮貌」及「教養」的成長。探討十八世紀英美人生活的史家賦予了茶會（tea parties）、信函書寫（letter-writing）等世俗事物新的意義。關於這個擴大的「啟蒙」概念，請參閱理查・布希曼（Richard L. Bushman）著《改良美國：人、房屋、城市》（*The Refinement of America: Persons, Houses, Cities*, 1992）、大衛・希爾德（David H. Shields）著《英屬美利堅的文明語言及禮貌信函》（*Civil Tongues and Polite Letters in British America*, 1997）、勞倫斯・克萊因（Lawrence E. Klein）著《沙夫茨伯里與禮貌文化：十八世紀初英格蘭的道德話語與文化政治》（*Shaftesbury and the Culture of Politeness: Moral Discourse and Cultural Politics in Early Eighteenth Century England*, 1994）。

本文最初是二〇〇二年在倫敦大學美國研究院（Institute of United States Studies）發表的演講稿。後來經過修改之後收入蓋瑞・麥道威爾（Gary L. McDowell）及約納珊・歐尼爾（Johnathan O'Neill）編輯的《美國與啟蒙憲政主義》（*America and Enlightenment Constitutionalism*, 2006）文集中。

第十一章　美國早期權利史

現在的美國人常常把「權利」掛在嘴上，我們都相信權利凌駕於所有主張、價值之上。我們那麼在意自己的權利，但常常以為權利是新近才有的東西，始自於華倫首席大法官時期的法庭（Warren Court）及民權運動之後。不過我們對於權利的牽掛其實一點都不新，我們從美國歷史的一開始就很有權利意識。

美國的權利史和大半美國歷史一樣，始自英國。當前在美國談什麼西歐對美國文化的貢獻並不是什麼時髦的事情，但是若以我們對權利的那種牽掛而言，我們的權利意識大部分確實是源自於我們的英國傳承。美國於一七九一年開始實施權利法案，但英國在此之前就有權利法案，也早就很關心權利問題。正如首席大法官湯瑪斯・哈欽森一七六九年對麻薩諸塞一個大陪審團說的：

「光是提到**權利**這兩個字，都會讓英國人特別激動。」[1]中古及近代早期的英國人都很重視他們個人自由及財產方面的權利，這些權利都明載在他們的普通法中。這部普通法有一些相當堅定的原理，譬如沒有人可以成為自己案件的法官，未經物主同意，不得擅自取走他人財物等等。這些權利與自由屬於全英國人民所有，其效力並非來自書面上的描述，它們不知從多久以前就存在於英國的習慣法及不成文法中，隨附在每個人的身上。

不只人民有其權利，英王也有他的權利。英王的權利通常稱之為君主特權（king's prerogatives）。英王這種治理其版圖的特權，或說是王室權利，與人民的權利及自由一樣神聖、古老。在那個遙遠的中古世界，君主必須完全負責治理其版圖，維護人民的安全，促成正義的彰顯，也就是保護人民的權利。國王的法庭必須裁決所有法庭及版圖內共有的法律，由是發展出「普通法」一說。

君主的最高法庭——國會（Parliament）在十三世紀某時開始成形，由封建貴族及各自治市鎮、郡的代表組成。其中，封建貴族部分後來發展為上議院（House of Lords），鎮、郡代表部分發展為下議院（House of Commons）。和現代英國國會不一樣的是，當時的國會只是偶爾由國王召開，並不直接負責治理國家。那時候國會的責任主要僅限於透過議決國王治理版圖所需的支出，向國王呈報人民請願案，以解決民怨，修改及訂正普通法以確保正義得以遂行。這種修改、訂正並非現代意義的立法，因為那時候的人認為法律並非「發明」出來的東西，而是在習慣及前例中「發現」的東西。現代的法律觀念以法律為立法機構發出的命令，在他們當時是無法想像的。對於他們而言，法律即是正義，其目的是保護人民的權利，免於他人及君主的侵害。

就這樣，君王有其進行治理的權利，人民對自己的自由、財產也有同樣古老，一樣合法的權利。所以，如果有人說一部英國憲政史可以視為這兩種相互競爭的權利之間的鬥爭史，這種說法確實並不為過。法庭（包括國會這個高等法庭）的本職是裁決這兩種互相衝突的權利之爭端。由於君王在他努力履行其治理責任時，經常會侵犯到人民固有的權利，英國人常常覺得有需要英王以書面承認他們的權利。這種承認，在中古時代早期採用的形式是加冕宣誓（coronation oaths）以及由君王發布法令（assizes）及憲章（charters）。一二一五年，封建貴族強迫約翰王簽署了一份文件，這份文件後來成為英國史上最著名的文件，那就是《大憲章》（*Magna Carta*）。英王在《大憲章》中明白承認英國人民的習慣權利，包括「除非經過上院議員的合法判決或國家的法律規定」，否則自由人不得予以拘禁、放逐、處決。這表示這個判決必須是普通法法庭或國內最高法庭（國會）的判決。

英國史上此後的幾百年這種權利鬥爭更加激烈，英國人民也更加企圖要對他們的國王施加限制。十七世紀，這種鬥爭達到顛峰狀態。一六二七年。英王查理一世為了籌錢企圖強制借款，五名騎士挺身反抗，卻被他恣意關入監牢。這造成眾人紛紛訴諸《大憲章》，強調臣民對自身財產的權利不可侵犯，並且未經議員合法判決，不得予以監禁。一六二八年，下議院為此向查理一世呈提權利請願書，查理一世被迫接受。

可是英王的權利及人民之自由兩者之間衝突並未因此化解。經過一場血腥的內戰，砍了一名英王的頭，罷黜另一名英王之後，君民之間的鬥爭方告底定，這就是發生於一六八八、八九年間的光榮革命。一六八八、八九年間，非常國會（Convention-Parliament）提出權利宣言，迅即成為英國憲政極重要的一部分。宣言羅列各種權利，經威廉三世簽署之後，成為《權利法案》。國會在此宣言中宣布國王若犯表列中之行為，視為非法，此等行為包括擱置法律、利用君主特權籌錢、未經國會同意維持常備軍隊等等。國會同時還主張英國人民擁有某些權利及自由，包括佩帶武器、向國王請願、自由選舉及常設國會，人民在其中享有言論自由、不得予以過多罰款、保釋金等等。[2]

不過，吾人必須了解很重要的一點，那就是一六八八九年這樣提出權利要求的，是出於國會的行動。英國的《權利法案》目的不是保護人民不受國會權力的干擾，而是保護人民不受國王權力的干擾。確實，要說國會會危及人民的權利，那是不可想像的。只有國王才會那樣。所以，作為英國的最高法庭，國會是保衛人民權利與自由的堡壘，因此對國會施加限制也很無謂。所以總的結果就是，英國的法律或憲法都沒有對英國國會的行為施加限制。時至今日，儘管有些英國法官會訴諸歐盟的數項宣言，英國國會至今仍未受到任何限制。所以英國國會是當今全世界權力最大的政府機構。

一六八九年之後的數十年間，英國人非常相信暴政只會來自統治者，國會不會對人民施加暴政。既然國會已成為主權體（sovereign），既然代表人民，替人民代言的下議院已經控制了傳統上會妨害人民自由的君王權力，英國人民因此失去了從前那種將個人的權利表列及法制化的興趣。人民既然已經控制了政府，前此那種以憲章界定人民權利，人民與政府之間訂立契約的做法就失去了意義。如果國會的高等法庭代表或體現整個國家，其判決實際上即是整體國家所發的主權命令。以前的裁決現在變成了對每個人都有約束力，涵括每個人之權利的立法。國會既然是人民權利的保護者，自然不會侵害人民。

與殖民母國不同的權利發展史

時代來到美國革命，受過教育的英人大部分都已經認為他們的權利唯有牴觸英王而已，不會牴觸其他人。主權國會及眾代表既然是保衛他們這些權利，所以完全不存在會牴觸國會及眾代表的權利。美國的殖民地居民雖然沒有英國人這種對於國會的信任，但是他們一樣懼怕國王的權力，一樣認為本地議會是保衛他們權利的堡壘。如同英國人民和國會的關係，殖民地也很少有人認為殖民地議會會侵犯他們的權利。譬如說，從一七三五年的曾格案審判（Zenger trial）之後，就再也沒有王室總督敢對人民提出煽動誹謗罪指控。然而，殖民地議會雖號稱是人民的代言人，卻依然繼續引用普通法懲罰人民對議會的「煽動誹謗」。換句話說，新聞自由是針對王室而存在，但不是針對人民的代表，只要誹謗議會，那就是煽動罪。[3]

一七六〇至七〇年代正值那一次最終撕裂英帝國的危機期間，這個時期美洲殖民地居民有的是英國悠久的人民權利遺產可以利用。和英國人一樣，美國人很熟悉英國人民始終在設立書面保障文件，以免受到國王擅權侵犯他們的權利。殖民地自己的過往也有很多描述人民權利的書面文件。從一六四八年麻薩諸塞灣的「一般法律與自由」（Laws and Liberties），到一六八三年紐約的「自由特權憲章」（Charters of Liberties and Privileges），早期殖民地議會始終覺得必須以書面承認威廉・佩恩口中的「那些屬於英國人天賦人權的……權利及特權。」[4]

然而，十八世紀政府及法律皆已告穩定之後，殖民地這種將自身權利法制化的需求卻開始衰退，和其母國的情形如出一轍。但是英國人那種保衛自身權利，免受國王統治權之侵犯的本能卻始終還在，隨時都會復甦。要統治者以書面承認這些權利是此一本能的一部分。所以帝國危機期間，維州亞瑟・李（Arthur Lee）這樣的殖民地居民很自然會在一七六八年呼籲訂定「足可稱為美利堅大憲章的權利法案」。[5]

確實，史家約翰・瑞德（John Reid）提醒我們，一七六〇及七〇年代殖民地的反抗運動其實全部都是殖民地居民作為英國人在保衛自己的權利。[6]美國革命前夕，英王前一世紀頒授給多處殖民地的憲章此時在殖民地人民眼中，已經變成一篇篇小型的《大憲章》，其中的目的，一個新英格蘭人宣稱，是要「確確實實削減我們本應享有的權利與特權」，並且「指明並劃定國王的特權」。他們諸多的憲章，「從其素材及事情的現實來看」已經轉變成「唯一的證據，證明英王和美利堅臣民曾經有過協議。」（在沒有獲頒這種憲章的地方，大家認為委任給總督一樣可以確保。）約瑟夫・霍利也說，這些憲章已經不再是國王給予的，而是隨時可以單方面收回或廢止的特許或授予，「以授予方式運作只是形式，沒有實質可言。」這是「英王及我們的祖先之間製作及執行的相互協議」，是統治者與人民所訂的契約，規範雙方的權利，但尤其是規範人民的權利。[7]

這種想像中國王及人民兩造間的權利契約並不是洛克所說的那種契約，而是輝格式的契約。洛克的契約是人民要形成社會時彼此之間的契約，輝格式的契約則是大半個十八世紀一直存在於英國人想法當中，一直在要求人民須遵守國王特權法令及命令。統治者和人民（平等的兩造，各自都有與對方平等的權利）之間的這種契約，不論是法律性質或商業性質的，其主要的考量在於保護及忠誠（allegiance）。「忠誠，」一七七四年詹姆斯．威爾遜寫說，「即是信賴與遵從，每一個臣民都必須以此對待其君主。這種遵從建立在由政府衍生而出的保護之上。因為保護和忠誠是一條相互的紐帶，連結了君主及其臣民。」這種忠誠和同意不一樣。「忠於君主和忠於政府，」威爾遜說，「兩者所依據的原理很不一樣。前者的基礎在於君主提供的保護，後者在於其代表權。疏忽這種差別已經使我們對於連結的理念產生了很嚴重的混淆、疑慮。然而，大不列顛及美利堅殖民地之間本該存在這種連結。」[8]

混淆不清的公私領域

人民與君主雙方締約這種事，更不用說家父長般的國王及母國這種事，顯示對於十八世紀大多數北美殖民地人民而言，公私領域仍然是混淆不分的。確實，當時的殖民地人民從來就不認為國王和人民之間的權利鬥爭是公與私權利之爭。因為即使已經到了革命前夕，當時的人還是沒有現代人那種公私分明的分辨。人民那些古老的權利及自由既是公的，也是私的。國王那些權利（那些君主特權）是私的，也是公的。所謂的公共機構有私人權利，個人則有公共責任。舉例來說，國王的特權，或說他統御版圖的首要權利，來自於他那「富中最富」以及全社會最大地主的個人職位，他的政府則是由他的王室延伸而出。但是同樣的，一位殖民地居民卻如是說，所有的私人家族或家庭，「這些政府的一小部分」，都有協助國王治理國家的公共責任。[9]

這一切意味著，我們今天說是個人權利的一些東西，殖民地時期的殖民地居民卻很習慣他們這些東西受到「社群」或者「公領域」的控制及管理。在這種前現代的殖民社會中，政府會出面管制個人種種行為，尤其是管制人民的道德及宗教行為，從來不覺得自己在剝奪人民的自由和權利。一七六〇到七四年間，麻薩諸塞的高等法院及普通法院總共起訴了近二千八百個案件，其中一半以上是非婚姻交媾（fornication）及言行褻瀆（profanity）等性犯罪及宗教犯行。其他的案件很多都是酗酒、誹謗，及不良行為、儀態等案件。但是殖民地政府同時卻又不太理會我們今天會說是「公事」的一些事情。皇家總督沒有立法政策，議會不推動立法計畫。政府的活動很多都是私人的、地方的、裁決性質的活動。殖民地議會仍然自居為判決案件的法院，而不是立法的機構。他們很多時間都花在聽取人民請願，然而這些請願的內容常常是個人或團體對別人或別的團體的抱怨。史家威廉·尼爾森研究一七六一年（他說隨便哪一年都是典型的一年）的麻薩諸塞普通法院，發現「只有三個案件是要調整法律或立新法，勉強可說是立法案件。」[10]

事實上，對於殖民地居民來說，我們現代人所珍視的立法、行政、司法三權分立並沒有這樣的清晰。由於沒有現代的官僚機構，也沒有什麼現代的強制機制，幾名巡警和警長就構成了一支警察部隊，且通常由法院來行使政府的強制力，並從事大量的行政甚至立法工作。他們通常還會尋求社區的協助。

這種司法行為或權力行為（但事實上是政府大部分的行為）都是不直接給薪的。那個時候仍然沒有人把政治當作有給職或常任公務員看待。大部分的職位仍被視為私人的公共義務，具有不同程度的合理性，個人應該「免費慷慨為之」，是個人對社區的虧欠。[11]社會上每一個人都有義務協助政府治理領土，協助的程度應與其社會階級相當，其中國王應該是在最高階級，因為他就是站在社會階層的最頂端。

史家亨德里克．哈托格（Hendrik Hartog）曾說，殖民地時期大家基本上都認為政府的基本功能在於徵召及動員個人的力量執行公共事務。他說，「政府比較常做的是確保或制裁他人的行為」。[12]十八世紀時，紐約市如果需要打掃街道、鋪路，它不會僱請包商或成立公共事務部門來執行，而是援引法規，要求城裡每個人清掃或修復自家及商店周圍的街道。同理，康乃狄克殖民地如果想創立學院，殖民地政府不會自行建設，自行經營，而是將法定權利交給個人，由私人建設經營，簡而言之就是成立我們所謂的「公司」（corporations）。

從建造碼頭、渡輪，到保養道路、旅店，大部分公共施作依靠的都是私人力量以及私人資金。政府總是歲入不足，多半都必須運用法律權力動員社群，逼迫私人善盡其公共義務。個人若未善盡其公共義務，政府會對他進行制裁。相反的，政府也會以公司特許證、執照、各種法定豁免權，加上在收費處、所任職等條件引誘私人完成其公共目標。[13]既然政府，包括國王，不過是眾多財產持有者當中的一個財產持有者，他當然不可以未經財產持有者的同意，為「公共」目的奪去該人的「私有」財產。換句話說，當時的政府沒有現代政府有的徵用權概念。

革命的目的就是要徹底改變這一切。美國人創立了共和體制，開始發揮注重人民集體公共自由的新羅馬輝格思想傳統。[14]美國人用這種方式強調共和聯邦的力量，突然一下子對於跟公共利益對立的私人權利及利益有了意識。以前政府會為「公共」的事情動員「私人」的力量，這種事情現在看起來變成了一種「腐敗」，亦即這其實是以「公」謀「私」。這一定要停止。大家現在希望政府不要再為了誘導人民執行公共目標而掣發專賣許可證、執照、收費處所給一些個人。新的共和體制領導人期望的是甄選一些個人，使之成為公僕，領一份薪水，為國家做事。美國的國家權力現在開始產生一些現代性格，變成可以僱請代理人執行公共事務的自主實體。革命分子現在開始宣揚公利高於私利及個人自由。確實，他們想要重新分清楚公與私，防止以前那種私權、私利入侵我們現今明確所知公領域的現象。高懸這樣的目標，美國革命分子開始以全新的構想訂定國家權力及個人自由。

這種新的「共和國家權力」觀念的意義，再怎麼說都不誇張。從現在開始，不可以再把政府視為個人權力的行使，好比以前那些居於經濟及社會優勢的人行使其特權，伸張其權利那樣。統治者突然失去傳統那些可藉以進行治理的個人權利，以往作為擔當人民連結作用的個人忠誠也失去了意義。「政府是統治者與被統治者之間的契約」這種輝格式的意象前此存在已久，現在卻幾乎消失於一夜之間。革命後的州憲法排除了以往國王的特權，要不然就是將那些特權轉授予州議會。這種憲政下的授權，加上擴張的、一切政府均以之為依據的「同意」概念，使得新的州議會有了以往殖民地議會從未曾想要，甚至是無法想像的公權力。新的議會雖然仍然一如往常辦起事來像是傳統法院般的方式，還是在干涉甚至翻轉司法判決，通過有利於個人的私人法案，讓很多政治領袖為之懊惱不已，但他們如今確實已經變成背負立法責任之人民的主體體現，可以行使自主公權力。

在共和制的美國，政府已經不再像殖民地時期那樣擺明是私人財產、私人利益。那個時候公私領域混淆不清，現在卻必須公私分明。現在，公共利益成了一切。新的共和國家開始會促進明顯優於許多私人利益及權利的統一公共利益。

在革命之初，很少有美國人能想像到在州議會所代表的統一公共利益和個人權利之間，會有任何真正的衝突。一七七五年，一名餘悸猶存的托利派向麻州人民示警說，平民革命議會還是會和國王一樣殘暴，剝奪人民的自由，亞當斯聽聞之後按捺不住出面駁斥，說人民會對自己施加專制暴政，傷害自身的權利及自由實在不合邏輯。「民主專制這句話本身就說不通。」[15]懷著高漲的公利感，革命共和議會決心要將他們所見自私個人的個人權利置於公共的控制之下。很多美國人現在已開始用懷疑的眼光，看待傳統君主國為公共目的召募私人財富及能量的做法。特別要反對的是將公司特權及執照授予個人。他們說，在共和政體下，不允許任何人利用公共權力取得個人利益。確實有幾個州（譬如新罕布夏）在他們的革命州憲法中明載，「設置政府，是為了整個社群的公利、保護、安全，不是為任何人、家族、階級的個人利益或薪酬。」有的州（譬如北卡）則是宣稱「永久授權及壟斷違反州的精神，不應允許。」[16]

為了避免因為允許私人擔當公共事務而產生腐敗汙點，新的共和制州政府開始以前所未有直接的方式伸張他們新近提升的公權力，也就是把以前委託給私人做的事情拿回來自己做。州議會開始忙著修法，訂定新法，這是他們之前從未做過的事。確實，一如麥迪遜一七八七年抱怨的，獨立後十年間各州通過的法律竟然多過整個殖民地時期通過的法律。這些法律愈來愈和私人事務（道德及宗教問題）無關，愈來愈和公共事務（經濟發展及促進商業）有關。

每個革命者心裡都存有「改善」這個想法，所以這些領導者大部分都認為新的州政府應該帶頭促進這回事。各州現在開闢出了完全屬於公家的行動及責任領域，這是以前從未曾有過的。他們訂定計畫，謀求改善貿易、商業，乃至於開路、建造自來水廠等等一切設施，同時為美國人創立了一套政治經濟科學。他們用稅金建立了有給職工作機構，不再找個人來做事。譬如紐約市，從屬於州議會權威之下的紐約市現在就設立了自己的公共事務人力來打掃街道、碼頭，不再像以前那樣依靠個別居民做這些事情。哈托格在他的一本法律史傑作中告訴我們說，紐約市在十九世紀初已經蛻變成以公共稅金為運作經費，主責為處理公共事務的公家機構。和很多革命後的州政府一樣，紐約市取得了一項前所未有的東西，那就是現代的「徵用權」，可以為公利而取得個人財產，無需財產擁有者同意。[17]

很多人認為新的州議會，身為人民的代表，可以為公眾做人民信託給他們的任何事情。有些人卻認為公共需求應該高於個人權利。那麼，那個時候藉由州議會表現的人民集體權力後來有沒有取代少數人的權利呢？在君主制下，人民能夠合法保衛自己的權利及自由，不受國王特權的侵犯。但是，換成新的共和制，由於其中已經沒有君主的特權，那麼人民個人的權利是否還能夠在議會所表現的人民主體權力之外，保持有意義的存在呢？換句話說，在人民的積極自由已經很完整而且至高無上的地方，再說什麼消極自由是否還有意義呢？確實，如同賓州憲法及其他革命憲法所宣稱者，「未經其同意，一人之財產的任何部分均不得逕予取走或應用於公共用途」，然而，這個「同意」，至少在一七七六年，卻是「其法定代表的同意」。18

矛盾的民主專制問題

一七七六年時，人民並不清楚自己是否有權反對自己的代表。一七七六年有三個州已經起草了權利法案，另外有數州在其憲法內文中載明了人民權利。但是因為這些革命憲法已經大幅度限縮了州長或統治者的權力，所以多數州都覺得沒有必要再為了保護人民權利另行明示其權利。他們的民選議會不會危害人民自由。但是在一七七六年的時候，美國人民對這點卻有疑惑，完全不確定他們各州的權利法案是為了抵禦誰的侵犯而定的。若是英國，其歷史上所有的權利宣言全部都是針對國王及其特權而發。但是在共和制的美國，既沒有國王，也沒有國王的特權，所以訂定權利法案有沒有意義？有什麼事需要針對人民自己保衛人民的權利？君主國也許會施行專制暴政，但是民主政治如果過度，卻會變成無政府且放蕩。至少從古希臘以後每個人都這麼認為。

我們都知道後來怎麼了。才不過十年，原本對於亞當斯以及一七七五至七六年間的美國輝格派而言，說不通且互相矛盾的民主專制已然成真，民選議會開始侵害個人權利。至少對於許多仕紳政治領袖而言，此時的民主專制毋寧是太真實了。這些政治領袖有很多面臨了巨大的憲政困境，不知道要怎麼做才能夠拘束民選政府，保護私人財產及個人權利，但是不否定人民多數的主體公權力。

這種困境使得一些美國人開始重新思考幾個憲政問題，其中包括於一七八七年制定聯邦憲法的論據。最困難的部分在於針對人民立法保護其權利及自由，不受人民自身（也就是國會）的侵犯。不論是英國或殖民地本身，這根本史無前例。但是美國人有其共和革命意識形態，堅信共和社會擁有決定自身公利的自主權。他們面對自己的這種意識形態，不能不設法抵禦人民侵犯自身權利。

要拘束民選議會，還要不詆毀人民以及美國革命所追求的那一切，實非易事。人民如果無法保護自己的權利及自由，那麼共和政府還有什麼價值呢？很多人都非常了解，一七八〇年代之所以發生那些侵犯個人權利的事情，原因不在於民選議會代表將人民棄之不顧，而是如同波士頓一家報刊宣稱的，因為人民「短暫和不成熟的情感被隱而不宣地採納了」。[19]

麥迪遜必然同意此說。一七八七年時他曾經說，一七八〇年代猖狂的州議會種種舉措並沒有違反人民的意志，反而是代表那個意志。不幸的是，那些州議員就是太有代表性、太民主，太準確地反映其成員的狹隘觀點及看法。良善的共和主義者在革命之初並沒有預料到會有這種情況。「根據共和理論，」麥迪遜說，「權利與權力俱屬於多數人所有，兩者可視為同義詞。」可是一七七六年之後的經驗卻完全相反。麥迪遜告訴當時住在法國巴黎的傑佛遜說：「政府的真實權力不論存在於何處，始終都有可能壓迫人民。以我們的政府而論，真實的權力是存在於社群多數人手中。對於個人權利的侵犯，主要不是來自政府違背其選民意向的任何行為，而是來自政府僅僅是大多數選民的工具的行為。」我們前面也討論過，麥迪遜會覺得一七八〇年代的危機很可怕，就是這個原因。他說，議會的倒行逆施，屢屢侵犯個人權利，「使得大家開始懷疑共和政府的根本原理，那就是經由這樣的政府進行治理的多數，是否真的是公利及個人權利的最強守衛者。」[20]

傑佛遜此時人在法國，幾乎聽不懂麥迪遜在說什麼。他相信人民，對人民信心大到不會質疑他們的判斷。在他心裡，代表人民的議會和人民本身分得很清楚。他不懷疑政府官員會如暴君一般施政，知道即使是下議院的民選代表一樣有此可能。一七八五年他談到維州下議院時也說：「一個暴君會壓迫人民，一百七十三個暴君也一樣。我們當初那樣戰鬥，為的並不是建立民選專制暴政。」[21]然而這種暴政也實非人民之過。傑佛遜始終認為，不必要有派崔克·亨利這一類煽動家出來干涉，人民最後都會使事情走向正途。他覺得積極自由和消極自由之間，人民整體與個人權利之間實在沒有什麼衝突。麥迪遜當時曾經說：「中央政府在違反選民意願時所假定的權力，以及選民透過政府作為其意志表現之機關所假定的權力，兩者之間實有根本的差異，但留意這種差異的人不多。」[22]他這些話當時的人大多不很在意，傑佛遜是其中之一。

一七八七年當時，美國那些政治領袖不論私底下對人民的道德感或良知有什麼懷疑，願意公開表露這種懷疑的實在不多。對於他們大多數人而言，質疑人民的判斷力政治風險太大。他們只要表露這種懷疑，就會像傑佛遜那樣，在人民及民選代表之間劃下界線，似乎欲藉此抑制州議會。確實，一七八七、八八年間新憲法的那些辯護者（或說他們自稱的聯邦黨人）引發的幾次大辯論，其根源就在於這種區分。反對憲法的那些人，或說是反聯邦黨人提出質疑說，在新憲法之下，主權，也就是最後、最高、不可切割的立法權威的地位到底在哪裡。我們前面說過聯邦黨人在面對這種爭論時，否決掉了把主權從州議會取走，交給國會的做法。在英國，主權屬於國會中的國王，但是聯邦黨人說，在美國，主權不屬於任何政府機關，包括所謂的參眾議院，甚至是所有的機關或單位。主權始終都在人民手中。在美國，代議制政府將無法完全體現人民。

聯邦黨人劃分並且特意彰顯主體人民與民選政府的差別，自然也將所有的政治權力打成了相同的性質，州政府及聯邦政府的官員因此全部變成了人民不可靠的代理人。人民只要認為所有的政治權力都是相似的，所有的政府官員（不論是行政、司法還是立法的）都如傑佛遜所說是「行政長官，只不過分成三個部門」，同樣不受到信任，這樣的話人民就可以不必破壞美國的共和理論和英國的共和傳統，而可以保護個人的權利，免於民選議會的侵犯。因為英國人不就一直在力圖保護自己的權利免受王室行政機構的侵犯嗎？[23]

對個人自由及財產權問題感到焦慮的政治領袖，開始將民選議會當作以往的君主權或裁判權看待（這就是他所說「民主專制」的涵義），還在新的共和制環境中援引英國人權利的傳統語言。

在美國，當然不是每個人都接受這種思考方法。憲法的反對者很多都立刻站出來保衛州議會的公眾性質，反對議會的意志受到任何型態的拘束，因為州議會畢竟是代表人民。不過聯邦黨人對於這種傳統的反對論據早已備妥答案。漢彌爾頓在《聯邦黨人文集》中駁斥這些州議會保衛者，諷刺他們「這些人民代表在民選議會有時候似乎幻想自己就是人民本身。」他甚至還建議以幾種方法在州憲法中體現人民的權利，利用人民另外的代理人（例如法院）來保護人民權利，免受議會侵擾。既然制定憲法的是人民，不是議會，所以他說，絕對不可「假設憲法可容許人民的代表以自身的意志取代其選民的意志。更合理的假設是，法院被設計為人民和議會之間的中介機構，使後者保持在指定的權力範圍內。」[24]

漢彌爾頓之外，其實很多人早已在期待過去讓他們畏懼的司法，現在快快成為抑制反覆無常猖狂民選議會的主要手段。有何不可呢？不論如何，司法畢竟也是人民的代理人，理想上很適宜保護人民的權利，使之不致受到議會中其他人民代理人的壓迫。其實早在一七八六年，威廉．普拉莫（William Plummer，後來當選參議員，還當上了新罕布夏州州長）就已經下結論說，美國民選政府的「存在」，終究還是要依靠司法，「這是唯一能夠有效制衡眾多議會的機構」。[25]

美國人就這樣大規模展開反省，在後來的十年間催生了美國最強大而獨立的司法部門。這個司法部門關切的，主要便是保護個人權利。革命戰爭之後，美國的司法部門逐漸揚棄以往浮泛而界定不明的政治角色、權威角色，轉為比較完全的法律角色。他們從政治退出，轉而推動法律的發展，使之成了一支只有專家才懂的深奧科學。他們只在普通法院活動，而普通法院也開始愈變愈專業，不受人民陪審團的影響。一些懷疑民主的人士，很多都認為他們這樣從政治退出，使司法部門變成遠比民選議會優良的個人權利保護者。漢彌爾頓早在一七八七年就在紐約議會論辯說，州憲法保護個人權利，因而「除非憑藉國家法律規定」，或如當時該議會剛實施不久的一項法案所說，「經由適當的法律程序」，否則個人權利不應遭到剝奪。這個「適當的法律程序」，漢彌爾頓說，具有「精確的技術涵義」，亦即這句話「只適用於法院行使的程序，絕不可指稱為議會的法案」，即使該法案是議會擬定的也是一樣。[26]

漢彌爾頓這個說法是一次驚人的轉彎。漢彌爾頓表達的這種觀點當然並沒有馬上穩居上風。譬如一七九四年北卡檢察總長就說，州憲法那些提及適當程序及國家法律的條款並非要拘束議會，而是「人民認為應該對他們的權利做出聲明，不是認為他們的代表可能篡奪什麼權力，而是反對一般的壓迫或篡奪……違背或沒有法律授權的虛偽特權。」因此，除非根據國家法律，否則不得剝奪任何人的財產，這句話的意思很簡單，其意義就是「北卡人民在其本身之議會的介入之下，他們自己所制定或採行，適用於他們自己的法律。」北卡高等法院接受這種觀點。[27]

漢彌爾頓一七八七年提出的這種論據會遭到反對並不意外，因為他這個論據至少也可以說是太超乎尋常了。在美國歷史上，關於「適當的法律程序」這句話曾經有過多次極富想像的解讀，漢彌爾頓的說法是其中最初的幾次之一。包含英國國會的下議院自始就在保護英人的各種權利，其中包括保護其財產權，使之免受國王的侵擾。一六八九年的《權利法案》為的就是這種事情。

不過英人從未想過自己必須保護自己的權利免受人民本身（亦即國會的立法權）的侵擾。英國法官布萊克斯通同意說，財產權是個人的絕對權利之一，「財產權包括自由運用、享有、處置其一切所得，不受任何人之控制、削減，唯國家法律規定者除外。」[28]

對於布萊克斯通而言，所謂國家法律當然包括議會（國會）制定的法律。不過對漢彌爾頓等許多美國人而言並非如此。在很多美國人看，議會在法律上或憲法上已經和君王無異。不過，聯邦黨人的論述儘管高明，要讓人看得出來民選議會已經對個人權利形成危害並不容易。由於聯邦黨人本來就支持中央集權政府，所以這時候連他們自己都搞混了。由於他們的對手傑佛遜共和黨人常常訴諸人權來反抗政府的壓迫，所以聯邦黨人想要反擊時，想法常常也很傳統，亦即強化政府以對抗恣意且浮濫要求各類權利的人民。部分聯邦黨人比較精明，認為最好挪用對手傑佛遜共和黨人所談的各種權利來反制州議會那一股民粹力量。確實，他們真的認識到個人自由（亦即消極自由）的確會回過頭來戕害積極自由或自主治理（self-government）。在美國，國家法律並非只是民選議會管轄的那些，有一些法律根本不在議會權限之內。

很多聯邦黨人現在開始爭辯說規範個人權利的國家法律完全歸法院管轄。之所以完全屬於法院，理據在於那些法管的是私人事務，不是公家事務，涉及個人權利的個人事務需要的是判決，不是立法。法律史家威廉・尼爾森曾經指陳說，共和國早期的法院後來開始亟欲把「有組織的社會團體的爭端，亦即政治爭端留給議會解決，自己專心於保護個人權利。」[29]

這些聯邦黨人，甚至是擔憂民主專制以及議會浮濫要求個人權利的部分共和黨人，現在開始爭辯說，民選的州議會應該承擔的是共和國的重大公共責任，不要像殖民時期殖民地議會那樣習慣「插手私人事務，介入對立兩造間的爭吵。」議會這樣插手私人事務，其惡果是「社會分裂時會更加嚴重，一邊要求議會這樣，一邊要求議會那樣……這種氛圍之下，議會就不應該介入立法權的行使，把紛爭中的兩造留給審理委員會（tribunal，亦即法庭）對其歧見做出判決。」[30]

將私人事務和公家的事情分別清楚，排除立法政治（legislative politics）中的一些問題，將之轉變為個人權利的競爭，這些做法促成了共和國早期強大而獨立的司法部門。司法部門在美國幾乎是一夜之間就變成美國人控制及拘束民選議會的主要手段，而且也成為在政府其他部門禁入的私領域解決個人爭端最有效的方法。

公與私的清楚劃分

美國的革命分子為提升共和國家權力而開闢一個完全的公領域，必然因此也建造了一個私領域，這個集所有個人權利而成的私領域必然也是專屬於法官的領域。說在人民的權威之外（尤其還說是在共和制政府之內）還有一個私領域存在，這種理念實在是不得了的發明。殖民地人民沒幾個相信由議會所表現的公眾集體意志之外還存在個人權利。不過美國人卻在革命的啟發之下，開始懂得接受這個新發明的權利概念。他們從激進堅持宗教自由權起步，做到了這一點。美國人開始有辦法拘束各州對宗教事務的權力之後（這是太重要的一個部門，至當時為止還沒有一州敢否決自己管制宗教的權力），開始施行一個原則，那就是行政部門及立法部門不得介入一些私人權利領域與個人自由領域。如果以前由州建立的公共宗教法人可以變成私人實體，不受州的干擾，其他的公共法人為什麼不能有此待遇？[31]

美國的經濟開始私有化之後，這種轉變就開始了。私有化即是將公共責任變成私人權利的意思。六、七十年前，奧斯卡和瑪麗．韓德林夫婦（Oscar and Mary Handlin）、路易斯．哈茲等人曾經指出，革命後新成立的各州曾經希望自己直接從事經濟活動，但是他們眼高手低，很多事情自己無法處理。哈茲提到賓州說：「該州在經濟領域目標太過廣泛，非其行政能力所能達成。」[32]但其實不只行政能力不行，財政力量也不足。由於經由民主方式選舉出來的議會常常不願意提高稅賦以支付政府領導人想做的事。各州只好恢復傳統前現代君主制的做法，徵用私人財富已達成公共目標。各州沒有如那些虔誠的共和主義者期待的自己設法完成任務，而是仿效以前國王以及前現代政府的做法，頒授許可證給私人會社、團體，讓他們執行金融、運輸、保險等多種應該是對公眾有利的業務。各州其實均無意放棄應促進公利的責任，他們只是缺錢，所以無法直接著手進行。當然，很多私人利益都樂得取得這些法人特權。

然而，由於共和主義者很厭惡特許專賣權，所以有人要設立這種法人公司時，無不遭到強力反對，雙方劇烈爭吵。這樣劇烈爭吵的結果，就是這種公司的型態發生了根本的變化。民選的州議會開始任意把特許權頒授給許多叫囂強索的利益團體、宗教團體、企業團體。波士頓一個團體取得了銀行特許證，紐伯里波特（Newburyport）一個團體就跟著也要。接著這兩地的其他團體也隨即跟著要，也得到了特許證。沒多久，整個麻州已經遍地都是銀行，都有特許證。不只公司數量大增，就連他們以前的專賣特許證也都換過了。之前的殖民時期，全部殖民地總共大約批准了六家企業公司，但是現在各州卻開始大量設立公司，數量之多，全世界其他各地都沒得比，非常驚人。專賣權原本只是應州的要求頒授給少數高能見度的社會傑出人士，但是現在公司特許證終於變成人人可有的平等權利。一七八一至八五年間，各州總共發出十一張特許證，一七八六至九〇年間又發出二十二張，一七九一至九五年間再發出一百一十四張，到了一八〇〇至一七年甚至發出了近一千八百張。公司特許證這樣大量增多，不但砸毀了這個東西傳統的壟斷權，連帶也打散了州政府的公權力。如果「政府要這樣毫無保留，出手闊綽的增設公司，毫無設限的頒授特權」，當時憂心忡忡的麻州州長李維．林肯（Levi Lincoln）說，早晚將會只剩下「單薄的主權」。[33]

這些公司一邊數量在增加，開始擺脫特許證的壟斷性，一邊也開始失去其原先的公共性質，愈來愈變成私人財產，且是議會賦予私人的權利，這些公司也就開始豁免於法律的干涉。公司特許證是一種私人財產，這種想法很早就已經有人表達。一七八六年，威廉．羅賓遜（William Robinson）在賓州議會為北美銀行的特許證辯護說，「議會頒授特許證，是行政能力之內的行為」，換句話說，議會頒授特許證，就如同昔日國王為公共目的動員私人資源的做法一樣。羅賓遜說，特許證之授予，「和立法權完全不一樣，但現在賓州卻有一種創新的說法，說如此鄭重授予的特許證，竟然可以沒收。」特許證和法律不一樣。法律是總的規則，適用於社會全體，特許證則是「將特權授予一部分人……特許證是一種財產，一經取得，即有價值，如要沒收，權力完全屬於司法法院。」[34]這樣的論據在一七八六年時並沒有說服賓州議會，但是卻準確預告了未來。

愈是可以把州議會妖魔化為像是君王的暴君，就愈可以把他們的授權視為私人所有，不可收回。一八〇二年，漢彌爾頓寫道：「說行使撤銷權的權力適用於議會，這種見解通常很正確，但不是完全正確。所有的已授權利是這一規則的例外。」[35]愛德華・科爾文（Edward S. Corwin）曾經指出，保護這種已授權利後來變成了「美國憲法的基本原理」，[36]議會之授權於此似乎已經變成契約，直到後來傑佛遜共和黨人想要取消巡迴法院的地位之時，參議員古弗尼爾・莫里斯乾脆就援引這種類比性來反對，因為聯邦黨人在一八〇一年的《司法法》訂定了巡迴法院的地位。莫里斯問說，你授權個人建造收費公路或橋梁之後，「可以依據後來的法律收回嗎？不可以。既然已經定了契約，就要接受其約束。」[37]這種想法後來造就了美國憲法第十條第一款賴以成立的論據，亦即公司實際上就是契約，各州不得藉契約條款予以染指。這樣的地位最後在一八一九年達特矛斯學院案（Dartmouth College case）中獲得最高法院背書。

這樣將特許公司改變為私人財產，當然有很多人反對。傑佛遜算是特別注重平等權利的人了，但是他卻不相信公司特許證算是這一類權利。說公司是私人財產，立法部門雖然發特許證給他們，但卻不得干涉及改正之，傑佛遜一直到死前仍然不接受此等理念。他說這種理念「也許是防止君主濫權的有益條款，但是對國家而言卻荒謬無比。」很多人都贊同他這種看法。北卡一名法官一八〇五年說：「純粹為私人目的而設立公司實在難以想像。在每個那一類的機構中，促進公利或公家目的都是設立該機構的依據。」[38]然而，這樣要求州的施政必須要有「公共目的」，這種與日俱增的壓力反而使企業公司私有化變本加厲。人民到最後不得不開始把銀行、橋梁、保險公司，跟市鎮、郡等機構分別清楚；前者是授予私人，故以私有視之，後者依靠稅收存在，故而是公家。即使是到一八三三年仍然保留其建制教會的麻州，其宗教異議者也將宗教法人改變為私人自願會社，其運作超越於州之外，但是有權獲得州法律的承認及保護。[39]

這樣的發展產生了一種奇怪的悖謬狀況。共和國早期的年月內，公權力固然有成長，個人權利卻也有相當的成長。有些人，一邊力求保護個人權利，但是卻不否定州的公共特權。他們在私人權利（包括企業公司）四周劃下清楚的界線。法官後來也把這種企業公司轉變成擁有權利的「法人」。事實上，大家對法人的既得私人利益會開始這樣高度關切，其實直接就是共和國革命賦予各州及自治區高度公權力的結果。公領域愈擴張，個人權利私領域就跟著擴張，好保護自己。傑佛遜當選總統之後的一、二十年間，聯邦政府的權力確實是有式微下去，但是各州及自治區的公部門權、警察權、管制權卻都有擴張。

州的施政只要是要服務所謂公共目的，那麼政治及法律的區隔，公家和個人的區分，實際上只會讓州施政更為積極。個人固然有一些權利，公家也有源自州的主權以及為管控社會而立法的權力。譬如說，紐約州政府和社會及經濟就牽連頗深。紐約州政府不但對個別企業家、團體慷慨放送補助、津貼、股權、貸款、法人授予、授權經營，而且還自行承擔某些經濟活動的責任，譬如開鑿伊利運河（Erie Canal）。[40]碰到稅收不足之時，各州還是會發揮其現代公權力，恢復以往前現代的做法，掣發法人特許證，徵召私人財富來執行公家目的，但依然運用古時候那種管制權來管控經濟。譬如說，一七八〇至一八一四年間，麻州議會就實施了一系列的法律來控管木材、魚類、菸草、鞋類，乃至於奶油、麵包，鐵釘、槍枝等等多種產品的銷售。各州從未貽誤對自己社會的安全、經濟、道德、健康等問題固有的責任。[41]他們始終存有公利有時候會干擾私人權利的想法。

然而，雖然有這些州警察力量法規和市政管理規定，當公共權利和個人權利衝突時，通常還是交給法院調解和解決。州議會愈是制定法規來管控經濟活動，法官就愈覺得自己必須發揮權威，追求個人與個人間的公平，使事情合情合理。共和國早期美國的法官效法十八世紀英國布萊克斯通及曼斯菲爾德勳爵（Lord Mansfield）的做法，為了減緩不穩定的民主議會通過諸多相互牴觸的法令所造成的傷害並修正之，開始對普通法做彈性解釋。[42]為了讓法律適宜當今變動不居的商業環境，法官往往淡化先前判例的重要性，轉而強調理性、公平、權宜。[43]

他們之所以能夠這樣做，之所以能夠擴張自己的權威，是因為他們把很多公共的經濟議題改變為個人議題，把政治問題轉換個人權利問題，只有司法才能夠裁決。如果一個有企圖心和進步意願的社會需要明確的法律，那麼法院應該比民選議會能夠保證法律顯明。共和國早期，法院在促進商業及經濟發展方面相當成功，原因主要就是在於他們有辦法把個人權利法律議題，從紛亂的民主政治世界區隔開來。如同大法官約翰．馬歇爾在一八〇三年馬伯瑞判例當中所說，有些問題就是政治問題，「涉及的是國家，不是個人權利」，所以只能由民選議會做「政治性審查」。但若是涉及個人既得權利，問題就不一樣，其「本質是司法的，必須由司法權裁判」。[44]不過，這種保護個人權利不受政治濫權之侵擾的做法，靈感並非完全來自聯邦黨人。維州上訴法院雖然強烈偏向傑佛遜黨人，但是一八〇四年卻開始採取這樣的立場，亦即州議會可以做很多事情，但是不得侵犯私人財產權、既得權利。[45]

一七八〇年代末，麥迪遜曾經很渴望一些開明公正人士可以超脫氾濫於各州議會的利益團體政治。他在《聯邦黨人文集》第十號當中借用司法意象描繪美國議會政治的問題。他承認管控各種美國人利益已經成了現代立法重大的任務。他寫說，這表示未來黨派和派系的精神將會影響政府平常的操作。由於他還是依照傳統的見解，認為立法行為是「許多的司法裁定，無關乎個別一人的權利，而是關乎大多數公民的權利」，所以他只能下一個悲觀的結論，說那些立法者將會成為「法官兼政黨」。若要防止政黨成為法官，自為判決，侵犯個人及少數人的權利，他提出的最好的方法也不過是擴大政治圈，讓任何一個政黨都無法主導，只有無私利公正人士能夠行使權力並決策。他抱著一絲希望，期待新的聯邦政府能夠扮演類似法官的角色，在各州「所有各類情感、利益之間的爭吵中擔當無私而冷靜的裁判。」[46]他，以及許多美國人，對於十九世紀的前數十年得到的結論是，政府各部門也許只有司法部門能接近這樣的角色。美國人在其歷史中屢次得到這樣的結論。

後記

本篇論文是集合數篇演講內容以及文章修改而成。開頭的內容是一九九一年十月為慶祝《權利法案》二百週年在美國古文物學會所做的演講。這次演講內容後來收入《美國古文物學會學報》。其中部分題材也是一九九九年三月維吉尼亞大學法學院的麥柯克爾講座（McCorkel Lecture）宣講的內容，後來以〈共和國早期既得權利的起源〉（The Origins of Vested Rights in the Early Republic）為題，在《維吉尼亞法學評論》上發表。這篇文章後來又經過大幅修改，於二〇〇一年在柯蓋德大學（Colgate University）演講發表，並刊在貝瑞・夏恩（Barry Alan Shain）編輯的《美國建國時期及以後的權利性質》（*The Nature of Rights at the American Founding and Beyond*）。讀者如果對美國早期權利的發展經過有興趣，最好的方法莫過於參閱夏恩的這本書，其中各篇文章均由傑出的政治學家、歷史學家執筆。

結語　美國為何要向世界傳播民主政治

美國革命始自一七七五年四月十九日，這一天，如同十九世紀中葉愛默生所說：「全世界都聽到了這一聲槍響。」事實上，十九世紀的人們就是這樣看待美國革命，一個具有世界性意義的事件。這次事件為美國人，最後也為全世界每一個人，打開了政治與社會層面一個新的時代。這樣看美國革命，這種觀點即使是美國人也不盡然每個人都能理解，但這就是本文的觀點。

匈牙利愛國者路易斯・科蘇特（Louis Kossuth）曾經說：「美國的命運就是在世界上成為自由的基石。」一八四八年他在美國各地演講，為匈牙利革命募款。他在其中一次演講當中說：「美利堅共和國如果失去這個命運意識，那一刻將是美國衰敗的開始，如同一七七五年四月十九日是美國革命之始一樣。」

我不知道那一刻是否即將到來，但是從九一一之後，從我們捲入伊拉克、阿富汗事端之後，我們確實已經面臨美國史上重大的一刻。歷史上從來沒有一個國家像我們美國現在這樣主導全世界。我們的軍事支出幾乎等於美國以外全世界各國軍事支出的總合。我們有一百多萬名男女軍人，在至少四十個國家有駐軍。這或許不是傳統意義之下的帝國，但是我們對全世界確實在行使極高程度的主宰力。這是不是表示我們已經實現了科蘇特所說，在全世界各地建立自由的命運？或者這其實是在拒絕我們的命運？我們是否已經失去「自由持有者」的意識？我們是否只是另一個帝國強權而已？我們入侵伊拉克，把民主政治帶到中東，是代表美國革命傳統的終結，還是這個革命傳統的發揚？

很多人都覺得實在難以把美國看成是革命的國家，沿襲革命傳統在運作。過去的六、七十年來，美國常常站在各國政府當局這邊，反對當地的革命運動，所以將美國說成革命國家，聽起來實在是胡言亂語。冷戰期間，很多美國知識分子都認為美國的政策十分反動，只能下結論說我們會這樣干預世界各國，完全是因應美國的資本主義及資本家所需。很多人都認為美國干預中東事務完全是因為石油。這種經濟的解釋對於特定時間下特定的幾次事件無疑是成立的，但是卻完全忽視美國有史以來和世界各地複雜得不可思議的意識形態關係。譬如說，美國對越南悲劇性的干預僅用經濟因素就無法解釋，但若是援引美國的革命傳統就可以。

對於我們美國人而言，美國革命之所以那麼重要，原因有好幾個，但最主要的是在於它讓我們美國人非常注重道德，並且對這個世界具有一種彌賽亞式的使命感。簡單說就是，美國革命使我們成了具有意識形態的民族。

我們一向不喜歡把自己想成是具有意識形態的民族。意識形態在美國人的思想中毫無存在餘地。「意識形態」聽起來好像是歐洲的東西。它製造了整個體系教條般的理念、抽象理論，和美國人心目中自己這個講求實際的民族完全沒有關係。美國人認為的意識形態與那一次最實際的美國革命，尤其更不可能有任何瓜葛。

不過，現在還這麼想的史家已經沒幾個了。現在已經清楚的一點是，美國革命涉及理念與價值觀的根本轉換，在很大的程度上其實就是一場意識形態運動。事實上，我甚至會說美國革命和現代西方史上的任何一次革命一樣，都是意識形態的革命，其結果是，美國人和西方文化任何一個民族一樣，思想中開始存有一些意識形態。

當然，我們美國人其實一直都模模糊糊知道我們特別恪遵智識原則。這樣的恪遵智識原則，一直都是把我們大家連結在一起的黏著劑。我們美國人的民族性和別的民族的民族性不一樣。我們美國人不會像大部分歐洲人那樣理所當然認為自己是個明確的族裔。正是因為這個原因，所以我們吸收移民也比他們容易。我們美國由眾多族裔、種族組成，這樣的國家沒有辦法把自己的身分視為理所當然。美利堅國家必然是發明出來的，打造出來的。

在大陸會議上，開國元勳在獨立宣言的末尾立下盟約要將自己的生命、財富、榮譽奉獻給美國。他們除了自己，已經沒有別的東西可以奉獻給美國，因為當時他們已經沒有故鄉、祖國，也還沒有國家。

相較於二百三十五歲大的合眾國，很多歐洲國家都還很新，有的甚至是二十世紀才成立的。可是這些國家儘管年輕，其組成者各民族卻早就有自己的獨特感、民族認同。換成在合眾國，這個過程剛好相反。我們美國人是先建立了國家（state），而後才有民族（nation）。我們的歷史，很大一部分都是在努力界定自己的國家性格。在某一重大的層面中，我們從未建立傳統意義之下的國家。讓美國人自認為是一個民族的，正是國家、憲法、自由、平等、自由政府的原理。要做美國人，不是要成為某人，而是要相信一些事情。

美國革命所建立的意識形態具有何種性質？從我們二十一世紀初的觀點回顧，關於美國革命，我覺得最了不起的是革命者賦予這一場革命驚天動地的意義。鑑於我們後來成了世界前所未見最強的強權這個事實，我們現在確實需要一點想像力才有辦法了解，一七七六年的美國人竟然宣稱他們的殖民地小叛亂具有世界性意義是多麼膽大妄為。因為不論如何，殖民地這十三個州在整個西方世界畢竟占比無足輕重，人口總數約為二百萬人，群居在狹窄的大西洋海岸一帶，距離文明中心地帶足足有三千英里。那時候，他們認為自己的所作所為對於世界都事關重要，這種看法實屬傲慢的極致。然而，這些革命者以及他們十九世紀的後裔，卻誠心認為他們在帶領世界走向自由的未來。在我們的想法中，我們認為自己從一七七六年已開始成為自由世界的領導者。

我們當時之所以那麼大膽，一七七六年的美國人之所以會認為他們已瀕臨一個新時代的邊緣，即將進入新世界、新社會與新政治，是因為當時那個革命性的共和主義意識形態。

我們一直到上個世代左近才開始了解十八世紀的美國人是多麼擁護共和主義。（現在的美國必須以「民主」一詞來代替共和主義，否則我們將無法理解共和主義在十八世紀代表的意義。因為畢竟今天的中國也是個共和國，敘利亞、古巴也都是。至於君主國家，那就要用「專制政府」來代替，因為當今西歐畢竟還是有一些君主國家。）當今的人若是置身於把共和主義視為理所當然之處，或置身於已經成為良性君主國的君主國，將難以理解共和主義對十八世紀的知識分子會有那麼大的影響。確實，共和主義在十八世紀是那麼激進，就如同馬克思主義在十九世紀非常激進一樣。共和主義及共和傳統為十八世紀一切類別的政論家、社會批評家建立了對抗其時當道的君主制及唯物論道德觀點。

這種共和主義並非專屬美國人的本土意識形態。事實上，共和主義是歷史悠久的公民人文主義的產物，最初源自於古典拉丁文學（李維、西塞羅、塔西陀、薩盧斯特等人為其作者），文藝復興時代在馬基維利等人手中再興，後由所有啟蒙人士傳到十八世紀。這些共和主義的價值觀在十七世紀共和主義者哈林頓（James Harrington）、米爾頓、西德尼（Algernon Sidney）等人的宣揚者和後繼者那裡得到最強烈的闡述。但他們承諾的共和價值遠非只是要拉下國王，建立民選政府，事實上共和主義承諾的是一種全新的道德。因為共和主義必然牽涉到社會的特性及文化，對於決心成為共和主義者的人而言具有極重大的意義。

十八世紀之時，每個人都知道共和主義需要的是一群很特別的人民，一群具有美德的人民，願意為人民全體放下自身利益的人民。本書前面說過，這個世界之所以有那麼多君主政體或專制政府，是因為大家都認為人民不具有這種美德。君主政體預設中的人民是自私、腐敗的，如果沒有君主政體那種事權統一的強大權威，社會就會解體。十八世紀的孟德斯鳩等政治理論家，要是看到二十世紀九〇年代蘇聯及南斯拉夫因為排除強大的中央統一權威而解體的事情，一定心知肚明為什麼。看到當今的伊拉克、阿富汗等國家這麼難以維繫下去，必然也深解其因。人民如果都要各自伸張自己的利益、種族、宗教，社會必然分崩離析，難以維持。孟德斯鳩會說這些國家的人民道德不足，無法維持其社會的完整。

所以君主政體有的是共和國沒有的優勢，因此從歷史之初就到處存在，一直到現在全世界各地仍然盛行專制政府。君主制非常鄙夷人性，或說，很務實看待人性。擁護君主制的人無不預期人是腐敗而自私的。專制君主有種種手段可以維繫其腐敗而相互歧異的社會。他有強大的行政體系、眾多官僚、複雜的社會階層、各類榮銜、常備部隊，以及當權的教會，在在都足以讓他維繫社會於一體。

共和國就沒有多少這一類凝聚力屬性。所以，如果有的話，共和國的秩序是由下而上，來自於人民的美德與無私。但是，正因為共和國如此高度依賴人民，所以對於社會的道德品格的變化也最為敏感。簡單的來說就是，共和國是各種國家裡面最精細、最脆弱的。要讓共和國不因派系、分裂而分崩離析，唯有依靠人民的品格。因此，共和國也是最容易發生政治敗亡情事的國家。

對於十八世紀的人而言，共和國的衰亡和人死一樣符合科學原理。當時的人常說的一句話就是：「人會這樣，國家也一樣。」「國家也有嬰兒期，然後長大，最後死亡。」研究政治弊病的國家生命循環學是十八世紀啟蒙人士關切的焦點。這樣的政治病理學研究可以增進大家對於政治健全的知識，進而防止敗亡進程。因為這樣的關切，全世界（包括過去的世界）因而成了節檢、評估各類經驗證據的實驗室，促使世人開始了解政治弊病是怎麼一回事，政治健康又是怎麼一回事。政治學成了一種診斷學，歷史學成了解剖學。他們把已經敗亡的國家解剖開來，詳加檢查，以確定當初死亡的原因。

所謂已敗亡的國家，其中最重要的，當然是古典時代那些共和國，尤其是古羅馬共和。古羅馬的傾頹，是十八世紀思想家極為著迷的主題。包括孟德斯鳩在內，當時的知識分子每一個都曾經揮筆論述過羅馬傾頹的原因。十八世紀人閱讀他們那些偉大的拉丁文著述，了解到羅馬共和之壯大，並非完全倚仗武力，其滅亡亦非敵方兵力所致。羅馬共和之偉大，是由於其人民的品格；其最後之傾頹，也是由於人民的品格。羅馬人民維持著他們對美德的敬愛，維持著淳樸、平等思想，維持著對鋒芒太露者的厭惡，願意為國而戰之時，他們就會臻於最高榮耀；但如果他們開始偏愛奢華，一心追求精良與社會地位，愛錢，變得太過柔弱，無法拿起武器為國而戰，政治腐敗，多數人都自私自利，國家自然就會解體。羅馬滅亡，不是因為蠻族入侵，而是由於內部自己敗壞。

對於一七七六年美國那些革命家而言，殷鑑不遠。他們的共和主義實驗若要成功，他們就必須避免古羅馬因之而毀的奢侈與腐敗。他們必須是品格高尚之人。

美國人有很好的理由相信自己適合共和政府。他們，至少在白人部分，大部分都是自耕農，是傑佛遜所謂「上帝揀選之人」，也是公認一種最不會腐敗的公民，是建造共和國最優良的地基。美國沒有爵位貴族，沒有那些拖累歐洲國家的法定階級分別與特權。但最重要的是，一七七六年的美國人認為自己是樸素、清貧、平等、有道德感、很特別的一個民族，是啟蒙社會科學所說，維持一個共和國至關重要的特質。因此，他們的道德感變成了他們作為一個社會成功的手段。這無可避免又賦予了他們的新共和國一種實驗性質，一種尚未穩定的感覺。

美國人就這樣憑著一股冒險的精神展開革命。他們知道自己正要開始一次「自主治理」的大實驗。在十九世紀前半葉，特別是在內戰時期，大家對這一次實驗始終還是很懷疑，彼時整個歐洲還是以君主國家占大宗。由於這一點，我們才知道林肯的蓋茨堡演說（Gettysburg Address）有多重要。林肯在這一次演說中談到內戰是在考驗一個在自由中孕育的國家是否能夠長久。認為共和政府是一次危險的實驗，這個想法自始就一直存在於美國人的意識中。

這種共和意識形態具有一股巨大的道德力量，與新教千禧年主義（Protestant millennialism）結合之後，使美國人開始感覺自己是上帝揀選之人，特別具有美德，尤其有責任要帶領世人建立自由與共和政府。

美國人懷著高度的期待展開他們的共和主義實驗，希望其他民族也能夠在他們帶領之下揚棄君主制。不過他們也知道這並不容易，因為共和主義需要人民特別具備一種道德感。美國人起初很自然認為法國大革命就是學習他們的美國革命而起，所以他們才會表示歡迎法國這場革命。拉法葉把巴士底監獄的鑰匙送給華盛頓，就是要感謝美國人啟發了法國大革命。然而，法國大革命後來很快就轉為過度與錯亂，最後在拿破崙的專制制度下結束。很多美國人隨之感到幻滅，認為歐洲人已無能力學習美國人建立共和國家。他們自此開始認為法國人意欲模仿美國人建立共和政體的意圖已告失敗。法國大革命失敗了，並沒有讓歐洲變好。美國人原來對未來非常樂觀，自此一變而為懷疑。

這種懷疑很快就成了美國人看待拉丁美洲十九世紀前二、三十年爆發的殖民地叛變的態度。真要說有什麼革命是模仿美國革命的，那麼拉丁美洲這些殖民地的叛變應該就是了。況且，亞當斯、傑佛遜等美國人也都表示歡迎。不過，歡迎歸歡迎，他們卻懷疑南美洲人有能力建立自由共和政府。他們有那些建造共和國的特質，也就是公民的美德嗎？一八二一年，傑佛遜寫說：「我從一開始就很擔心這些人的啟蒙程度不足以建立自治政府。經過血腥屠殺之後，最後只會落到軍人專制的下場。但既然想要實驗一下（共和主義），我自然祝願他們成功。」

美國人對於他國的共和革命，自始態度始終就模稜兩可。他們自然不至於敵視，但就是同理心、熱忱參雜一種懷疑的態度，祝福混雜著一種高人一等的悲觀，由此滋長出一種焦慮，認為別的民族缺乏完成共和革命的社會條件及道德感。美國人始終還是認為自己是最典型的革命國家，法國不是。

有些歐洲人同意他們這種看法。一八二三年，美國宣布門羅主義（Monroe Doctrine），告訴歐洲人從此不應再插手新世界。奧匈帝國首相梅特涅伯爵（Count Metternich）發言嚴予斥責：

在他們那些不當的宣言中，（這個合眾國）譴責且藐視值得尊重的歐洲體制……他們任意無端抨擊他國，所到之處提倡革命，失敗之後表示遺憾，對可能興盛者伸出援手，對煽動騷亂的使徒施以助力，激勵每一個陰謀者的勇氣。這一股邪說及壞榜樣洪流要是流泛到整個美洲，我們的宗教及政治體制會有什麼遭遇？政府的道德力量、我們那拯救歐洲免於完全解體的保守體制將伊於胡底？

美國儘管承諾不干涉歐洲內部事務，也表達了他們不想要和歐洲有什麼結盟上的瓜葛，但是大部分美國人還是很關心歐洲的事物。可是他們卻不情願直接涉入可能危及其自身之共和實驗的革命冒險。十九世紀的美國人相信一國人民若是對共和主義已有準備，遲早都會變成和他們一樣的共和國，所以他們就下結論說，自己只要好好做個自由政府，好好當個典範，自然就會順利完成將自由政府送到世界各地的任務。

這一點，維州的威廉・沃特（William Wirt）一八三〇年在巴爾的摩的一場演說中闡述得很好。他對聽眾說：「我們對造物主及我們的公民負有重大的責任。祂很高興我們受遣為自由政府的先鋒。我們現在就是用這種姿態面對世界。世界的眼睛一直看著我們，我們的示範對於人類的自由事業或將產生決定性作用。」

因此，美國人不但守望，而且鼓勵，十九世紀的每一場革命。他們確實沒有干涉，但是除了干涉，其他一切都做了。有人為叛軍募款，有人親自參與革命戰爭。不論是一八二一年的希臘叛變，一八三〇年法國的七月革命，一八四八年歐洲的全面革命，還是一八七〇年法國推翻法蘭西第二帝國，建立法蘭西第三共和國，美國在本世紀歐洲所有的革命中，每一次都率先給予新的革命政權外交承認。

在美國人眼中，歐洲的這些革命不論如何都是受壓迫的人民因為想要變成美國人那樣所做的努力，他們也想成為「美國人」（genus Americanus）。美國人從來不覺得這些革命對他們有什麼害處，革命理念的散播他們也從不畏懼。這種革命熱情當然也有例外，那就是一八〇四年在新世界締造第二共和的海地革命（Haitian revolution）。美國一直到林肯執政時代才承認海地共和國。但是除此之外，美國人歡迎所有的革命，匈牙利科蘇特等一些革命愛國者訪問美國尋求經濟援助時也與之舉杯慶賀。

當然，美國人這樣鼓勵革命，不會讓歐洲那些君主喜歡美國。但是十九世紀美國人地緣上遠在大西洋另一邊，所以毫不在乎。我們很自豪自己成為一個革命模範，認為美國是十九世紀歐洲所有革命動亂的肇因。一八四八年，哈布斯堡王朝對美國表態同情匈牙利革命提出抗議，美國國務卿丹尼爾·韋伯斯特（Daniel Webster）不但沒有依循外交禮節採取迴避，而且還宣稱美國願意為這些動亂負完全責任。他告訴奧匈帝國一名駐華盛頓的大臣說：「那一個大陸之所以民心普遍偏向共和制自由，是美洲反抗歐洲的結果。那個反抗的源頭及中心始終是，現在也還是合眾國。」十九世紀美國的外交訊息有名的就是慣常包含這種無厘頭的侮辱之語，而韋伯斯特在這一次的發言中還說，若是和幅員廣大的合眾國相比，哈布斯堡王朝「不過是地表的一塊補丁」。

由於十九世紀的美國人對歐洲革命之事經常這樣口出狂言而實際上卻不太出手相助，所以很多史家都下結論說美國人對於革命的同理心很虛偽。但我認為這種結論其實誤解了十九世紀美國革命傳統的特殊性。美國人基於其共和主義的設定，認為歐洲的任何革命都必然是起自受壓迫的人民，也來自美國之為一個共和國的道德號令。

但是他們確實從來不懷疑美國是國際革命的中心。這種美利堅中心主義（American ethnocentricity）十分費解。依我所知，格蘭特總統致法國政府的一封信是其最佳實例。一八七〇年法國推翻第二帝國，建立第三共和國。美國雖然早就決心不干涉歐洲事務，但是格蘭特總統依然致函告訴法國：「我們對美國的政治理念傳播到法國這樣一個偉大的文明國家，無法漠不關心。」這一番話聽起來好像法國沒有他們自己的革命傳統可以依循一樣。我們很好奇法國的外交官員對於這一個了不得的訊息會怎麼想。

然而，由於共和主義的傳播非常緩慢，美國人漸漸就開始認為美國注定是這個腐敗的世界實行共和主義唯一成功的國家。當時這個世界應該有幾百萬人有此想法。一八二〇到一九二〇年間，各君主國足足有二千五百萬名難民移民到合眾國，使得美國人自居為「揀選之民」的想法神聖意味漸失，實際意義卻更為具體，當然也向他們證實美國人作為一個革命民族而言確實卓越。

我們必須在十九世紀這樣的背景脈絡之下，參照美國的共和主義革命傳統，以及美國人相信自己站在歷史的前端領導全世界追求自由的信念，才能夠理解美國人對一九一七年俄國革命那種不尋常的反應。美國史上，截至當時為止，從來沒有哪一個外國事件像一九一七年的布爾什維克革命那樣令美國人坐立不安。我們美國人經過這一次如此重大的事件之後，對於自己以及世界的理解開始動搖、錯亂。

俄國於一九一七年三月推翻沙皇，成立臨時政府。起先，美國人依照其一向歡迎歐洲反君主革命的慣例，向俄國表示歡迎俄國革命。沙皇退位七天之後，合眾國在各列強當中率先聲明外交承認新的俄國政府。威爾遜總統還因此想說他現在「在榮耀聯盟中有了好夥伴」。他希望他能夠以這個聯盟為工具，將共和主義推進到全世界。一九一七年五月，美國駐莫斯科大使寫信回美國說，他期待俄國經過這次試煉，將會成為「共和國，依據正確的原理……建立政府」。他所謂的「正確的原理」，指的是和美利堅共和國相同的原理。

然而，一九一七年秋，布爾什維克黨接收了革命，立即澆熄了美國人的熱忱。合眾國原本是俄國革命最堅定的友人，現在卻一下子變成了它的死敵。之前美國政府依照其十九世紀的慣例，迅速給予俄國外交承認，現在卻撤回對蘇聯政府的外交承認，從此一撤就是十六年，其間足足經過了四任總統。美國因此成了西方強權當中最後一個承認蘇聯革命政權的國家。

若以美國早期的革命傳統來看，美國對蘇聯撤回外交承認是此一傳統的重大轉折，我們唯有依據美國早期革命傳統才會了解這個轉折。現在不同的是，造成這種態度劇變的是布爾什維克的訴求，是他們那種新性質的共產主義意識形態。俄國革命不是另一種美國革命，而是全然新品種的革命。布爾什維克非僅止於宣稱要仿效十八世紀後期美國及法國的革命，帶領又一次反君主共和革命。他們說的是，他們的共產主義革命代表的是世界歷史從新出發。很多人都了解這其中的涵義。瑞士劇作家、散文作家赫曼・凱瑟（Herman Kesser）一九一八年就說：「現在人類確實已經必須決定是要選威爾遜還是列寧。」

美國及蘇聯之間於此立即開始相互對抗，這不但是因為強權政治的緊要性，或是雙方差異極大的市場體系環境使然，更重要的是兩種完全不同的革命傳統的競爭。所謂東西「冷戰」其實從一九一七年就已經開始。蘇聯的危害在於有可能完全取代合眾國，成為歷史先鋒。現在，宣稱要指明未來之路的，是俄國人，不是美國人（更驚人的是，一九二〇、三〇年代美國有一些知識分子卻贊同俄國人此舉）。

美國人自一七七六年之後，此時首次遭遇另一種和他們一樣有普世情懷的革命意識形態。對我們而言，這種意識形態，由於會使美國傳承變得無關緊要，其危害比俄國人科技上所做的任何事情都更嚴重，發展氫彈，發射史普尼克號太空船反而只是小事。如果我們美國人沒有要帶領世界邁向自由與自由政府，那我們的歷史是怎麼一回事？

二十世紀驟然出現一個完全站在對立面的革命意識形態，美國人因此開始對自己及其歷史定位愈來愈疑惑。美國人固然不會挺身對抗革命這個理念，但是對於他們向來所說的革命竟會是共產主義的革命，他們卻無法再那麼熱烈以對。一九四七年美國宣布杜魯門主義（Truman Doctrine），指合眾國從此首次開始致力於支持建立「自由人民」的政府，藉以對抗「武裝少數」（大概就是指共產黨）在各國內部進行的顛覆活動。一九六〇年代越戰爆發，我們和蘇聯的冷戰鬥爭也在對這一場戰事的干預中達到顛峰。大部分美國人覺得他們只是響應甘迺迪總統一九六一年的號召，要大家「付出全部的代價，承擔所有的責任，不畏艱險，支持每一個朋友，反對每一個敵人，確保自由的存續及成就。」只是，這一次所謂的「支持自由」卻是支持一個反革命的現行政府。

一個敵對的革命意識形態對美國歷史的意義造成了根本的危害，使我們看不到全世界各地已經興起一些民族主義勢力、民族文化勢力。在這樣的氛圍之下，我們變得很難再相信哪一場革命不是共產黨革命。所以我們對「自由」政府的定義便不斷擴大，最後終於變成凡是非共產黨的政府即是「自由」政府。不過當然，荒唐之舉所在多有。一九七九至八九年間，為了幫助阿富汗抵禦蘇聯接收，我們卻支援塔利班。

不過，如果認為我們支持腐敗政權或反動政權是美國資本主義直接反應的結果，或是某些人根深柢固厭惡革命的結果，那將是錯誤的。冷戰期間我們所做的事情，儘管常常很笨拙，荒腔走板，但很多都代表我們努力要維持美國革命傳統的普世情懷，只是有時候比較混亂，急迫罷了。我們的第四點計畫（Point Four Program）伴隨著杜魯門主義，和平工作團（Peace Corps）也和介入越南同時存在。這一切全部都有關聯，全部都是從同一匹意識形態的布剪下來的，全部都是美國革命使命感的表現，只是後來大家對於這個使命感感覺愈來愈模糊。

然而，一九八九年，這一切突然有了變化。蘇聯解體，他們多年來想要將這個世界改造成共產世界的革命情懷當然也隨之解體。美國工程師喬爾．巴爾（Joel Barr）一九五〇年投奔蘇聯，一九九二年他告訴《洛杉磯時報》記者說他對共產主義的認識錯了。他說：「我相信當今歷史將會證明俄國革命是重大的錯誤。那是倒退。真正對人類有益的革命會持續多年，這就是美國革命。」

我們活在一個非凡的年代。我們此時經歷的諸般重大事件最後會產生什麼結果目前還完全無法預知。九一一事件似乎並沒有頓挫我們想要主導世界的想法，反而是加強。喬治．布希總統就任之初反對「民族建構」（nation building），不過後來對伊拉克卻決心如此處理。譬如《紐約時報》專欄作家、《新共和》編輯湯瑪斯．佛里曼（Thomas Friedman），這種聰明的美國人很多起初都很歡迎將民主輸入到中東，但是經過長期的努力，不斷遭遇挫折之後，我們現在僅存的一絲希望就是我們離開伊拉克之後，它縱然不會變成民主國家，但至少也要能夠正常運作。阿富汗的話，不要說輸入民主，我們是連提都不願意提。我們只希望他們能夠建立穩定的國力好抵抗塔利班，至不濟也要有那個國力足以抵抗蓋達組織。中東各地的戰爭似乎已經消磨掉我們想要改變世界的理念。但是近年埃及以及中東一些地區的情勢，縱然並不明朗，卻讓我們重新燃起希望，期待民主在此地重現。

我們似乎是沒有折衷餘地的民族。對於這個世界，我們難以始終維持realpolitik（現實政治）的態度。我們拯救不了世界，就會閃避。一九九〇年代，有些知識分子堅決反對從我們的革命傳統衍生出來的彌賽亞衝動（messianic impulses）。包括歐文．克里斯托（Irving Kristol）在內，他們認為美國如今已邁入中年，和一些歐洲國家沒有什麼不同。不過，譬如國務卿歐布萊特（Madeleine Albright），有些人卻認為我們至今仍是這個世界不可或缺的國家。在這個二十一世紀第二個十年的開頭，我們似乎不知道該做什麼才好，在這個世界該扮演怎樣的角色才適當。我們仍然是獨一無二的超級強權，但是卻不知道該如何發揮我們的力量。

未來的事情真的很難講。對於我們的歷史，我們所能做的唯有牢牢記住合眾國不論對我自己或是對全世界而言，主要始終是個理念。如果我們貶損了這個理念，貶損了這個道德權威，那麼，不論我們在世界各地可以召集多少部隊，都將毫無意義。這個道德權威才是我們的力量以及贏得世界各民族之敬佩與支持之能力的源頭。

我們的革命資產——我們奉獻於自由、平等，厭惡特權，畏懼政治權力的濫用，堅信憲政主義及個人自由，至今仍為世人所矚目。這一點我是三十年前在波蘭華沙發現的，這件事我永遠都不會忘記。一九七六年正值美國革命的二百週年，冷戰尚未結束，團結工聯運動也還是四年之後的事情，那是波蘭共產主義崩潰的開始。一九七六年我在華沙做了一場演講，探討美國革命。演講結束之後，一名很年輕的波蘭知識分子站起來說我的演講內容遺漏了最重要的部分。我聞之愕然。她問我為什麼沒有提到《權利法案》。《權利法案》是保護個人自由，以免受到政府侵犯的法案。我確實沒有提到《權利法案》，因為我始終視之為理所當然。然而，波蘭這一位年輕女性一直活在共產主義政權之下，她沒有辦法把個人自由視為理所當然。

有一些事情很重要，但是我們已經遺忘，視之為理所當然。波蘭這一位年輕的知識分子讓我明白美國這個共和國至今仍是一次強大的實驗，值得向全世界示範。我們只希望「美國」理念永不死滅。

誌謝

本書各篇文章均完成於前半個世紀之內。能完成本書，我對多位人士的感激不論如何表達均不足夠。這數十年內協助過我的人多到難以一一在此列名，但是當然包括布朗大學歷史學系的行政人員。我感謝這幾年本系的全體行政人員，尤其感謝瑪塔（Karen Mota）、古爾遜（Cherrie Guerzon）、布萊森（Mary Beth Bryson）、巴蒂斯塔（Julissa Bautista）等幾位。我的前編輯以及現在的經紀人莫耶（Scott Moyers）尤其幫忙了很多事情。他是一名優秀的編輯，負責我多本著作（包括本書）的命名。我對他的感謝再怎麼說都不夠。我的新編輯史提克尼（Laura Stickney）一直很鼓勵我，很有耐心，眼光敏銳，總能分辨適當與不適當之處。我感謝她以她的才幹協助本書製作。我感謝戴克斯特（Cathy Dexter）精準的校對。另外我也感謝坎波（Barbara Campo）看顧本書印製過程。當然，我虧欠最多的是我的總編輯，也就是我的妻子露易絲，感謝她多年來一直陪伴著我。

32. Louis Hartz, *Economic Policy and Democratic Thought: Pennsylvania, 1776–1860* (Cambridge, MA: Harvard University Press, 1948), 292.
33. Pauline Maier, "Revolutionary Origins of the American Corporation," *William and Mary Quarterly*, L (1993), 68–70.
34. Mathew Carey, ed., *Debates and Proceedings of the General Assembly of Pennsylvania* . . . (Philadelphia: Seddon and Pritchard, 1786), 11–12.
35. Hamilton, "The Examination," February 23, 1802, in Syrett et al., eds., *Papers of Hamilton*, XXV, 533.
36. Corwin, "The Basic Doctrine of American Constitutional Law."
37. Debates in the Senate of the United States on the Judiciary During the First Session of the Seventh Congress (Philadelphia: Thomas Smith, 1802), 39. (I owe this citation to Kurt Graham.)
38. R. Kent Newmyer, *Supreme Court Justice Joseph Story: Statesman of the Old Republic* (Chapel Hill: University of North Carolina Press, 1985), 132; Harry N. Scheiber, "Public Rights and the Rule of Law in American Legal History," *California Law Review*, LXXII (1984), 217–251.
39. Neem, "Politics and the Origins of the Nonprofi t Corporation in Massachusetts and New Hampshire, 1780–1820," *Nonprofi t and Voluntary Sector Quarterly*, XXXII (2003), 358.
40. L. Ray Gunn, *The Decline of Authority: Public Economic Policy and Political Development in New York, 1800–1860* (Ithaca, NY: Cornell University Press, 1988).
41. William J. Novak, *People's Welfare: Law and Regulation in Nineteenth-Century America* (Chapel Hill: University of North Carolina Press, 1996), 15, 88.
42. David Lieberman, *Province of Legislation Determined: Legal Theory in Eighteenth-Century Britain* (Cambridge, UK: Cambridge University Press, 1989).
43. Nelson, *Americanization of the Common Law*, 171–172.
44. *Marbury v. Madison* (1803), William Cranch, ed., *U.S. Supreme Court Reports* . . . (Washington, DC, 1804), 165, 177.
45. George L. Haskins, "Law Versus Politics in the Early Years of the Marshall Court," *University of Pennsylvania Law Review*, CXXX (1981), 19–20.
46. James Madison to George Washington, April 16, 1787, in Robert Rutland et al., eds., *Papers of James Madison* (Chicago: University of Chicago Press, 1975), IX, 384.

18. J. A. C. Grant, "The 'Higher Law' Background of the Law of Eminent Domain," *Wisconsin Law Review*, VI (1930–31), 70; William Michael Treanor, "The Origins and Original Signifi cance of the Just Compensation Clause of the Fifth Amendment," *Yale Law Journal*, XCIV (1985), 694–716.
19. Wood, *Creation of the American Republic*, 410.
20. James Madison, "Vices of the Political System of the United States," April 1787, in Jack N. Rakove, ed., *James Madison: Writings* (New York: Library of America, 1999), 71; James Madison to Thomas Jefferson, October 17, 1788, in Rakove, ed., *Madison: Writings*, 421.
21. Thomas Jefferson, *Notes on the State of Virginia*, William Peden, ed. (Chapel Hill: University of North Carolina Press, 1955), 120.
22. Drew R. McCoy, *The Last of the Fathers: James Madison and the Republican Legacy* (Cambridge, UK: Cambridge University Press, 1989), 115.
23. Jefferson, *Notes on Virginia*, Peden, ed., 121.
24. *The Federalist* No. 71, No. 78, Jacob E. Cooke, ed. (Middletown, CT: Wesleyan University Press, 1961).
25. Lynn W. Turner, *William Plumer of New Hampshire, 1759–1850* (Chapel Hill: University of North Carolina Press, 1962), 34–35.
26. Alexander Hamilton, "Remarks in New York Assembly," February 6, 1787, in Harold C. Syrett et al., eds., *The Papers of Alexander Hamilton* (New York: Columbia University Press, 1961–1967), IV, 35.
27. Edward S. Corwin, "The Doctrine of Due Process of Law Before the Civil War," *Harvard Law Review*, XXIV (1911), 371–372.
28. Edward S. Corwin, "The Basic Doctrine of American Constitutional Law," *Michigan Law Review*, XII (1914), 254.
29. William E. Nelson, "Changing Conceptions of Judicial Review," *University of Pennsylvania Law Review*, CXX (1972), 1176.
30. Philadelphia *Pennsylvania Packet*, September 2, 1786.
31. On this point, see Barry Shain, *Myth of American Individualism: The Protestant Origins of American Political Thought* (Princeton: Princeton University Press, 1994); and Johann N. Neem, "Politics and the Origins of the Nonprofi t Corporation in Massachusetts and New Hampshire, 1780–1820," *Nonprofi t and Voluntary Sector Quarterly*, XXXII (2003), 344–365.

4. William Penn, *England's Present Interest Considered* (1675), in Philip B. Kurland and Ralph Lerner, eds., *The Founders' Constitution* (Chicago: University of Chicago Press, 1987), I, 429.
5. Lee, quoted in Bernard Bailyn, *The Ideological Origins of the American Revolution* (Cambridge, MA: Harvard University Press, 1967), 189.
6. Reid, *Constitutional History: Authority of Rights.*
7. Gordon S. Wood, *The Creation of the American Republic, 1776–1787* (Chapel Hill: University of North Carolina Press, 1969), 268–269.
8. James Wilson, *Considerations on the Authority of Parliament* (1774), in Robert G. McCloskey, ed., *Works of James Wilson* (Cambridge, MA: Harvard University Press, 1967), II, 736–737.
9. Gordon S. Wood, *The Radicalism of the American Revolution* (New York: Knopf, 1992), 81.
10. William E. Nelson, *Americanization of the Common Law: The Impact of Legal Change on Massachusetts Society, 1760–1830* (Cambridge, MA: Harvard University Press, 1975), 37–38, 14.
11. William Douglass, *A Summary, Historical and Political, of the First Planting, Progressive Improvements, and Present State of the British Settlements in North America* (Boston London: R. Baldwin, 1749), I, 507.
12. Hendrik Hartog, *Public Property and Private Power: The Corporation of the City of New York in American Law, 1730–1870* (Chapel Hill: University of North Carolina Press, 1983), 62–68.
13. Ronald E. Seavoy, "The Public Service Origins of the American Business Corporation," *Business History Review*, LII (1978), 30–36.
14. Quentin Skinner, *Liberty Before Liberalism* (Cambridge, UK: Cambridge University Press, 1998).
15. John Adams, quoted in Wood, *Creation of the American Republic*, 62–63.
16. Wood, *Radicalism of the American Revolution*, 188.
17. Hartog, *Public Property and Private Power*, 155; Harry N. Scheiber, "The Road to Munn: Eminent Domain and the Concept of Public Purpose in the State Courts," *Perspectives in American History*, V (1971), 363; Horst Dippel, "Human Rights: From Societal Rights to Individual Rights," *Boletim Da Faculdade de Direito*, LXXXIV (Coimbra: Universidade de Coimbra, 2008), 343–348.

Journal of Legal History, XXX (1986), 163–176; Michael Meranze, "The Penitential Ideal in Late EighteenthCentury Philadelphia," *Pennsylvania Magazine of History and Biography*, 108 (1984), 419–450; Bradley Chapin, "Felony Law Reform in the Early Republic," *Pennsylvania Magazine of History and Biography*, 113 (1989), 163–83.

25. Greene, *Revolutionary Generation*, 80.
26. Rush to Elisabeth Graeme Ferguson, July 16, 1782, in *Letters of Benjamin Rush*, L. H. Butterfi eld, ed., 280.
27. John Jay, *The Federalist* No. 2.
28. Richard L. Bushman, "American High Style," in Jack P. Greene and J. R. Pole, eds., *Colonial British America: Essays in the New History of the Early Modern Era* (Baltimore: Johns Hopkins University Press, 1984), 371–372.
29. John Witherspoon, "The Druid, No. V," in *The Works of the Rev. John Witherspoon*, 2nd ed. (Philadelphia: W. W. Woodward, 1802), IV, 417.
30. Noah Webster, *Dissertations on the English Language* (Boston: Isaiah Thomas, 1789), 36, 288. See Michael P. Kramer, *Imagining Language in America: From the Revolution to the Civil War* (Princeton: Princeton University Press, 1992).
31. Andrew Burstein, *Sentimental Democracy: The Evolution of America's Romantic Self-Image* (New York: Hill and Wang, 1999), 152.
32. Crèvecoeur, *Letters from an American Farmer*, L etter III, 80.
33. David Ramsay to Benjamin Rush, April 8, 1777, Brunhouse, ed., *Ramsay . . . Selections from His Writings*, 54; Arthur L. Ford, *Joel Barlow* (New York: Twaine, 1971), 31; Paine, *Common Sense*, in Foner, ed., *Writings of Paine*, I, 20.

第十一章

1. John Phillip Reid, *Constitutional History of the American Revolution: The Authority of Rights* (Madison: University of Wisconsin Press, 1986), 3.
2. Lois G. Schwoerer, *The Declaration of Rights, 1689* (Baltimore: Johns Hopkins University Press, 1981).
3. Leonard Levy, *Legacy of Suppression: Freedom of Speech and Press in Early American History* (Cambridge, MA: Belknap Press of Harvard University Press, 1960).

12. Hector St. John de Crèvecoeur, *Letters from an American Farmer*, Letter III (New York: Penguin, 1981), 67.
13. Thomas Jefferson to Martha Jefferson, March 28, 1787, in Julian P. Boyd et al., eds., *The Papers of Thomas Jefferson* (Princeton: Princeton University Press, 1950–), XI, 251.
14. Thomas Jefferson to Lafayette, April 11, 1787, in Boyd et al., eds., *Papers of Jefferson*, XI, 285.
15. David Ramsay, *The History of the American Revolution*, Lester H. Cohen, ed. (1789; repub. Indianapolis: Liberty Press, 1989), II, 630.
16. Edwin T. Martin, *Thomas Jefferson: Scientist* (New York: Henry Schuman, 1952), 54.
17. Benjamin Rush, "Of the Mode of Education Proper in a Republic," in Dagobert D. Runes, ed., *The Selected Writings of Benjamin Rush* (New York: Philosophical Library, 1947), 88, 90.
18. Frank L. Mott, *A History of American Journalism in the United States . . . 1690–1940* (New York: Macmillan, 1941), 159, 167; Merle Curti, *The Growth of American Thought*, 3rd ed. (New York: Harper & Row, 1964), 209; Donald H. Stewart, *The Opposition Press of the Federalist Period* (Albany: State University of New York Press, 1969), 15, 624.
19. Thomas Jefferson to Maria Cosway, October 12, 1786, in Boyd et al., eds., *Papers of Jefferson*, X, 447–448.
20. Thomas Paine, *The Rights of Man* (1791), in Philip S. Foner, ed., *The Complete Writings of Thomas Paine* (New York: Citadel, 1969), I, 265–266.
21. Louis P. Masur, *Rites of Execution: Capital Punishment and the Transformation of American Culture, 1776–1865* (New York: Oxford University Press, 1989), 37.
22. Ibid., 77 ; *American Museum* (March 1970), 137.
23. Masur, *Rites of Execution*, 82.
24. Michael Meranze, *Laboratories of Virtue: Punishment, Revolution, and Authority in Philadelphia, 1760–1835* (Chapel Hill: University of North Carolina Press, 1996), 71; Masur, *Rites of Execution*, 65, 71, 80–82, 87, 88; Adam J. Hirsch, "From Pillory to Penitentiary: The Rise of the Criminal Incarceration in Early Massachusetts," *Michigan Law Review*, LXXX (1982), 1179–1269; Linda Kealey, "Patterns of Punishment: Massachusetts in the Eighteenth Century," *American*

(Princeton: American Philosophical Society, 1951), I, 470–475.

2. John Adams, "Dissertation on the Feudal and Canon Law" (1765), in Gordon S. Wood, ed., *The Rising Glory of America, 1760–1820* (New York: George Braziller, 1971), 29.
3. Charles S. Hyneman and George W. Carey, eds., *A Second Federalist: Congress Creates a Government* (New York: Appleton-Century-Crofts, 1967), 24.
4. "Centinel" [Samuel Bryan], in Bernard Bailyn, ed., *The Debate on the Constitution* (New York: Library of America, 1993), I, 686.
5. Allen R. Pred, *Urban Growth and the Circulation of Information: The United States System of Cities, 1790–1840* (Cambridge, MA: Harvard University Press, 1973), 26.
6. Evarts B. Greene, *The Revolutionary Generation, 1763–1790* (New York: Macmillan, 1943), 418; Colin Bonwick, *English Radicals and the American Revolution* (Chapel Hill: University of North Carolina Press, 1977), 13–14; Alan D. McKillop, "Local Attachment and Cosmopolitanism: The EighteenthCentury Pattern," in Frederick W. Hilles and Harold Bloom, eds., *From Sensibility to Romanticism: Essays Presented to Frederick A. Pottle* (New York: Oxford University Press, 1965), 197; David Ramsay to John Eliot, August 11, 1792, in Robert L. Brunhouse, ed., *David Ramsay . . . Selections from His Writings* (Philadelphia: American Philosophical Society, 1965), 133.
7. Richard Price to Benjamin Franklin, September 17, 1787, Papers of Benjamin Franklin (unpublished).
8. Franco Venturi, *Utopia and Reform in the Enlightenment* (Cambridge, UK: Cambridge University Press, 1971), 133.
9. Julie Richter, "The Impact of the Death of G overnor France Fauquier on His Slaves and Their Families," *Colonial Williamsburg Interpreter*, XVIII, no. 3 (Fall 1997), 2.
10. Joel Barlow, *Advice to the Privileged Orders in the Several States of Europe* (1792; repub. Ithaca, NY: Cornell University Press, 1956), 17; Harry C. Payne, *The Philosophes and the People* (New Haven, CT: Yale University, Press, 1976), 7–17.
11. Virginia Ratifying Convention, in John P. Kaminski and Gaspare J. Saladino, eds., *The Documentary History of the Ratifi cation of the Constitution* (Madison: State Historical Society of Wisconsin, 1999), IX, 1044–1045.

26. Joyce Appleby, *Capitalism and a New Social Order: The Republican Vision of the 1790s* (New York: New York University Press, 1984).
27. John R. Nelson, "Alexander Hamilton and American Manufacturing: A Reexamination," *Journal of American History*, LXV (1979), 971–995.
28. Jack P. Greene, *The Intellectual Construction of America: Exceptionalism and Identity from 1492 to 1800* (Chapel Hill: University of North Carolina Press, 1993), 189.
29. E. H. Smith, *A Discourse Delivered April 11, 1798 . . .*, quoted in Duncan J. MacLeod, *Slavery, Race and the American Revolution* (Cambridge, UK: Cambridge University Press, 1974), 29.
30. On "garrison governments," see the work of Stephen Saunders Webb (who coined the term) especially *The Governors-General: The English Army and the Defi nition of Empire, 1569–1681* (Chapell Hill: University of North Carolina Press, 1979).
31. Eugene Perry Link, *Democratic-Republican Societies, 1790–1800* (New York: Columbia University Press, 1942), 136–137。傑佛遜對現代國家的理念非常寬鬆，從來不擔心美國人離開合眾國的疆域。他設想他的「自由帝國」，始終認為那是「原理相同」的國家，而非「疆界相同」的國家，和十八世紀德國及義大利一些知識分子對他們國家的想法差不多。美國人只要相信一些事情，那麼，不論他們的政府的疆界在哪裡，他們就是美國人。對於西部哪個聯邦州可能會脫離東部合眾國，他有時候淡漠以對。「有什麼關係？」一八〇四年傑佛遜問說，「西部這些聯邦的子女、後裔和東部各州的子女、後裔一樣，都是我們的孩子。」Thomas Jefferson to Dr. Joseph Priestley, January 29, 1804, *Thomas Jefferson: Writings*, Merrill Peterson, ed. (New York: Library of America, 1984), 1142.
32. 對於西部的這種錯覺，其中某些請參閱Andrew R. L. Cayton, *The Frontier Republic: Ideology and Politics in the Ohio Country, 1780–1825* (Kent, OH: Kent State University Press, 1986), 153。「對於俄亥俄河谷的未來，聯邦黨人和共和黨人的憧憬都不愚蠢也不天真，而是不適合當時新興的那種社會。」

第十章

1. Benjamin Rush to Elias Boudinot?, "Observations on the Federal Procession in Philadelphia," July 9, 1788, in L. H. Butterfi eld, ed., *Letters of Benjamin Rush*

21. Merrill Peterson, ed., *Democracy, Liberty, and Property: The State Constitutional Conventions of the 1820s* (Indianapolis: Bobbs-Merrill, 1966), 79–82。民主觀點將財產重新理解為勞動的產物，此點請參閱Alan Taylor, *Liberty Men and Great Proprietors: The Revolutionary Settlement on the Maine Frontier, 1760–1820* (Chapel Hill: University of North Carolina Press, 1990), 25, 28.
22. 近年來Michael Merrill和Sean Wilentz均將曼寧描繪為反對資本主義之人，不過也承認他並非未涉足商業經濟的「受害的小自耕農」。在他們那個發展中的比勒利卡（Billerica）小鎮，他不僅是個農夫，而且是個改革者，又是個招搖撞騙的小商人。他斷斷續續經營一間酒館，革命戰爭期間開了一間硝石廠生產火藥，參與開鑿運河，買賣土地，一直在借錢，一直要州特許銀行印發紙幣，想方設法改善自己及家人的狀況（但是好像不太成功）。曼寧本身的商業活動也許不算多，但是經過社會乘之以千百倍，就成了我們那日益擴大的資本主義經濟。Michael Merrill and Sean Wilentz, eds., *The Key of Liberty: The Life and Democratic Writings of William Manning, "A Laborer," 1747–1814* (Cambridge, MA: Harvard University Press, 1993), 31–32.
23. Cathy Matson and Peter Onuf, "Toward a Republican Empire: Interest and Ideology in Revolutionary America," *American Quarterly*, XXXVII (1985), 496–531。Fanny Wright在她的*Views of Society and Manners in America,* Paul R. Baker, ed. (Cambridge, MA: Harvard University Press, 1963), 208這本書中，同樣用這句話來描述一個世代之後的美國社會。漢彌爾頓雖然在他的《製造業者報告》中表示他理解內需商業很重要，但事實上，如同John R. Nelson力言的，他始終不曾完全喜歡或支持製造商以及涉足內需經濟者的利益。他雖然說是支持製造業，但其實只支持外銷貨品製造業。John R. Nelson Jr., *Liberty and Property: Political Economy and Policymaking in the New Nation, 1789–1812* (Baltimore: John Hopkins University Press, 1987), 37–51.
24. John E. Crowley曾經闡述說，美國人從來就不是亞當．史密斯的好學生。美國人始終不理會亞當．史密斯支持內需商業甚於外貿，做重商主義者比英國人長久得多。這就是說，美國人「以政治的必然為名義，輕視或反制市場關係的必然」。John E. Crowley, *The Privileges of Independence: Neomercantilism and the American Revolution* (Baltimore: Johns Hopkins University Press, 1993), xii–xiii, 133, 207.
25. Bray Hammond, *Banks and Politics in America from the Revolution to the Civil War* (Princeton: Princeton University Press, 1957), 126–127.

Papers of Hamilton, IV, 276.

12. George Washington, quoted in Leonard D. White, *The Federalists: A Study in Administrative History* (New York: Greenwood, 1948), 404n; Alexander Hamilton, quoted in Richard H. Kohn, *Eagle and Sword: The Federalists and the Creation of the Military Establishment in America, 1783–1802* (New York: Free Press, 1975), 171.
13. Thomas Jefferson to Edmund Pendleton, August 26, 1776, in Julian Boyd et al., eds., *The Papers of Thomas Jefferson* (Princeton: Princeton University Press, 1950–), I, 505.
14. For two revisionist interpretations of the origins of judicial review, see J. M. Sosin, *The Aristocracy of the Long Robe: The Origins of Judicial Review in America* (New York: Greenwood Press, 1989); and Robert L. Clinton, *Marbury v. Madison and Judicial Review* (Lawrence: University Press of Kansas, 1989). For attempts to describe the judicial and legal climates out of which judicial review arose, see Gordon S. Wood, "The Origins of Judicial Review," *Suffolk Law Review*, XXII (1988), 1293–1307; and Wood, "Judicial Review in the Era of the Founding," in Robert Licht, ed., *Is the Supreme Court the Guardian of the Constitution?* (Washington, DC: AEI Press, 1993), 153–166.
15. This is the gist of Lance Banning's book *The Sacred Fire of Liberty: James Madison and the Founding of the Federal Republic* (Ithaca, NY: Cornell University Press, 1995).
16. *The Federalist* No. 10.
17. White, *The Federalists*, 301.
18. George V. Taylor, "Noncapitalist Wealth and the Origins of the French Revolution," *American Historical Review*, LXII (1967), 469–496; William Doyle, *Origins of the French Revolution* (Oxford: Oxford University Press, 1980), 17–18.
19. George Washington to Thomas Johnson, July 20, 1770, Fitzpatrick, ed., *Writings of Washington*, 3:18. On the efforts of some Boston gentry to set themselves up as country farmers, georgic style, see Tamara Platkins Thornton, *Cultivating Gentlemen: The Meaning of Country Life Among the Boston Elite, 1785–1860* (New Haven, CT: Yale University Press, 1989).
20. Samuel Eliot Morison, ed., "William Manning's *The Key of Liberty,*" *William and Mary Quarterly*, 3rd ser., XIII (1956), 202–254.

第九章

1. Linda K. Kerber, *Federalists in Dissent: Imagery and Ideology in Jeffersonian America* (Ithaca, NY: Cornell University Press, 1970), 1–22.
2. Manning J. Dauer, *The Adams Federalists* (Baltimore: Johns Hopkins University Press, 1953), 241.
3. Alexander Hamilton to Gouverneur Morris, February 29, 1802, Harold C. Syrett and Jacob E. Cooke, eds., *The Papers of Alexander Hamilton* (New York: Columbia University Press, 1961–1967), XXV, 544.
4. James Sterling Young, *The Washington Community, 1800–1828* (New York: Columbia University Press, 1966), 41.
5. 當時很多人都在談論將美國改變為君主政體這件事，我們一直都不願意承認這個話題在當時普遍的程度。Louise Burnham Dunbar, *A Study of "Monarchical" Tendencies in the United States from 1776 to 1801* (New York: Da Capo Press, 1970, [originally published 1922])是目前為止這個主題唯一有意義的研究。
6. Hamilton, Speech at New York Ratifying Convention, June 28, 1788, Syrett et al., eds., *Papers of Hamilton*, V, 118.
7. Alexander Hamilton, quoted in Thomas K. McCraw, "The Strategic Vision of Alexander Hamilton," *American Scholar* (Winter 1994), 40; George Washington to Henry Knox, February 28, 1785, in John C. Fitzpatrick, ed., *The Writings of George Washington* (Washington, DC: U.S. Government Printing Offi ce, 1938), XXVIII, 93.
8. John Brewer, *The Sinews of Power: War, Money and the English State, 1688–1783* (New York: Routledge, 1989).
9. Hamilton, Speech at the New York Ratifying Convention, June 27, 1788, and in *The Continentalist*, no. V, April 18, 1782, in Syrett et al., eds., *Papers of Hamilton*, V, 96; III, 76.
10. Alexander Hamilton to Robert Troup, April 13, 1795, Syrett et al., eds., *Papers of Hamilton*, XVIII, 329; Sir James Steuart (1767), quoted in Stephen Copley, *Literature and the Social Order in EighteenthCentury England* (London and Dover, NH: Croom Helm, 1984), 120; Alexander Hamilton, "The Defence of the Funding System, July 1795," Syrett et al., eds., *Papers of Hamilton*, XIII, 349.
11. Alexander Hamilton, "Conjectures about the New Constitution," Syrett et al., eds.,

14. William B. Allen, ed., *George Washington: A Collection* (Indianapolis: Liberty Classics, 1988), 446.
15. Alexander Hamilton to George Washington, May 5, 1789, in Syrett et al., eds., *Papers of Alexander Hamilton*, V, 335–337.
16. John Adams to George Washington, May 17, 1789, in Abbot et al., eds., *Papers of Washington: Presidential Series*, II, 312.
17. James Thomas Flexner, *George Washington and the New Nation (1783–1793)* (Boston: Little, Brown, 1970), 195.
18. Leonard D. White, *The Federalists: A Study in Administrative History* (New York: Greenwood, 1948), 108.
19. David Waldstreicher, *In the Midst of Perpetual Fetes: The Making of American Nationalism, 1776–1820* (Chapel Hill: University of North Carolina Press, 1997), 120–122.
20. George Washington to James Madison, March 30, 1789, in John Rhodehamel, ed., *George Washington: Writings* (New York: Library of America, 1997), 723; John Adams to Benjamin Rush, June 21, 1811, in John A. Schutz and Douglass Adair, eds., *The Spur of Fame: Dialogues of John Adams and Benjamin Rush, 1805–1813* (San Marino, CA: Huntington Library, 1966), 181.
21. Kenneth R. Bowling and Helen E. Veit, eds., *The Diary of William Maclay and Other Notes on Senate Debates: Documentary History of the First Federal Congress of the United States of America, 4 March 1789–3 March 1791* (Baltimore: Johns Hopkins University Press, 1988), IX, 21; Schwartz, *Washington*, 62.
22. Bowling and Veit, eds., *Diary of Maclay*, 21.
23. Page Smith, *John Adams* (New York: Doubleday, 1962), II, 755.
24. Thomas Jefferson to James Madison, July 29, 1789, in Boyd et al., eds., *Papers of Jefferson*, XV, 316.
25. White, *Federalists*, 108.
26. Thomas Jefferson to Spencer Roane, September 6, 1819, in Paul L. Ford, ed., *The Writings of Thomas Jefferson* (New York: G. P. Putnam's Sons, 1899), X, 140.
27. Jefferson, First Annual Message, December 8, 1801, in Merrill Peterson, ed., *Thomas Jefferson: Writings* (New York: Library of America, 1984), 504.

Library of America, 1993), II, 629, 675.

2. Patrick Henry, in Jonathan Elliot, ed., *The Debates in the Several State Conventions on the Adoption of the Federal Constitution* (Washington, 1854), III, 58, 491.
3. Benjamin Tappan to Henry Knox, April 1787, Henry Knox Papers, Massachusetts Historical Society. (I owe this citation to Brendan McConville.)
4. James Madison, cited in Gordon S. Wood, *The Creation of the American Republic, 1776–1787* (Chapel Hill: University of North Carolina Press, 1969), 410.
5. James Madison to Thomas Jefferson, October 24, 1787, in Julian P. Boyd et al., eds., *The Papers of Thomas Jefferson* (Princeton: Princeton University Press, 1950–), XII, 276.
6. Benjamin Rush, "To ———: Information to Europeans Who Are Disposed to Migrate to the United States," April 16, 1790, L. H. Butterfi eld, ed., *Letters of Benjamin Rush* (Princeton: Princeton University Press, 1951), II, 556.
7. James Madison, "Vices of the System of the United States," in Hutchinson et al., eds., *Papers of Madison*, IX, 352, 357.
8. Max Farrand, ed., *The Records of the Federal Convention* (New Haven, CT: Yale University Press, 1937), I, 65, 119; II, 513.
9. Thomas Jefferson to David Humphreys, March 18, 1789, in Boyd et al., eds., *Papers of Jefferson*, XIV, 679.
10. Louise B. Dunbar, *A Study of "Monarchical" Tendencies in the United States, from 1776 to 1801* (Urbana: University of Illinois Press, 1923), 99–100.
11. James McHenry to George Washington, March 29, 1789, in W. W. Abbot et al., eds., *Papers of Washington: Presidential Series* (Charlottesville: University Press of Virginia, 1983–), I, 461.
12. Winifred E. A. Bernard, *Fisher Ames: Federalist and Statesman, 1758–1808* (Chapel Hill: University of North Carolina Press, 1965), 92.
13. David W. Robson, *Educating Republicans: The College in the Era of the American Revolution, 1758– 1800* (Westport, CT: Greenwood Press, 1985), 149; Thomas E. V. Smith, *The City of New York in the Year of Washington's Inauguration, 1789* (New York: Anson D. F. Randolph, 1889, reprint ed., Riverside, CT, 1972), 217–219; Barry Schwartz, *George Washington: The Making of an American Symbol* (New York: Free Press, 1987).

Jefferson, XXV, 402; Thomas Jefferson to William Short, January 3, 1793, in Peterson, ed., *Jefferson: Writings*, 1004; Thomas Jefferson to Tench Coxe, May 1, 1794, in Boyd et al., eds., *Papers of Jefferson*, XXVIII, 67.

19. Alexander Hamilton to Rufus King, June 3, 1802, in Joanne B. Freeman, ed., *Alexander Hamilton: Writings* (New York: Library of America, 2001), 993; Alexander Hamilton, "Views on the French Revolution (1794)," Harold C. Syrett et al., eds., *The Papers of Alexander Hamilton* (New York: Columbia University Press, 1962–), XXVI, 739–740.
20. Alexander Hamilton, "Views on the French Revolution (1794)," Syrett et al., eds., *Papers of Alexander Hamilton*, 739–740; Alexander Hamilton to Rufus King, June 3, 1802, in Freeman, ed., *Hamilton: Writings*, 993.
21. Thomas Paine, *The Rights of Man: Part the Second*, in Foner, ed., *Complete Writings*, I, 408.
22. Thomas Jefferson to William Plumer, July 21, 1816, in Lipscomb and Bergh, eds., *Writings of Jefferson*, XV, 46–47.
23. Thomas Paine, *The Age of Reason* (1794), in Eric Foner, ed., *Thomas Paine: Collected Writings* (New York: Library of America, 1995), 825; Thomas Jefferson to Horatio Spafford, March 17, 1814, Thomas Jefferson to James Smith, December 8, 1822, in James H. Hutson, ed., *The Founders on Religion: A Book of Quotations* (Princeton: Princeton University Press, 2005), 68, 218; Thomas Jefferson to Charles Clay, January 29, 1815, in Lipscomb and Bergh, eds., *Writings of Jefferson*, XIV, 233.
24. Thomas Paine to Henry Laurens, September 14, 1779, in Foner, ed., *Complete Writings of Paine*, II, 1178.
25. Ibid.; Thomas Paine to Robert Livingston, May 19, 1783, quoted in Keane, *Paine*, 242.
26. Thomas Jefferson to James Madison, October 18, 1785, in Peterson, ed., *Jefferson: Writings*, 841–842.
27. Thomas Jefferson to Thomas Paine, March 18, 1801, in Boyd et al., eds., *Papers of Jefferson*, XXXIII, 359.

第八章

1. Patrick Henry, in Bernard Bailyn, ed., *The Debate on the Constitution* (New York:

3. John Keane, *Tom Paine: A Political Life* (Boston: Little, Brown, 1995), 211.
4. S. W. Jackman, "A Young Englishman Reports on the New Nation: Edward Thornton, to James Bland Burges, 1791–1893," *William and Mary Quarterly*, XVIII (1961), 110.
5. Thomas Jefferson, "A Summary View of the Rights of British Colonists (1774)," in Julian P. Boyd et al., eds., *The Papers of Thomas Jefferson* (Princeton: Princeton University Press, 1950–), I, 134.
6. Thomas Paine, *Common Sense* (1776), in Foner, ed., *Complete Writings of Thomas Paine*, I, 23.
7. Thomas Paine, "The Crisis Extraordinary," October 4, 1780, in Foner, ed., *Complete Writings*, I, 182.
8. Thomas Paine, *The Rights of Man: Part the Second* (1792), in Foner, ed., *Complete Writings*, I, 363; Thomas Jefferson to T. Law, June 13, 1814, in A. A. Lipscomb and Albert Ellery Bergh, eds., *The Writings of Thomas Jefferson* (Washington, DC: Thomas Jefferson Memorial Association, 1903), XIV, 141–142; Thomas Jefferson to Peter Carr, August 12, 1787, in Boyd et al., eds., *Papers of Jefferson*, XII, 15.
9. Thomas Paine, *Common Sense*, in Foner, ed., *Complete Writings*, I, 4.
10. Jonathan Mayhew, *Seven Sermons upon the Following Subjects . . .* (Boston: Alden Bradford, 1749), 126.
11. Thomas Paine, *The Rights of Man: Part the Second* (1792), in Foner, ed., *Complete Writings*, I, 357.
12. Ibid., 359.
13. Ibid., 355.
14. Ibid., 373; Thomas Jefferson to Governor John Langdon, March 5, 1810, in Merrill D. Peterson, ed., *Thomas Jefferson: Writings* (New York: Library of America, 1984), 1221.
15. Thomas Paine, *The Rights of Man: Part the Second*, in Foner, ed., *Complete Writings*, I, 355–356.
16. [Benjamin Lincoln Jr.], "The Free Republican No. III," Boston *Independent Chronicle*, December 8, 1785.
17. Thomas Paine, *The Rights of Man: Part the Second*, in Foner, ed., *Complete Writings*, I, 400.
18. Thomas Jefferson to Joseph Fey, March 18, 1793, in Boyd et al., eds., *Papers of*

(Hartford: CT: Case, Lockwood & Brainard, 1892), 50.

21. Jeffrey L. Pasley, "Private Access and Public Power: Gentility and Lobbying in the Early Congress," in Kenneth R. Bowling and Donald R. Kennon, eds., *The House and Senate in the 1790s: Petitioning, Lobbying, and the Institutional Development* (Athens: Ohio University Press, 2002), 74–76; Donald J. Ratcliffe, *Party Spirit in a Frontier Republic: Democratic Politics in Ohio, 1793–1821* (Columbus: Ohio State University Press, 1998), 79; Donald Hickey, *The War of 1812* (Urbana: University of Illinois Press, 1980), 122.
22. Strum, "Property Qualifi cations and the Voting Behavior in New York, 1807–1816," *Journal of the Early Republic*, I (1981), 350, 369.
23. Samuel Shapiro, " 'Aristocracy, Mud, and Vituperation': The Butler-Dana Campaign," *New England Quarterly*, XXXI (1958), 340–360.
24. Arthur Zilversmit, *The First Emancipation: The Abolition of Slavery in the North* (Chicago: University of Chicago Press, 1967), 222.
25. Leon F. Litwack, *North of Slavery: The Negro in the Free States, 1790–1860* (Chicago: University of Chicago Press, 1961), 75.
26. James M. McPherson, "The Ballot and Land for the Freedman, 1861–1865," in Kenneth M, Stampp and Leon F. Litwack, eds., *Reconstruction: An Anthology of Revisionist Writings* (Baton Rouge: Louisiana State University Press, 1969), 138.
27. *New York Times*, September 8, 2010.
28. Chilton Williamson, *American Suffrage from Property to Democracy, 1760–1860* (Princeton: Princeton University Press, 1960), 279.

第七章

1. Thomas Paine, *The Rights of Man: Part the Second* (1792), in Philip S. Foner, ed., *The Complete Writings of Thomas Paine* (New York: Citadel, 1969), I, 405–406; Thomas Jefferson to Thomas Paine, March 18, 1801, in Barbara Oberg et al., eds., *The Papers of Thomas Jefferson* (Princeton: Princeton University Press, 2006), 33, 359.
2. Marquis de Chastellux, *Travels in North America in the Years 1780, 1781 and 1782*, Howard C. Rice, ed. (Chapel Hill: University of North Carolina Press, 1963), 2, 391.

Restoration to American Independence (Athens, GA: University of Georgia Press, 1983).

12. *Acts and Resolves, Public and Private, of the Province of Massachusetts Bay* (Boston: Secretary of the Commonwealth, 1878), III, 70.
13. *South Carolina Gazette* (Charleston), May 13, April 29, 1784.
14. Philadelphia *Pennsylvania Evening Post*, July 30, 1776, quoted in David Hawke, *In the Midst of Revolution* (Philadelphia: University of Pennsylvania Press, 1961), 187.
15. Alfred Young, "The Mechanics and the Jeffersonians: New York, 1789–1801," *Labor History*, 5 (1964), 274; Donald H. Stewart, *The Opposition Press of the Federalist Period* (Albany: State University of New York Press, 1969), 389; Richard E. Ellis, *The Jeffersonian Crisis: Courts and Politics in the Young Republic* (New York: Oxford University Press, 1971), 173.
16. Philip Lampi's *Collection of American Election Data, 1787–1825*，因為十九世紀的前二十年，總統、國會、州長、州議會的選舉顯示，美國政治在當時就已經非常民粹，競爭非常激烈，所以不必等到安德魯・傑克遜之時才來變成民主。Lampi's *Collection is available* online via the American Antiquarian Society's Web page "A New Nation Votes: American Election Returns, 1787–1825."
17. Harvey Strum, "Property Qualifi cations and the Voting Behavior in New York, 1807–1816," *Journal of the Early Republic*, I (1981), 359.
18. Chilton Williamson, *American Suffrage: From Property to Democracy, 1760–1860* (Princeton: Princeton University Press, 1960); and Alexander Keyssar, *The Right to Vote: The Contested History of Democracy in the United States* (New York: Basic Books, 2000). Many states continued to maintain taxpaying requirements for voting.
19. James Madison to George Washington, April 16, 1787, in Jack N. Rakove, ed., *James Madison: Writings* (New York: Library of America, 1999), 81.
20. Walter R. Fee, *The Transition from Aristocracy to Democracy in New Jersey, 1789–1829* (Somerville, NJ: Somerset Press, 1933), 146; Joseph S. Davis, *Essays in the Earlier History of American Corporations, IV, Eighteenth-Century Business Corporations in the United States* (Cambridge, MA: Harvard University Press, 1917), 321; P. H. Woodward, *One Hundred Years of the Hartford Bank . . .*

Wisconsin, 1976), 267; Rush to Elias Boudinot, July 9, 1788, in Butterfi eld, ed., *Letters of Rush*, I, 471.

第六章

1. R. R. Palmer, *The Age of the Democratic Revolution: A Political History of Europe and America, 1760–1800*, 2 vols. (Princeton: Princeton University Press, 1959, 1964).
2. Gabriel A. Almond and Sidney Verba, *The Civic Culture: Political Attitudes and Democracy in Five Nations* (Boston: Little, Brown, 1965), 2.
3. James Otis, *Right of the British Colonies Asserted and Proved* (Boston: Edes and Gill, 1764), in Bernard Bailyn, ed., *Pamphlet of the American Revolution, 1750–1776* (Cambridge, MA: Harvard University Press, 1965), 427.
4. Philadelphia *Pennsylvania Gazette*, April 24, 1776.
5. Edward Countryman, *A People in Revolution: The American Revolution and Political Society in New York, 1760–1790* (Baltimore: John Hopkins University Press, 1981), 33.
6. Clifford K. Shipton, "Jonathan Trumbull," in *Sibley's Harvard Graduates: Biographies of Those Who Attended Harvard College* (Boston: Massachusetts Historical Society, 1951), 8: 269.
7. Bernard Bailyn, *The Origins of American Politics* (New York: Knopf, 1968).
8. On the politics of the imperial relationship, see the works by Alison Gilbert Olson, *Anglo-American Politics, 1660–1775: The Relationship Between Parties in England and Colonial America* (New York: Oxford University Press, 1973), and Olson, *Making the Empire Work: London and American Interest Groups, 1690–1790* (Cambridge, MA: Harvard University Press, 1992).
9. On the increasing diffi culties of colonial communication in the empire on the eve of the Revolution, see Michael Kammen, *A Rope of Sand: The Colonial Agents, British Politics, and the American Revolution* (Ithaca, NY: Cornell University Press, 1968).
10. Gary B. Nash, "The Transformation of Urban Politics, 1700–1764," *Journal of American History*, LX (1973), 605–632.
11. J. R. Pole, *The Gift of Government: Political Responsibility from the English*

Papers of John Adams (Cambridge, MA: Belknap Press of Harvard University Press, 1983), V, 83; Riesman, "Origins of American Political Economy," 135–136, 144; Norman K. Risjord, *Chesapeake Politics, 1781–1800* (New York: Columbia University Press, 1978), 124; George Washington to Governor George Clinton, April 20, 1785, to Battaile Muse, December 4, 1785, in Fitzpatrick, ed., *Writings of Washington*, XXVIII, 134, 341; Carey, ed., *Debates*, 96.

72. Roy A. Foulke, *The Sinews of American Commerce* (New York: Dun & Bradstreet, 1941), 66–68, 74–75, 89; William E. Nelson, *Americanization of the Common Law: The Impact of Legal Change on Massachusetts Society, 1760–1830* (Cambridge, MA: Harvard University Press, 1975), 44–45. For a sensitive analysis of the Virginia planters' etiquette of debt, see T. H. Breen, *Tobacco Culture: The Mentality of the Great Tidewater Planters on the Eve of the Revolution* (Princeton: Princeton University Press, 1985), esp. 93–106.
73. Grundfest, *Clymer,* 177; *Providence Gazette*, August 5, 1786, quoted in David P. Szatmary, *Shays' Rebellion: The Making of an Agrarian Insurrection* (Amherst: University of Massachusetts Press, 1980), 51; Madison, "Notes for Speech Opposing Paper Money" [November 1, 1786], in Hutchinson et al., eds., *Papers of Madison*, IX, 158–159; Taylor, *Western Massachusetts*, 166.
74. Farrand, ed., *Records of the Federal Convention*, II, 310, III, 350.
75. Ruth Bogin, "New Jersey's True Policy: The Radical Republican Vision of Abraham Clark," *William and Mary Quarterly*, 3rd ser., XXXV (1978), 105.
76. David Ramsay, "An Address to the Freemen of South Carolina on the Subject of the Federal Constitution" (1787), in Paul Leicester Ford, ed., *Pamphlets on the Constitution of the United States* (Brooklyn, NY: Historical Printing Club, 1888), 379–380. Madison thought that the Anti-Federalist pamphlets omitted "many of the true grounds of opposition" to the Constitution. "The articles relating to Treaties, to paper money, and to contracts, created more enemies than all the errors in the System positive and negative put together" (James Madison to Thomas Jefferson, October 17, 1788, in Boyd et al., eds., *Papers of Jefferson*, XIV, 18).
77. Benjamin Rush to Jeremy Belknap, February 28, 1788, quoted in John P. Kaminski, "Democracy Run Rampant: Rhode Island in the Confederation," in James Kirby Martin, ed., *The Human Dimensions of Nation Making: Essays on Colonial and Revolutionary History* (Madison: State Historical Society of

Roosevelt, *American Ideals and Other Essays, Social and Political* (New York: G.P. Putnam's Sons, 1897), 34。不過，當然幾乎是在相同的年代，杜威（John Dewey）也告訴美國人說，要人行為無私，在心理上任何人都不可能。請參閱John Patrick Diggins, *The Lost Soul of American Politics: Virtue, Self-Interest, and the Foundations of Liberalism* (New York: Oxford University Press, 1984), 341–343。另請參閱Stephen Miller, *Special Interest Groups in American Politics* (New Brunswick, NJ: Transaction Books, 1983).

67. Wilson, in Farrand, ed., *Records of the Federal Convention*, I, 154; Cooke, ed., *The Federalist* No. 10. Vernon Parrington asked the same questions. If ordinary men were motivated by self-interest, as the Federalists believed, why would "this sovereign motive" abdicate "its rule among the rich and well born? . . . Do the wealthy betray no desire for greater power? Do the strong and powerful care more for good government than for class interests?" (*Main Currents in American Thought: An Interpretation of American Literature from the Beginnings to 1920* [New York: Harcourt, Brace, 1927], I, 302).
68. John Witherspoon, "Speech in Congress on Finances," *The Works of John Witherspoon* . . . (Edinburgh: John Turnbull, 1805), IX, 133–134.
69. Robert J. Taylor, *Western Massachusetts in the Revolution* (Providence, RI: Brown University Press, 1954), 20; Robert A. East, *Business Enterprise in the American Revolutionary Era* (New York: Columbia University Press, 1938), 20–22; Dickinson, "Letters of a Farmer," in Ford, ed., *Writings of Dickinson*, 307; Fowler, *Baron of Beacon Hill*, 251; Margaret E. Martin, *Merchants and Trade of the Connecticut River Valley, 1750–1820* (*Smith College Studies in History*, XXIV [Northampton, MA: Smith College, 1938–1939]), 159. See also Alice Hanson Jones, *Wealth of a Nation to Be: The American Colonies on the Eve of the Revolution* (New York: Columbia University Press, 1980), 145–153.
70. Carey, ed., *Debates*, 96; Aubrey C. Land, "Economic Base and Social Structure: The Northern Chesapeake in the Eighteenth Century," *Journal of Economic History*, XXV (1965), 650; Isaac, *Transformation of Virginia*, 133; East, *Business Enterprise*, 19; Robert D. Mitchell, *Commercialism and Frontier: Perspectives on the Early Shenandoah Valley* (Charlottesville: University Press of Virginia, 1977), 116, 123.
71. John Adams to James Warren, February 12, 1777, in Robert J. Taylor et al., eds.,

60. Carey, ed., *Debates*, 66, 87, 128, 21, 130, 38, 15, 72–73.
61. Cooke, ed., *The Federalist* No. 10; [William Findley], *A Review of the Revenue System Adopted at the First Congress under the Federal Constitution . . .* (Philadelphia: Bailey, 1794), 117.
62. Jonathan Elliot, ed., *The Debates in the Several State Conventions on the Adoption of the Federal Constitution . . .* (Philadelphia: J. B. Lippincott, 1896), II, 13, 260; [Findley], "Letter by an Offi cer of the Late Continental Army," *Independent Gazette* (Philadelphia), November 6, 1787, in Storing, ed., *Complete Anti-Federalist*, III, 95; Ruth Bogin, *Abraham Clark and the Quest for Equality in the Revolutionary Era, 1774–1794* (East Brunswick, NJ: Fairleigh Dickinson University Press, 1982), 32.
63. Philip A. Crowl, "Anti-Federalism in Maryland, 1787–88," *William and Mary Quarterly*, 3rd ser., IV (1947), 464; Richard Walsh, *Charleston's Sons of Liberty: A Study of the Artisans, 1763–1789* (Columbia: University of South Carolina Press, 1959), 132; [James Winthrop] "Letters of Agrippa," *Massachusetts Gazette*, December 14, 1787, in Storing, ed., *Complete Anti-Federalist*, IV, 80; "Essentials of a Free Government," in Walter Hartwell Bennett, ed., *Letters from the Federal Farmer to the Republican* (Tuscaloosa: University of Alabama Press, 1978), 10.
64. Benjamin Latrobe to Philip Mazzei, December 19, 1806, in Margherita Marchione et al., eds., *Philip Mazzei: Selected Writings and Correspondence* (Prato, Italy: Cassa di Risparmi e Depositi di Prato, 1983), III, 439 (I owe this reference to Stanley J. Idzerda).
65. Ibid.
66. James T. Schleifer, *The Making of Tocqueville's "Democracy in America"* (Chapel Hill: University of North Carolina Press, 1980), 242, 243; Tocqueville to Ernest de Chabrol, June 9, 1831, in Roger Boesch, ed., *Alexis de Tocqueville: Selected Letters on Politics and Society* (Berkeley: University of California Press, 1985), 38; Tocqueville, *Democracy in America*, ed. Phillips Bradley (New York: Vintage Books, 1954), I, 243。當然，事情其實沒有托克維爾說的那麼簡單。「無私政治」這種理想在十九世紀並沒有消失，甚至時至今日仍然徘徊不去。這一理想不但是所有反方及中間派改革運動的基本信念，而且也影響到了很多進步派。對一八九四年的老羅斯福而言，「公民若想參與我們的公共生活中各種工作，第一個要件……就是要行為無私，秉持誠懇的目的為聯邦服務。」

8, 1787, in Hutchinson et al., eds., *Papers of Madison*, IX, 370, 384; John Zvesper, "The Madisonian Systems," *Western Political Quarterly*, XXXVII (1984), 244–247.

50. Jerome J. Nadelhaft, " 'The Snarls of Invidious Animals': The Democratization of Revolutionary South Carolina," in Ronald Hoffman and Peter J. Albert, eds., *Sovereign States in an Age of Uncertainty* (Charlottesville: University Press o f Virginia 1981), 77.
51. On Findley, see his letter to Governor William Plumer of New Hampshire, February 27, 1812, "William Findley of Westmoreland, Pa.," *Pennsylvania Magazine of History and Biography*, V (1881), 440–50; and Russell J. Ferguson, *Early Western Pennsylvania Politics* (Pittsburgh: University of Pittsburgh Press, 1938), 39–40.
52. Grundfest, *Clymer*, 141.
53. Claude Milton Newlin, *The Life and Writings of Hugh Henry Brackenridge* (Princeton: Princeton University Press, 1932), 71.
54. Ibid., 78, 80–81; Ferguson, *Early Western Pennsylvania*, 66–69.
55. Newlin, *Brackenridge*, 79–80, 83–84; Ferguson, *Early Western Pennsylvania*, 70–72.
56. Mathew Carey, ed., *Debates and Proceedings of the General Assembly of Pennsylvania on the Memorials Praying a Repeal or Suspension of the Law Annulling the Charter of the Bank* (Philadelphia: Carey and Co., Seddon and Pritchard, 1786), 19, 64, 10, 30.
57. Robert Morris to George Washington, May 29, 1781, E. James Ferguson et al., eds., *The Papers of Robert Morris, 1781–1784* (Pittsburgh: University of Pittsburgh Press, 1973–), I, 96; Ellis Paxson Oberholtzer, *Robert Morris, Patriot and Financier* (New York: Macmillan, 1903), 52–56, 70–71.
58. Carey, ed., *Debates*, 33, 79–80, 98 (quotations on 80, 98).
59. Ibid., 81; Oberholtzer, *Morris*, 285–286, 297–299, 301–303; Eleanor Young, *Forgotten Patriot: Robert Morris* (New York: Macmillan, 1950–), 170; Barbara Ann Chernow, *Robert Morris, Land Speculator, 1790–1801* (New York: Arno Press, 1978); H. E. Scudder, ed., *Recollections of Samuel Breck . . .* (Philadelphia: Porter & Coates, 1877), 203: *The Journal of William Maclay* (New York: Albert & Charles Boni, 1927 [orig. pub, 1890]), 132.

Ketcham, Madison, 145)。十九世紀曾經有一些思想家，想要使專業界成為反對自私及商業營利心的「無私」儲藏庫，詳請參閱Thomas L. Haskell, "Professionalism versus Capitalism: R. H. Tawney, Emile Durkheim, and C. S. Peirce on the Disinterestedness of Professional Communities," in Thomas L. Haskell, ed., *The Authority of Experts: Studies in History and Theory* (Bloomington: Indiana University Press, 1984), 180–225.

45. Morris, "Political Enquiries," in Willi Paul Adams, ed., " 'The Spirit of Commerce, Requires that Property Be Sacred': Gouverneur Morris and the American Revolution," *Amerikastudien/American Studies*, XXI (1976), 329; Alexander Hamilton to Robert Troup, April 13, 1795, in Harold C. Syrett, et al., eds., *The Papers of Alexander Hamilton* (New York: Columbia University Press, 1961–1979), XVII, 329.

46. George Washington to Benjamin Harrison, January 22, 1785, to George William Fairfax, February 27, 1785, in Fitzpatrick, ed., *Writings of Washington*, XXVIII, 36, 85.

47. George Washington to Benjamin Harrison, January 22, 1785, to William Grayson, January 22, 1785, to Lafayette, February 15, 1785, to Thomas Jefferson, February 25, 1785, to George William Fairfax, February 27, 1785, to Governor Patrick Henry, February 27, 1785, to Henry Knox, February 28, 1785, June 18, 1785, to Nathanael Greene, May 20, 1785, in Fitzpatrick, ed., *Writings of Washington*, XXVIII, 36, 37, 72, 80–81, 85, 89–91, 92–93, 146, 167。運河股票如何處置，華盛頓徵詢過眾多朋友的意見，唯有羅伯特·莫里斯除外，原因或許是因為他擔心莫里斯會要他留下股票。所以他寫信給莫里斯之時，信中只談到運河會有的商機。To Morris, February 1, 1785, ibid., 48–55.

48. Cooke, ed., *The Federalist* No. 10; Gordon S. Wood, "Democracy and the Constitution," in Robert A, Goldwin and William A. Schambra, eds., *How Democratic Is the Constitution*? (Washington, DC: American Enterprise Institute, 1980), 11–12. On the tendency to misread Madison, see Robert J. Morgan, "Madison's Theory of Representation in the Tenth Federalist," *Journal of Politics*, XXXVI (1974), 852–885; and Paul F. Bourke, "The Pluralist Reading of James Madison's Tenth *Federalist," Perspectives in American History*, IX (1975), 271–295.

49. James Madison to George Washington April 16, 1787, to Edmund Randolph, April

人。很多商人都唯利是圖。他們要是覺得能夠獲得個人利益，就是當個奴隸或附屬於蓄奴制度之下都在所不惜。」D. C. Thomas and Bernard Peach, eds., *The Correspondence of Richard Price* (Durham, NC: Duke University Press, 1983), I, 170。亞當．史密斯認為，商人，乃至於所有依靠利潤生活的人，其利益「在某些面向始終和公共利益不同，甚至互相衝突」。請參閱Smith, *Wealth of Nations*, Campbell and Skinner, ed. (I.xi.p.10), I, 267.

41. Richard Jackson to Benjamin Franklin, June 17, 1755, in Labaree et al., eds., *Papers of Franklin*, VI, 82. On the colonial merchants' "detachment from political activity," see Thomas M. Doerfl inger, "Philadelphia Merchants and the Logic of Moderation, 1760–1775," *William and Mary Quarterly*, 3rd ser., XL (1983), 212–213; and Edward Countryman, *A People in Revolution: The American Revolution and Political Society in New York, 1760–1790* (Baltimore: Johns Hopkins University Press, 1981), 113.
42. William M. Fowler Jr., *The Baron of Beacon Hill: A Biography of John Hancock* (Boston: Houghton Miffl in, 1980); Charles W. Akers, *The Divine Politician: Samuel Cooper and the American Revolution in Boston* (Boston: Northeastern University Press, 1982), 121, 128, 130, 141, 176, 311; Henry Laurens to Richard Oswald, July 7, 1764, in Philip M. Hamer et al., eds., *The Papers of Henry Laurens* (Columbia: University of South Carolina Press, 1968–), IV, 338 (see also Rachel N. Klein, "Ordering the Backcountry: The South Carolina Regulation," *William and Mary Quarterly*, 3rd ser., XXXVIII [1981], 667); David Duncan Wallace, *The Life of Henry Laurens . . .* (New York: Russell and Russell, 1915), 69–70, quotation at 335. In the 1780s Elbridge Gerry likewise retired from mercantile business and "set himself up as a country squire" (Billias, *Gerry*, 135–136).
43. Leonard W. Labaree et al., eds., *The Autobiography of Benjamin Franklin* (New Haven, CT: Yale University Press, 1964), 196; Christopher, Collier, *Roger Sherman's Connecticut: Yankee Politics and the American Revolution* (Middletown, CT: Wesleyan University Press, 1971), 14, 21–22.
44. Jacob E. Cooke, ed., *The Federalist* No. 35 (Middletown, CT, 1961) [Barton], True Interest, 27。革命前的維州曾經爭吵過律師從事的是不是「卑躬屈膝的職業」，請參閱Roeber, *Faithful Magistrates and Republican Lawyers*, 156–157。有些人承認說，律師確實是「三種優雅職業」之一的成員，不過比起醫生和牧師，卻有「小盜竊」之嫌。麥迪遜不相信律師無私（ibid., 157, 147,

More General Diffusion of Education" (1779), in Boyd et al., eds., *Papers of Jefferson*, II, 527. On the eighteenth-century British developments out of which "Cato," Smith, and others wrote, see the illuminating discussion in John Barrell, *English Literature in History, 1730–80: An Equal Wide Survey* (London: Hutchinson, 1983), 17–50.

34. 探討北美殖民地仕紳之獨特性的最佳論述是Rhys Isaac, *The Transformation of Virginia, 1740–1790* (Chapel Hill: University, of North Carolina Press, 1982), esp. 131–132.
35. Royster, *Revolutionary People at War*, 86–95; John B. B. Trussell Jr., *Birthplace of an Army: A Study of the Valley Forge Encampment* (Harrisburg: Pennsylvania Historical and Museum Commission, 1976), 86.
36. Francis Hutcheson, *A System of Moral Philosophy in Three Books* . . . (London: R. and A. Foulis 1755), II, 113。富蘭克林於本世紀中葉勸告柯爾登說：「不要讓你對哲學消遣的熱愛，超過其應有的分量。」公共服務遠比科學重要。他說事實上，「如果公眾需要牛頓，那即使是他最棒的發現都不能成為他忽視公共服務的理由。」Franklin to Colden, October 11, 1750, in Leonard W. Labaree et al., eds., *The Papers of Benjamin Franklin* (New Haven, CT: Yale University Press, 1959–), IV, 68.
37. Jack N. Rakove, *The Beginnings of National Politics: An Interpretative. History of the Continental Congress* (New York: Knopf, 1979), 216–239, quotation by William Fleming to Jefferson, May 10, 1779, at 237; George Athan Billias, *Elbridge Gerry, Founding Father and Republican Statesman* (New York: McGraw-Hill, 1976), 138–139.
38. See William R. Taylor, *Cavalier and Yankee: The Old South and American National Character* (New York: George Braziller, 1961).
39. Wilson, "On the History of Property," in Robert Green McCloskey, ed., *The Works of James Wilson* (Cambridge, MA: Harvard University Press, 1967), II, 716; Dickinson, "Letters of a Farmer in Pennsylvania" (1768), in Paul Leicester Ford, ed., *The Writings of John Dickinson*, vol. I, *Political Writings, 1764–1774* (Pennsylvania Historical Society, *Memoirs,* XIV [Philadelphia: Pennsylvania Historical Society, 1895]), 307 (hereafter cited as Ford, ed., *Writings of Dickinson*).
40. 查爾斯・錢西（Charles Chauncy）一七七四年告訴理查・普萊斯（Richard Price）說：「不論是在家鄉還是北美洲，我們從經驗中得知絕對無法相信商

Records of the Federal Convention, I, 378. On the nature and role of interests in eighteenth-century British politics, see Michael Kammen, *Empire and Interest: The American Colonies and the Politics of Mercantilism* (Philadelphia: J. B. Lippincott, 1970).

26. Pauline Maier, *The Old Revolutionaries: Political Lives in the Age of Samuel Adams* (New York: Knopf, 1980), 3–50, quotation at 47.
27. George Washington, quoted in Lester H. Cohen, *The Revolutionary Histories: Contemporary Narratives of the American Revolution* (Ithaca, N Y: Cornell University Press, 1980), 273.
28. Joseph Lathrop (1786), in Hyneman and Lutz, eds., *American Political Writing*, I, 660; Wilson, in Farrand, ed., *Records of the Federal Convention*, I, 605; Thomas Jefferson to Edward Carrington, January 16, 1787, in Boyd et al., eds., *Papers of Jefferson*, XI, 49. See also Ralph Ketcham, *Presidents Above Party: The First American Presidency, 1789–1829* (Chapel Hill: University of North Carolina Press, 1984).
29. Jefferson, "Summary View of the Rights of British America" (1774), in Boyd et al., eds., *Papers of Jefferson*, I, 134.
30. Johnson, *A Dictionary of the English Language* . . . (London: W. Strahan, 1755); Charles Royster, *A Revolutionary People at War: The Continental Army and American Character, 1775–1783* (Chapel Hill: University of North Carolina Press, 1979), 22–23.
31. John Brewer, *Party Ideology and Popular Politics at the Accession of George III* (Cambridge, UK: Cambridge University Press, 1976), 97.
32. George Washington to John Hancock, September 24, 1776, in Fitzpatrick, ed., *Writings of Washington*, VI, 107–108.
33. Adam Smith, *An Inquiry into the Nature and Causes of the Wealth of Nations*, R. H. Campbell and A. S. Skinner, eds. (Oxford: Oxford University Press, 1976) (V.i.f. 50–51), II, 781–783; [John Trenchard and Thomas Gordon], *Cato's Letters; or, Essays on Liberty, Civil and Religious, and Other Important Subjects*, 5th ed. (London: T. Woodward et al., 1748), III, 193; Phillips Payson, "A Sermon Preached before the Honorable Council . . . a t Boston, May 27, 1778," in John Wingate Thornton, ed., *The Pulpit of the American Revolution* . . . (Boston, New York: Gould and Lincoln, Sheldon and Co., 1860), 337; Jefferson, "A Bill for the

England (Bloomington: Indiana University Press, 1982). But see the articles of Carole Shammas, especially "The Domestic Environment in Early Modern England and America," *Journal of Social History*, XIV (1980), 3–24; Lois Green Carr and Lorena S. Walsh, "Inventories and the Analysis of Wealth and Consumption Patterns in St. Mary's County, Maryland, 1658–1777," *Historical Methods*, XIII (1980), 81–104; and Gloria L. Main, *Tobacco Colony: Life in Early Maryland, 1650–1720* (Princeton: Princeton University Press, 1982).

19. 新的思維認為奢侈品是產業發達的誘因，實例請參閱Drew R. McCoy, *The Elusive Republic: Political Economy in Jeffersonian America* (Chapel Hill: University of North Carolina Press, 1980), 97.
20. [William Barton], *The True Interest of the United States, and Particularly of Pennsylvania Considered* . . . (Philadelphia: M. Carey, 1786), 12.
21. Ibid., 4, 25–26.
22. [William Smith], *The Independent Refl ector . . . by William Livingston and Others*, Milton M. Klein, ed. (Cambridge, MA: Belknap Press of Harvard University Press, 1963), 106. See J. E. Crowley, *This Sheba, Self: The Conceptualization of Economic Life in Eighteenth-Century America* (Baltimore: Johns Hopkins University Press, 1974), 38–39, 44, 49, 87, 97–99.
23. *Remarks on a Pamphlet, Entitled, "Considerations on the Bank of North-America"* (Philadelphia: John Steele, 1785), 14; James Madison to James Monroe, April 9, 1786, in Hutchinson et al., eds., *Papers of Madison*, IX, 26; [Barton], *True Interest*, 20; Pennsylvania Statute of 1785, cited in E. A. J. Johnson, *The Foundations of American Economic Freedom: Government and Enterprise in the Age of Washington* (Minneapolis: University of Minnesota Press, 1973), 43n.
24. Thomas Jefferson, *Notes on the State of Virginia*, William Peden, ed. (Chapel Hill: University of North Carolina Press, 1955), Query XXII, 175; Thomas Jefferson to G. K. van Hogendorp, October 13, 1785, in Boyd et al., eds., *Papers of Jefferson*, VIII, 633.
25. Madison to Monroe, October 5, 1786, in Hutchinson et al., eds., *Papers of Madison*, IX, 141; *Carlisle Gazette* (Pa.), October 24, 1787, quoted in Herbert J. Storing, ed., *The Complete Anti-Federalist* (Chicago: University of Chicago Press, 1981), II, 208; George Washington to James Warren, October 7, 1785, in Fitzpatrick, ed., *Writings of Washington*, XXVIII, 291; Hamilton, in Farrand, ed.,

13. "Vices," in Hutchinson et al., eds., *Papers of Madison*, IX, 354, 355–356.
14. George Washington to Henry Lee, April 5, 1786, in Fitzpatrick, ed., *Writings of Washington*, XXVIII, 402; Grundfest, *Clymer*, 164, 165; E. Wayne Carp, *To Starve the Army at Pleasure: Continental Army Administration and American Political Culture, 1775–1783* (Chapel Hill: University of North Carolina Press, 1984), 209; Knox quoted in William Winslow Crosskey and William Jeffrey Jr., *Politics and the Constitution in the History of the United States* (Chicago: University of Chicago Press, 1980), III, 420, 421.
15. Benjamin Rush to Jeremy Belknap, May 6, 1788, in Butterfi eld, ed., *Letters of Rush*, I, 461; Elbridge Gerry, in Max Farrand, ed., *The Records of the Federal Convention of 1787* (New Haven, CT: Yale University Press, 1911, rev. ed., 1937), I, 48.
16. 關於個別一州戰時動員的情形，最佳的研究是Richard Buel Jr., *Dear Liberty: Connecticut's Mobilization for the Revolutionary War* (Middletown, CT: Western University Press, 1980)。關於動員的效果，見解頗為深入的總體評估請參閱Janet Ann Riesman, "The Origins of American Political Economy, 1690–1781" (Ph.D. diss., Brown University, 1983), 302–338.
17. Laurens quoted in Albert S. Bolles, *The Financial History of the United States from 1774 to 1789: Embracing the Period of the American Revolution*, 4th ed. (New York: D. Appleton, 1896), 61–62 (I owe this citation to Janet Riesman); Carp, *To Starve the Army*, 106.
18. Nathanael Greene to Jacob Greene, after May 24, 1778, in Richard K. Showman ed., *The Papers of General Nathanael Greene* (Chapel Hill: University of North Carolina Press, 1976–), II, 404; Richard Buel Jr., "Samson Shorn: The Impact of the Revolutionary War on Estimates of the Republic's Strength," in Ronald Hoffman and Peter J. Albert, eds., *Arms and Independence: The Military Character of the American Revolution* (Charlottesville: University Press of Virginia, 1984), 157–160. On the growth of commercial farming in the middle of the eighteenth century, see especially Joyce Appleby, "Commercial Farming and the 'Agrarian Myth' in the Early Republic," *Journal of American History*, LXVIII (1982), 833–849. There is nothing on eighteenth-century America's increased importation of "luxuries" and "comforts" resembling Neil McKendrick et al., *The Birth of a Consumer Society: The Commercialization of Eighteenth-Century*

Benjamin Rush (Princeton: Princeton University Press, 1951), I, 454; Washington to John Jay, August 1, 1786, May 18, 1786, in John C. Fitzspatrick, ed., *The Writings of George Washington . . .*(Washington, DC: U.S. Government Printing Offi ce, 1931–1944), XXVIII, 431–432, 503.

6. Jackson Turner Main, *The Antifederalists: Critics of the Constitution, 1781–1788* (Chapel Hill: University of North Carolina Press, 1961), 177–178.
7. William Findley to Gov. William Plumer of New Hampshire, "William Findley of Westmoreland, Pa.," *Pennsylvania Magazine of History and Biography*, V (1881), 444; Jerry Grundfest, *George Clymer: Philadelphia Revolutionary, 1739–1813* (New York: Arno Press, 1982), 293–294; John Bach McMaster and Frederick D. Stone, eds., *Pennsylvania and the Federal Constitution, 1787–1788* (Philadelphia: Pennsylvania Historical Society, 1888), 115.
8. On this point, see Robert A. Feer, "Shays's Rebellion and the Constitution: A Study in Causation," *New England Quarterly*, XLII (1969), 388–410.
9. George Washington to John Jay, May 18, 1786, in Fitzpatrick, ed., *Writings of Washington*, XVIII, 432; James Madison to Thomas Jefferson, October 24, 1787, in Boyd et al., eds., *Papers of Jefferson*, XII, 276.
10. Robert A. Rutland, editorial note to "Vices of the Political System of the United States," in William T. Hutchinson et al., eds., *The Papers of James Madison* (Chicago, Charlottesville: University of Chicago Press, University Press of Virginia, 1962–), IX, 346.
11. Thomas Jefferson quoted in Ralph Ketcham, *James Madison; A Biography* (New York: Macmillan 1971), 162; Drew R. McCoy, "The Virginia Port Bill of 1784," *Virginia Magazine of History and Biography*, LXXXIII (1975), 294; James Madison to Edmund Pendleton, January 9, 1787, to George Washington, December 24, 1786, in Hutchinson et al., eds., *Papers of Madison*, IX, 225, 244; A. G. Roeber, *Faithful Magistrates and Republican Lawyers: Creators of Virginia Legal Culture, 1680– 1810* (Chapel Hill: University of North Carolina Press, 1981), 192–202.
12. McCoy, "Virginia Port Bill," 292; James Madison to George Washington, December 7, 1786, to Edmund Pendleton, January 9, 1787, to George Washington, December 24, 1786, to Thomas Jefferson, December 4, 1786, in Hutchinson et al., eds., *Papers of Madison*, IX, 200, 244, 225, 191; Ketcham, *Madison*, 172.

96. Everett, *An Oration Delivered at Concord, April the Nineteenth 1825* (Boston: Cummings, Hilliard, 1825), 3–4; Cohen, *Revolutionary Histories*, 86–127.
97. Haskell, *The Emergence of Professional Social Science: The American Social Science Association and the Nineteenth-Century Crisis of Authority* (Urbana: University of Illinois Press, 1977), 40.

第四章

1. Gladstone, quoted in Douglass Adair, "The Tenth Federalist Revisited," in Trevor Colbourn., ed., *Fame and the Founding Fathers* (New York: W. W. Norton, 1974), 81.
2. Henry Steele Commager, *Jefferson, Nationalism, and the Enlightenment* (New York: George Braziller, 1975), xix.
3. Charles Thomson to Thomas Jefferson, April 6, 1786, in Julian P. Boyd et al., eds., *The Papers of Thomas Jefferson* (Princeton: Princeton University Press, 1950–), IX, 380. On the demographic explosion of the 1780s, see J. Potter, "The Growth of Population in America, 1700–1860," in D. V. Glass and D. E. C. Eversley, eds., *Population in History: Essays in Historical Demography* (Chicago: Aldine, 1965), 640.
4. 各方面的史家很多都認為一七八〇年代並沒有發生什麼重大的事情，實例請參閱Charles A. Beard, *An Economic Interpretation of the Constitution of the United States* (New York: Free Press, 1913), 48; E. James Ferguson, T*he Power of the Purse: A History of American Public Finance, 1776–1790* (Chapel Hill: University of North Carolina Press, 1961), 337; Merrill Jensen, *The New Nation: A History of the United States During the Confederation, 1781–1790* (New York: Harper and Brothers, 1950), 348–349; Bernard Bailyn, "The Central Themes of the American Revolution: An Interpretation," in Stephen G. Kurtz and James H. Hutson, eds., *Essays on the American Revolution* (Chapel Hill: University of North Carolina Press, 1973), 21.
5. "Amicus Republicae," *Address to the Public . . .* (Exeter, N.H., 1786), in Charles S. Hyneman and Donald S. Lutz, eds., *American Political Writing During the Founding Era, 1760–1805* (Indianapolis: Liberty Fund, 1983), 1, 644; Rush to David Ramsay, [March or April 1788], in L. H. Butterfi eld, ed., *Letters of*

90. George Washington (1788), quoted in Paul C. Nagel, *One Nation Indivisible: The Union in American Thought, 1776–1861* (New York: Oxford University Press, 1964), 149.
91. Jacob Vine, *The Role of Providence in the Social Order:An Essay in Intellectual History* (Philadelphia: American Philosophical Society, 1972), 111。佩雷斯・福布斯（Peres Fobes）一七九五年敘述說：「上帝以普遍天意法則統御人世。」不管發生的是什麼事，都不會違反這一法則，因為「這會帶來一連串奇妙的事情，像是要推翻整個自然結構，摧毀因果之間堅固的連結一般。但因果關係卻是現在的人智識及預知主要的源頭。」*A Sermon Preached before His Excellency Samuel Adams . . . Being the Day of General Election* (Boston: Young and Minns, 1795), 12.
92. Charles Stewart Davies, *An Address Delivered on the Commemoration at Fryeburg, May 19, 1825* (Portland, ME: J. Adams Jr., 1825), in Blau, ed., *Social Theories*, 40.
93. On the romantic historians' view of the progressive patterning of events that sometimes transcended individual motives see David Levin, *History as Romantic Art: Bancroft, Prescott, Motley and Parkman* (Stanford, CA: Stanford University Press, 1959), 40–43.
94. Timothy Dwight, quoted in Marie Caskey, *Chariot of Fire: Religion and the Beecher Family* (New Haven, CT: Yale University Press, 1978), 39; see also Lyman Beecher, *Sermons, Delivered on Various Occasions*, II (Boston: John P. Jewitt, 1852), 156–158。畢丘（Lyman Beecher）等New Haven神學家都相信人有自由意志，不過他卻認為因果律適用於道德方面一如適用於自然界，「人心的法則，道德因素的作用，和物質的法則是一樣的。」這種看法使信仰復興變成像是工程學一般的科學。Conrad Cherry, "Nature and the Republic: The New Haven Theology," *New England Quarterly*, LI (1978), 518–520.
95. John Taylor, *An Inquiry into the Principle and Policy of the Government of the United States* (New Haven, CT: Yale University Press, 1950 [originally published 1814]), 96; Tocqueville, *Democracy in America*, Phillips Bradley, ed., II (New York: Knopf, 1945), 85。「那顯然就是天意一般的旨趣，」納珊尼爾・齊普曼（Nathaniel Chipma）一八三三年之時寫說，「惡通常是製造禍端，美德通常會帶來幸福，兩者都和因果關係連結。」*Principle of Government; a Treatise on Free Institutions . . .* (Burlington, VT: Edward Smith, 1833), 22).

"Ambiguous Evil: A Study of Villains and Heroes in Charles Brockden Brown's Major Novels," ibid., X (1975), 190–219; Mark Seltzer, "Saying Makes It So: Language and Event in Brown's *Wieland*," ibid., XIII (1978), 81–91; and David H. Hirsch, *Reality and Idea in the Early American Novel* (The Hague: Mouton, 1971), 74–100.

87. Charles Brockden Brown, *Wieland; or, the Transformation* (Philadelphia: McKay, 1889 [originally published 1798]), 234, *Edgar Huntly, or Memoirs of a Sleep Walker* (Philadelphia: McKay, 1887 [originally published 1799]), 267, and "Walstein's School of History," in *Rhapsodist*, Warfel, ed. 152, 154.

88. Jeremy Bentham, *An Introduction to the Principles of Morals and Legislation* (Oxford: University of London, 1907 [originally published London, 1789]), 102。史家使用功利主義這個詞彙常常任意不拘其原意，當作效用（utility）或幸福（happiness）等同義詞使用。十八世紀末、十九世紀初美國人關切的主要是行為的效用，但是他們所認定的這種意義和邊沁所說的並不一樣。邊沁的功利主義指的是「不理會動機，只關切結果」。這種邊沁主義在美國沒有什麼影響力。請參閱Paul A. Palmer, "Benthamism in England and America," *American Political Science Review*, XXXV (1941), 855–871; Morton White, *The Philosophy of the American Revolution* (New York: Oxford University Press, 1978), 230–239; and Wilson Smith, "William Paley's Theological Utilitarianism in America," *William and Mary Quarterly*, 3rd ser., XI (1954), 402–424。由於切薩雷．貝卡里亞（Cesare Beccaria）的影響，犯罪法立法（criminal legislation）原本很盛行功利主義，但是連這個犯罪立法後來不知不覺間也漸漸開始關切動機問題。紐約刑罰改革者湯瑪斯．艾迪（Thomas Eddy）寫說，現代立法者在為各種罪行指定懲罰刑度時，幾乎無法把最後的「道德狀況」考慮進去，只能夠「考量行為傷害社會的趨勢，依據此類行為可能傷害社會的程度分配懲罰刑度。」在艾迪想法中這種赤裸裸的功利主義之所以還可以，是因為這種做法讓獄吏有機會觀察「每個犯人罪惡感的程度」，據以實施道德教化。*An Account of the State Prison or Penitentiary House, in the City of New York* (New York: Isaac Collins and son, 1801), 51–52.

89. "Introduction," *United States Magazine and Democratic Review*, I (October 1837), in Joseph L. Blau, ed., *Social Theories of Jacksonian Democracy: Representative Writings of the Period 1825–1850* (New York: Bobbs Merrill, 1954 [originally published 1947]), 28.

人對於這個新興的理念簡直無法理解。

81. Abraham Bishop, *Connecticut Republicanism. An Oration on the Extent and Power of Political Delusion* . . . (Albany, NY: John Barber, 1801), 8, and *Oration Delivered in Wallingford on the 11th of March 1801* . . . (New Haven, CT: William W. Morse, 1801), 24。關於光明會陰謀，我這裡的引言一部分引自 David C. Miller, "The Ideology of Conspiracy: An Examination of the *Illuminati* Incident in New England" (seminar paper, Brown University, 1977).
82. Bishop, *Proofs of a Conspiracy, Against Christianity, and the Government of the United States* . . . (Hartford, CT: John Babcock, 1802), 10–12, and *Oration Delivered in Wallingford*, 25, 26.
83. 畢曉普宣稱「神聖性並非政治清廉的保證」之後，聯邦黨人大衛・德蓋特（David Daggett）驚愕之餘寫說，畢曉普在破壞社會的道德秩序，「這樣的話，我們還有什麼方法可以確保政治清廉？」*Three Letters to Abraham Bishop* . . . (Hartford, CT: Hudson and Goodwin, 1800), 27.
84. *Monthly Magazine and American Review*, I (1799), 289; Charles Brockden Brown, "Walstein's School of History," in *The Rhapsodist and Other Uncollected Writings*, Harry R. Warfel, ed. (New York: Scholars Facsimiles and Reprints, 1943), 147。陰謀論詮釋認為巴伐利亞光明會製造了法國大革命，霍夫士達特討論到這一點時寫說：「這種詮釋遺漏的並非關於該組織的真實資料，而是合理判斷何事會引發革命。」（*Paranoid Style*, 37）。不過，問題的根本其實在於我們根據什麼認為一項判斷「合理」與否。
85. Robert K. Merton, "The Unanticipated Consequences of Purposive Social Action," *American Sociological Review*, I (1936), 894–904。這幾年內美國有少數人對革命和歷史之「流」的看法和歐洲人雷同，最悲觀的聯邦黨人費雪・阿梅斯（Fisher Ames）是其中之一。他曾經寫說：「事件之發生，並非依照人的期待或意圖，而是依據政治層面不可抗力的法則。事件之發生本不可免，我們卻大為驚駭，好像那是發生了什麼奇蹟似的。自然的方向在產生事件時受到了壓制或延擱。」"The Dangers of American Liberty" (1805), in Seth Ames, ed., *Works of Fisher Ames* . . . , II (Boston: Little, Brown, 1854), 345.
86. See W. B. Berthoff, " 'A Lesson on Concealment': Brockden Brown's Method in Fiction," *Philological Quarterly*, XXXVII (1958), 45–57; Michael Davitt Bell, " 'The Double-Tongued Deceiver': Sincerity and Duplicity in the Novels of Charles Brockden Brown," *Early American Literature*, IX (1974), 143–163; John Clemen,

史的客體性使人得以忽略有邪惡意圖在作動的可能性（在我們現在討論的這件事情上甚至應該要講或然性），但是在羅伯斯比的政治世界中卻完全是異物（alien）。羅伯斯比的世界隱隱然假設意圖及其促發的行為以及所欲達成的目的完全一以貫之……在這樣的世界當中，行為絕對可預見其結果，力量也絕對不會無辜。」傅雷在德瓦維爾和羅伯斯比兩人之間發現的這種差異，不折不扣正是我們現代的現實觀和美國革命先賢現實觀的差異。*Interpreting the French Revolution*, trans. Elborg Forster (Cambridge, UK: Cambridge University Press, 1981), 67–68.

76. 尤其請參閱Roberts, *Secret Societies*, 160–167。一七九八年四月十七日，美國新移民班傑明·拉托布寫信給他義大利的朋友詹巴蒂斯塔·史坎德拉（Giambattista Scandalla），談到法國大革命前所未有的動亂。「目前各帝國、國家的變動非常劇烈，劇烈到抓住了一些人，也移動了一些人，其後果是以前各國君王的戰爭從未見過的。表面（亦即各國那些大人物）其實只是一小部分，事實上牽連甚廣。目前風暴仍然劇烈，海水捲入海底甚深，你我置身其中，只感到喧囂不止。」John C. Van Horne and Lee W. Formwalt, eds., *The Correspondence and Miscellaneous Papers of Benjamin Henry Latrobe*, I (New Haven, CT: Yale University Press, 1988).

77. Gouverneur Morris, "Political Enquiries," in Willi Paul Adams, ed., " 'The Spirit of Commerce Requires that Property Be Sacred': Gouverneur Morris and the American Revolution," *Amerika studien/American Studies*, XXI (1976), 328。亞當斯認為莫里斯這篇未發表的文章完成於一七七六年，但是從內容看應該是十年後寫的。

78. The fullest account of the Illuminati scare is Vernon Stauffer, *New England and the Bavarian Illuminati* (New York, 1967 [originally published 1918]). On conspiratorial thinking in the early Republic, see J. Wendell Knox, *Conspiracy in American Politics, 1787–1815* (New York: Arno Press, 1972).

79. David Tappan, *A Discourse Delivered in the Chapel of Harvard College, June 19, 1798* (Boston: Manning & Loring, 1798), 13, 19–21.

80. Ibid., 6; Dwight, *The Duty of Americans, at the Present Crisis, Illustrated in a Discourse Preached, on the Fourth of July* . . . (New Haven, CT: Thomas and Samuel Green, 1798), 16。聯邦黨人會頒布一七九八年煽動法案，背後就是對於「信念與行為之間的因果關係」的傳統假設。彼時有一些共和黨人在推動「美國人應該隨自己的意思自由表達或相信各種意見」這種理念，但聯邦黨

131. For the prevalence of the belief in a "double cabinet" operating "behind the curtain" in the era of George III, see Ian R. Christie, *Myth and Reality in Late-Eighteenth-Century British Politics and Other Papers* (London: Macmillan, 1970), 27–54.

70. Henry Laurens to John Brown, October 28, 1765, in George C. Rogers Jr., et al., eds., *The Papers of Henry Laurens*, V (Columbia: University of South Carolina Press, 1976), 30; Staughton Lynd, ed., "Abraham Yates's History of the Movement for the United States Constitution," *William and Mary Quarterly*, 3rd ser., XX (1963), 231, 232.

71. Richard Henry Lee to ———, May 31, 1764, in James Curtis Ballagh, ed., *The Letters of Richard Henry Lee*, I (New York: Macmillan, 1911), 7; James Boswell, *Life of Samuel Johnson*, Modern Library ed. (New York, 1945), 532。就連亞當斯這種傾向於陰謀論的開明啟蒙人士，都不斷訴諸於「天意」、「不可知的」計畫解釋事件奇怪的轉折。這種天意傳統和新教特別有關聯，是十八世紀人除陰謀論之外解釋起因不一之事件唯一的方法。Taylor et al., eds., *Adams Papers*, II, 84, 236.

72. Nathanael Emmons, *A Discourse, Delivered on the National Fast, April 25, 1799* (Wrentham, MA: Nathaniel and Benjamin Heaton, 1799), 23.

73. *Boston Evening-Post*, December 29, 1766. See Lovejoy, *Refl ections on Human Nature*, 129–215, and Albert O. Hirschman, *The Passions and the Interests: Political Arguments for Capitalism Before Its Triumph* (Princeton: Princeton University Press, 1977).

74. Duncan Forbes, " 'Scientifi c' Whiggism: Adam Smith and John Millar," *Cambridge Journal*, VII (1954), 651, 653–654; Adam Ferguson, *An Essay on the History of Civil Society* (1767), Duncan Forbes, ed. (Edinburgh: Edinburgh University Press, 1966), 122, 123.

75. M. H. Abrams, *Natural Supernaturalism: Tradition and Revolution in Romantic Literature* (New York: W. W. Norton, 1971), 328; William Wordsworth, "The Borderers," in William Knight, ed., *The Poetical Works of William Wordsworth*, I (Edinburgh: William Patterson, 1882), 109。弗朗索瓦・傅雷（François Furet）曾經闡述德瓦維爾和羅伯斯比這兩個法國大革命的領袖對於同一個狀況彼此觀點的差異。傅雷寫說，德瓦維爾一七九二年曾經公開力言，「要事先預見事件的轉折是不可能的，人的意圖和歷史的方向根本是兩回事。」這種「歷

就是從拉丁文和希臘文的「欺騙」衍生過來的。他說，引發罪行的並非只是有害的行為這一項，有害的行為揭露的是行為者有一種不值得社群信任的傾向，「他虛假，欺騙，陰險：他的罪因此得以遂行。」Law Lectures," in McClosky, ed., *Works of Wilson*, II, 622.

65. P. K. Elkin, *The Augustan Defence of Satire* (Oxford: Clarendon Press, 1973); Maynard Mack, "The Muse of Satire," in Richard C. Boys, ed., *Studies in the Literature of the Augustan Age: Essays Collected in Honor of Arthur Ellicott Case* (New York: Gordian Press, 1966); Basil Willey, *The Eighteenth Century Background: Studies on the Idea of Nature in the Thought of the Period* (New York: Columbia University Press, 1940), 100, 106.
66. [Adams], "U" to the *Boston Gazette*, August 29, 1763, in Taylor et al., eds., *Adams Papers*, I, 78, 79.
67. 所以勒諾布爾（Eustache LeNoble）在他的小說《阿布拉・穆爾》（*Abra-Mule*, 1696）序言中寫說：「君王的行為始終有兩個部分，一部分是公開的，人人皆知的要素，那是公報報導的資料，也是歷史中美好的那一部分。另外一部分是君王隱藏在其政策背後的那些，亦即引發這些事件的算計背後的祕密動機。這種動機只有參與算計的一些人才知道，要不然就只有天生具有洞察力的人才會知道這一部分是如何變成另外那一部分的。」Rene Godenne, *Historie de la Nouvelle Française aux XVIIe et XVIIIe Siècles* (Geneva: Droz, 1970), 96.
68. Hume, History of England, VI, 64–65。英國現代的「陰謀犯罪法」概念在復辟年代至喬治三世之間的時代中基本上已經成形。這一個概念根據的是「陰謀之罪在於其意圖」這個信念；意圖則是可以從已完成的行為中揭露。*Rex v. Sterling* (1664) 中的一名法官曾經倡議說：「一些特定的事實就是所指控之計謀的證據。」一個世紀之後，*Rex v. Parsons et al* 中的曼斯菲爾德勳爵思考這一點，指示陪審團說：「無法證明陰謀的實際事實，但是可以從連帶的周遭環境得知。」James Wallace Bryan, *The Development of the English Law of Conspiracy,* Johns Hopkins University Studies in Historical and Political Science, XXVII (Baltimore: Johns Hopkins Press, 1909), 77, 78–79, 81. I owe this reference to Stanley N. Katz.
69. Edmund Burke, "Thoughts on the Cause of the Present Discontents" (1770), in *The Works and Correspondence of . . . Edmund Burke*, Charles William and Richard Bourke, eds. (London: Francis and John Rivington, 1852), III, esp. 112–114, 130–

and Lockean Powers," *Historical Studies in Physical Sciences*, III (1971), 266, 280, 286; Thomas Brown, "Inquiry into the Relation of Cause and Effect," *North American Review*, XII (1821), 401.

60. Hume, "Concerning Human Understanding," sec. VIII, pt. I, in *Essays*, Green and Grose, eds., 71. See also ibid., sec. VI, 48–49.

61. Smith, *Lectures*, I, 254. The colonists, writes Bailyn, had "a general sense that they lived in a conspiratorial world in which what the highest offi cials professed was not what they in fact intended, and that their words masked a malevolent design" (*Ideological Origins*, 98).

62. Jay Fliegelman, *Prodigals and Pilgrims: The American Revolution Against Patriarchal Authority, 1750–1800* (Cambridge, UK: Cambridge University Press, 1982), chap. 1; [Trenchard and Gordon], *Cato's Letters*, III, 330, 334; Priestley, quoted in Robert Darnton, *Mesmerism and the End of the Enlightenment in France* (Cambridge, MA: Harvard University Press, 1968), 16.

63. William Livingston, *The Independent Reflector: Or Weekly Essays on . . . the Province of New-York*, Milton M. Klein, ed. (Cambridge, MA: Belknap Press of Harvard University Press, 1963), 218; Courtlandt Canby, ed., "Robert Munford's *The Patriots*," *William and Mary Quarterly*, 3rd ser., VI (1949), 492; Tillotson, quoted in Leon Guilhamet, *The Sincere Ideal: Studies on Sincerity in Eighteenth-Century English Literature* (Montreal: McGill-Queen's University Press, 1974), 16。美國新教主義一直很注重欺騙和偽善問題。十七世紀新英格蘭清教徒承認人最終就是無從發現人是否已獲得拯救，他們接受現世教會可能存在某種偽善。十九世紀的至善論基督徒卻自認有辦法看出騙徒，因為，一些人儘管「為反對所有的罪而做大膽而生動的見證，也以其著作確認之」，但其實是假裝不了的，所有「是不是基督徒」方面的爭吵、辯論都將因他的實際行為而戛然而止。Perry Miller, *The New England Mind: From Colony to Province* (Cambridge, MA: Harvard University Press, 1953), 68–81; John Dunlavy, *The Manifesto, or a Declaration of the Doctrines and Practice of the Church of Christ* (Pleasant Hill, KY: P. Bertrand, 1818), 268, 283, 284–285.

64. Henrick Hartog, "The Public Law of a County Court: Judicial Government in Eighteenth- Century Massachusetts," *American Journal of Legal History*, XX (1976), 321–32。對某些人而言，就連執行刑事司法都將之簡化成揭發欺騙。詹姆斯・威爾遜認為，「普通法常用於指稱罪行」的「重罪」（felony）一詞

learned article by Judith Shklar, "Let Us Not Be Hypocritical," *Daedalus* (Summer 1979), 1–25.

57. John Adams, August 20, 1770, in L. H. Butterfi eld et al., eds., *Diary and Autobiography of John Adams*, I (Cambridge, MA: Belknap Press of Harvard University Press, 1961), 363; *Am. Museum*, XII (1792), 172; Warren, quoted in Cohen, *Revolutionary Histories*, 207, 208.

58. Henry Fielding, "An Essay on the Knowledge of the Characters of Men," in *The Works of Henry Fielding*, XI (New York: Charles Scriber's Sons, 1899), 190; William Henry Drayton, *The Letters of Freeman, Etc.: Essays on the Nonimportation Movement in South Carolina*, Robert M. Weir, ed. (Columbia: University of South Carolina Press, 1977), 34; David Hume, *The History of England . . .*, VI (New York: Harper & Brothers, 1879 [originally published Edinburgh: Hamilton, Balfour, and Neill, 1754–1762]), chap. 65, 16; Alan Heimert, *Religion and the American Mind: From the Great Awakening to the Revolution* (Cambridge, MA: Harvard University Press, 1966), 308; Ian Watt, *The Rise of the Novel* (London: Penguin, 1970), 283–287; Smith, *Lectures*, I, 10, 314. 特倫查德和高登寫說：「每一個臣民都有權注意一些可能叛國者的腳步，不接受他們說明自身動機及構想的話語，完全由事件本身來判斷他們有何計謀。」*Cato's Letters*, I, 86.

59. Adams, "A Dissertation on the Canon and the Feudal Law" (1765), in Taylor et al., eds., Adams Papers, I, 127; Cooke, *A Sermon Preached at Cambridge . . . May 30th, 1770* (Boston: Edes and Gill, 1770), in John Wingate Thornton, ed., *The Pulpit of the American Revolution. Or, the Political Sermons of the Period of 1776* (Boston: Gould and Lincoln; Sheldon, 1860), 167; [Dickinson], *Letters from a Farmer,* in Ford, ed., *Writings of Dickinson*, 348。十八世紀人本就醉心於「力」，不論是物理學所說的力或是政治權力皆然，有了那種從果推因的需求之後，更是迷醉。約瑟夫．普利斯特里認為：「力或因不過是一個概念的兩種說法。」這種力或因在我們的感官經驗中看不到。湯瑪斯．瑞德認為：「我們看到的只是事件一件接一件發生，看不到造成這些事件的力。」洛克一直說力是一種「奧妙的性質」，美國人直至十九世紀也一直這樣覺得。力這個東西只能從其結果觀察。不論是看到磁鐵吸鐵、被電瓶電到、或被課稅，大家都知道那後面有一種因或動因在作用。詹姆斯．胡頓認為，力「這個字帶有一種有作用但未知的事物。」Heimann and McGuire, "Newtonian Forces

Logic of Millennial Thought: Eighteenth-Century New England (New Haven, CT: Yale University Press, 1977).

52. [Moses Mather], *America's Appeal to the Impartial World . . .* (Hartford, CT, 1775), 59; Izrahiah Wetmore, *A Sermon, Preached Before the Honorable General Assembly of the Colony of Connecticut . . .* (Norwich, CT: Judah P. Spooner, 1775), 4, 11; Henry C. Van Schaack, *The Life of Peter Van Schaack . . .*(New York: D. Appleton, 1842), 56; Thomas Jefferson, A *Summary View of the Rights of British America . . .* (Williamsburg, VA: Clementine Rind, 1774), in Julian P. Boyd et al., eds., *The Papers of Thomas Jefferson*, I (Princeton: Princeton University Press, 1950), 125.
53. [Dickinson], *Letters from a Farmer in Pennsylvania . . .* (Philadelphia: William and Thomas Bradford, 1768), in Paul Leicester Ford, ed., *The Writings of John Dickinson* (Historical Society of Pennsylvania, *Memoirs*, XIV [Philadelphia: Historical Society of Pennsylvania, 1895]), 349, hereafter cited as Ford, ed., *Writings of Dickinson*; Griffi th J. McRee, ed., *Life and Correspondence of James Iredell . . .*, I (New York: D. Appleton, 1857), 312. "If the American public had not penetrated the intentions of the English government," noted Jefferson's Italian friend Philip Mazzei in 1788, "there would have been no revolution, or it would have been stillborn" (*Researches on the United States*, Constance D. Sherman, trans. and ed. [Charlottesville: University Press of Virginia, 1976], 125).
54. Adams, "Misanthrop, No. 2" (January 1767), in Taylor et al., eds., *Adams Papers*, I, 187。塞謬爾・史密斯寫說：「心裡所起的情緒或意念，都會在人的臉容納精細的線條中留下影像。」*Lectures*, I, 30。這種信念導致了瑞士人拉瓦塔（L. K. Lavatar）所提倡的，風靡一時的面相科學。請參閱Samuel Miller, *A Brief Retrospect of the Eighteenth Century . . .*, I (New York: T. and J. Swords 1803), 433–434.
55. Richardson, *The History of Clarissa Harlowe*, William Lyon Phelps, ed., IV (New York: Croscup & Sterling, 1902), 112 (Letter XXVIII); Defoe, quoted in Novak, ed., *Age of Disguise*, 2; Dillon, "Complexity and Change," *Journal of the History of Ideas*, XXXV (1974), 51–61.
56. Lord Chesterfi eld to his son, August 21, 1749, in Bonamy Dobrée, ed., *The Letters of Philip Dormer Stanhope, 4th Earl of Chesterfi eld*, IV (London: Eyre and Spottiswoode, 1932), 1382–1383. On the issue of sincerity see the engaging and

Crime," in Robert Green McCloskey, ed., *The Works of James Wilson*, II (Cambridge, MA: Harvard University Press, 1967), 677。塞謬爾・史密斯寫說：「每一次的道德行為，欲判斷其是正是邪，所依據的主要是行為者的傾向或意圖。」*Lectures*, I, 313.

45. [Dana], *Examination*, 50, 66, 96; Hume, "Concerning Human Understanding," sec. VIII, pt. I, in *Essays*, Green and Gross, eds., 74.
46. Bernard Mandeville, *Free Thoughts on Religion, the Church, and Natural Happiness* (1720), quoted in H. T. Dickinson, "Bernard Mandeville: An Independent Whig," in Besterman, ed., *Studies on Voltaire*, CLII, 562–563.
47. Curti and Tillman, eds., "Lectures by Williams," American Philosophical Society, *Transactions*, N.S., LX, pt. 3 (1970), 121.
48. Bernard Mandeville, *The Fable of the Bees: Or, Private Vices, Publick Benefi ts*, F. B. Kaye, ed. (Oxford: Clarendon Press, 1924), 239; J. A. W. Gunn, "Mandeville and Wither: Individualism and the Workings of Providence," in Irwin Primer, ed., *Mandeville Studies; New Explorations in the Art and Thought of Dr. Bernard Mandeville (1670–1733)* (The Hague: Martinus Nijhoff, 1975), 101.
49. John Adams to Ebenezer Thayer, September 24, 1765, in Robert J. Taylor et al., eds., *Papers of John Adams* (Cambridge, MA: Belknap Press of Harvard University Press, 1977), I, 135.
50. Jonathan Edwards, *The Mind: A Reconstructed Text,* Leon Howard, ed. (Berkeley: University of California Press, 1963), 76–78。英國科學家詹姆斯・胡頓（James Hutton）寫說，人心是藉由觀察其動機或計謀而理解的，「因為，若是在這些變動不居的事物中觀察到一種規律的秩序，並因而總是從其中了解到其目的，就必然推斷出某處有一種作用。這種作用類似於我們的心的作用，總是預設一股力量的行使，也總是知道要有所計謀。」Heimann and McGuire, "Newtonian Forces and Lockean Powers," *Historical Studies in Physical Sciences*, III [1971], 283.
51. Samuel Sherwood, *The Church's Flight into the Wilderness: An Address on the Times . . .* (New York: S. Loudon, 1776), 9, 13, 26, 29, 30, 38, 40, and *A Sermon, Containing Scriptural Instructions to Civil Rulers and All Free-born Subjects . . .* (New Haven, CT: T. and S. Green, 1774), vi; Nathan O. Hatch, *The Sacred Cause of Liberty: Republican Thought and the Millennium in Revolutionary New England* (New Haven, CT: Yale University Press, 1977), 56; James West Davidson, *The*

of Matter in Eighteenth-Century Thought," *Historical Studies in the Physical Sciences*, III (1971), 233–306.

38. Arthur O. Lovejoy, *Refl ections on Human Nature* (Baltimore: Johns Hopkins Press, 1961), 153; [John Trenchard and Thomas Gordon], *Cato's Letters: Or Essays on Liberty, Civil and Religious, and Other Important Subjects*, 5th ed. (London, 1748), IV, 86; Hans Kelsen, *Society and Nature: A Sociological Inquiry* (London: Kegan Paul, 1946), 42. On the ways in which Arminian-minded Protestants reconciled individual responsibility with God's sovereignty, see Greven, *Protestant Temperament*, 217–243.
39. Lokken, "Cadwallader Colden," American Philosophical Society, *Proceedings*, CXXII (1978), 370; Heimann, "Voluntarism and Immanence," *Journal of the History of Ideas*, XXXIX (1978), 273, 378–379.
40. David Hume, "An Enquiry Concerning Human Understanding," sec. VIII, pt. I, in *Essays, Moral, Political, and Literary*, T. H. Green and T. H. Grose, eds. (New York: Longmans, Green, 1912), II, 72, 77; Reid, quoted in S. A. Grave, *The Scottish Philosophy of Common Sense* (Oxford: Clarendon Press, 1960), 216.
41. [James Dana], *An Examination of the Late Reverend President Edwards's "Enquiry on Freedom of Will,"* . . . (Boston: Daniel Kneeland, 1770), 81, 89; Stephen West, *An Essay on Moral Agency* . . . , 2nd ed. (Salem, MA: Thomas C. Cushing, 1794), 73–74.
42. George L. Dillon, "Complexity and Change of Character in Neo-Classical Criticism," *Journal of the History of Ideas*, XXXV (1974), 51–61; Warren, quoted in Cohen, *Revolutionary Histories*, 193–194; Bryson, *Man and Society*, 109.
43. [Dana], *Examination*, xi, 50, 62, 66. See Jonathan Edwards, *Freedom of the Will*, Paul Ramsey, ed. (New Haven, CT: Yale University Press, 1957), 156–162.
44. Merle Curti and William Tillman, eds., "Philosophical Lectures by Samuel Williams, LL. D., on the Constitution, Duty, and Religion of Man," American Philosophical Society, *Transactions*, N.S., LX, pt. 3 (1970), 114。既然人類行為的道德性後果是由行為者的因或動機決定，因此詹姆斯．威爾遜進行他的法律講座時，其內容大部分都企圖證明「普通法主要是以意圖判斷罪行」。他說，意圖以了解及意志為前提。「沒有此兩者的作用」，譬如說瘋子、兒童等羸弱者那樣，「罪就不存在」。"Of the Persons Capable of Committing Crimes; and of the Different Degrees of Guilt Incurred in the Commission of the Same

University Press, 1976).

33. 關於十八世紀人尋找一種人類行為科學，最佳的簡短討論請參閱Gladys Bryson, *Man and Society: The Scottish Inquiry of the Eighteenth Century* (Princeton: Princeton University Press, 1945).
34. Smith, *Lectures*, II, 22; Warburton and Volney are quoted in R. N. Stromberg, "History in the Eighteenth Century," *Journal of the History of Ideas*, XII (1951), 300; Richard H. Popkin, "Hume: Philosophical Versus Prophetic Historian," in Kenneth R. Merrill and Robert W. Shahan, eds., *David Hume: Many-Sided Genius* (Norman: University of Oklahoma Press, 1976), 83–95.
35. 這種因果思考法對於小說發展的影響，請參閱Edward M. Jennings, "The Consequences of Prediction," in Theodore Besterman, ed., *Studies on Voltaire and the Eighteenth Century* (Oxford: Oxford University Press, 1976), CLIII, 1148–1149, and Martin C. Battestin, " 'Tom Jones': The Argument of Design," in Henry Knight Miller et al., eds., *The Augustan Milieu: Essays Presented to Louis A. Landa* (Oxford: Oxford University Press, 1970), 289–319.
36. Bolingbroke, *Historical Writings*, Isaac Kramnick, ed. (Chicago: University of Chicago Press, 1972), 18, 21, 22; Gibbon, "Essai sur L'Etude de la Litterature," in *Miscellaneous Works of Edward Gibbon . . .*, John, Lord Sheffi eld, ed. (London, 1796), II, 477. These enlightened assumptions about man's responsibility for what happened led naturally to historical explanations that R. G. Collingwood thought were "superfi cial to absurdity." It was the Enlightenment historians, wrote Collingwood, "who invented the grotesque idea that the Renaissance in Europe was due to the fall of Constantinople and the consequent expulsion of scholars in search of new homes." For Collingwood, who usually had so much sympathy for the peculiar beliefs of the past, such personal sorts of causal attribution were "typical . . . o f a bankruptcy of historical method which in despair of genuine explanation acquiesces in the most trivial causes for the vastest effects" (*The Idea of History* [Oxford: Oxford University Press, 1946], 80–81). Elsewhere, Collingwood of course recognized the historical differentness of the eighteenth century (ibid., 224).
37. David Kubrin, "Newton and the Cyclical Cosmos: Providence and the Mechanical Philosophy," *Journal of the History of Ideas*, XXVIII (1967), 325–346; P. M. Heimann and J. E. McGuire, "Newtonian Forces and Lockean Powers: Concepts

The Memoirs of Philippe de Commynes, Isabelle Cazeaux, trans., I (Columbia: University of South Carolina Press, 1969), 361.

26. Thomas Preston Peardon, *The Transition in English Historical Writing, 1760–1830* (New York: Columbia University Press, 1933), 35. See also Peter Burke, *Popular Culture in Early Modern Europe* (New York: Harper & Row, 1978), 173.
27. Myron P. Gilmore, *Humanists and Jurists: Six Studies in the Renaissance* (Cambridge, MA: Belknap Press of Harvard University Press, 1963), 59–60.
28. Keith Thomas, *Religion and the Decline of Magic* (New York: Charles Scribner's Sons, 1971), 78–112.
29. Increase Mather, *The Doctrine of Divine Providence Opened and Applyed* (Boston: Richard Pierce, 1684), quoted in Lester H. Cohen, *The Revolutionary Histories: Contemporary Narratives of the American Revolution* (Ithaca, NY: Cornell University Press, 1980), 27–29. Cohen's book is richly imaginative and by far the best work we have on early American historical thinking.
30. Halifax, quoted in Thomas, *Religion and the Decline of Magic*, 109. On the scientifi c revolution, see Herbert Butterfi eld, *The Origins of Modern Science, 1300–1800* (London, 1949), and J. Bronowski, *The Common Sense of Science* (Cambridge, MA: Harvard University Press 1953).
31. Bronowski, *Common Sense of Science*, 40; Smith, *The Lectures . . . on the Subjects of Moral and Political Philosophy* (Trenton, NJ: Daniel Fenton, 1812), I, 9, 122.
32. Steven Shapin, "Of Gods and Kings: Natural Philosophy and Politics in the Leibniz-Clarke Disputes," *Isis*, LXXII (1981), 192; M. B. Foster, "The Christian Doctrine of Creation and the Rise of Modern Natural Science," in Daniel O'Connor and Francis Oakley, eds., *Creation: The Impact of an Idea* (New York: Charles Scribner's Sons, 1969), 29–53; Francis Oakley, "Christian Theology and the Newtonian Science: The Rise of the Concept of the Laws of Nature," ibid., 54–83; P. M. Heimann, "Voluntarism and Immanence: Conceptions of Nature in Eighteenth-Century Thought," *Journal of the History of Ideas*, XXXIX (1978), 271–292; Roy N. Lokken, "Cadwallader Colden's Attempt to Advance Natural Philosophy Beyond the Eighteenth-Century Mechanistic Paradigm," American Philosophical Society, *Proceedings*, CXXII (1978), 365–376; Margaret C. Jacob, *The Newtonians and the English Revolution, 1689–1720* (Ithaca, NY: Cornell

後，美國人對政府權力的警惕與懷疑已經轉移到共濟會、天主教會等這一類非政府機構。這些機構素無濫權傳統，所以，「可不可以說，」休斯頓問道，「這種恐懼已經轉為針對病態？」

19.「革命時代時那些英國大臣，」休斯頓提到，「都是善變的盟友，他們可見的主要目標就是維權。理性的人怎麼會相信他們會時時處心積慮心存惡念？」"American Revolution," in Angermann et al., eds., *New Wine in Old Skins*, 177。另外有一些史家雖然沒有休斯頓那麼大膽，但是詮釋美國那些革命家的陰謀觀點時，一樣問了這樣的問題。

20. Daniel Defoe, quoted in Maximillian E. Novak, ed., *English Literature in the Age of Disguise* (Berkeley: University of California Press, 1977), 2; George Farquhar, *The Beaux' Stratagem*, Charles N. Fifer, ed. (Lincoln: University of Nebraska Press, 1977), act 4, sc. 1; Swift, *Gulliver's Travels*, pt. III, chap. 6, in *The Writings of Jonathan Swift*, Robert A. Greenberg and William Bowman Piper, eds. (New York: W. W. Norton, 1973), 162–163.

21. Bailyn, *Ideological Origins*, 144–159, quotation on p. 153; Ira D. Gruber, "The American Revolution as a Conspiracy: The British View," *William and Mary Quarterly,* 3rd ser., XXVI (1969), 360–372; David T. Morgan, " 'The Dupes of Designing Men': John Wesley and the American Revolution," *Historical Magazine of the Protestant Episcopal Church*, XLIV (1975), 121–131; J. M. Roberts, *The Mythology of the Secret Societies* (London: Secker and Warburg, 1972), 24; Georges Lefebvre, *The Great Fear of 1789: Rural Panic in Revolutionary France*, Joan White, trans. (New York: Pantheon Books, 1973), 60–62, 210; Jack Richard Censer, *Prelude to Power: The Parisian Radical Press, 1789–1791* (Baltimore: Johns Hopkins University Press, 1976), 99.

22. Johnson, *A Dictionary of the English Language . . .*, 12th ed. (Edinburgh: A. M. Knapton, 1802); Hofstadter, *Paranoid Style*, 36, 32, 27.

23. Erich Auerbach, *Mimesis: The Representation of Reality in Western Literature*, Willard Trask, trans. (Princeton: Princeton University Press, 1953), 463.

24. Niccolo Machiavelli, "Discourses on the First Decade of Titus Livius, Book 3," in *The Chief Works and Others*, Allan Gilbert, trans., 3 vols. (Durham, NC: Duke University Press, 1965), I, 428. See also letter CII in Montesquieu's *The Persian Letters*, George R. Healy, trans. (Indianapolis: BobbsMerrill, 1964), 170.

25. *American Museum, or, Universal Magazine*, XII (1792), 172; Samuel Kinser, ed.,

Harvard University Press, 1967), 94–95.

9. For a typical example of the sociological studies of the early 1950s, see Daniel Bell, ed., *The New American Right* (New York: Criterion, 1955).
10. Hofstadter, *Paranoid Style*, 7.
11. Ibid., ix, 4, 6.
12. Ibid., ix.
13. Richard O. Curry and Thomas M. Brown, eds., *Conspiracy: The Fear of Subversion in American History* (New York: Holt, Rinehart & Winston, 1972), ix, x; David Brion Davis, ed., *The Fear of Conspiracy: Images of Un-American Subversion from the Revolution to the Present* (Ithaca, NY: Cornell University Press, 1971), xiv.
14. David Brion Davis, *The Slave Power Conspiracy and the Paranoid Style* (Baton Rouge: Louisiana State University Press, 1909), 29; Davis, ed., *Fear of Conspiracy*, 23.
15. James Kirby Martin, *Men in Rebellion: Higher Governmental Leaders and the Coming of the American Revolution* (New Brunswick, NJ: Rutgers University Press, 1973), 34; Daniel Sisson, *The American Revolution of 1800* (New York: Knopf, 1974), 130, 131, 132; Hutson, "American Revolution," in Angermann et al., eds., *New Wine in Old Skins*, 179, 180.
16. Lance Banning, "Republican Ideology and the Triumph of the Constitution, 1789 to 1793," *William and Mary Quarterly*, 3rd ser., XXXI (1974), 171.
17. Greven, *Protestant Temperament*, 349, 352.
18. Hutson, "American Revolution," in Angermann et al., eds., *New Wine in Old Skins*, 177, 180, 181, 182。在後來一篇沒有發表的文章The Origins of 'the Paranoid Style in American Politics': Public Jealousy from the Age of Walpole to the Age of Jackson中，休斯頓實際上駁斥了自己早先的心理學詮釋。現在他說：「美國革命在我們的國民生活中占有特殊的地位」，致使史家不敢跟著他將美國革命視為「霍夫士達特偏執鍊（Hofstadter's paranoid chain）的第一道環節。」但也許有一些史家悄悄加入，只是他不知道而已。但不論如何，總歸他就是已經從自己原先的立場撤退，所重返的立場和貝林沒有多大的差異。他在這一篇文章當中將美國人的偏執風格描述為他們長久警惕、懷疑政府權力之傳統的產物。休斯頓現在承認說，至少在一八三〇年左近之前，美國人這種對於政治濫權的恐懼使得他們的陰謀觀點「完全可信」。只是一八三〇年之

History, III (1970), 189–220.

2. Kenneth S. Lynn, *A Divided People* (Westport, CT: Greenwood Press, 1977), 105. Cf. Philip Greven, *The Protestant Temperament: Patterns of Child-Rearing, Religious Experience and the Self in Early America* (New York: Knopf, 1977).
3. 這種論述法最克制、最佳的著作是Edwin G. Burrows and Michael Wallace, "The American Revolution: The Ideology and Psychology of National Liberation," *Perspectives in American History*, VI (1972), 167–306。另可參見Winthrop D. Jordan, "Familial Politics: Thomas Paine and the Killing of the King, 1776," *Journal of American History*, LX (1973), 294–308.
4. Fawn M. Brodie, *Thomas Jefferson: An Intimate History* (New York: W. W. Norton, 1974); Peter Shaw, *The Character of John Adams* (Chapel Hill: University of North Carolina Press, 1976), and *American Patriots and the Rituals of Revolution* (Cambridge, MA: Harvard University Press, 1981); John J. Waters, "James Otis, Jr.: An Ambivalent Revolutionary," *History of Childhood Quarterly*, I (1973), 142–150; Bruce Mazlish, "Leadership in the American Revolution: The Psychological Dimension," in *Leadership in the American Revolution*, Library of Congress Symposia on the American Revolution (Washington, DC: Library of Congress, 1974), 113–133.
5. Jack P. Greene, "An Uneasy Connection: An Analysis of the Preconditions of the American Revolution," in Stephen G. Kurtz and James H. Hutson, eds., *Essays on the American Revolution* (Chapel Hill: University of North Carolina Press, 1973), 60; Greven, *Protestant Temperament*, 351.
6. Jack P. Greene, "Search for Identity," *Journal of Social History*, III (1970), 219; James H. Hutson, "The American Revolution: The Triumph of a Delusion?" in Erich Angermann et al., eds., *New Wine in Old Skins: A Comparative View of Socio-Political Structures and Values Affecting the American Revolution* (Stuttgart, Germany: Klett, 1976), 179–194.
7. Bailyn's introduction was entitled "The Transforming Radicalism of the American Revolution," in *Pamphlets of the American Revolution*, I (Cambridge, MA: Belknap Press of Harvard University Press, 1965), 3–202; Richard Hofstadter, *The Paranoid Style in American Politics and Other Essays* (New York: Vintage, 1965).
8. Bernard Bailyn, *The Origins of American Politics* (New York: Knopf, 1968), 13, and *The Ideological Origins of the American Revolution* (Cambridge, MA:

LXXIII (1977–1978), 313–321; Pauline Maier, *The Old Revolutionaries: Political Lives in the Age of Samuel Adams* (New York: Knopf, 1980), 33, 34, 47; Garry Wills, *Cincinnatus: George Washington and the Enlightenment* (New York: Doubleday, 1984).

36. Ezra Stiles, *Election Sermon* (1783), in John Wingate Thornton, ed., *The Pulpit of the American Revolution* (Boston: D. Lothrop, 1876), 460; John Adams to Abigail Adams, April 25, 1778, in L. H. Butterfi eld et al., eds., *The Book of Abigail and John: Selected Letters of the Adams Family* (Cambridge, MA: Harvard University Press, 1975), 210; Benjamin Rush to ———, April 16, 1790, in L. H. Butterfi eld, ed., *Letters of Benjamin Rush* (Princeton: Princeton University Press, 1951), I, 550.
37. Neil Harris, *The Artist in American Society: The Formative Years, 1790–1860* (New York: George Braziller, 1966), 42.
38. Eleanor Davidson Berman, *Thomas Jefferson Among the Arts: An Essay in Early American Esthetics* (New York: Philosophical Library, 1947), 84; Jefferson, *Notes on the State of Virginia*, 153; Jefferson to Madison, Sept. 20, 1785, in Julian P. Boyd et al., eds., *Papers of Thomas Jefferson* (Princeton: Princeton University Press, 1950–); VIII, 535; Jefferson to William Buchanan and James Hay, Jan. 26, 1786, in *Papers of Jefferson*, IX, 221.
39. Reinhold, *Classica Americana*, 129; Benjamin Rush to James Hamilton, June 27, 1810, in Butterfi eld, ed., *Letters of Benjamin Rush*, II, 1053.
40. Edward Everett, "An Oration Pronounced at Cambridge . . . 1824," in Joseph L. Blau, ed., *American Philosophic Addresses, 1700–1900* (New York: Columbia University Press, 1946), 77.

第二章後記

1. Bernard Bailyn, *The Ideological Origins of the American Revolution* (Cambridge, MA: Harvard University Press, 1967), 23–26.

第三章

1. Jack P. Greene, "Search for Identity: An Interpretation of the Meaning of Selected Patterns of Social Response in Eighteenth-Century America," *Journal of Social*

callings, see Neal Wood, *Cicero's Social and Political Thought* (Berkeley: University of California Press, 1988), 95–100.

27. Adam Smith, *An Inquiry into the Nature and Causes of the Wealth of Nations*, ed., R. H. Campbell and A. S. Skinner (Oxford: Oxford University Press, 1976), I, 50–51; II, 781–783; Francis Hutcheson, *A System of Moral Philosophy in Three Books* . . . (London: R. and A. Foulis, 1755), II, 113.
28. Wood, *Radicalism of the American Revolution*, 83, 287–88, 290–92.
29. James Wilson, "On the History of Property," in McCloskey, ed., *Works of James Wilson*, II, 716; James Thompson, *The Seasons and the Castle of Indolence*, James Sambrook, ed. (Oxford: Oxford University Press, 1972), x; Virginia C. Kenny, *The Country-House Ethos in English Literature, 1688–1750: Themes of Personal Retreat and National Expansion* (New York: St. Martin's Press, 1984), 8–9; Jack P. Greene, *Landon Carter: An Inquiry into the Personal Values and Social Imperatives of the Eighteenth-Century Virginia Gentry* (Charlottesville: University Press of Virginia, 1965), 86–87.
30. William C. Dowling, *Poetry and Ideology in Revolutionary Connecticut* (Athens: University of Georgia Press, 1990).
31. John Dickinson, "Letters of a Farmer in Pennsylvania" (1768), in Paul L. Ford, ed., *The Writings of John Dickinson: I, Political Writings, 1764–1774* (Pennsylvania Historical Society, Memoirs, XIV [Philadelphia: Pennsylvania Historical Society, 1895]), 307.
32. Andrew R. L. Cayton, *The Frontier Republic: Ideology and Politics in the Ohio Country, 1780–1825* (Kent, OH: Kent State University Press, 1986), 12–32; Gibbon, *Decline and Fall of the Roman Empire*, I, 32; Tamara Platkins Thornton, *Cultivating Gentlemen: The Meaning of Country Life Among the Boston Elite, 1785–1860* (New Haven, CT: Yale University Press, 1989), 31.
33. Reinhold, *Classica Americana*, 98.
34. David Humphreys, "A Poem on the Industry of the United States of America," in Vernon L. Parrington, ed., *The Connecticut Wits* (New York: Thomas Y. Crowell, 1954), 401.
35. Ronald Paulson, *Representations of Revolution (1789–1820)* (New Haven, CT: Yale University Press, 1983), 12; Stephen Botein, "Cicero as Role Model for Early American Lawyers: A Case Study in Classical Infl uence," *The Classical Journal*,

Richard, "A Dialogue with the Ancients: Thomas Jefferson and Classical Philosophy and History," *Journal of the Early Republic*, IX (1989), 445; Meyer Reinhold, ed., *The Classick Pages: Classical Readings of Eighteenth-Century Americans* (University Park, PA: American Philological Association, 1975), 100; Johnson, *Formation of English Neo-Classical Thought*, 226, 297, Hume, "Of the Parties of Great Britain," *Essays*, Miller, ed., 72.

18. Alexander Pope, "An Essay on Criticism," in Aubrey Williams, ed., *Poetry and Prose of Alexander Pope* (Boston: Houghton Miffl in, 1969), 41, lines 118–121.
19. Bertrand A. Goldar, *Walpole and the Wits: The Relation of Politics to Literature, 1722–1742* (Lincoln: University of Nebraska Press, 1976), 3, 22–23, 26, 135, 147–148, 158–159; Johnson, *The Formation of English Neo-Classical Thought,* 95–105; Reed Browning, *Political and Constitutional Ideas of the Court Whigs* (Baton Rouge: Louisiana State University Press, 1982), 5.
20. Johnson, *Formation of English Neo-Classical Thought*, 168.
21. Quentin Skinner, "The Idea of Negative Liberty: Philosophical and Historical Perspectives," Richard Rorty, et al., eds., *Philosophy in History* (Cambridge, UK: Cambridge University Press, 1984), 193–221; Michael Ignatieff, "John Millar and Individualism," in Istvan Hont and Michael Ignatieff, eds., *Wealth and Virtue: The Shaping of Political Economy in the Scottish Enlightenment* (Cambridge, UK: Cambridge University Press, 1983), 329–330.
22. David Hume, *A Treatise on Human Nature*, L. A. Selby-Bigge and P. N. Nidditch, eds. (Oxford: Clarendon Press, 1978), 587; Benjamin Franklin to Cadwallader Colden, October 11, 1750, Labaree, et al., eds., *Papers of Franklin*, IV, 68.
23. Gregory H. Nobles, *Divisions Throughout the Whole: Politics and Society in Hampshire County, Massachusetts, 1740–1775* (Cambridge, UK: Cambridge University Press, 1983), 182.
24. Thomas Jefferson, *Notes on the State of Virginia*, William Peden, ed. (Chapel Hill: University of North Carolina Press, 1954), 165.
25. Wood, *Radicalism of the American Revolution*, 240; Cicero, *Selected Works*, Michael Grant, ed. (Harmondsworth, UK: Penguin, 1960), 188.
26. Robert R. Livingston, quoted in Bernard Friedman, "The Shaping of the Radical Consciousness in Provincial New York," *Journal of American History*, LVI (1970), 786. For a discussion of Cicero's distinction between gentlemanly and vulgar

"The Apotheosis of George III: Loyalty, Royalty and the British Nation, 1760–1820," *Past and Present*, 102 (1984), 94–129; Jeffrey Merrick, *The Desacralization of the French Monarchy in the Eighteenth Century* (Baton Rouge: Louisiana State University Press, 1990)

10. Harold T. Parker, *The Cult of Antiquity and the French Revolutionaries* (Chicago: University of Chicago Press, 1937), 35, 39.
11. *South Carolina Gazette*, July 29, 1749, quoted in Hennig Cohen, *The South Carolina Gazette, 1732– 1775* (Columbia: University of South Carolina Press, 1953), 218.
12. James Thomson, "Liberty," v, in *The Poetical Works of James Thomson* (Edinburgh: J. Nichol, 1863), 369.
13. Adams to Warren, July 20, 1807, 353; Adams to J. H. Tiffany, April 30, 1819, 378; Venturi, *Utopia and Reform in the Enlightenment*, 71.
14. Simon Schama, *Citizens: A Chronicle of the French Revolution* (New York: Knopf, 1989), 172; William L. Vance, *America's Rome*, 2 vols. (New Haven, CT: Yale University Press, 1989), 1, 17, 15; John Barrell, *The Dark Side of the Landscape: The Rural Poor in English Painting, 1730–1840* (Cambridge, UK: Cambridge University Press, 1980), 7; Conyers Middleton, *The History of the Life of Marcus Tullius Cicero*, 2 vols. (London: James Bettenham, 1741), I, ix.
15. Caroline Robbins, *The Eighteenth-Century Commonwealthman: Studies in the Transmission, Development, and Circumstance of English Liberal Thought from the Restoration of Charles II Until the War with the Thirteen Colonies* (Cambridge, MA: Harvard University Press, 1959); Issac F. Kramnick, *Bolingbroke and His Circle: The Politics of Nostalgia in the Age of Walpole* (Cambridge, MA: Harvard University Press, 1968).
16. Edward Gibbon, *The Decline and Fall of the Roman Empire* (New York: Modern Library, 1931), I, 164–165; W. Jackson Bate, *Samuel Johnson* (New York: Harcourt Brace Jovanovich, 1975), 171–172.
17. William L. Grant, *Neo-Latin Literature and the Pastoral* (Chapel Hill: University of North Carolina Press, 1965), 255; Howard D. Weinbrot, *Augustus Caesar in "Augustan" England: The Decline of a Classical Norm* (Princeton: Princeton University Press, 1978), 47–48, 53, 62, 64; Howard Erskine-Hill, *The Augustan Idea in English Literature* (London: Edward Arnold, 1983), 249–266; Carl J.

第二章

1. R. R. Palmer, *The Age of the Democratic Revolution: A Political History of Europe and America, 1760–1800*, 2 vols. (Princeton: Princeton University Press, 1959, 1964); Franco Venturi, *Utopia and Reform in the Enlightenment* (Cambridge, UK: Cambridge University Press, 1971), 90.
2. 1 Samuel 8:19–20.
3. John Adams to Richard Cranch, August 2, 1776, in L. H. Butterfi eld et al., eds., *Adams Family Correspondence* (Cambridge, MA: Harvard University Press), II, 74; see also Gordon S. Wood, *The Creation of the American Republic, 1776–1787* (Chapel Hill: University of North Carolina Press, 1969), 49–51; John Adams to Mercy Otis Warren, July 20, 1807, Massachusetts Historical Society, *Collections*, 5th ser., IV (1878), 353; Adams to J. H. Tiffany, April 30, 1819, Charles Francis Adams, ed., *Works of John Adams*, X, 378.
4. Montesquieu, *The Spirit of the Laws*, Franz Neumann, ed., pt. I, bk. ix, ch. 13 (New York: Hafner Press, 1949), 167; James William Johnson, *The Formation of English Neo-Classical Thought* (Princeton: Princeton University Press, 1967), 91–105; Richard Jenkyns, ed., *The Legacy of Rome: A New Appraisal* (Oxford: Oxford University Press, 1992), 26.
5. Peter Gay, *The Enlightenment: An Interpretation—The Rise of Modern Paganism* (New York: Knopf, 1966).
6. Wood, *The Creation of the American Republic*, 52, 414; Johnson, *Formation of English Neo-Classical Thought*, 239–240.
7. Johnson, *Formation of English Neo-Classical Thought*, 93, 246; Gay, *Enlightenment: Rise of Paganism*, 109; Bernard Bailyn, *The Ideological Origins of the American Revolution* (Cambridge, MA: Harvard University Press, 1967), 25.
8. J. G. A. Pocock, *The Machiavellian Moment: Florentine Political Thought and the Atlantic Republican Tradition* (Princeton: Princeton University Press, 1975); Johnson, *Formation of English Neo-Classical Thought*, 222–224; Meyer Reinhold, *Classica Americana: The Greek and Roman Heritage in the United States* (Detroit: Wayne State University Press, 1984), 30–31.
9. David Hume, "The British Government," in Eugene Miller, ed., *Essays: Moral, Political, and Literary* (Indianapolis: Liberty Classics, 1985), 51; Linda Colley,

這篇論文是一次嚴謹而且夠格的研究。有鑑於當時很多土地都在完全土地所有權的掌握之下，他依憑證據所下的結論來得絕不容易。特別請參閱pp. 56, 60–62, 110–114, 122, 195–196.

64. Emory S. Evans, "The Rise and Decline of the Virginia Aristocracy in the Eighteenth Century: The Nelsons," in Darrett B. Rutman, ed., *The Old Dominion: Essays for Thomas Perkins Abernethy* (Charlottesville: University Press of Virginia, 1964), 73–74.
65. Max Farrand, ed., *The Records of the Federal Convention of 1787* (New Haven, CT: Yale University Press, 1911), 1, 56; Bridenbaugh, *Myths and Realities*, 14, 16.
66. John Adams, "Novanglus," in Charles Francis Adams, ed., *The Works of John Adams* (Boston: Little, Brown, 1850–1856), IV, 14.
67. Arthur F. Bentley, *The Process of Government: A Study of Social Pressures* (Chicago: University of Chicago Press, 1908), 152.

第一章後記

1. Rhys Isaac, *The Transformation of Virginia, 1740–1790* (Chapel Hill: University of North Carolina Press, 1982); T. H. Breen, *Tobacco Culture: The Mentality of the Great Tidewater Planters on the Eve of the Revolution* (Princeton: Princeton University Press, 1985); Richard R. Beeman, *The Evolution of the Southern Backcountry: A Case Study of Lunenburg County, Virginia, 1746–1832* (Philadelphia: University of Pennsylvania Press, 1984); Jack P. Greene, "Society, Ideology, and Politics: An Analysis of the Political Culture of Mid-Eighteenth Century Virginia," in Richard M. Jellison, ed., *Society, Freedom, and Conscience: The Coming of the Revolution in Virginia, Massachusetts, and New York* (New York: W. W. Norton, 1976), 14–57; Jack P. Greene, " '*Virtus et Libertas*': Political Culture, Social Change, and the Origins of the American Revolution in Virginia, 1763–1766," in Jeffery J. Crow and Larry E. Tise, eds., *The Southern Experience in the American Revolution* (Chapel Hill: University of North Carolina Press, 1978), 55–65; Jack P. Greene, "Character, Persona, and Authority: A Study of Alternative Styles of Political Leadership in Revolutionary Virginia," in W. Robert Higgins, ed., *The Revolutionary War in the South: Power, Confl ict, and Leadership* (Durham, NC: Duke University Press, 1979), 3–42.

Planter of the Eighteenth Century (Williamsburg: Colonial Williamsburg Inc., 1941), 52.

55. Jay B. Hubbell and Douglass Adair, "Robert Munford's *The Candidates*," *William and Mary Quarterly*, 3rd ser., V (1948), 238, 246. The ambivalence in Munford's attitude toward the representative process is refl ected in the different way historians have interpreted his play. Cf. ibid., 223–225, with Brown, *Virginia*, 236–237. Munford's fear of "men who aim at power without merit" was more fully expressed in his later play, *The Patriots*, written in 1775 or 1776. Courtlandt Canby, "Robert Munford's *The Patriots*," *William and Mary Quarterly*, 3rd ser., VI (1949), 437–503, quotation from 450.
56. [John Randolph], *Considerations on the Present State of Virginia* ([Williamsburg], 1774), in Earl G. Swem, ed., *Virginia and the Revolution: Two Pamphlets, 1774* (New York, 1919), 16; Purdie and Dixon's *Virginia Gazette*, November 25, 1773.
57. Rind's *Virginia Gazette*, September 8, 1774; Brown, *Virginia*, 252–254; Morton, *Robert Carter*, 231–250.
58. See George Washington to George Mason, April 5, 1769, in John C. Fitzpatrick, ed., *The Writings of George Washington* (Washington, DC: U.S. Government Printing Offi ce, 1931–1944). II, 502; Carl Bridenbaugh, *Myths and Realities: Societies of the Colonial South* (New York: Atheneum, 1963), 5, 10, 14, 16; Emory G. Evans, "Planter Indebtedness and the Coming of the Revolution in Virginia," *William and Mary Quarterly*, 3rd ser., XIX (1962), 518–519.
59. Rind's *Virginia Gazette*, August 15, 1766. See Carl Bridenbaugh, "Violence and Virtue in Virginia, 1766: or The Importance of the Trivial," Massachusetts Historical Society, *Proceedings*, LXXVI (1964), 3–29.
60. Quoted in Bridenbaugh, *Myths and Realities*, 27. See also Morton, *Robert Carter*, 223–225.
61. John A. Washington to R. H. Lee, June 20, 1778, quoted in Pole, "Representation and Authority in Virginia," 28.
62. Evans, "Planter Indebtedness," 526–527.
63. Julian P. Boyd et al., eds., *The Papers of Thomas Jefferson* (Princeton: Princeton University Press, 1950–), I, 560。我們對於維州限嗣繼承制及嫡長子繼承制的理解，大部分來自這篇論文：Clarence R. Keim, "Influence of Primogeniture and Entail in the Development of Virginia" (University of Chicago, 1926)，Keim

Birnbaum, "The Sociological Study of Ideology (1940–60)," *Current Sociology*, IX (1960).

48. Jacob Duché, *The American Vine, A Sermon, Preached . . . Before the Honourable Continental Congress, July 20th, 1775 . . .* (Philadelphia: James Humphreys, 1775), 29.
49. For recent discussions of French and Puritan Revolutionary rhetoric, see Peter Gay, "Rhetoric and Politics in the French Revolution," *American Historical Review*, LXVI (1960–1961), 664–676; Michael Walzer, "Puritanism as a Revolutionary Ideology," *History and Theory*, III (1963), 59–90. This entire issue of *History and Theory* is devoted to a symposium on the uses of theory in the study of history. In addition to the Walzer article, I have found the papers by Samuel H. Beer, "Causal Explanation and Imaginative Re-enactment," and Charles Tilly, "The Analysis of a Counter-Revolution," very stimulating and helpful.
50. Bryan A. Wilson, "Millennialism in Comparative Perspective," *Comparative Studies in Society and History*, VI (1963–1964), 108. See also Neil J. Smelser, *Theory of Collective Behaviour* (London: Routledge and Kegan Paul, 1962), 83, 120, 383.
51. Tate, "Coming of the Revolution in Virginia," 324–343.
52. Robert E. Brown and B. Katherine Brown, *Virginia, 1705–1786: Democracy or Aristocracy?* (East Lansing: Michigan State University Press, 1964), 236; Alexander White to Richard Henry Lee, 1758, quoted in J. R. Pole, "Representation and Authority in Virginia from the Revolution to Reform," *Journal of Southern History*, XXIV (1958), 23.
53. Purdie and Dixon's *Virginia Gazette* (Williamsburg), April 11, 1771; Rind's *Virginia Gazette*, October 31, 1771. See Lester J. Cappon and Stella F. Duff, eds., *Virginia Gazette Index, 1736–1780* (Williamsburg, VA: Institute of Early American History and Culture, 1950), I, 351, for entries on the astounding increase in essays on corruption and cost of elections in the late 1760s and early 1770s.
54. *The Defence of Injur'd Merit Unmasked; or, the Scurrilous Piece of Philander Dissected and Exposed to Public View. By a Friend to Merit, wherever found* (n.p., 1771), 10. Robert Carter chose to retire to private life in the early 1770s rather than adjust to the "new system of politicks" that had begun "to prevail generally." Quoted in Louis Morton, *Robert Carter of Nomini Hall: A Virginia Tobacco*

and the American Revolution (Philadelphia: University of Pennsylvania Press, 1951), "adopts wholesale the contemporary Whig interpretation of the Revolution as the result of a conspiracy of 'King's Friends.' " Bailyn, *Revolutionary Pamphlets*, I, 724.

36. Morgan, "Revisions in Need of Revising," 7, 13, 8; Greene, "Flight from Determinism," 237.
37. Edmund S. Morgan, *The Birth of the Republic, 1763–89* (Chicago: University of Chicago Press, 1956), 51.
38. Greene, "Flight from Determinism," 258; Morgan, *Birth of the Republic*, 3.
39. Bailyn, *Revolutionary Pamphlets*, I, vii, ix.
40. Ibid., vii, viii, 17.
41. J. G. A. Pocock, "Machiavelli, Harrington, and English Political Ideologies in the Eighteenth Century," *William and Mary Quarterly*, 3rd ser., XXII (1965), 550.
42. Sir Lewis Namier, *England in the Age of the American Revolution*, 2nd ed. (London: Macmillan, 1961), 131.
43. Ibid., 129.
44. Bailyn, *Revolutionary Pamphlets*, I, 90, x, 169, 140. See Hannah Arendt, *On Revolution* (New York: Viking, 1963), 173: "American experience had taught the men of the Revolution that action, though it may be started in isolation and decided upon by single individuals for very different motives, can be accomplished only by some joint effort in which the motivation of single individuals . . . no longer counts. . . ."
45. See Sir Lewis Namier, *The Structure of Politics at the Accession of George III*, 2nd ed. (London: Macmillan, 1961), 16; Sir Lewis Namier, "Human Nature in Politics," in *Personalities and Power: Selected Essays* (New York: Harper & Row, 1965), 5–6.
46. Bailyn, *Revolutionary Pamphlets*, I, 22. The French Revolutionaries were using the same group of classical writings to express their estrangement from the ancien régime and their hope for the new order. Harold T. Parker, *The Cult of Antiquity and the French Revolutionaries: A Study in the Development of the Revolutionary Spirit* (Chicago: University of Chicago Press, 1937), 22–23.
47. The relation of ideas to social structure is one of the most perplexing and intriguing in the social sciences. For an extensive bibliography on the subject, see Norman

30. Adair and Schutz, eds., *Peter Oliver's Origin*, ix. In the present neo-Whig context, Sidney S. Fisher, "The Legendary and Myth-Making Process in Histories of the American Revolution," in American Philosophical Society, *Proceedings*, LI (Philadelphia: American Philosophical Society, 1912), 53–75, takes on a renewed relevance.
31. Bailyn, *Revolutionary Pamphlets*, I, 87, ix.
32. [Moses Mather], *America's Appeal to the Impartial World . . .* (Hartford, CT: Ebenezer Watson, 1775), 59; [John Dickinson], *Letters from a Farmer in Pennsylvania to the Inhabitants of the British Colonies* (Philadelphia: William and Thomas Bradford, 1768), in Paul L. Ford, ed., *The Writings of John Dickinson* (Historical Society of Pennsylvania, *Memoirs*, XIV [Philadelphia: Historical Society of Pennsylvania, 1895]), II, 348. Dickinson hinged his entire argument on the ability of the Americans to decipher the "intention" of parliamentary legislation, whether for revenue or for commercial regulation. Ibid., 348, 364.
33. See Herbert Davis, "The Augustan Conception of History," in J. A. Mazzeo, ed., *Reason and the Imagination: Studies in the History of Ideas, 1600–1800* (New York: Columbia University Press, 1962), 226–228; W. H. Greenleaf, *Order, Empiricism and Politics: Two Traditions of English Political Thought, 1500–1700* (New York: University of Hull/Oxford University Press, 1964), 166; R. N. Stromberg, "History in the Eighteenth Century," *Journal of the History of Ideas*, XII (1951), 300. It was against this "dominant characteristic of the historical thought of the age," this "tendency to explain events in terms of conscious action by individuals," that the brilliant group of Scottish social scientists writing at the end of the eighteenth century directed much of their work. See Duncan Forbes, " 'Scientifi c' Whiggism: Adam Smith and John Millar," *Cambridge Journal*, VII (1954), 651, 653–654. While we have had recently several good studies of historical thinking in seventeenth-century England, virtually nothing has been done on the eighteenth century. See, however, J. G. A. Pocock, "Burke and the Ancient Constitution—A Problem in the History of Ideas," *Historical Journal*, III (1960), 125–143; and Stow Persons, "The Cyclical Theory of History in Eighteenth Century America," *American Quarterly*, VI (1954), 147–163.
34. [Dickinson], *Letters from a Farmer*, in Ford, ed., *Writings of Dickinson*, 388.
35. Bailyn has noted that Oliver M. Dickerson, in chapter 7 of his *The Navigation Acts*

The Era of the American Revolution (New York: Columbia University Press, 1939), 305.

18. Davidson, *Propaganda*, 59; Schlesinger, *Prelude to Independence*, 20.
19. Davidson, *Propaganda*, xiv, 46.
20. Schlesinger, *Prelude to Independence*, 44; Arthur M. Schlesinger Jr., *New Viewpoints in American History* (New York: Macmillan, 1922), 179.
21. Edmund S. Morgan, "Colonial Ideas of Parliamentary Power, 1764–1766," *William and Mary Quarterly,* 3rd ser., V (1948), 311, 341; Edmund S. Morgan and Helen M. Morgan, *The Stamp Act Crisis: Prologue to Revolution*, rev. ed. (New York: Collier Books, 1963), 306–307; Page Smith, "David Ramsay and the Causes of the American Revolution," *William and Mary Quarterly*, 3rd ser., XVII (1960), 70–71.
22. Jack P. Greene, "The Flight from Determinism: A Review of Recent Literature on the Coming of the American Revolution," *South Atlantic Quarterly*, L XI (1962), 257.
23. This revisionist literature of the 1950s is well known. See the listings in Bernard Bailyn, "Political Experience and Enlightenment Ideas in Ei ghteenth-Century America," *American Historical Review*, LXVII (1961–1962), 341n; and in Greene, "Flight from Determinism," 235–259.
24. Greene, "Flight from Determinism," 237, 257; Thad W. Tate, "The Coming of the Revolution in Virginia: Britain's Challenge to Virginia's Ruling Class, 1763–1776," *William and Mary Quarterly*, 3rd ser., XIX (1962), 323–343, esp. 340.
25. Bailyn, "Political Experience and Enlightenment Ideas," 339–351.
26. Bernard Bailyn, ed., assisted by Jane N. Garrett, *Pamphlets of the American Revolution, 1750–1776* (Cambridge, MA: Belknap Press of Harvard University Press, 1965–), I, viii, 60, x, 20. The 200-page general introduction is entitled "The Transforming Radicalism of the American Revolution."
27. This is not to say, however, that work on the Revolutionary ideas is in any way fi nished. For examples of the reexamination of traditional problems in Revolutionary political theory, see Richard Buel Jr., "Democracy and the American Revolution: A Frame of Reference," *William and Mary Quarterly*, 3rd ser., XXI (1964), 165–190; and Bailyn's resolution of James Otis's apparent inconsistency in *Revolutionary Pamphlets*, I, 100–103, 106–107, 121–123, 409–417, 546–552.
28. Smith, "Ramsay and the American Revolution," 72.
29. Morgan, "Revisions in Need of Revising," 13.

of John Adams (Boston: Little, Brown, 1850–1856), X, 282.

8. William Pierce, *An Oration, Delivered at Christ Church, Savanah, on the 4th of July, 1788* . . . (Savannah, GA: James Johnston, [1788]), 6; Enos Hitchcock, *An Oration; Delivered July 4th, 1788* . . . (Providence, RI: Bennett Wheeler, [1788]), 11.
9. Petition to the King, October 1774, in Worthington C. Ford, ed., *Journals of the Continental Congress, 1774–1789* (Washington, DC: U.S. Government Printing Offi ce, 1904–1937), 1, 118.
10. Samuel Williams, *The Natural and Civil History of Vermont* . . . (Walpole, NH: Isaiah Thomas and David Carlisle Jr., 1794), vii, 372–373; Pierce, *Oration . . . 4th July, 1788*, 8.
11. Moses Coit Tyler, *The Literary History of the American Revolution, 1763–1783* (New York: G. P. Putnam's Sons, 1897), I, 8–9.
12. For a bald description of the assumptions with which this generation of historians worked, see Graham Wallas, *Human Nature in Politics*, 3rd ed. (New York: Knopf, 1921), 5, 45, 48–49, 83, 94, 96, 118, 122, 156.
13. Charles A. Beard, *An Economic Interpretation of the Constitution* (New York: Macmillan, 1935), x, viii.
14. While the Progressive historians were attempting to absorb and use the latest scientifi c techniques of the day, nonbehaviorists in government departments and others with a traditional approach to political theory—men like Andrew C. McLaughlin, Edwin S. Corwin, William S. Carpenter, Charles M. McIwain, and Benjamin F. Wright—were writing during this same period some of the best work that has ever been done on Revolutionary constitutional and political thought. However, because most of them were not, strictly speaking, historians, they never sought to explain the causes of the Revolution in terms of ideas.
15. Carl L. Becker, *The Declaration of Independence: A Study in the History of Political Ideas* (New York: Harcourt, Brace, 1922), 133, 203, 207.
16. Quoted in Philip Davidson, *Propaganda and the American Revolution, 1763–1783* (Chapel Hill: University of North Carolina Press, 1941), 141, 150, 373.
17. Arthur M. Schlesinger Jr., *Prelude to Independence: The Newspaper War on Britain, 1764–1776* (New York: Knopf, 1958), 34. For examples of the scientifi c work on which the propagandist studies drew, see note 1 in Sidney I. Pomerantz, "The Patriot Newspaper and the American Revolution," in Richard B. Morris, ed.,

Henretta et al., eds., *The Transformation of Early American History: Society, Authority, and Ideology* (New York: Knopf, 1991), 38.

27. For examples of heavy-handed present-mindedness in histories of the early Republic, see Lawrence Goldstone, *Dark Bargain: Slavery, Profi ts, and the Struggle for the Constitution* (New York: Walker, 2005); and Robin L. Einhorn, *American Taxation, American Slavery* (Chicago: University of Chicago Press, 2006). For my review of these two works, see Gordon S. Wood, *The Purpose of the Past: Refl ections on the Uses of History* (New York: Penguin, 2008), 293–308.
28. Thomas Jefferson to Benjamin Waterhouse, June 26, 1822, in Merrill D. Peterson, ed., *Thomas Jefferson: Writings* (New York: Library of America, 1984), 1459.

第一章

1. 這是埃德蒙・摩根近年在Arthur M. Schlesinger Jr. and Morton White, eds., *Paths of American Thought* (Boston: Houghton Mifflin, 1963), 11–33發表的一篇文章。
2. Samuel E. Morison, ed., "William Manning's *The Key of Libberty,*" *William and Mary Quarterly*, 3rd ser., XIII (1956), 208.
3. Edmund S. Morgan, "The American Revolution: Revisions in Need of Revising," *William and Mary Quarterly*, 3rd ser., XIV (1957), 14.
4. William Vans Murray, *Political Sketches, Inscribed to His Excellency John Adams* (London: C. Dilly, 1787), 21, 48.
5. Daniel Leonard, *The Origin of the American Contest with Great-Britain . . . [by] Massachusettensis . . .* (New York: James Rivington, 1775), 40; Douglass Adair and John A. Schutz, eds., *Peter Oliver's Origin and Progress of the American Rebellion: A Tory View* (San Marino: Huntington Library, 1961), 159.
6. Simeon Baldwin, *An Oration Pronounced Before the Citizens of New-Haven, July 4th, 1788 . . .* (New Haven, CT: J. Meigs, 1788), 10; [Murray], *Political Sketches*, 48; David Ramsay, *The History of the American Revolution* (Philadelphia: R. Aitken & Son, 1789), 1, 350.
7. Thomas Paine, *Letter to the Abbé Raynal . . .* (1782), in Philip S. Foner, ed., *The Complete Writings of Thomas Paine* (New York: Citadel Press, 1945), II, 243; John Adams to H. Niles, February 13, 1818, in Charles Francis Adams, ed., *The Works*

of American Capitalism (Charlottesville: University Press of Virginia, 1992). Crucially important for dating the changes in the Northern economy is Winifred Barr Rothenberg, *From Market-Places to a Market Economy: The Transformation of Rural Massachusetts, 1750–1850* (Chicago: University of Chicago Press, 1992).

19. Daniel T. Rodgers, "Republicanism: The Career of a Concept," *Journal of American History*, lxxix (1992), 25.
20. T. H. Breen, *American Insurgents, American Patriots: The Revolution of the People* (New York: Hill and Wang, 2010), 11.
21. Sir Lewis Namier, *Personalities and Powers* (London: Hamish Hamilton, 1955), 2.
22. 關於理念扮演的角色，比較充分的探討請參閱Gordon S. Wood, "Intellectual History and the Social Sciences," in John Higham and Paul K. Conkin, eds., *New Directions in American Intellectual History* (Baltimore: Johns Hopkins University Press, 1979), 27。我個人探索理念之角色的途徑深受昆丁・史金納著作的影響。又請參閱James Tully, ed., *Meaning and Context: Quentin Skinner and His Critics* (Princeton: Princeton University Press, 1988)。關於史金納對歷史的探索途徑，具體實例請參閱"The Principles and Practice of Opposition: The Case of Bolingbroke versus Walpole," in Neil McKendrick, ed., *Historical Perspectives: Studies in English Thought and Society in Honour of J. H. Plumb* (London: Europa, 1974), 93–128, and John Brewer, *Party Ideology and Popular Politics at the Accession of George III* (Cambridge, UK: Cambridge University Press, 1976), 26–38.
23. Claude G. Bowers, *Jefferson and Hamilton: The Struggle for Democracy in America* (Boston: Houghton Miffl in, 1925), vi, 140.
24. 有個很好的實例，請參閱Garry Wills, *"Negro President": Jefferson and the Slave Power* (Boston: Houghton Mifflin, 2003).
25. Doron Ben-Artar and Barbara B. Oberg, eds., *Federalists Reconsidered* (Charlottesville: University of Virginia Press, 1998), 10, 11. Of course, there were Southern Republicans who favored Jefferson's ideas of minimal government because they tended to lessen the threat to slavery, but to contend that the liberal late eighteenth-century Anglo-American belief in minimal government was fed by that concern alone is to grossly misunderstand the period. Radicals like Thomas Paine and William Godwin believed deeply in minimal government, and no one has accused them of being front men for slavery.
26. Gordon S. Wood, "The Creative Imagination of Bernard Bailyn," in James A.

W. J. Rorabaugh, *The Craft Apprentice: From Franklin to the Machine Age in America* (New York: Oxford University Press, 1986); Patricia Cline Cohen, *A Calculating People: The Spread of Numeracy in Early America* (Chicago: University of Chicago Press, 1982); Carl F. Kaestle, *Pillars of the Republic: Common Schools and American Society, 1780–1860* (New York: Hill and Wang, 1983); W. J. Rorabaugh, *The Alcoholic Republic: An American Tradition* (New York: Oxford University Press, 1979); Paul G. Faler, *Mechanics and Manufacturers in the Early Industrial Revolution: Lynn, Massachusetts, 1780–1860* (Albany: State University of New York Press, 1981); Sean Wilentz, *Chants Democratic: New York City and the Rise of the American Working Class, 1788–1850* (New York: Oxford University Press, 1984); Cynthia J. Shelton, *The Mills of Manayunk: Industrialization and Social Confl ict in the Philadelphia Region, 1787–1837* (Baltimore: Johns Hopkins University Press, 1986); Paul Gilje, *The Road to Mobocracy: Popular Disorder in New York City, 1763–1834* (Chapel Hill: University of North Carolina Press, 1987); James H. Merrell, *The Indians' New World: Catawbas and Their Neighbors from European Contact Through the Era of Removal* (Chapel Hill: University of North Carolina Press, 1989); David Brion Davis, *The Problem of Slavery in the Age of Revolution, 1770–1823* (Ithaca, NY: Cornell University Press, 1975); Richard R. John, *Spreading the News: the American Postal System from Franklin to Morse* (Cambridge, MA: Harvard University Press, 1995); William E. Nelson, *Americanization of the Common Law: The Impact of Legal Change in Massachusetts Society, 1760–1830* (Cambridge, MA: Harvard University Press, 1975); Morton J. Horwitz, *The Transformation of American Law, 1780–1860* (Cambridge, MA: Harvard University Press, 1977); Donald A. Hutslar, *The Architecture of Migration: Log Construction in the Ohio Country, 1750–1850* (Athens, OH: Ohio University Press, 1986).

17. 共和國早期史的撰述方面曾經出現過的研究題目，請參閱John Lauritz Larson and Michael A. Morrison, eds., *Whither the Early Republic: A Forum on the Future of the Field* (Philadelphia: University of Pennsylvania Press, 2005).

18. James Henretta, "Families and Farms: Mentalité in Pre-Industrial America," *William and Mary Quarterly*, 3rd ser., 35 (1978), 3–32; Christopher M. Jedrey, *The World of John Cleaveland: Family and Community in Eighteenth-Century New England* (New York: W. W. Norton, 1979); Allan Kulikoff, *The Agrarian Origins*

書，書名為*America in 1750: A Social Portrait* (New York: Knopf, 1971).

9. 其中寫得最好的幾篇之一是Dixon Ryan Fox, The Decline of Aristocracy in the Politics of New York (New York: Columbia University Press and Longmans, Green and Co., 1919).
10. 這些反進步論文獻的概要，請參閱Bernard Bailyn, "Political Experience and Enlightenment Ideas in Eighteenth-Century America," *American Historical Review*, lxvii (1962), 339–351.
11. Edward Pessen, *Most Uncommon Jacksonians: The Radical Leaders of the Early Labor Movement* (Albany: State University of New York Press, 1967); Douglas T. Miller, *Jacksonian Aristocracy: Class and Democracy in New York, 1830–1860* (New York: Oxford University Press, 1967).
12. Richard Hofstadter, *The American Political Tradition and the Men Who Make It* (New York: Knopf, 1951), esp. 44–66; Bray Hammond, *Banks and Politics in America: From the Revolution to the Civil War* (Princeton: Princeton University Press, 1957).
13. Louis Hartz, *The Liberal Tradition in America* (New York: Harcourt, Brace, 1955).
14. Richard D. Brown, *Modernization: The Transformation of American Life, 1600–1865* (New York: Hill and Wang, 1976).
15. 亨利・亞當斯針對這個年代撰寫的經典記事Henry Adams, *History of the United States of America During the Administrations of Thomas Jefferson and James Madison*, 9 vols. (New York: Charles Scribner's Sons, 1889–1891)，專門探討這些政治及外交頭條事件。
16. See, for example, Mary Beth Norton, *Liberty's Daughters: The Revolutionary Experience of American Women, 1750–1800* (Boston: Little, Brown, 1980); Nancy F. Cott, *The Bonds of Womanhood: "Woman's Sphere" in New England, 1780–1835* (New Haven, CT: Yale University Press, 1977); Lee Chambers-Schiller, *Liberty, a Better Husband: Single Women in America: The Generations of 1780–1840* (New Haven, CT: Yale University Press, 1984); Joan M. Jensen, *Loosening the Bonds: Mid-Atlantic Farm Women, 1750–1850* (New Haven, CT: Yale University Press, 1986); Donald M. Scott, *From Offi ce to Profession: The New England Ministry, 1750–1850* (Philadelphia: University of Pennsylvania Press, 1978); Gerard W. Gawalt, *The Promise of Power: The Emergence of the Legal Profession in Massachusetts, 1760–1840* (Westport, CT: Greenwood Press, 1979);

注釋

前言

1. Isaiah Berlin, *The Hedge hog and the Fox: An Essay on Tolstoy's View of History* (New York: Simon and Schuster, 1953), 1–2.
2. James H. Broussard, "Historians and the Early Republic: SHEAR's Origins and Prospects," *Journal of the Early Republic*, ii (1982), 66.
3. Winthrop D. Jordan, *White Over Black: American Attitudes Toward the Negro, 1550–1812* (Chapel Hill: University of North Carolina Press, 1968); James M. Banner Jr., *To the Hartford Convention: The Federalists and the Origins of Party Politics in Massachusetts, 1789–1815* (New York: Knopf, 1970).
4. Broussard, "Historians and the Early Republic," 66.
5. William Nesbit Chambers, *Political Parties in a New Nation: The American Experience, 1776–1809* (New York: Oxford University Press, 1963); Seymour Martin Lipset, *The First New Nation: The United States in Historical and Comparative Perspective* (New York: Basic Books, 1963).
6. 史家對於共和國早期歷史的各種史觀，請參閱Gordon S. Wood, "The Significance of the Early Republic," *Journal of the Early Republic*, viii (1988), 1–20，本書前言部分內容由該書衍生。
7. Jim Cullen, review of Gordon Wood's *Empire of Liberty: A History of the Early Republic, 1789–1815* (New York: Oxford University Press, 2009), on *History News Network*, December 1, 2009.
8. 特別請參閱霍夫士達特著*The Progressive Historians: Turner, Beard, Parrington* (New York: Knopf, 1968)。霍夫士達特於一九七〇年過世，生前即有計畫撰寫一套多卷史書，探討十八世紀末至十九世紀初的美國史，這個年代即是他的諸位導師一心嚮往的年代。他過世前完成了第一卷的一部分，後來出版成

美國學15

打造美利堅
美國的建國理念及其歷史反思
The Idea of America: Reflections on the Birth of the United States

作　者　高登・伍德（Gordon S.Wood）
翻　譯　廖世德
編　輯　邱建智
校　對　魏秋綢
排　版　張彩梅

企劃總監　蔡慧華
行銷專員　張意婷
社　長　郭重興
發 行 人　曾大福
出版發行　八旗文化／遠足文化事業股份有限公司
地　址　新北市新店區民權路108-3號8樓
電　話　02-22181417
傳　真　02-86671065
客服專線　0800-221029
信　箱　gusa0601@gmail.com
Facebook　facebook.com/gusapublishing
Blog　gusapublishing.blogspot.com
法律顧問　華洋法律事務所／蘇文生律師

封面設計　兒日
印　刷　前進彩藝有限公司
定　價　600元
初版一刷　2023年5月
ISBN　978-626-7234-28-0（紙本）、978-626-7234-31-0（PDF）、978-626-7234-32-7（EPUB）

國家圖書館出版品預行編目（CIP）資料

打造美利堅：美國的建國理念及其歷史反思／高登・伍德（Gordon S. Wood）著；廖世德譯. -- 初版. -- 新北市：八旗文化出版：遠足文化事業股份有限公司發行, 2023.05
面；　公分. --（美國學；15）
譯自：The idea of America : reflections on the birth of the United States.
ISBN 978-626-7234-28-0（平裝）

1. CST：美國史　2. CST：美國獨立戰爭　3. CST：美國政府

752.23　　112001922